高等职业教育创新规划教材

高职高专院校财经管理类

“十二五”规划精品课程

唐友清◎主　编

张爱萍　周科成　李　峰◎副主编

经济学基础

- 本着适用、实用和够用的原则，注重理论体系完整，同时结合实际，深入浅出，流畅易读。
- 以“学习情境+项目+学习任务”的模式贯穿整个知识体系，学习情境中穿插各种案例，增加读者在学习中的感性认识并加强对知识点的理解，真正体现高等职业教育的教学特色。
- 形式新颖，“教”“学”互动，重点突出，难点突破，教学成效高。

中国经济出版社

CHINA ECONOMIC PUBLISHING HOUSE

北京

图书在版编目（CIP）数据

经济学基础/唐友清主编.
北京：中国经济出版社，2013.5
ISBN 978-7-5136-2610-1
Ⅰ.①经… Ⅱ.①唐…②张… Ⅲ.①经济学基础
中国版本图书馆 CIP 数据核字（2013）第 133466 号

责任编辑　张　博
责任审读　霍宏涛
责任印制　张江虹
封面设计　白朝文

出版发行　中国经济出版社
印 刷 者　北京艾普海德印刷有限公司
经 销 者　各地新华书店
开　　本　787mm×1092mm　1/16
印　　张　21
字　　数　407 千字
版　　次　2013 年 5 月第 1 版
印　　次　2016 年 6 月第 2 次
书　　号　ISBN 978-7-5136-2610-1/G·2057
定　　价　49.00 元

中国经济出版社 网址 www.economyph.com 社址 北京市西城区百万庄北街 3 号 邮编 100037
本版图书如存在印装质量问题，请与本社发行中心联系调换（联系电话：010-68319116）

前　言

经济学是一门研究人类一般生活事务的学问，经济学的原理可以运用到现实生活中的各个方面。《经济学基础》是一门实用的基础学科，涉及了以资源配置为目标的微观经济学，内容包括需求、供给、价格、消费者行为理论、生产者行为理论、成本理论、厂商均衡理论、分配理论；还涉及以资源利用为目标的宏观经济学，其内容包括国民收入核算理论与方法、国民收入决定理论、失业与通货膨胀理论、经济周期与经济增长、宏观经济政策和开放经济中的宏观经济理论。

本教材按高职高专（财经类）系列教材的编写要求编写，适用于高职高专经济专业的学生。在编写过程中，我们根据培养目标的要求，坚持基础理论教学应以应用为目标，以必需、够用为原则，合理地处理经济学理论与实践的关系，力求做到：内容完整、结构合理、条理清晰、语言通俗凝练，突出实用。一改传统经济学基础教材按章节设计教材内容体系，我们按“学习情境＋项目＋学习任务”的模式，来贯穿经济学的理论知识体系，在每个学习情境知识中间，穿插了许多的小知识、小案例，增加读者在学习中的感性认识和对知识点的理解，真正体现高等职业教育的教学特色。

本书设计了三个模块，涉及了认知经济学、以资源配置为目标的微观经济学和以资源利用为目标的宏观经济学。第一模块为第一学习情境认知经济学；第二模块为微观经济学包括第二学习情境至第八学习情境，这一部分的中心内容是第二学习情境，因为价格理论是微观经济学的基础，微观经济学的全部内容都是围绕这一内容展开研究的，具体各章内容为：第二学习情境认知供求理论，第三学习情境认知消费者行为理论，第四学习情境认知生产者行为理论，第五学习情境认知成本理论，第六学习情境认知厂商均衡理论，第七学习情境认知分配理论和第八学习情境认知市场失灵与微观经济政策理论。第三模块宏观经济学包括第九学习情境至第十五学习情境，这一部分的中心内容是国民收入决定理论，宏观经济的失业与通货膨胀、经济增长与经济周期、宏观经济政策等内容都是围绕国民收入决定理论展开讨论的。具体各章内容为：第九学习情境认知国民收入核算理论与方法，第十学习情境认知国民收入决定理论，第十一学习情境认知产品市场与货币市场的均衡，第十二学习情境认知失业与通货膨胀理论，第十三学习情境认知经济周期与经济增长，第十四学习情境认知宏观经济政策，第十五学习情境认知开放经济中的宏观经济。

本教材由唐友清副教授主编，设计全书框架，拟定编写大纲，并负责全书的统稿和总纂并审阅稿件，由张爱萍整理了全书的习题与案例，周科成、李峰审阅并整理了全书的表格、公式与图形。

各学习情境具体编者如下：

唐友清　　第1学习情景；

张　霞　　第2、3学习情境；

马文艳　　第4、5学习情境；

张爱萍　　第6、8学习情境；

罗　艺　　第7、15学习情境；

周科成　　第9、10学习情境；

刘剀刈　　第11、12学习情景；

李　峰　　第13、14学习情境。

以上参编人员均为重庆电子工程职业学院教师。

在编写过程中，我们参阅了国内外大量关于经济学基础方面的专著、教材、其他各种相关的参考书和报纸杂志，并且借鉴了某些内容。对此我们谨向有关作者表示诚挚的谢意！

由于我们编写时间仓促，加之水平有限，可能出现错误和不当之处，恳请读者批评指正。

目　录

模块一　经济学导论

学习情境一　认知经济学

【学习目标】

重要概念：

经济　经济学　经济资源　机会成本　生产可能性边界　微观经济学　宏观经济学　实证经济学　规范经济学　经济制度

知识目标：

①能解释经济与经济学的含义；

②能说出经济学的基本职能、研究对象及方法体系；

③理解与掌握机会成本与生产可能性边界的原理；

④掌握微观经济学与宏观经济学的研究对象。

能力目标：

①能够对经济学产生兴趣，为学习经济与管理的相关专业打好基础；

②认知经济活动与经济学，树立正确的经济活动理念和道德观念；

③能够理解与掌握经济学的研究方法；

④能够掌握与运用经济学的十大原理。

【引子】

经济学家的角色

1. 作为科学家的经济学家

经济学使用科学的方法，其使用的方法与自然科学有许多方面是相同的，两者都试图建立用于解释和预测的理论或模型。但毕竟经济学是一门社会科学，它不能像自然科学那样用模型进行非常准确地预测,主要有两个原因:一是经济学一般不可能做有条件控制的实验(尽管现在已经有了所谓的实验经济学);二是人们行为之间的差异。

自然科学家总是在观察自然后提出自己的假说,然后再反复实验,如果这种假说得到了验证,它就成为一种理论。经济学家也采取同样的路径:观察现实经济—提出理论假说—再到实践中去验证自己的假说。

2. 作为政策顾问的经济学家

很少有不参与经济决策的经济学家。近年来,中国宏观经济问题牵动了政府、学术界乃至企业界的神经。正如您所看到的,经济学家们异常活跃,因为帮助政府改善经济运行状况不仅是他们的工作,也是他们的责任。美国华盛顿的经济学家参与到了美国经济决策的各个层次,从联邦经济顾问委员会,到政府各个职能部门都活跃着经济学家的身影,他们直接或间接地影响着美国经济乃至世界经济。

3. 经济学家意见分歧的原因

经济学家经常会有争论,甚至分成不同的派别。经济学家意见不同的原因源于两个方面:一是对世界运行的不同实证理论的正确性看法不一致;二是他们有不同的价值观,即持有不同的规范理论。

因此,当经济学家去解释世界时,他们是科学家;当经济学家试着帮助改善世界时,他们是政治家。

资料来源:http://mankiwXtra. swlearning. com。

项目一　经济学的含义

任务一　经济与经济学

(一)经济的含义

人类的经济活动历史非常悠久,有史可考的就有一万多年,这贯穿了我们人类历史发展的整个进程。

1.“经济”一词在中国的古今演化过程

“经济”在中国古代文化和古代文学中是一个非常巨大的概念,充满了丰富的人文思想和社会内涵,古代名联中一句“文章西汉双司马,经济南阳一卧龙”,这里面的经济就是经纶济世的意义,公元4 世纪初东晋时代已正式使用“经济”一词。“经济”一词是“经邦”、“经国”和“济世”、“济民”以及“经世济民”等词的综合和简化,含有“治国平天下的意思”。

2. 经济的英文“economy”的词源

英文中 economy 源自古希腊语 οικονομα（家政术），“管理一个家庭的人”。因此，其本来含义是指治理家庭财物的方法，到了近代扩大为治理国家的范围。

色诺芬在他的《经济论》中将“家庭”及“管理”两词的结合理解为经济。为了区别于之前的用法也被称为“政治经济学”（Political Economy）。这个名称后来被经济学家马歇尔改回“经济学”（Economics）。到了现代，如果单称经济学的话，是在政治经济学或者更广的层面来考虑经济，因此一般在指经济学的时候经济学与政治经济学是同义的。

3. 经济的定义

经济是指经济活动，是人们在一定的经济关系的前提下，进行生产、交换、分配、消费以及与之有密切关联的活动，在经济活动中，存在如何以较少耗费取得较大效益的问题。

经济关系是人们在经济活动中结成的相互关系，在各种经济关系中，占主导地位的是生产关系。

经济是人类社会的物质基础。与政治是人类社会的上层建筑一样，是构建人类社会并维系人类社会运行的必要条件。其具体含义随语言环境的不同而不同，大到一国的国民经济，小到一家的收入支出，有时候用来表示财政状态，有时候又会用来表示生产状态。

（二）什么是经济学

经济学是一门研究如何配置和利用稀缺资源的科学，即指人类怎样利用有限的资源来满足其不断增长的需求的一门学科。研究目的是人类怎样使用一定的稀缺资源进而获得最大量的产品（劳务）以满足人类的需要（福利）。

通俗内涵：研究我们社会中的个人、厂商、政府和其他组织如何进行选择，以及这些选择如何决定社会资源的使用方式。

任务二　西方经济学的含义

在日常使用中，“西方”一词往往有多重含义。用于修饰经济学而得到的“西方经济学”也不例外。一般认为，西方经济学是流行于西方资本主义国家的经济学理论。学界通常给出两种理解。

首先，从地域的角度理解，西方经济学可以指来自西方国家特别是西方发达国家的经济学理论与方法。在这个意义上，由西方国家发明或使用的企业管理方法、对行业运行的分析、有关西方经济制度和经济政策的分析以及经济理论的分析方法等所有与经济以及经济理论有关的分析都可以归于西方经济学的范畴。概括起来包含三个层次的内容：第一，企业管理方法和经验。例如，有关企业的技术管理、人事管理、市场开拓等方面的分析和理论可以归于这一层次。第二,行业和部门经济运行规律的分析和理论。这一方面的经济理论既注重一般经济规律,又强调某一行业或部门的特殊性。例如,农业经济学、石油经济学、资源经济学等。第三,对特定经济制度下经济运行特征和一般规律的分析。这一层次的西方经济学往往以西方国家特定的经济制度为背景,抽象地分析其经济活动的规律和经济运行的结果。例如,微观经济学和宏观经济学等。

其次,从意识形态的角度理解,西方经济学又是与西方资本主义经济制度相适应的经济理论。正如我们将在下面第一章看到的那样,在纯理论的意义上,西方经济学把经济学的研究对象界定为,研究资本主义制度下资源配置及其效率的理论。这一界定使得这些西方学者有别于马克思主义的经济学:后者把经济学的研究对象界定为特定制度下的生产方式以及与其相适应的生产关系。由于二者在研究对象上的差异,同样是对西方资本主义制度所进行的分析却有着本质上的区别。西方经济学得出的结论是资本主义经济以最有效率的方式促进了人们的福利。这在意识形态上宣传了资本主义制度的合理性和优越性。而马克思主义经济学则揭示了资本主义经济中存在的固有矛盾以及其自身难以自发加以解决的特征。作为特定经济制度的一种意识形态,西方资本主义经济制度会选择前者作为自身的上层建筑。正是由于这个原因,西方经济学用来表示指导西方资本主义制度的经济学理论。

基于上述理解,西方经济学并不只是在地域意义下理解的,而更重要的是与西方经济制度相联系的经济学理论。

项目二　经济学发展简史

任务一　“人与人”和“人与物”的理论冲突

在经济学说史上,马克思主义经济学和西方经济学两大体系的研究对象是不同的。由于不同的经济学体系的研究目标和论述内容的区别,因而会对人类社会、经济发展作出不同的历史结论。

西方经济学从它的产生一直发展到现在,大致经历了重商主义、古典经济学、新古典经济学和当代西方经济学四个主要阶段。

西方经济学研究的是“人与物”的关系。马克思主义经济学所研究的是在物质资料生产中,所结成的“人与人”之间的社会关系,即生产关系。因此,经济学两大体系在研究对象上的理论冲突是客观存在的。

任务二　西方古典经济学说体系

(一)资本主义之前的经济学思想

1. 重商主义的财富学说

重商主义提出的和要解决的问题就是财富是什么、财富的来源是什么和怎样才能获得财富、积累财富。重商主义产生的时代背景是在封建社会,金银成为固定地充当一般等价物的货币,货币成了一般财富的代表。在这种历史条件下,重商主义者对货币和财富认识,只能表现出他们的粗陋水平,把货币当成一般财富的代表。以财富为研究对象的第一个经济学体系就是重商主义。但是,重商主义还不是科学的体系。

2. 重农主义的学说体系

重农主义是出现在18世纪50到70年代,法国的一个古典经济学学派。重农主义创始人魁奈、杜尔阁等,创立了比较完整的重农主义理论体系。

重农主义理论体系反映了法国资产阶级在其革命前夜的利益和要求。但是,重农主义理论体系却带着浓厚的封建主义的外观。他们一方面要试图建立崭新的资本主义经济,但又贬低促进资本主义经济发展的工业。重农主义认为,社会财富是农产品,社会财富的真正源泉则是农业。他们把资本最先得以发展的工业部门看成为生产部门,是农业的附庸。

(二) 资本主义的古典经济学说体系

现代经济学家把亚当·斯密、大卫·李嘉图直至19世纪中叶的穆勒的经济学说,以及这个时期的其他经济学说,统称为"古典经济学"。

1. 亚当·斯密的《国民财富的性质和原因的研究》

亚当·斯密(1723—1790)是英国经济学家,古典政治经济学的杰出代表,生于苏格兰的柯卡尔迪。斯密幼年聪慧,14岁进入英国格拉斯哥大学,1740年进入牛津大学学习,随后的教学、研究使得他成为在哲学、政治学、经济学等许多领域内的一代宗师。

在斯密生活的时代,英国新兴的资产阶级在呢绒、造船、酿酒、造纸等行业都取得了很大的进展,工场手工业已经非常盛行,并已经开始向机器生产过渡。伴随着英国工业革命带来的机器轰鸣,斯密1776年出版了人类历史上第一部政治经济学巨著《国民财富的性质和原因的研究》(简称为《国富论》)。《国富论》是西方经济学著作中最为经典的一部,此书建立了资产阶级政治经济学第一个完整的理论体系,在许多方面,为随后西方经济学的发展奠定了基础。

斯密的经济理论观点可以概括为以下几个方面:第一,区分商品的使用价值和交换价值,建立了三种存有矛盾的价值理论。这三种价值理论,即生产商品所耗费的劳动决定商品的价值,商品所能支配的劳动决定商品的价值,以及工资、利润和地租构成了商品的价值,分别为商品的劳动价值论、工资决定论、要素收入决定论奠定了基础。第二,分析了工资、利润和地租的来源,初步建立了商品价值的分配理论。第三,区分生产性劳动与非生产性劳动,建立起了社会再生产理论。第四,从分工理论出发,指出促进财富积累即经济增长的方式是增加劳动投入量、以增加积累、扩大分工等方式提高劳动生产率等,为经济增长理论开辟了不同的发展路径。第五,论证了自由的国内经济和贸易政策主张。

在论证上述理论的过程中，斯密坚信有一只“看不见的手”在发挥作用：“每个人都在力图利用他的资本，来使其生产品能得到最大的价值。一般来说，他并不企图增进公共福利，也不知道他所增进的公共福利有多少。……由于他管理产业的方式目的在于使其生产物品的价值能达到最大限度，他所盘算的也只是他自己的利益。在这场合，像在其他许多场合一样，他受着一只看不见的手的指导，去尽力达到一个并非他本意想要达到的目的。也并不因为是非出于本意，就对社会有害。他追求自己的利益，往往使他能比在真正出于本意的情况下更有效地促进社会的利益。”这一“看不见的手”原理成为现代西方经济学必须论证的要点。

总之，在《国民财富的性质和原因的研究》中，斯密指明了政治经济学的研究对象是财富的性质，并第一次论证了任何生产部门的劳动都是财富的源泉的思想。

2. 李嘉图的《政治经济学及赋税原理》

在李嘉图的《政治经济学及赋税原理》中，把阐明社会产品如何分配为地租、利润和工资以及这些收入的动态，规定为经济学研究的对象。在李嘉图的经济学说中，一切问题都是从分配这个角度进行考察的。

李嘉图生活在19世纪初期。这时，资本主义已经进入机器大工业的发展阶段，资本积累的规模愈来愈明显地决定于资本家获得利润的大小。李嘉图代表着新兴资产阶级利益，企图限制地主的地租，从而增加资本家的利润。在他看来，地租的增长势必压低利润，而获得利润是资本家的动机，利润的降低会导致生产的萎缩甚至停滞，这对社会是不利的。

李嘉图的分配学说的主要内容：一是工资的多少取决于工人及其家属为维持生活所必需的生活资料的价值；二是利润是商品的价值超过工资的余额；三是地租是商品的价值超过工资加利润的余额。

3. 西斯蒙第的《政治经济学新原理》学说——物质福利

西斯蒙第在《政治经济学新原理》中认为，人用自己的劳动创造财富的目的是为了满足自己的愿望和需要，而不是为财富而创造财富，只有增加了国民福利，国民财富才算增加。西斯蒙第把政治学分为两部分，一部分是研究“精神幸福”的高等政治学，包括法律学、道德伦理学、教育学、宗教学等；另一部分是研究“物质福利”的政治经济学。他在《政治经济学新原理》中把经济学的研究对象确定为物质福利。

西斯蒙第经济学说的基础是收入分配论：从经济学应当为“所有的人”谋幸福出发，把这门科学建立在收入分配论的基础上。他认为，在这个基础上，经济学应当注重研究以下各种关系：收入与资本、人口与收入、消费与人口、再生产与资本和人口等。他所论述的这些关系问题实际上是收入分配问题，也就是他的经济学的核心问题。他论证：消费先于生产并决定生产；通过交换达到消费的目的；消费依存于收入。他的结论是:资本主义不公平的分配是一切灾难和贫困的原因,是各种矛盾形成的根源。

4. 马尔萨斯的财富定义

马尔萨斯在《政治经济学原理》中确定的研究对象是财富。但是,他说:“财富是个人或国家自愿占有的、对人类必需的、有用的和合意的物质的东西。”

马尔萨斯在《政治经济学原理》中,提出了财富增长必须以有效需求为条件的理论。他认为,财富增长的因素除了生产供给方面以外,还应当考虑消费需求方面,即是否有足够的有效需求。他认为,供给和有效需求结合才能促进财富增长,并决定产品价值。马尔萨斯在有效需求是财富增长的必要条件的理论中,关于需求是保持一国经济增长和持续发展的必要条件的论证是正确的。

5. 萨伊的《政治经济学概论》

萨伊把《政治经济学概论》一书的内容分为财富的生产、财富的分配和财富的消费三部分。并指出,“政治经济学考虑到农业和工业,但它所考虑的只是各行业中和财富的增加与减少有关系的方面,而不是所使用的方法。”可以看出,萨伊把政治经济学的研究对象规定为社会财富的生产、分配和消费。

6. 巴斯夏的《和谐经济论》

巴斯夏在《和谐经济论》中指出:“政治经济学的主题是人,但是,政治经济学并不研究人的一切……(它所研究的是)个人利益这个冷冰冰的领域”。他要“以建立一些经济学概念为开端”进行研究。诸如人的“感受性”与“活动”。“感受性”是指人的痛苦与享乐;经济“活动”是为满足享乐和避免痛苦而作出,由需要、努力和满足构成的。可见,巴斯夏的《和谐经济论》的出发点是人的主观感受,以及这种感受的满足。

7. 约翰·穆勒的《政治经济学原理》

约翰·穆勒认为,财富的生产规律与财富的分配规律具有不同的性质:财富的生产规律是永恒的自然规律,它不依社会制度的改变而变化。其实生产规律的变化比起分配规律的变化往往是带有根本性质的变化。因为生产决定分配,生产规律的变化决定分配规律的变化。

约翰·穆勒在《政治经济学原理》中确定了政治经济学的研究对象是财富的分配规律。他认为,财富的生产规律取决于两方面的因素:一方面是物理的因素,这取决于物质的性质,取决于人们在特定地点和时间对这些性质的了解程度,这些是自然科学的对象,政治经济学不研究这些,而只是予以默认;另一方面是社会的制度、道德、心理和人的本性。

任务三　新古典经济学

新古典经济学是19世纪下半叶以来西方经济学中具有广泛影响、占有重要地位的经济理论,它源于19世纪70年代的“边际革命”,其创始人为英国剑桥学派的著名经济学家马歇尔,他提出的“均衡价格论”既继承了古典经济学以生产费用解释价值决定的理论,又融合了19世纪70年代后以边际效用解释价值决定的学说,故又被称为"新古典学派"。

"边际革命"是指19世纪70年代初在欧洲大陆出现的一种反对英国经济学传统的经济学说,其代表人物为奥地利的门格尔、英国的杰文斯和法国的瓦尔拉斯。他们抛弃了从生产、成本和供给等方面对价值分析的所谓英国古典经济学传统,主要侧重于从欲望、需求和效用方面来分析价值,并把这种分析与边际原理结合起来。19世纪末(英)马歇尔以其代表作《经济学原理》,标志着新古典经济学理论体系的完成。马歇尔以其代表作《经济学原理》,被奉为政治经济学发展史上的一个"里程碑",与斯密的《国民财富的性质和原因的研究》和李嘉图的《政治经济学及赋税原理》齐名。

马歇尔在英国传统经济学三要素生产成本价值论的基础上,通过需求曲线和供给曲线相结合的方式,吸收和综合了19世纪末风靡一时的边际效用论,建立了一个折中式的经济理论体系,这个经济理论体系被称为新古典经济学。

新古典经济学的基本特点是:这种学说建立在人与物的关系及物对人的满足的基础上("边际革命"),在远离现实世界的条件下(无视垄断的完全竞争市场经济),在否认经济危机("萨伊定律")和资本主义剥削关系(克拉克的边际生产力论)的基础上,把市场经济关系变成了由符号和公式所组成的数学模型(数理经济学),用精密的数学逻辑证明资本主义自由竞争的市场经济可以自动实现均衡和使社会福利最大化(马歇尔局部均衡、瓦尔拉斯一般均衡和帕累托最优)。

任务四 现代西方经济学

新古典理论的出现立即成为西方的正统,这种状况一直持续到20世纪30年代。但随着历史条件的变迁,20世纪30年代发生在资本主义经济和西方经济学说史上的重大事件改变了这种状况。

1933年,美国的张伯伦和英国的罗宾逊夫人分别以《垄断竞争理论》和《不完全竞争经济学》为题分析垄断竞争问题,从而弥补了新古典理论对垄断分析的不足。其次,发生在20世纪30年代初的大危机严重地动摇着人们对新古典所颂扬的自由放任理念的信心。1936年,英国经济学家凯恩斯出版了《就业、利息和货币通论》(简称为《通论》),指出资本主义经济有可能出现失业状态,但国家采用适当的干预政策则可以使得经济恢复到充分就业的状态。最后,经济理论本身的需要。随着理论的发展和分析工具的改进,某些理论方法上的缺陷能够得到修正。1939年,英国经济学家希克斯在《价值与资本》一书中利用无差异曲线分析重新表述了新古典理论体系中的价值论和一般均衡理论。

1929—1933年的大萧条,不仅猛烈地动摇了资本主义统治的政治和经济基础,而且宣告了新古典经济学的破产。因为按照这种学说,这一类危机是根本不可能存在的,新古典经济学家既无法提供诊断,也不能开出药方,西方经济学陷入一片混乱和危机中。正是在这种情况下，西方经济学界出现了“凯恩斯革命”。

二战以后，几乎所有发达的资本主义国家都奉行凯恩斯主义经济学，按照“凯恩斯方式”来管理经济。凯恩斯主义成为西方的主流经济学，西方国家进入了所谓的“凯恩斯时代”。但是，凯恩斯根据有效需求不足理论提出的政策建议仍然比较笼统，且有缺陷。当代资产阶级经济学发展的主流是弥补凯恩斯经济理论的缺陷，使之具体化。

凯恩斯主义不能真正解决资本主义的经济问题。不仅如此，资本主义国家过多干预必然会出现新问题、新病症，这是凯恩斯始料未及的，也注定了凯恩斯主义经济学必然破产。

新凯恩斯主义与新古典主义是当今西方经济学界两大最主要的流派。事实上，在不同的历史条件下，西方经济运行会出现不同的经济问题，而且冲突的双方均能以自由主义与干预主义来刻画。伴随着经济社会历史条件的变化，自由主义和干预主义之间呈现出此消彼长的态势。

任务五　新自由主义经济学

所谓自由主义经济学，亦即保守主义经济学，以反对国家过多干预经济生活，主张以不同的程度加强市场机制的作用为特征。它主要包括：货币学派、理性预期学派、供给学派、新古典制度经济学派、公共选择学派等。

经济学中的保守主义思潮或自由主义思潮的存在由来已久，它就是由资产阶级古典经济学奠定的、由资产阶级庸俗经济学加以形式化和数理化的自由主义经济理论。这种思潮的保守主义性质在于：宣扬极端的个人主义和个人选择的自由，宣扬私有财产制度神圣不可侵犯，宣扬市场自动调节机制的充分性和完全性，反对国家对经济的干预，反对集体主义和社会主义，从而充分肯定和坚决维护现存的资本主义秩序。

任务六　学习西方经济学应注意的问题

无论怎样，资产阶级经济学的研究对象是物与物的关系，16、17 世纪的英、法重商主义从商业资产阶级的利益出发，着眼于流通领域，把货币作为经济学的研究对象。古典经济学把研究重心转移到生产领域，或者把农产品作为经济学的研究对象；或者把国民财富作为经济学的研究对象；或者把财富的分配作为经济学的研究对象；或者把为物质福利、个人利益、资源配置作为经济学研究对象。一言以蔽之，经济学的研究对象是物与物的关系。

第一，西方经济学是人类关于经济理论知识体系的重要组成部分，是人类认识和分析经济现象、探索经济规律的累积性知识的结晶。它具有科学的成分，为我们认识和改造世界提供了有用的知识。

第二，西方经济学是资产阶级意识形态在经济理论上的反映和概括。

第三，在学习、研究西方经济学时，还应该看到中国和西方在国情上的重大差异之处。

任务七　马克思的经济学

(一) 马克思主义经济学研究对象的确立

19 世纪 40 年代，马克思主义政治经济学建立，科学地确立了经济学的研究对象。马克思在《资本论》第一版序言中说：“我要在本书研究的，是资本主义生产方式以及和它相适应的生产关系和交换关系。”

(二) 马克思主义经济学研究对象的形成

1. 马克思主义经济学的开端

1844 年前后，马克思主义经济学体系的建立过程中，特别是在批判资本主义社会、批判资产阶级经济学的时候，总是强调必须对私有制加以说明。在说明私有制时，总是和说明人们的社会经济关系联系起来，这种对人们在经济活动中社会关系的研究，标志着马克斯主义经济学的开端。

2. 科学的政治经济学的对象

19 世纪 40 年代后半期，马克思和恩格斯在对政治经济学的研究中形成了历史唯物主义基本原理。并把对政治经济学的研究建立在历史唯物主义的基础上。

马克思把这些原理具体应用到政治经济学的研究中，比较明确地阐述了科学的政治经济学的对象问题。马克思、恩格斯第一次提出了生产方式、生产力、生产关系（把生产关系称做“交往关系”或“交往形式”）等经济范畴，并提出生产关系必须适合生产力性质这一规律。

在这一时期，马克思对于政治经济学研究对象所论述的内容主要包括：

第一，人们所达到生产力的总和决定着社会状况，即生产关系，生产关系受生产力所制约，生产关系与生产力发展必须相适应；生产力的发展必然和生产关系发生矛盾。

第二，生产关系构成了社会的经济基础，上层建筑建立在这个基础上，历史唯物主义者要“把与该生产方式相联系的、它所产生的交往形式，即各个不同阶段上的市民社会，理解为整个历史的基础；然后必须在国家生活的范围内描述市民社会的活动，同时从市民社会出发来阐明各种不同的理论产物和意识形态，如宗教、哲学、道德等，并在这个基础上追溯它们产生的过程。”

(三) 马克思对经济学研究对象的深入探讨

1.《哲学的贫困》对经济学的对象的论述

马克思在《哲学的贫困》(1847 年) 里，系统地阐述了经济学的研究对象问题：人们在进行物质资料生产过程中发展生产力,同时,也发展着他们之间的相互关系,即生产关系;生产关系的性质必须随着这些生产力的改变和发展而改变。因此,经济学就必然要以作为经济范畴现实基础和客观依据的社会生产关系为研究对象。

2. 经济学研究对象是社会生产关系

1847 年,马克思在布鲁塞尔德意志工人协会向工人群众讲解有关政治经济学的基本问题时,明确地指明了政治经济学应当研究社会生产关系。在 19 世纪 40 年代后半期,马克思已经明确指出:政治经济学的研究对象是社会生产关系。

(四)马克思对生产关系的唯心史观的批判

1. 经济范畴是客观存在的生产关系的理论表现

马克思指出,经济范畴并不是如蒲鲁东所说的是人类理性的化身,它不过是客观存在的生产关系的理论表现。

2. 生产关系是人们在生产中的社会关系

马克思在批判资产阶级庸俗经济学确定的经济学的研究对象时,论述了生产和分配、交换、消费之间的辩证关系,指出经济学的研究对象是广义的生产关系,其中包括直接生产过程中的生产关系、分配关系、交换关系和消费关系。经济学的研究对象正是这些直接生产过程中的生产关系和分配关系、交换关系、消费关系,以及这些关系的发展规律。

马克思在《资本论》第一卷的初版序里,更明确地指出:政治经济学研究的是“资本主义生产方式以及和它相适应的生产关系和交换关系”;最终目的在于揭示资本主义社会的经济运动规律。

项目三　认知经济学研究的基本问题

人生在世,财富固然重要,但是大不过生死一事。可是很少有人做“观自在”这件事:人究竟生从什么地方来,死又到什么地方去?为什么活着?怎样活着?有没有“国际惯例”?如果有这样的惯例就一定是对的吗?就一定是使人幸福的道路吗?究竟什么才是人生的吉祥幸福之路?大部分人来不及想这样的问题,就投身于人的生活当中去了,大多数人无非忙着升官发财、娶妻生子、呼朋引类,“从不知研究人生宇宙的真理和人生的价值所在”。为了解开这个谜团,知晓宇宙的生成和人类的生死,人类在这方面的探究产生了哲学。但是哲学家们却得不出一个真实正确的答案。有唯心论,有唯物论,有一元论,有二元论,究竟如何,莫衷一是。

财富的最终来源就是自性。一切财富出于自性,不离自性,归于自性。只会念六祖慧能大师的"何期自性,本自具足",不知其义,不知具足什么,就不能变现包括财富在内的一切,为命所拘,为数所困;知道"因果缘"具足,一切具足,那么财富自然就在其中。要就此明白,任何人在本性上具足不可思议、无量无边、等同如来的福德智慧。但是如果德行智慧不够,这些财富就不能变现为现实世界的实物。

——资料源自《中国经典经济学》钟永圣著。

人类的经济问题,更多时候也是人性哲学问题,伦理问题、社会问题、文化问题以及政治问题。这正是经济学的魅力所在。

经济学要研究面对稀缺的资源,经济社会或个人如何做出选择,这些选择如何影响资源配置的效率,我们能否通过适当的选择来使得可供我们支配的资源总量发生变动。本学习情境中我们将详细说明西方经济学的研究对象和基本方法。

任务一　稀缺性与选择

(一)稀缺性和经济问题

生活在当今经济社会中的任何一个人、任何一个经济组织都会面临着这样那样的问题。这源于我们在生活中普遍存在的欲望与可支配的资源之间的矛盾。

欲望是指人们的需要,它是一种因缺少而不满足的感觉以及寻求满足的愿望。衣服、房子、家具、高档音响等都是我们大多数人想得到的。当我们需要这些东西但又得不到时,我们就对这些东西产生了欲望。欲望是人之常情,它之所以给我们带来"问题",是因为我们不能随时把这些东西都买下来以满足它。退一步说,即使能得到这些物品,你也会发现这个采购单还在不断地加长。纵然是一个富有的国王,恐怕也会为他的寿命担心。

经济问题是人类社会面临的普遍问题。在人类社会发展过程中,人的欲望和由此引起的对物品和劳务的需要是无限的,但用来生产或者是获得这些物品和劳务的资源是相对稀缺的。经济学中,生产资源的相对有限性被称为资源的稀缺性。

经济社会中的生产资源也叫生产要素,主要类型包括:(1)劳动,即可以投入生产过程中的劳动力或劳动时间;(2)土地、矿藏、森林、河流等自然资源;(3)由这两种原始的生产要素生产出来并进一步投入生产过程的机器设备、厂房等资本品。不难看出,经济社会中的生产资源是可以耗尽的,如地下矿藏,也可以是通过人们生产而增加的,如机器、厂房等。这就意味着生产资源的稀缺性是相对的,即在特定的时期内,与人们对生产出来的产品和劳务的需要相比较,生产这些产品和劳务所需要的资源是不足的。

由于资源稀缺性的存在,使得人们必须考虑如何使用有限的或相对稀缺的生产资源来满足无限多样化的需要。这正是我们上面所说的"经济问题"。西方经济学则试图对经济社会如何解决这些经济问题提供可能的答案。

（二）经济学产生的前提——资源的稀缺性

我们人类的生存和经济活动，可以使用的资源可以分为自由资源、经济资源和生命资源。

所谓自由资源指无须付费就可得到的资源，如大自然中的空气和水。但是需要指明的是，没有受到污染的水和空气并不是自由资源。自由资源看起来似乎取之不尽，用之不竭，但有时候也需要付出一定的代价。

所谓经济资源，是指在经济活动中能够产生效益的物质或非物质要素，包括：自然资源、社会资源等 。

谈及经济资源必然具备有用性和稀缺性，有用性是资源之所以为资源的依据，稀缺性是经济资源之所以为经济资源的前提，而能否认识和利用这种稀缺的有用性则尚需依赖于一定的知识、技术和经济条件，因此经济资源通常被定义为具有稀缺性且能带来效用的财富，是人类社会经济体系中各种经济物品的总称。

所谓生命资源：是指各类生物，包括人维持生命生存必须使用的资源，如水、阳光、空气等。

第二，选择法则，即经济资源的稀缺性和经济资源的多用途性，我们人类必须对资源的使用做出抉择。

经济资源稀缺是指，一方面，经济资源的数量是有限的；另一方面，对于人类社会而言，人类的需要却是无限的。因此，资源的有限性和人类需要的无限性导致稀缺，进而导致选择。

（三）经济学的研究任务

经济学研究的是一个社会如何利用稀缺的资源生产有价值的商品，并将它们在不同的人中间进行分配。

经济学是一门选择的科学，选择之所以关系重大，正是因为资源是稀缺的。资源稀缺性是指相对于人类欲望无限性的资源有限性。

在选择与资源配置中，始终要解决的三大基本经济问题：即生产什么，如何生产和为谁生产。

西方经济学认为经济学是研究如何利用稀缺的资源最大限度地满足人们需要的科学，是研究稀缺资源在各种可供选择的用途中间进行合理配置的科学。

任务二　生产可能性曲线

资源的稀缺性所产生的一系列经济问题可以由下面的例子来表示：

考虑一个经济社会，在现有生产技术条件下，用其全部的生产资源生产军用和民用两类商品。

假设社会以全部的生产资源生产大炮和黄油的情形。由于社会用于生产的资源数量是有限的,因而社会可以生产的大炮和黄油的数量都是有限的,并且多生产了大炮,可生产黄油的数量就会减少。如表1-1表示的那样,如果社会只生产大炮,它最多只能生产10万门;如果只生产黄油,它只能生产4万吨;如果社会生产9万门大炮,那它最多只能生产1万吨黄油;等等。

表1-1　社会生产大炮和黄油的最大数量组合

可能的组合	A	B	C	D	E
大炮(万门)	10	9	7	4	0
黄油(万吨)	0	1	2	3	4

根据表1-1,我们可以把大炮和黄油的数量组合描绘在图形上,从而得到图1-1。在图中,纵轴表示社会生产大炮的数量,横轴表示社会生产黄油的数量。A点和E点表示社会仅生产其中一种产品的极端情况,而B、C和D是可以同时生产大炮和黄油的不同组合点。可以想象,图1-1中类似于A、B和C的点会有无数多个,把这些点连结起来可以得到一条曲线。这条曲线上的每一个点都表示在生产资源既定的条件下,社会生产大炮和黄油两种产品的最大可能。一般地,社会使用既定的生产资源所能生产商品的最大数量组合被称为生产可能性曲线。

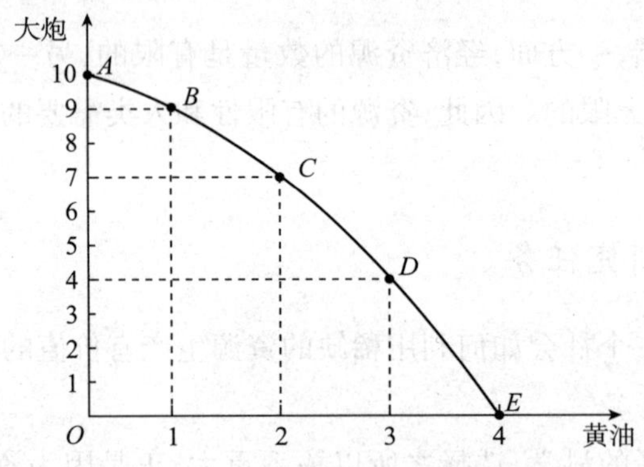

图1-1　社会的生产可能性曲线

生产可能性曲线反映了资源稀缺性的特征。如图1-2所示,生产可能性曲线把社会生产两种产品的能力表示出来:在曲线内部表示的产品组合点上,现有的生产能力能够实现,而且社会有进一步增加产量的能力;在曲线上,社会已经处于最大的生产状态,增加任何一种产品都必然会减少另外一种产品的数量;在曲线以外的点上,现有的生产能力无法实现。可见,生产可能性曲线反映了资源稀缺对社会可以提供产品数量的限制。

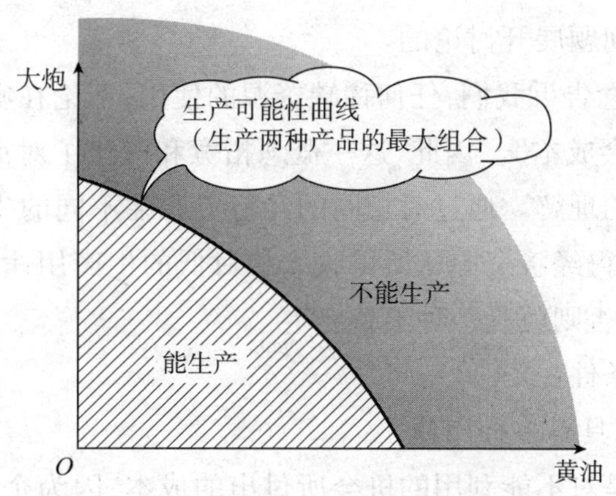

图 1－2　生产可能性曲线与资源的稀缺性

任务三　选择和机会成本

由于资源稀缺性的限制，在现有的生产技术水平条件下，经济社会最多只可能在生产可能性曲线上进行生产，比如在图 1－1 的 B 点生产 9 万门大炮，1 万吨黄油。这就产生了另外一个问题：由于生产可能性曲线上有无数多个点，从而有许许多多个大炮和黄油的组合，那么社会就必须对提供何种组合作出选择，是生产 9 万门大炮和 1 万吨黄油，还是生产 7 万门大炮和 2 万吨黄油？这就是说，社会不得不在是生产大炮还是黄油之间进行权衡。

资源的稀缺性使得社会不得不作出选择。选择之所以成为问题，是因为任何选择的结果不仅会带来某种好处，还会带来一定的成本。一定的资源可以用来生产不同的商品，如果较多的资源用于其中一种产品的生产，那么生产该产品的数量就会增加，这就是好处，但同时，多生产这些产品就必须放弃其他产品的生产。例如在上面大炮和黄油的例子中，如果社会选择在 A 点而不是 B 点进行生产，即社会多生产 1 万门大炮，从而使得大炮的产量由 9 万门增加到 10 万门，那么社会就必须将黄油的产量由 1 万吨减少到 0，即增加 1 万门大炮的产量就必须放弃 1 万吨黄油。这意味着选择是有代价的。在经济学中，这种代价由机会成本加以衡量。

所谓机会成本，是指因选择而放弃的其他机会所带来的成本。在经济学中，如果一项资源可以用于多种用途，那么该资源被用于某一种特定用途的机会成本是由该选择所放弃的其他最优用途的代价来衡量的。即一项资源被用于一种产品生产时的机会成本，是指这一资源在其他用途上可以得到的最高价值。例如，在图 1－1 中与只生产大炮的 A 点相比，选择生产 1 万吨黄油的机会成本就是因此而放弃的 1 万门大炮的价值。

当资源有不同的用途时，选择就是要权衡这些不同用途所带来的好处与成本。这样，经济问题的解决就被归结为如何使得选择的机会成本达到最低。经济学正是围绕着如何解决基本经济问题展开讨论的。

“机会成本”的概念告诉我们,任何稀缺资源的使用,不论在实际中是否为之而付出代价,总会形成“机会成本”。因此,这一概念拓宽和深化了对消耗在一定生产活动中的经济资源的成本的理解。通过对相同的经济资源在不同的生产用途中所得到的不同收入的比较,将使得经济资源从所得收入相对低的生产用途上,转移到所得收入相对高的生产用途上,否则就是一种浪费。

机会成本的两个条件:

(1)所使用的资源具有多种用途

机会成本本质上是对不能利用的机会所付出的成本,因为企业选择了这种用途,就必然丧失其他用途所能带来的收益。如果资源的使用方式是单一的,那就谈不上各个机会的利益比较。只有当资源具有多用性的时候,企业才要考虑机会成本,这是考虑机会成本的一个前提条件。

(2)把可能获得的最大收入视为机会成本

考虑机会成本时并不是指任何一个使用方式,而是指可能获得最大收入的使用方式。在这里,需要强调可能性。

(3)企业在进行经营决策时为何必须要考虑机会成本

在现实中,管理者必须考虑机会成本和经济利润这两个概念。作为决策分析中经常使用的一个特定概念“机会成本”,是在决策分析过程中,从多个供选方案中选取最优方案而放弃次优方案,从而放弃了次优方案所能取得的利益而成为损失。这种由于放弃次优方案而损失的“潜在利益”就是选取最优方案的机会成本。

机会成本虽然不构成一般意义上的成本,不构成企业的实际支出,也不入账,但它是决策者进行正确决策所必须考虑的现实的因素。忽视了机会成本,往往有可能使投资决策分析发生失误。

项目四　经济学的研究对象

任务一　经济学研究的基本问题

围绕着经济学的研究对象,经济学要研究与资源配置相关的一些基本问题。为了理解这些问题的来龙去脉,让我们再次考察图 1 - 1 给出的生产可能性曲线。由于资源的稀缺性,经济社会只能在生产可能性曲线所包含的范围内进行生产。只要社会选择在可能性曲线上而不是它的内部进行生产,那么就最大限度地利用了资源。但在生产可能性曲线上选择 A 点、B 点还是 C 点,则成为问题。因此,经济学首先要研究经济社会在生产可能性曲线上的哪一点进行生产。其次,如果选定经济社会已经决定生产 A 点表示的产品数量,那么使用什么样的技术生产就成为下面要考虑和解决的问题。最后,当产品被生产出来之后,如何分配也是一个问题。这些问题都是由资源配置所派生出来的基本问题。因此,经济学要研究的资源配置问题又可以归结为以下三个基本问题。

第一,生产什么?即社会利用总量为既定的生产资源生产哪些产品,产量有多大。这是一个任何社会都必须回答的问题,即使只有一个人生活在一个孤岛上也是如此。

第二,如何生产?即采用何种生产方法进行生产。对生产什么的回答确定了社会需要那些商品及其相应的数量。对于特定的商品而言,生产方法可能是多种多样的。例如,棉纺织品可以用手工编织机生产,也可以在流水线上进行生产。手工编织需要使用较多的劳动,而流水线生产可以节省劳动,但需要价格昂贵的机器。

同样地,在选择何种生产方法生产既定数量的产品时,同样涉及效率问题,即如何使用或者组合各种稀缺的生产资源以达到最优。在技术可行的前提下,这再次与决策者的目标有关。一个常用的判别标准就是生产费用为最低。

第三,为谁生产?即生产出来的产品怎样在社会成员之间进行分配。在两个或两个以上的人构成的社会中都会存在产品或收入的分配问题。在一个社会中,人与人之间在生产过程中相互联系,总是在一定社会形式下进行劳动,即生产总是社会生产。而消费则是相互独立的。这样,社会就要决定每个人或群体在最终产品中所获得的份额。

上述三个方面的问题,是现代社会面临的最基本的问题,从而也就成为以资源配置为研究对象的西方经济学首先要解决的问题。

任务二 资源的使用效率及其变动

在解决上述三个基本问题的同时,经济学也关注社会总的生产资源是否被充分利用以及这一总量是否变动的问题。在这方面,经济学主要涉及以下三方面内容。

第一,社会稀缺的资源是否得到充分使用。如果社会以有效率的方式解决了生产什么和生产多少、如何生产和为谁生产的问题,那么社会稀缺资源得到了充分使用。以上一节有关大炮和黄油的选择来说,这就意味着社会在生产可能性曲线上选择了一个特定的点,如图1-3中的C点所示。但是,有时社会却不能达到生产可能性曲线的边缘,如图中的D点。在D点上,社会可以在不减少大炮产量的条件下,增加黄油的生产。这表明社会资源没有得到最充分的使用。现实中最典型的例子就是存在大量失业的情况。经济学研究这种现象出现的原因及其对策。

第二,社会资源总量的变动。在上述有关资源配置问题的研究中,通常认为社会的资源总量是既定不变的。但事实上,这些资源本身也是可以变动的,特别是当问题的分析涉及不同时期的情况时更是如此。图1-4说明了与此有关的选择问题。图(a)类似于我们的大炮和黄油的例子,它表明了社会用既定的资源生产资本品和消费品的情形。我们知道,在生产可能性曲线上的A点和B点都是现有资源可以生产出来的,但与A点相比,社会选择B点将使得资本品的数量增加。结果,由于资本品的

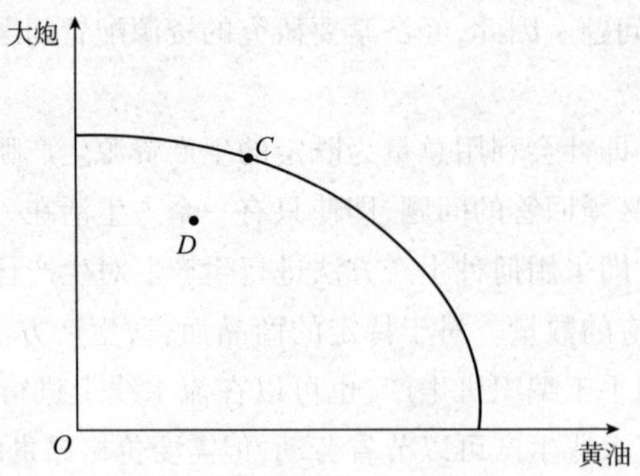

图 1-3　稀缺资源使用缺乏效率

增加,来年的可供再生产的资源总量改变,从而使得社会生产可能性曲线向外移动,社会在更大规模上生产,如图(b)所示。经济学研究这些变动的趋势及其原因。

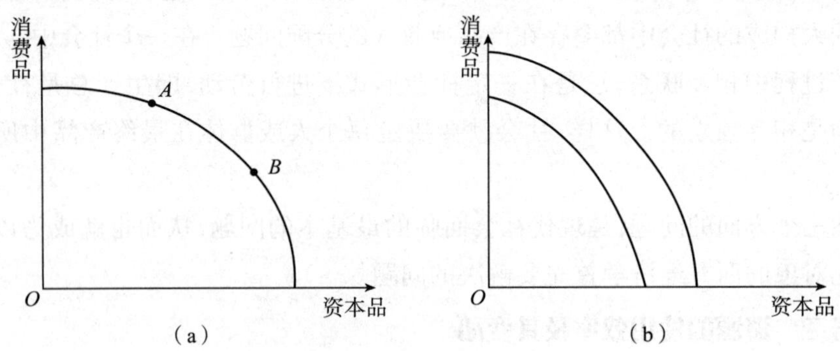

图 1-4　资源总量的变动

第三,货币的稳定性。在解决资源配置问题时,社会往往借助于货币作为媒介。因此,货币购买力是否保持不变,货币对于资源配置的影响如何也构成了经济学研究的一个重要问题。

这样,经济学不仅要研究经济社会面对稀缺资源如何作出有效地选择,以决定生产什么和生产多少、如何生产和为谁生产的基本问题,而且要研究这些稀缺资源是否得到充分使用、其总量决定及其变动趋势以及稳定性等问题。

任务三　西方经济学的理论体系

西方经济学根据它所研究的具体对象、范围的不同,可以分为微观经济学和宏观经济学两个组成部分。

(一)微观经济学的研究对象与主要内容

1. 微观经济学的研究对象

微观经济学的研究对象是个体经济单位,它研究家庭和企业如何做出决策,以及他们在市场上的相互交易。个体经济单位指单个消费者、单个生产者和单个市场等，它所涉及的是个体经济单位如何作出决策，以及这些决策受哪些因素的影响。个体经济单位的选择受价格的影响，因此，微观经济学的核心问题是价格问题，正因为如此，微观经济学也被称为价格理论。

2. 微观经济学的主要内容

微观经济学主要研究两个问题：一是消费者对各种产品的需求与生产者对产品的供给怎样决定着每种产品的产销量和价格；二是消费者作为生产要素的供给者与生产要素的需求者怎样决定着生产要素的使用量及价格（工资、利息、地租、正常利润）。微观经济学的主要内容包括：价格理论、消费者行为理论、生产理论、成本理论、厂商均衡理论、收入分配理论，以及福利经济学和一般均衡分析。

（二）宏观经济学的研究对象与主要内容

1. 宏观经济学的研究对象

宏观经济学以整个国民经济活动作为考察对象，研究的是总体经济行为与总量经济关系，对经济运行的整体，包括社会的总产量、总收入、价格总水平和就业量等进行分析。宏观经济学以收入和就业分析为中心，因而也被称为收入理论或就业理论。

2. 宏观经济学的主要内容

宏观经济学主要分析以下几个根本问题：(1)已经配置到各个生产部门和企业的经济资源总量的使用情况如何决定着一国的国民收入或就业量；(2)商品市场和货币市场的总供求如何决定着一国的国民收入水平和一般物价水平；(3)国民收入水平和一般物价水平的变动与经济周期及经济增长的关系。其中国民收入（就业量）的决定和变动是一条主线。宏观经济学的主要内容包括：国民收入决定理论、就业理论、通货膨胀理论、经济周期理论、经济增长理论、财政与货币政策理论等。

（三）微观经济学与宏观经济学的关系

两者互为前提，彼此补充。微观经济学研究既定资源条件下个体经济单位选择的后果，而宏观经济学则研究微观经济学中假定不变的资源总量是如何决定的。即微观经济学假定资源利用已经解决，而宏观经济学则假定资源配置已经解决。所以宏观经济学和微观经济学互相把对方考察的对象作为自己的理论前提，互相把对方的理论前提作为自己的研究对象。

微观经济学和宏观经济学的目标都是为了实现稀缺资源的节省和提高经济效率，达到社会福利最大化，区别主要在于观察同一事物的角度不同。微观经济学代表由下而上的视角，而宏观经济学代表由上而下的视角。西方经济学家认为，宏观经济学和微观经济学的关系，就好像森林和树木之间的关系一样。宏观经济学好比研究一片森林的构成、性质和变化,而不去考虑一棵棵树木。而微观经济学则是考察森林中的个别树木的性质和特点,在考察时以森林的状态不变为假定前提。如果要对整片森林有充分的认识,则这两方面的研究缺一不可。

尽管西方经济学强调微观经济学和宏观经济学之间的联系,但目前西方经济学理论体系中的矛盾、不一致性是相当明显的。首先,这一理论体系中的两个组成部分缺乏有机的联系。微观经济分析是以价格理论为核心而展开的,而宏观经济分析是以收入决定理论为核心而展开的,这两个核心理论没有内在联系,这就是说,这两个组成部分是互相脱离的:价格理论不能运用于宏观,而宏观分析则缺乏它的微观基础。其次,这两个组成部分的结论是互相矛盾和互相否定的。微观经济学强调通过市场价格机制自发地调节经济活动,可以达到社会福利最大化,因此政府对经济的过分干预是不必要的。宏观经济学强调国家对经济生活的直接干预,否则自发的市场调节不能有效运转。西方经济学理论体系是由两个针锋相对的学说体系拼凑而成的。微观经济学的理论基础是以马歇尔为代表的新古典经济学,其核心是市场有效性和自由放任。宏观经济学的理论基础是凯恩斯主义经济学,其核心是市场失效和国家干预。

项目五　经济学的研究方法

任务一　"经济人"模式

"经济人"被规定为在经济生活中的一般的人的抽象,这种抽象具有三个规定性,即个体本位主义、自利原则和理性原则。

(一)个体本位主义

所谓个人本位,一般而言是与团体本位(国家本位)相对应的概念,正如政治学领域的个人主义与集体主义是相对应的概念一样。个人本位,其意思大致是:当个人利益与团体利益(国家利益、社会利益)相互冲突时,应当优先考虑个人的利益,这种价值取向被称为个人本位主义。

(二)自利原则

"自利原则"是亚当·斯密《国富论》的核心思想。所谓"自利"即基于个人利益的利己主义,人的自利行为就是个人对自身利益的追求过程,在"看不见的手"的指引下经济人追求自身利益最大化的同时也促进了社会公共利益的增长。可见自利积累到一定量就会出现他利,而自利与他利在市场竞争的过程中又逐渐形成互利。承认自利,尊重他利,发展互利,构筑了整个西方经济学经济发展原则的基础。

亚当·斯密的自利原则首先体现于对"经济人"这一概念的论证中。"经济人"的根本特点就是从利己心出发,经济人实际上是资本的人格化,进而被解释为按普遍的行为方式从事经济活动的人。这种行为方式之所以具有普遍性，是因为人们都是“以谋取利润为唯一目的的”，亚当·斯密认为人是个人利益的凝结物，是商品生产社会经济体系的一分子，在这一体系中，相互联系的结构的作用是由“看不见的手”来实现的。独立的经济个体，虽然追求个人的利益，但由于市场经济“自然秩序”的作用，必然会导致普遍的社会福利。亚当·斯密通过对这一原则的阐述，奠定了西方经济学经济自由主义的基础。

亚当·斯密认为，自利心是经济资源稀缺性的必然产物，“经济人”活动的主要动力是个人利益，而要满足个人利益只能通过和别人交换商品和服务，从而亚当·斯密仍是从自利原则出发论述他利的获得。但个人不可能独自从事社会性生产活动，社会的生产活动从来都是群体性的，因而才有生产关系之说。在社会的群体中，一个人的自利，在别人看来就是他利。众多的人都有他们各自的自利，只是从单个人的角度去看，他们都是众多的他利。因此，他利的本质仍然是自利，其区别仅在于观察的角度不同，得出的结论也不同。亚当·斯密从这种使人们彼此发生关系的个人利益之中引出了分工，而分工则被视为增加国民财富的首要条件。亚当·斯密认为分工是提高劳动生产力的源泉，分工实际上是各国经济发展的唯一原因。

而在论述分工和交换关系的基础上，亚当·斯密提出了互利原则。由于分工的存在，生产者生产的产品就必须拿到市场上进行交换，才能实现价值，达到互通有无、彼此满足的目的。因此，自利者之间的互利，在市场经济条件下，唯有通过市场上的公平交易才能实现。进而，亚当·斯密将一般的商品交换扩大运用到国与国之间的贸易：一个国家生产毛呢所耗费的劳动少，另一个国家生产葡萄酒所耗费的劳动少，那么每个国家都应该专门生产本国耗费劳动少的商品，然后彼此交换，这样双方都可以得到好处。因此，互利恰是坚守自利原则的个体的最终选择，互利就其根本仍是自利，自利原则是亚当·斯密经济学原理的重心所在。

（三）理性原则

理性人是指作为经济决策的主体（居民户、厂商、政府）都充满理智，既不会感情用事，也不会轻易盲从，而是精于判断和计算，其行为符合始终如一的偏好原则。理性人有如下三种行为特征：第一，完整性；第二，传递性；第三，有理性的选择。

“理性经济人”是现代西方经济学的一个基本假设，即假定人都是利己的，而且在面临两种以上选择时，总会选择对自己更有利的方案。对于消费者而言，“理性经济人”假设规定他的选择是效用（效用是经济学里的一个重要概念，意思是消费某种商品时所得到的心理满足程度）最大化的，而对生产者而言，他的选择就是利润最大化的，除此之外，消费者和生产者不考虑其他因素，不考虑社会责任和社会义务。

任务二　什么是演绎推理

(一)演绎推理法

演绎推理是从一般原理或理论出发,依据这一理论推导出一些具体的结论(假设),然后把这些结论(假设)应用于对具体现象的说明和解释。

演绎推理在科学研究中的作用包括三个方面:①以一般原理或理论来指导科学研究。调查研究如果缺乏理论的指导将会是盲目和不系统的。②由抽象的理论推导出具体的、未知的现象。演绎推理可以使理论与经验现象联系起来,可以预测一些未知的现象。③有助于论证或反驳某一理论。

(二)演绎推理在经济学中的运用

在假设的纯粹状态中,演绎和推论出各种预想的结果,以求用一种简明的方式把复杂的现象联系起来。这种方法在经济分析中的运用,使得包括变量、假设、假说、预测的理论模型得以建立。

1. 变量是指相互有关系的因素;

2. 假设是理论模型用来说明事实的限定条件;

3. 假说是关于经济变量之间如何发生互相联系的判断;

4. 预测是根据理论假说对事物未来发展趋势和变化的方向、大小、程度等作出的判断,它是在理论限定的范围内用逻辑规则演绎出来的结果。

任务三　价值中立原则

经济学面临一个在自然科学中通常不会遇到的问题,即人们对各种社会现象,特别是对涉及人们切身利益的经济问题,往往会作出好坏或是非的判断。由于这种判断与人们的价值观直接发生关系,所以被称为价值判断。

科学性和客观性要求经济学超脱和排除一切价值判断,就经济事物的本来面目进行客观的描述,这就是所谓的“价值中立”原则。它在经济学中的应用将经济学划分为实证经济学和规范经济学。

(一) 实证经济学

目的在于了解经济是如何运行的,它力求回答经济现象是什么的问题,而不讨论它的结果的可取性和不可取性。任何有关实证经济学的争论可以通过观察事实来解决,其目的在于考察经济现象是什么,而不对其做好坏的价值判断。

(二)规范经济学

以一定的价值判断为出发点,提出行为标准,探讨如何才能符合这样标准的理论和政策。规范经济学力求回答经济现象应该是什么的问题,有关规范经济学的争论,不能仅仅通过观察事实来解决,而是由政治上的抉择来解决的。其目的在于对经济现象作出好坏的评价,或该不该如此的判断。

(三)实证经济学与规范经济学的区别

实证经济学要求与客观事实相符,如果不符则是错误的命题。

规范经济学由于有价值判断问题,因而不具有客观性。即规范命题没有正误之分,同一个问题,不同的经济学家也会得出不同的结论。即实证经济学研究经济运行规律,不涉及评价问题,规范经济学则对经济运行进行评价。

【小测试】

以下哪些问题是规范性的?哪些又是实证性的?

1. 老年人会不会追求时髦?老年人应不应该追求时髦?
2. 企业是不是追求利润最大化?企业应不应该追求利润最大化?
3. 生产规模扩大成本会不会降低?企业是否应当通过扩大生产规模来降低成本?
4. 企业之间的竞争具有什么特点?企业之间是否应当通过价格战来相互竞争?

任务四 西方经济学的分析工具

(一)均衡分析

西方经济学中的均衡,是指经济体系中变动着的各种力量处于平衡,以致这一体系内不存在变动要求的状态。这种均衡状态是一种所有重要经济变量都保持稳定不变的状况,即经济体系内各有关变量的变动都恰好相互抵消,没有引起重要经济变量发生变动的压力和力量时的状态。

1. 局部均衡分析

将注意力集中在社会经济中的一些小的经济现象,假定不会对社会经济的其他部分产生重大影响。

2. 一般均衡分析

假定各种商品的价格、供求都是相互影响、相互作用的,一种商品的价格不仅取决于它本身供求,也受其他商品价格和供求的影响。只有各种商品的供求同时达到均衡时,每种商品的价格或供求的均衡才能实现。

（二）静态分析与动态分析

1. 静态分析

假定人口、资本存量、技术和知识水平、消费者偏好和生产规模均保持不变，研究经济变量之间的关系，力图说明什么是经济变量的均衡状态以及达到均衡状态所需具备的条件，它研究的是经济生活的一个横断面，分析的是围绕着均衡点的上下波动，而不考虑时间因素的影响。

2. 动态分析

动态分析有两个基本特点：第一，把时间因素导入分析中。动态分析把时间作为一个持续的变量，探讨各种经济变量如何随着时间的推移而从前一个均衡到后一个均衡的运动过程。第二，注意过程分析。动态分析通常把经济运动过程划分为连续的分析"期间"，以便考察有关变量在相续继起的各个期间的变化情况。

3. 比较静态分析方法

主要考察新的均衡状态与旧的均衡状态之间的关系，将变化后形成的均衡状态与旧的均衡状态加以比较，研究发生了什么样的变化。它不研究变动过程本身，即由旧的均衡向新的均衡变动的过程。

（三）边际量分析

边际量是指生产、交换、分配和消费在一定条件下的最后增加量，研究这个增量的性质和作用，构成了边际分析的基本内容。西方经济学认为，边际量或增量分析，比总量分析和平均量分析更能精确地描述经济变量之间的函数关系。

项目六　经济制度与资源配置

稀缺资源的有效配置以及尽可能地增加资源总量是任何经济社会都必须面对的问题。但对如何实现资源最有效率的配置、促使社会资源总量增加等问题的解决方式却有很大的不同。基本经济问题的解决方式主要是由特定经济制度所决定的。不同的经济制度可以在许多方面存在差异。就资源配置的方式而论，差异主要表现在进行选择的决策结构、动力机制和信息传递三个方面。以此作为划分标准，当今世界上不同国家的经济制度可以概括为三种形式，即自由放任的市场经济制度和中央集权的计划经济制度两种基本形式以及由此结合而形成的混合经济制度。

任务一　自由放任的市场经济制度

在各种采用不同方式配置资源的经济制度中，一个极端的情形是自由放任的市场经济。自由放任是指完全没有政府干预而由经济社会中的个人自主行动；市场经济是指资源配置由市场供求所决定的经济。在这种经济制度中，每个人或者经济单位的基本经济活动不受政府的控制，为了追逐自身的利益作出选择并在市场上相互作用。

首先，从决策结构上来看，自由放任的市场经济制度是分散决策。所有的单个决策单位自行选择最优方案。作为消费者，每个人或者家庭根据自身的收入决定购买哪些产品以及每种产品的数量，选择获取收入的方式及其数量；作为生产者，每个厂商决定生产什么产品以及生产数量，并根据这一数量选择使用各种投入的组合及其相应数量；消费者和生产者在自由交换基础上进行交易。

其次，在自由放任的市场经济中，每个人或者经济单位被赋予了追逐个人利益的动机。满足感或荣誉感、责任感、利润等都可能成为经济单位的动机或追求的目标。通常，个人或者家庭消费商品的动机是为了自身最大满足，劳动的目的是为了获得收入；而生产者生产的目的则是为了赚取最大的利润。在市场经济条件下，他们为了实现各自的目标进行选择。

为了能够使得经济单位可以达到自身追逐的目标或者说实现自身的动机，经济社会必须具备相应的制度规定。在自由放任条件下，经济制度必须能保证劳动者的收入和生产者的利润能全部或者部分地划归所有者，这就需要明确私人的产权。产权包括每个人按照他认为合适的方式使用或处置其财产并得到相应收益的权利，并承担由此带来的损失。正是这种明确的规定使得财产所有人具有有效使用其财产的动机。

最后，在自由放任的市场经济中，有关资源稀缺程度的信息是借助于价格涨落来传递的。社会中的每个经济单位都不得不关注有关的价格信息，因为某种商品价格上涨，对购买者而言意味着既定收入可购买的数量减少，对生产者而言则是更有利可图。同时，价格的涨落也反映了市场供求的变动。依照这种变动，消费者和生产者调整提供资源和生产产品的数量，使得资源配置发生变动。

总之，在自由放任的市场经济中，家庭或个人以自身的满足为动机，依照市场价格所提供的信息，自主决策，决定每种产品的购买量；生产者以利润为动机，根据市场价格决定生产的方式以及购买投入的数量；家庭和生产者的相互作用决定商品的价格和生产数量。通过这种制度，家庭需要借助于市场价格反映给生产者，由生产者以有效的方式向家庭提供他们需要的产品及其数量，即决定生产什么和生产多少以及如何生产的问题。同时，由于生产者在市场上获得生产过程中所需要的投入，从而供给这些投入的家庭获得购买商品的收入，最终决定了产品的归属，即解决了为谁生产的问题。

任务二 中央集权的计划经济制度

另一个极端的情形是中央集权的计划经济。在计划经济制度中，中央计划当局或机构决定生产什么产品及数量，确定生产目标和生产技术方式，并且指定分配规则。在这种制度中，决策是集中化的。这里，国家或者中央计划当局为了某种特定的目标，根据现有的资源，决定生产什么产品和相应的数量，由计划部门分级下达到生产单位，并为生产单位选择相应的生产技术设备，配备生产所需要的投入。当产品被生产出来之后,中央计划部门按一定的规则调拨生产单位的产品,并分配给不同的家庭。有时,中央计划当局也借助于价格制定和执行计划。比如中央计划当局可以制定最终和中间产品的调拨价格以核算生产单位的业绩,也制定不同工资级别以决定最终产品的分配。

集中决策往往建立在公共产权基础之上。在以生产资料公有制为基础的中央集权的计划经济制度中,作为决策者的中央计划当局,其动机往往是社会当前或长远的利益。为了实现这些目标,中央集权的计划经济通常借助于法律的或行政的命令,迫使生产单位执行其生产计划。经济中的每个经济单位的动机主要是非经济的,比如理想或荣誉、上级单位的认可等,而经济动机则较少地发挥作用。在中央计划当局制定计划价格情况中,经济单位特别是消费者也根据自身的动机选择所需要的商品。

中央集权的计划经济中的决策信息是人们的需要。计划价格则是调节生产的标志:在特定的价格下,如果计划的生产量超过了人们的购买量,则计划当局降低计划产量;反之,则升高产量。通过计划调节,中央集权的计划经济决定了社会生产什么产品和生产的数量、怎样生产以及产品的最终分配。

任务三　混合经济制度

纯粹形式的自由放任和集权经济在现实中并不存在,所有现实世界中的资源配置制度在某种意义上都是上述两种制度混合而成的。在这种经济制度中,决策结构既有分散的方面又有集中的特征;相应地,决策者的动机和激励机制可以是经济的,也可以是被动地接受上级指令;同时,整个经济制度中的信息传递也同时通过价格和计划来进行。

在美国那样基本上是自由市场经济的制度中,以追逐自身利益为动机的决策是分散化的,而决策信息的来源则是市场价格。然而即使如此,美国经济中的政府活动也是多方面的。例如,政府的投资和其他购买量大约占到总产量的20%,而政府直接雇用的劳动者也占到劳动总人数的18%。

相反,纯粹的计划经济也是不存在的。在以苏联为代表的计划经济制度中,决策是集中化的,每个决策者主要在行政命令的指导下从事经济活动,而决策制定则以计划执行情况为信息。但在所有的计划经济制度中,都存在着个体企业,而这些企业主要根据自身的需要作出相关决策。例如,在苏联,大约有三分之一的农产品由私人农场直接向市场供给;前南斯拉夫经济中的决策更为分散,单个企业的经理对生产和成本具有更大的决策权,并可以根据利润的多少获得不同的收入。

由此可见,当今所存在的经济制度都是混合经济,即政府和私人部门按照一定的原则制定决策的混合经济制度。在这种制度中,分散决策与集中决策相结合,既有分散的私人部门,又有集体集中决策的公共部门;决策单位的动力既可以是自身的经济利益,也可以是社会目标,相应的激励机制可以是经济利益,也可能是行政命令或法律制约;信息传递既有价格自发的波动,又有计划指令的反馈。从各国经济活动的实践来看,不同的国家都试图在自由放任的市场经济和中央集权的计划经济这两种极端的制度之间选择资源配置的最佳方式,只是市场或者计划对资源配置的影响程度不同而已。

在特定的社会制度下,混合经济可以是以分散决策为主,也可以是以集中决策为主。产生于资本主义制度下的西方经济学则主要讨论资本主义制度下以市场机制为主、配合以国家干预的经济制度如何实现资源配置的问题。

由此可见,在混合经济中,通过市场机制的自发作用,经济社会解决生产什么和生产多少、如何生产和为谁生产的基本问题,而在市场机制出现错误时,则通过政府干预以促进资源使用的效率、增进社会平等和维持经济稳定和增长。正因为如此,以考察经济社会面对稀缺资源作出有效选择以及稀缺资源是否得到充分使用、其总量决定及其变动趋势和稳定性等经济问题作为研究对象的西方经济学,要研究市场经济中的消费者、生产者和政府如何作出选择以及这些选择对资源配置的影响。总之,西方经济学要研究既定经济制度下,个人、厂商、政府和其他经济组织如何作出选择,以及这些选择如何决定社会资源的配置及其效率。

【本学习情境小结】

1. 经济学的含义

经济的完整定义,是指经济活动,是人们在一定的经济关系的前提下,进行生产、交换、分配、消费以及与之有密切关联的活动,在经济活动中,存在以较少耗费取得较大效益的问题。

经济关系是人们在经济活动中结成的相互关系,在各种经济关系中,占主导地位的是生产关系。

经济学初步的含义:经济学是一门研究如何配置和利用稀缺资源的科学,即人类怎样利用有限的资源来满足其不断增长的需要的一门学科。

进一步的定义:研究目的是人类怎样使用一定的稀缺资源能获得最大的产品(劳务)满足人类的需要(福利)。通俗内涵:研究我们社会中的个人、厂商、政府和其他组织如何进行选择,以及这些选择如何决定社会资源的使用方式。

2. 经济学的两大体系

在经济学说史上,马克思主义经济学和西方经济学两大体系的研究对象是不同的。由于不同的经济学体系的研究目标和论述内容的区别,因而会对人类社会、经济发展作出不同的历史结论。

3. 经济学与我们日常生活中的“节约”和“管理”等词汇是紧密联系在一起的。我们之所以要“节约”是因为资源“有限”，即相对于我们的欲望而言，用于满足欲望的手段或资源是有限的。经济学中，生产资源的相对有限性被称为资源的稀缺性。

4. 资源的稀缺性意味着，特定的时间内社会生产不同产品的数量是有限的。生产可能性曲线反映了资源稀缺性的特征。

资源的稀缺性产生各种各样的经济问题，其中最基本的问题涉及既定的资源用来生产什么产品及其数量、如何把这些产品生产出来、生产出来的产品怎样在社会成员之间进行分配，即生产什么、如何生产和为谁生产的问题。与社会解决这些基本经济问题的方式相联系，西方经济学要研究社会如何使用稀缺资源，以实现有效率的资源配置。

5. 资源的稀缺性迫使我们不得不作出选择。选择之所以成为问题，是因为任何选择的结果不仅会带来某种好处，还会带来一定的成本。使用一项资源选择决策所招致的成本由该项资源的机会成本加以衡量。

6. 在研究社会如何解决三个基本问题的同时，经济学也关注社会稀缺的资源是否得到充分使用、社会资源总量的变动以及货币的稳定性等现代经济社会所面临的主要问题。因此，现代的西方经济学不仅要研究经济社会面对稀缺资源如何作出有效地选择，以决定生产什么和生产多少、如何生产和为谁生产的基本问题，而且要研究这些稀缺资源是否得到充分使用、其总量决定及其变动趋势以及稳定性等问题。

7. 社会解决基本经济问题的方式由特定经济制度所决定。不同经济社会的制度存在许多差异，但就资源配置过程中的决策结构、动力机制和信息传递等方式的不同，经济制度可以划分为自由放任的市场经济制度和中央集权的计划经济制度两种基本形式以及由此结合而形成的混合经济制度。

8. 在自由放任的市场经济制度中，每个独立的经济单位以自身的经济利益为动机，依照市场价格提供的资源稀缺程度的信息，自主分散决策，最终解决经济社会所面临的基本经济问题。

9. 中央集权的计划经济是资源配置制度的另外一个极端情况。在计划经济制度中，中央计划当局采取集中决策的方式，决定生产什么产品及数量，确定生产目标和生产技术方式，并且指定分配规则。计划价格是中央计划当局调整资源配置的重要指标。

10. 现实经济中的资源配置制度往往由自由放任的市场经济制度和中央集权的计划经济制度混合而成。在混合经济制度中，既有分散的决策又有集中决策；决策者的动机和激励机制可以是经济的，也可以是被动地接受上级指令；资源稀缺程度也同时通过价格和计划反映出来。

11. 在以市场机制为资源配置主要方式的混合经济制度中，存在着一只“看不见的手”和一只“看得见的手”，前者借助于价格机制指导着人们在追逐个人利益的同时自发地实现资源配置，而后者则依靠政府的积极行动，弥补或纠正与市场机制自发运行相联系的种种弊端。

12. 西方经济学要研究既定经济制度下，个人、厂商、政府和其他经济组织如何作出选择，以及这些选择如何决定社会资源的配置及其效率。依照于既定资源下的配置问题和资源总量的决定问题，西方经济学把经济学的基本理论区分为微观经济学和宏观经济学两部分。

13. 微观经济学在稀缺资源既定的条件下探讨单个家庭和单个厂商如何作出选择以决定市场供求，市场供求如何决定价格并最终决定既定资源被配置于何种产品或劳务的生产上。

14. 宏观经济学侧重于研究资源总量的决定问题，探讨社会如何对消费和投资作出选择以决定经济中的总需求、社会如何选择生产要素供给及投入量以决定整个经济中的总供给，并最终分析资源总量的决定及其变动规律等。

15. 微观经济学和宏观经济学是经济学的两个部分，二者互为补充，微观经济学是宏观经济学的基础，但宏观经济学又不是微观经济学的简单加总或重复。

【问题与思考】

1. 理解经济与经济学的含义。
2. 简述经济学发展简史。
3. 举例说明什么是稀缺性以及由此产生的各种问题。
4. 经济学中经常用《鲁滨逊漂流记》中的水手鲁滨逊作为例子，因为他一个人漂流到孤岛上不得不考虑管理由他自己构成的经济。小说中描写，鲁滨逊每天要用10小时来采集椰子和捕鱼。你能据此画出并说明鲁滨逊的生产可能性曲线吗？请用这一曲线说明鲁滨逊面临的经济问题。
5. 西方经济学研究的基本问题是什么？
6. 就资源配置而论，自由放任的市场经济制度与中央集权的计划经济制度各有哪些特点？请对它们的优劣进行比较。

为什么需要经济学？是由于资源的稀缺性

设想一下,如果适用的资源是无限的,取之不尽,用之不竭,可以任凭挥霍浪费,经济学又有什么必要呢?

当然,资源的稀缺性,一般指相对稀缺,即相对于人们现时的或潜在的需要而言是稀缺的。这就要求社会经济活动的目的,是以最少的资源消耗取得最大的经济效果。

因此,资源的稀缺性及由此决定的人们要以最少消耗取得最大经济效果的愿望,是经济学作为一门独立的科学产生和发展的原因。

举例来说。相对而言,我们呼吸的空气,没有什么稀缺性可言。任何人都可以任意地自由呼吸。所以,并没有专门研究分配空气的学问。但就大多数自然资源来说,几乎都是稀缺的。人类的产品都要靠消耗自然资源来生产,所以人类产品也都是稀缺的。经济学要研究如何生产、分配和利用这些资源和产品,以节省资源,达到最佳效用。过去认为水资源是无限的,所以不太重视用经济手段来调节水资源的利用。现在看来,水是稀缺资源。所以我们现在开始提倡节约用水,也开始重视利用经济手段来调节水资源了。

分析点评提示:怎么理解经济学建立的基础:资源的稀缺性?

模块二　微观经济学

学习情境二　价格理论:认知供求关系

【学习目标】

重要概念

需求　需求量　需求定理　供给　供给量　供给定理　市场均衡　供求定理　价格机制　需求价格弹性　供给价格弹性

知识目标:

①掌握需求和供给的含义及影响因素;

②掌握弹性的概念和类型。

能力目标:

①能够分析需求的变动与需求量的变动;

②能够分析供给的变动与供给量的变动;

③能够分析均衡价格的决定过程;

④能够计算某商品的需求价格弹性;

⑤能够分析需求价格弹性与总收益的关系。

项目一　需求的基本原理

【引子】

1840 年鸦片战争,英国用枪炮强行打开中国的大门,英国商人为能打开中国这个广阔的市场而欣喜若狂。当时英国棉纺织中心曼彻斯特的商人估计,中国有 4 亿人,假如有 1 亿人晚上戴睡帽,每人每年用两顶,整个曼彻斯特的棉纺厂日夜加班也不够,何况还要做衣服呢,于是他们把大量的洋布运到中国。结果和他们的想法相反,洋布在中国根本就卖不出去。

资料来源: www. zhazhi. com/lunwen/whls/zgls/761. htm

任务一　需求

(一)需求

需求是指在一定时期内,其他条件不变的情况下,消费者在每一价格水平下愿意并能够购买的某种商品或劳务的数量。

在理解需求这一概念时应该注意的是,需求是购买欲望和支付能力的统一,缺少任何一个条件都不能称为需求。因此,需求必须具备的两个条件:一是消费者愿意购买;二是消费者有支付能力。两者缺一不可。例如,一个穷人想拥有一栋别墅,但没有购买能力,因而产生不了需求。同样,一个富人对一台普通电脑有购买能力,但没有购买的欲望,也不会产生需求。

(二)需求量

在经济学中,需求量和需求是两个不同的概念。需求量是消费者在某一时间内的某一特定价格水平上对某种商品愿意并且能够购买的数量。按照需求和需求量的定义,需求的变化将引起需求量的变化。例如,当需求增加的时候,在各个价格下的需求量也增加了。但是,需求量的变化不一定引起需求的变化。例如,当需求量随着价格的上升而减少时,需求可以不变。

关于需求量的含义应该注意下述问题:

第一,需求量是消费者希望购买的商品数量,而不是实际购买的商品数量。

第二,需求量是一种有效的需求。需求量不是消费者的主观愿望,而是一种有能力实现的希望。如果消费者在某一价格下希望购买某一数量的商品,他们就一定能够支付这些商品的价款。

第三,需求量是一种流量。需求量是一个时期的概念,它只能以某一特定时期,如每月、每季或每年进行计量。

(三)个人需求与市场需求

需求分为个人需求和市场需求。个人需求是指单个消费者或家庭在某一特定时间内,在各种可能价格下,愿意并且能够购买的某种商品的相应数量。市场需求是指在某一特定市场和某一特定时期内,所有购买者在各种可能价格下将购买的某种商品的总数量。市场需求是个人需求的水平加总。

(四)影响需求的因素

在需求的定义中,指出了“其他条件不变”,消费者根据商品的价格决定需求量,但事实上,除了商品本身的价格外,既有经济因素,也有非经济因素,概括起来主要有以下几种:

1. 商品本身的价格

在其他价格不变的前提下,价格提高,需求下降;价格降低,需求上升。一般来讲,商品需求量与其价格之间呈反方向变动,商品价格升高,需求量降低;商品价格降低,需求量增加。例如猪肉的价格上涨,人们对猪肉的需求量就会减少,原来准备要购买2千克的,现在只购买1千克。

2. 其他商品的价格

各种商品之间存在着一定的关系,因此,其他商品的价格变化也会影响某种商品的需求。按照商品的消费功能,商品之间的关系有两种:互补关系和替代关系。互补关系是指两种商品互相补充共同满足人们的同一种欲望,完成同一消费功能,如汽车与汽油,羽毛球与羽毛球拍,计算机与应用软件等,这种有互补关系的商品称为互补品;替代关系是指两种商品可以互相代替来满足同一种欲望,如猪肉与牛肉,茶与咖啡,大米与小麦等,这种有替代关系的商品称为替代品。由于商品之间的不同关系,导致了相关商品价格的变动引起某种商品需求的变动方向亦不同。对于互补品,一种商品(汽车)的价格上升,消费者对另一种商品(汽油)的需求就会减少;反之亦然。也就是一种商品的价格与其互补品的需求量呈反方向变动。对于替代品,一种商品(猪肉)的价格上升,消费者对另一种商品(牛肉)的需求就会增加;反之亦然。即一种商品的价格与其替代品的需求量呈同方向变动。因为理性的消费者总在追寻用最小的成本来满足同一欲望。

3. 消费者的收入

消费者的收入对需求的影响是显而易见的。一般来说,对大多数正常品来说,消费者的收入提高时,对商品的需求量就会增加;消费者的收入下降时,对商品的需求量就会减少。但由于商品的性质以及用途不同,它们对收入变化的反应程度也不同,一般地,生活必需品对收入变化反应不大。然而,一些耐用品和奢侈品对收入的变化的反应程度都是相当大的。例如,人们手中有了钱才会考虑计算机、商品房等商品的购买以及人力资本的投资,甚至购买小汽车。

总之,无论是必需品,还是耐用品和奢侈品,一般都与收入同向变化。

4. 消费者的偏好

消费者对某种商品的偏爱程度会对该商品的需求量产生影响,偏爱程度越高,需求量越大;相反,偏爱程度越低,需求量越小。当许多人对某一商品产生相同的偏爱倾向时,就形成了某种消费风尚,将促使消费者在商品价格未发生变化的情况下增加或减少对该商品的需求。

5. 消费者对未来的预期

如果消费者预期某种商品价格将上涨就会做出增加当前购买的决定,会使当前需求增加;如果消费者预期某种商品价格将下降就会做出减少当前购买的决定,会使当前需求减少。这在房地产市场上表现得最为显著。如果民众预期房价持续走高,那么就可能抢购商品房;当商品房价格正在下降的时候,人们也往往选择持币待购。同样,如果消费者预期到未来收入水平提高(下降)会导致当前需求的增加(减少)。例如,某消费者预期到自己将面临失业的威胁,就会减少一些非生活必需品的开销,致使当前需求减少。

6. 人口数量和结构的变动

一般来讲,人口数量的增减会使需求发生同方向变动。人口结构的变动主要影响需求的结构,如人口老龄化的国家,时髦服装、滑雪等刺激性运动项目的需求会减少,而保健品和老年常用药的需求会增加。

7. 政府的消费政策

政府会通过采取一些鼓励需求或抑制需求的政策来调节需求。例如,政府提高存款利率会使储蓄增加,减少当前需求,而实行消费信贷制度则会鼓励消费,增加当前需求。

除以上列举因素之外,商品需求还受到其他因素的影响,如季节(空调在夏天中国北方的需求要远远高于冬天的需求)、时间、消费信贷、广告包装、信息畅通、政府政策等。

综上所述,影响需求的因素(以轿车为例)如表 2-1 所示。

表 2-1　影响需求的因素(以轿车为例)

影响需求的因素	预期效应
越野车(替代品)价格上升	轿车需求增加
汽油(互补品)价格上升	轿车需求减少
消费者的平均收入水平上升	轿车需求增加
轿车厂家广告数量和营销支出上升	轿车需求增加
社会人口数量上升或青年人口的增多	轿车需求增加
拥有新车成为社会地位的象征:消费者偏好程度提高	轿车需求增加
预期轿车的价格优惠政策即将到期	轿车需求增加

任务二　需求表、需求曲线与需求函数

(一)需求表、需求曲线与需求函数

影响需求的因素有很多,其中最主要的因素是商品的价格。为了把商品的需求量

与价格之间的关系描述出来，通常采用需求表、需求曲线与需求函数三种方法。

需求表是表示商品的价格与需求量之间关系的表格，实际是用数字表格的形式来表述需求这个概念。例如，在2010年12月某地牛肉市场上，价格与需求量的关系如表2－2所示。

表2－2　　需求表

价格—需求量组合	价格（元/千克）	需求量（千克）
a	37	120
b	38	110
c	39	100
d	40	90
e	41	80

我们还可以用图示法把这种关系表现出来，得出一条表示商品价格与需求量关系的曲线，即需求曲线。根据上表可以作出图2－1。

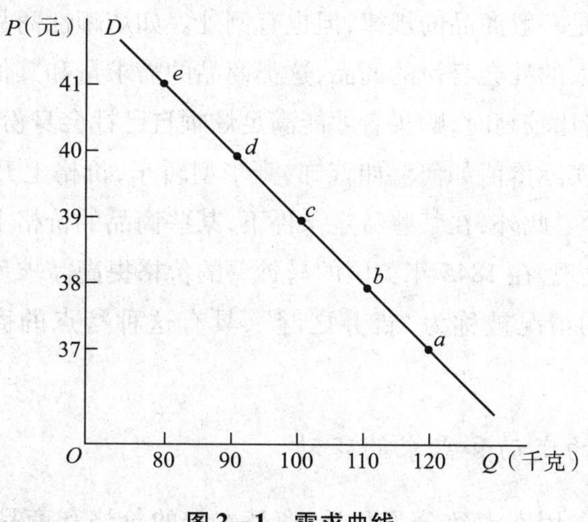

图2－1　需求曲线

在图2－1中，横轴OQ代表消费者对牛肉的需求量，纵轴OP代表牛肉的价格，D即为需求曲线，需求曲线向右下方倾斜，表示需求量与价格反方向变动。

产品的需求受许多因素的影响。如果将影响需求的各种因素作为自变量，把需求作为因变量，则可以用函数关系表示影响需求的因素与需求之间的关系。这种函数关系称为需求函数。它的数学表达式为：

$$Q_d = f(x_1, x_2, \cdots, x_n)$$

式中，Q_d为需求量，$x_1, x_2, \cdots, x_n$为影响该商品的需求量的因素。在经济分析中，不能同时对所有影响因素进行研究，假定影响需求的其他因素不变，只考察影响需求量的最重要因素——某商品本身的价格，即研究需求量Q_d与价格P之间的关系，则

需求函数公式为:

$$Q_d = f(P)$$

(二)需求定理

从需求表和需求曲线中可以看出,一种商品的需求量与其自身价格是呈反方向变动的,这种现象被称为需求定理。其基本内容是:在其他条件不变的情况下,某商品的需求量与价格之间呈反方向变动,即需求量随着商品本身价格的上升而减少,随着商品本身价格的下降而增加。

在理解需求定理时,要特别注意“在其他条件不变的情况下”这一点。其他条件不变是指除了商品本身的价格以外,其他任何影响需求的因素都保持不变。也就是说,需求定理是在假定影响需求的其他因素不变的前提下,研究商品本身价格与需求量之间的关系。离开了这个前提,需求定理就无法成立。例如,啤酒在夏天的需求量比较大,而同一种啤酒到了冬天后即使价格下降需求量可能还是会减少。

需求定理指的是一般商品的规律,但也有例外。如炫耀性商品和吉芬商品。炫耀性商品是用来显示人的社会身份的商品,这类商品的需求量和其价格之间呈同方向变动,只有商品的价格比较高时,购买者才能满足炫耀自己社会身份和地位的心理需求,而不在于该种商品实际价值如何。如首饰,豪华型轿车,价格上升,需求会增加,价格下降,需求反而减少。此外,在某些特定条件下,某些商品的价格上升,需求反而增加。例如,英国人吉芬发现,在1845年英国的马铃薯的价格提高需求反而增加了。这种价格上升、需求增加的情况被称为“吉芬之谜”,具有这种特点的商品被称为“吉芬商品”。

(三)需求量的变动和需求的变动

影响商品需求的因素大致分为两类,商品本身的价格和商品价格以外的其他因素。在其他因素不变的条件下,商品本身价格变动所引起的需求数量的变动称为需求量的变动。需求量的变动表现为同一需求曲线上点的移动,如图2-2所示,当价格为P_1时,需求量为Q_1,当价格由P_1下降到P_2时,需求量由Q_1增加到Q_2,在需求曲线上表现为从a点向b点移动。需求曲线上的点向左上方移动时需求量的减少,向右下方移动时需求量的增加。

在商品本身价格不变的条件下,由其他因素变动所引起的需求量的变动称为需求的变动。需求的变动表现为需求曲线的平行移动。如图2-3所示,在商品价格P_0保持不变的情况下,收入减少时,需求由Q_0减少到Q_1,需求曲线由D_0移动到D_1,收入增加时,需求由Q_0增加到Q_2,需求曲线由D_0移动到D_2。需求曲线向左下方移动是需求的减少,需求曲线向右上方移动是需求的增加。

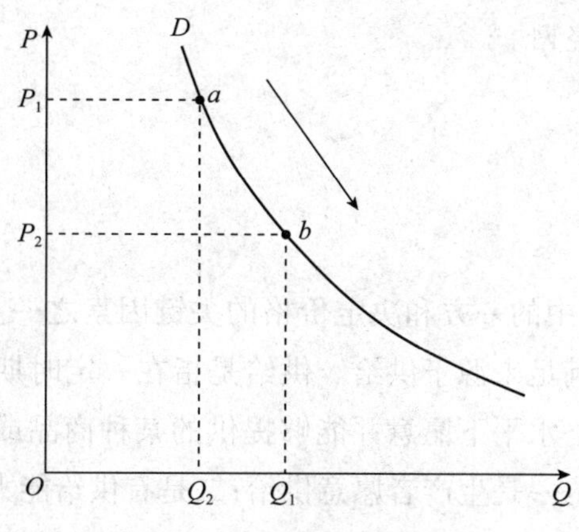

图 2－2　需求量的变动

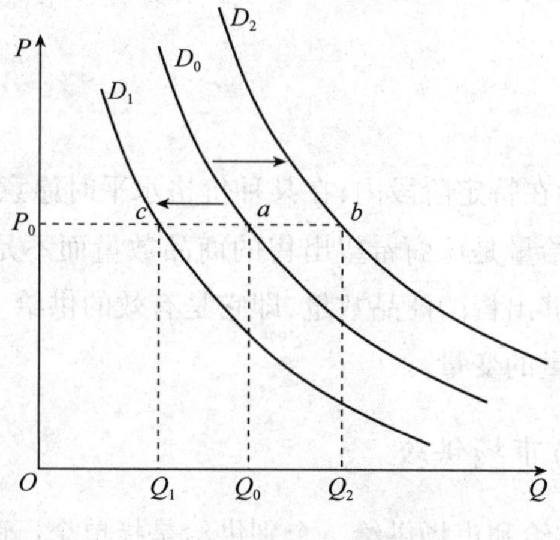

图 2－3　需求的变动

总之，需求量变动与需求变动是由不同因素变动引起的，变化表现形式也不同。一般来说，需求的变动都会引起需求量的变动，而需求量的变动不一定引起需求的变动。

项目二　供给的基本原理

2008 年，新蒜的上市价格在每斤两三角钱，蒜农不得不赔本卖蒜。2008 年 9 月，各地大蒜库存相继出售，价格开始大幅度下跌。到 2008 年 11 月，价格跌破每斤一角，远远低于库存成本，不光蒜农赔本，大量的中间商也是血本无归。2009 年大蒜初上市时，收购价格仍然很低，进入 7 月以后成交价格才逐步攀升。2009 年下半年以来，大蒜价格就像坐火箭一样一路飞涨，从最初的一斤一两角到 2010 年 5 月的四五元，最贵时曾一度高达六七元。“大蒜价格都快比肉贵了！”“蒜你狠”的外号可谓实至名归。

资料来源:中国农经网。

任务一 供给

(一)供给

供给也是市场供求中的一方和决定价格的关键因素之一。供给与需求是相对应的概念,需求的实现与满足来源于供给。供给是指在一定时期内,其他条件不变的情况下,生产者在每一价格水平下愿意并能够提供的某种商品或劳务的数量。显然,供给也必须具备两个条件:一是生产者愿意供给;二是有供给能力。仅具备供给愿望,而不具备供给能力,不能形成真正的供给;同样,只具备供给能力而无供给愿望,也无法形成供给。

(二)供给量

供给量是指生产者在特定阶段内,在某种价格水平时愿意而且能够提供的商品或劳务的数量。首先,供给量是厂商希望出售的商品数量而不是实际出售的商品数量。其次,供给量是厂商能够出售的商品数量,即它是有效的供给。还有,供给量是一种流量,是以一定时期来计量的变量。

(三)个别供给与市场供给

供给也分为个别供给和市场供给。个别供给是指单个厂商对某种商品的供给,市场供给是指该商品市场所有的个别供给的总和。

(四)影响供给的因素

影响供给的因素很多,既有经济因素,也有非经济因素,概括起来主要有以下几种:

1. 厂商的目标

在经济理论中,经济学家常假设厂商以最大利润为经营目标,那么供给取决于这些供给量是否能给他带来最大利润。事实上,厂商也可能以拥有较大的生产规模并占有相当大的市场份额为目标,或者以其他政治的或社会道义责任为目标,那么供给就会因目标不同而有所不同。例如,在发生自然灾害时,某厂商可能出于社会道义和责任观念以成本价出售商品。

2. 商品本身的价格

一般来讲,商品本身价格越高,供给量越大;商品本身价格越低,供给量越小。例如,当某地农贸市场上鸡蛋的价格为 8 元/千克时,市场上的月供给量为 5 万千克,当鸡蛋价格上涨为10元/千克时，月供给量增长到7.5万千克。

3. 其他商品的价格

某商品的价格不变，替代商品价格上涨时，生产这种商品的厂商转向替代商品的生产，故会减少这种商品的生产，从而供给量减少，反之亦然，例如，猪肉的价格上升，消费者对牛肉的需求就会增加，引起牛肉的价格上升，因而牛肉的供给就会增加；当互补商品的价格上涨时，由于这种商品也会随之涨价，厂商就会增加该商品的供给量，故供给量增加，反之亦然。

4. 生产技术的变动

生产技术的提高会使资源得到更充分地利用，从而降低成本，商品的供给量增加。例如，某炼钢厂采用了新的燃煤技术，煤的使用量降低三分之一，生产成本大大下降，因而在产品价格保持不变的情况下，厂商愿意供应更多的产品。

5. 生产要素的价格：包括工资、土地、原材料、资金

生产要素价格的变化直接影响到商品的生产成本，从而影响供给。在商品价格不变的情况下，生产要素价格下降，生产成本下降，利润增加，供给会增加；反之，生产要素价格上涨，供给会减少。例如，在葡萄酒价格等因素不变的条件下，如果葡萄的价格上涨，意味着厂商的生产成本增加，供给将会减少。

6. 厂商对未来的预期

厂商对未来经济持乐观态度，会增加供给；持悲观态度，则会减少供给。例如，如果厂商预期到下个季度某商品的价格将上涨，则会多生产，因而供给增加。

7. 政府的政策

政府采取鼓励投资与生产的政策，可以刺激生产增加供给。反之，政府采取限制投资与生产的政策，则会抑制生产减少供给。例如，如果政府采取了利率上调政策，生产者的投资成本将增加，因而供给将会减少。

除以上列举因素之外，商品供给还受到其他因素的影响，如政府的经济政策、厂商的管理水平、工人熟练程度、税收、利率、新材料的发现、自然条件等。

综上所述，影响供给的因素（以轿车为例）如表2-3所示。

表2-3　影响供给的因素（以轿车为例）

影响供给的因素	预期效应
技术进步	利用现代化制造工艺降低了成本，增加了轿车供给
要素价格	钢材价格下降降低了成本，增加了轿车供给
相关产品价格	卡车价格上升，从而增加了轿车的供给
政府政策	国家对节能轿车进行补贴，会增加小排量轿车的供给
其他特别因素	汽车公司在网上销售轿车，降低了成本，增加了供给

任务二　供给表、供给曲线和供给函数

（一）供给表、供给曲线和供给函数

供给的表示同样有供给表、供给曲线和供给函数三种表示方法。

供给表是表示商品的供给量与价格之间关系的表格，实际是用数字表格的形式来表述供给这个概念。例如，在 2010 年 12 月某地牛肉市场上，价格与供给量的关系如表 2－4 所示。

表 2－4　　供给表

价格—供给量组合	价格（元/千克）	供给量（千克）
a	37	80
b	38	90
c	39	100
d	40	110
e	41	120

我们还可以用图示法把这种关系表现出来，得出一条表示商品价格与供给量关系的曲线，即供给曲线。根据上表可以作出图 2－4。

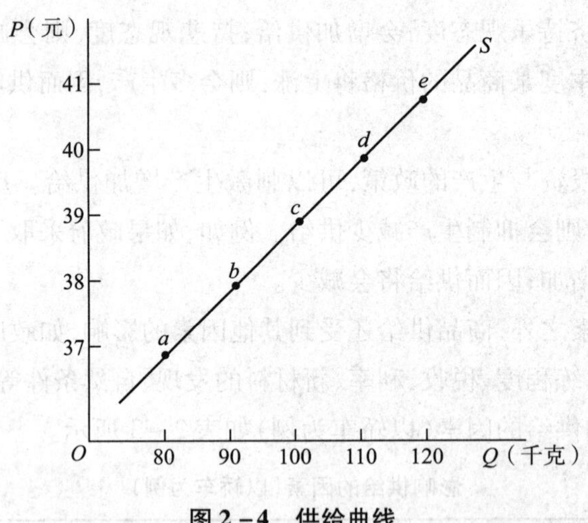

图 2－4　供给曲线

在图 2－4 中，横轴 *OQ* 代表厂商对牛肉的供给量，纵轴 *OP* 代表牛肉的价格，*S* 即为供给曲线，供给曲线向右上方倾斜，表示供给量与价格同方向变动。

产品的供给受许多因素的影响。如果将影响供给的各种因素作为自变量，把供给作为因变量，则可以用函数关系表示影响供给的因素与供给之间的关系。这种函数关系称为供给函数。它的数学表达式为：

$$Q_s = f(x_1, x_2, \cdots, x_n)$$

式中，Q_s 为供给量，$x_1, x_2, \cdots, x_n$ 为影响该商品的供给量的因素。如果假定影响供给的其他因素不变，只考察影响供给量 Q_s 与价格 P 之间的关系，则供给函数公式为：

$$Q_s = f(P)$$

（二）供给定理

从供给表和供给曲线中可以看出，某种商品的供给量与其自身价格是呈同方向变动的，这种现象普遍存在，被称为供给定理。其基本内容是：在其他条件不变的情况下，一种商品的供给量与价格之间呈同方向变动，即供给量随着商品本身价格的上升而增加，随着商品本身价格的下降而减少。

在理解供给定理时，也同样要注意"在其他条件不变的情况下"这一假设前提。离开了这一前提，供给定理就无法成立。例如，如果厂商生产某种产品的目的不是利润最大化，而是基于人道主义，那么，商品本身的价格与供给量就不一定是呈同方向变动。

同需求定理一样，供给定理也会出现某些例外。

1. 有些商品的供给量是固定的，价格上升，供给也无法增加，如文物、土地、艺术品等。

2. 劳动力的供给也是个例外，在开始阶段，当工资增加时，劳动力的供给量一般都会增加；但当工资上升到一定阶段时，劳动者的一般生活需要得到了满足后，他就希望多一点休息和娱乐的时间，这时，工资再增加，劳动力的供给不仅不会增加反而减少，因此，劳动力供给曲线先是随着工资的上升而向右上方延伸，然后向左弯曲成为向后倾斜的供给曲线。

3. 某些商品的价格小幅度升降时，供给按供给定理正常变动，而大幅度升降时，供给则会出项不规则的变化。证券、黄金市场就常是如此。以股票为例，当市场上某种股票价格大幅度下降时，股票持有者害怕其进一步下跌，会抛售这种股票，使股票的供给不仅不会随其价格的下跌而减少，反而增加。

4. 有些商品，在正常时期，供给量按供给定理正常变化；在非正常时期则会出现不正常的变化。比如粮食歉收时，粮价上涨，并不能立即引起粮食供给量的增加，甚至会因生产者囤积居奇而减少；丰收时，粮价下降也不能立即引起供给量的减少。

任务三　供给量的变动和供给的变动

如同我们要区分需求量的变动与需求的变动一样，我们也要区分供给量的变动和供给的变动这两个概念。在其他因素不变的条件下，商品本身价格变动所引起的供给数量的变动称为供给量的变动。供给量的变动表现为同一供给曲线上点的移动，如图 2-5 所示。当价格为 P_1 时，供给量为 Q_1，当价格由 P_1 上升到 P_2 时，供给量由 Q_1 增

加到 Q_2，在供给曲线上表现为从 a 点向 b 点移动。供给曲线上的点向右上方移动是供给量的增加，向左下方移动是供给量的减少。

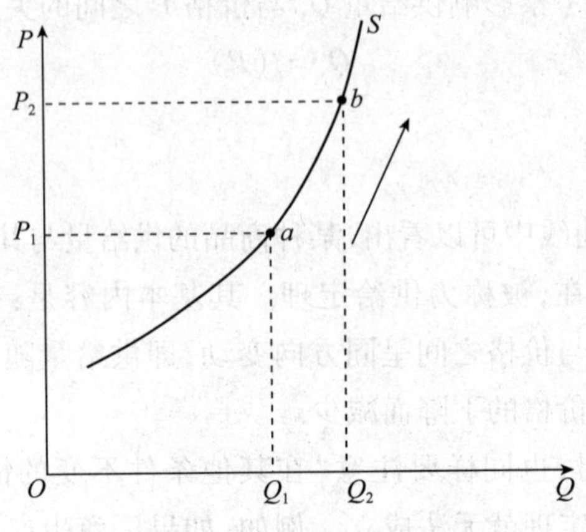

图 2－5　供给量的变动

而在商品本身价格不变的条件下，由其他因素变动所引起的供给量的变动称为供给的变动。供给的变动表现为供给曲线的平行移动，如图 2－6 所示。在商品价格 P_0 保持不变的情况下，生产成本降低时，供给由 Q_0 增加到 Q_1，供给曲线由 S_0 移动到 S_1，生产成本增加时，供给由 Q_0 减少到 Q_2，供给曲线由 S_0 移动到 S_2。供给曲线向左移动是供给的减少，供给曲线向右移动是供给的增加。

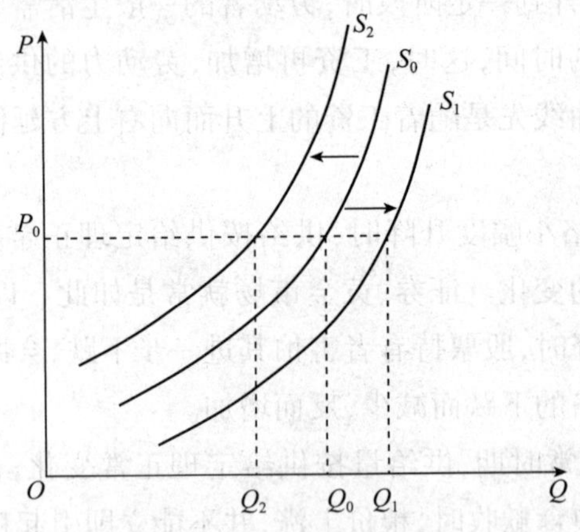

图 2－6　供给的变动

项目三　均衡价值的决定及其变动

任务一　市场均衡

在经济学中，均衡是指经济事物中有关的变量在一定条件的相互作用下所达到的一种相对静止的状态。

在前面分析需求理论和供给理论时，我们知道，需求说明了某一商品在某一既定价格下的需求量，而供给说明了某一商品在每一价格下的供给量。要说明商品的价格的决定，就必须将需求和供给结合起来考虑。在竞争性的商品市场上，对于某种商品的任一价格，其相应的需求量和供给量并不一定相等，但在该商品各种可能的价格中，必定有一价格能使需求量和供给量相等，从而使商品市场达到一种均衡状态。这时，商品的价格称为均衡价格，相应的商品数量称为均衡数量。

更明确地说，所谓的均衡价格就是指需求价格与供给价格相等时的商品价格，即一种商品的需求和供给达到均衡状态时所形成的市场价格。而均衡数量是指需求量与供给量相等时的商品交易量，即一种商品的需求和供给达到均衡状态的商品交易数量。

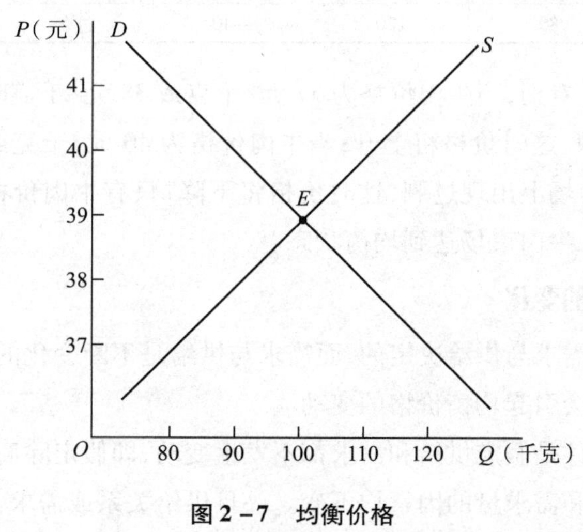

图 2－7　均衡价格

现将图 2－1 和图 2－4 结合在一起，用图 2－7 来表示市场均衡。在图 2－7 中，横轴 *OQ* 代表数量（需求量与供给量），纵轴 *OP* 代表价格（需求价格与供给价格）。曲线 *D* 为商品的需求曲线，曲线 *S* 为商品的供给曲线。需求曲线 *D* 和供给曲线 *S* 相交于 *E* 点，这就决定了均衡价格为 39 元，均衡数量为 100 千克。这就说明，在均衡价格为 39 元时，消费者的购买量和生产者的销售量是相等的，都为 100 千克。或者说，在均衡数量为 100 千克的水平上，消费者愿意支付的价格和生产者愿意接受的价格是相等的，都为 39 元，因此，这一状态便是一种均衡状态。既可以解释为需求曲线和供给曲线交点所决定的价格和数量分别为均衡价格和均衡数量，该交点称为均衡点。

任务二　过剩和短缺（非均衡）

商品的价格越低，需求量就增加，厂商提供的商品供给量就会满足不了需求；反之，商品的价格越高，需求量将减少，这就会出现供过于求的现象。所以，需求和供给是市场上两种相反的力量，它们分别反映消费者和生产者对不同目的的追求。由于需求和供给是由不同的人为不同的目的所进行的经济活动，并且对市场价格作出完全不同或者完全相反的反应，因此，在很多情况下，市场均衡是暂时的、相对的，而不均衡是经常的，所以供不应求（短缺）或供过于求（过剩）经常发生。

下面我们通过把需求表 2－2 和供给表 2－4 合并为表 2－5 来说明市场的均衡与非均衡现象。

表 2－5　　某地区牛肉需求供给表

价格（元/千克）	需求量（千克）	供给量（千克）	需求供给比较	状态	价格变动趋势
37	120	80	+40	短缺	价格上升
38	110	90	+20	短缺	价格上升
39	100	100	0	均衡	价格不变
40	90	110	－20	过剩	价格下降
41	80	120	－40	过剩	价格下降

我们从表 2－5 看到，当牛肉价格为 37 元/千克或 38 元/千克时，需求量大于供给量，市场上出现短缺，这时价格将上升；当牛肉价格为 40 元/千克或 41 元/千克时，供给量大于需求量，市场上出现过剩，这时价格将下降；只有牛肉价格为 39 元/千克时，需求量等于供给量，牛肉市场达到均衡状态。

任务三　均衡的变化

均衡价格是由需求与供给决定的，而需求与供给是不断变化的，所以，需求与供给任何一方的变动都会引起均衡价格的变动。

供求均衡的条件是假定供给和需求都不发生变动，即假定除商品自身的价格外其他一切影响供给量和需求量的因素均不变。一旦供给关系或需求关系发生变化，供求均衡就被破坏，均衡价格就会出现波动，均衡数量也会发生变化。

在现实生活中，影响供给和需求的因素是经常变化的。下面我们就来分析一下需求与供给对均衡价格的影响。

（一）需求变动对均衡价格的影响

需求变动是指在价格不变的情况下，影响需求的其他因素变动所引起的变动，这种变动在图形上表现为需求曲线的平行移动。我们可以用图 2－8 来说明需求变动对均衡价格（以及均衡数量）的影响。

在图 2－8 中，D_0 是期初需求曲线，D_0 与供给曲线 S 相交于点 E_0，决定了均衡价格为 39 元/千克，均衡数量为 100 千克。

需求增加，需求曲线向右上方移动，即由 D_0 移动到 D_1，D_1 与 S 相交于点 E_1，决定了均衡价格为 40 元/千克，均衡数量为 110 千克。这表明由于需求的增加，均衡价格上升了，均衡数量增加了。

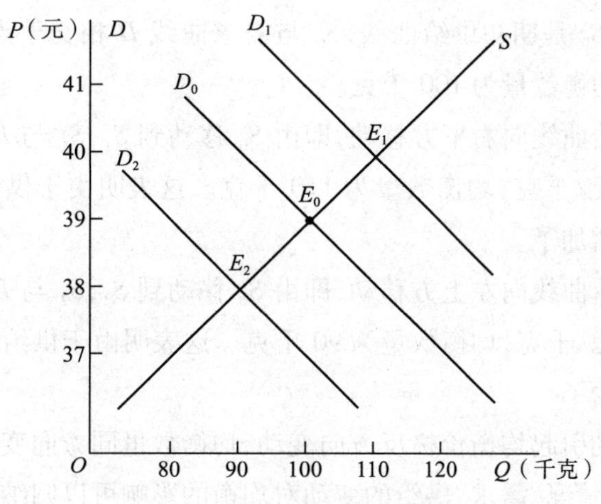

图 2-8 需求变动影响均衡

需求减少,需求曲线向左下方移动,即由 D_0 移动到 D_2,D_2 与 S 相交于点 E_2,决定了均衡价格为 38 元/千克,均衡数量为 90 千克。这表明由于需求的减少,均衡价格下降了,均衡数量减少了。

结论:需求变动引起均衡价格与均衡数量同方向变动。

(二)供给变动对均衡价格的影响

供给变动是指在价格不变的情况下,影响供给量的其他因素变动所引起的变动,这种变动在图形上表现为供给曲线的平行移动。我们可以用图 2-9 来说明供给变动对均衡价格(以及均衡数量)的影响。

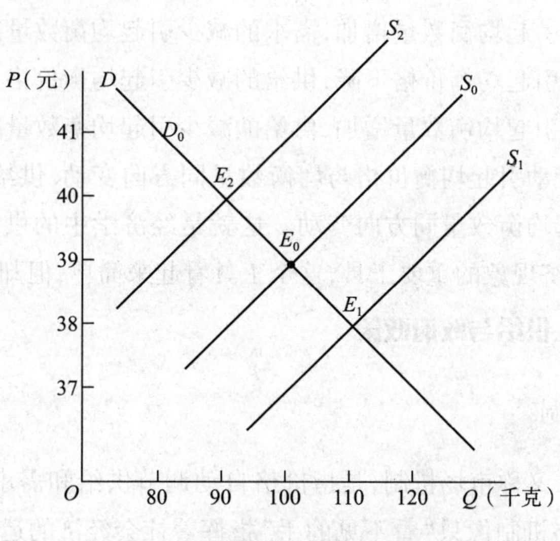

图 2-9 供给变动影响均衡

在图 2－9 中，S_0 是期初供给曲线，S_0 与需求曲线 D 相交于点 E_0，决定了均衡价格为 39 元/千克，均衡数量为 100 千克。

供给增加，供给曲线向右下方移动，即由 S_0 移动到 S_1，S_1 与 D 相交于点 E_1，决定了均衡价格为 38 元/千克，均衡数量为 110 千克。这表明由于供给的增加，均衡价格下降了，均衡数量增加了。

供给减少，供给曲线向左上方移动，即由 S_0 移动到 S_2，S_2 与 D 相交于点 E_2，决定了均衡价格为 40 元/千克，均衡数量为 90 千克。这表明由于供给的减少，均衡价格上升了，均衡数量减少了。

结论：供给变动引起均衡价格反方向变动，均衡数量同方向变动。

综合以上两种情况，需求、供给的变动对均衡的影响可以归纳为表 2－6。

表 2－6　需求、供给的变动对均衡的影响

需求	供给	均衡价格	均衡数量
增加	不变	上升	增加
减少	不变	下降	减少
不变	增加	下降	增加
不变	减少	上升	减少

（三）供求定理

从以上关于需求与供给变动对均衡的影响的分析可以得出供求定理：

1. 需求的增加引起均衡价格上升，需求的减少引起均衡价格下降；
2. 需求的增加引起均衡数量增加，需求的减少引起均衡数量减少；
3. 供给的增加引起均衡价格下降，供给的减少引起均衡价格上升；
4. 供给的增加引起均衡数量增加，供给的减少引起均衡数量减少。

可见，需求的变动引起均衡价格与均衡数量同方向变动，供给的变动引起均衡价格反方向变动，引起均衡数量同方向变动。这就是经济学中的供求定理，它是我们运用供求关系分析经济现象的重要工具，这个工具看起来简单，但却能说明许多问题。

任务四　需求、供给与政府政策

（一）价格机制

所谓价格机制，又称市场机制，是指价格自动调节供给和需求使之达到市场均衡的机理与功能，价格机制像只“看不见的手”指挥着社会经济的运行，驱动着每个经济人的活动。供给和需求相互作用决定价格。它一方面通过市场价格的波动自发调节商品的供求，使供求趋于一致；另一方面通过供求关系的变化，自动引发价格的变动，使之趋于稳定的均衡价格。

价格机制调节经济的前提条件是完全竞争市场的存在。参与市场活动的每一个单位都是独立的经济实体,其进行经济活动的目的是最大化,即消费者要求效用最大化,生产者要求利润最大化,从而使其行为受价格支配,而价格也只由市场供求关系决定。

价格对市场经济的调节作用主要表现在:

1. 价格是反映市场供求状况的指示器。价格作为经济选择的一个指示器,可以反映市场供求状况。一种商品价格上升,表示其需求大于供给;反之,价格下降,表示需求小于供给。价格的变化无一不是在向消费者和生产者明确传递市场供求变化的信息,生产者和消费者根据价格变化的信息,便会调整自己的生产和消费,使供给和需求趋于一致,处于既无过剩,又无短缺的比较协调一致的状况。

2. 价格变动可以调节供求关系;价格上升使供给增加,需求减少;价格下降会使供给减少,需求增加。从而使供求基本趋于一致,关系协调。价格的这种作用是任何其他东西都无法代替的。例如,住房短缺,需要减少需求,最有效的办法就是提高价格,别的方法都难以奏效。

3. 价格可以使社会资源得到优化配置。社会资源优化配置的基本标志是:社会上各种商品的供给量等于需求量,即供求平衡。此时,人们对各种商品的有效需求都能得到满足,同时又没有造成生产能力过剩和资源的浪费,资源分配获得了最大的社会经济福利。通过价格对供给和需求的调节,最终使供求趋于一致。这时社会资源通过价格分配在各种用途上,实现了消费者的效用最大化和生产者的利润最大化,其配置呈现最优状态。

价格调节经济的方式,主要是通过经济利益诱导,发挥刺激与抑制的双重作用。当供过于求时,价格就会下降,从而抑制生产,鼓励消费;当供不应求时,价格就会上涨,从而能鼓励生产,抑制消费。这样通过价格调节,最终使供求趋于平衡,实现社会资源的合理配置。

(二)支持价格与限制价格

价格机制是自发地调节经济的,自发性是价格机制发挥作用的基本特点,没有自发性就没有价格机制的作用。在市场经济中,没有任何外力的干预,价格可以调节经济。但是,自发性也会产生不可避免的缺点,会产生“市场失灵”。

一种情况是,供求关系变化引起的价格波动,不利于生产的稳定。例如,当农产品过剩时,农产品的价格会大幅度下降,这种下降会抑制农业生产,这种抑制作用有利于供求平衡,但农业生产周期较长,农产品的低价格对农业产生抑制作用后,将会对农业生产的长期发展产生不利影响,当农产品的需求增加后,农产品并不能随之迅速增加,这样就会影响经济的稳定。因此,从短期来看,这种供求决定的均衡价格也许是合适的,但从长期来看,对生产有不利影响。

另一种情况是,而供求严重失衡时,不利于社会的稳定。例如,某些生活必需品严重短缺时,价格会很高。在这种价格之下,收入水平低的人无法维持最低生活水平,必然会产生社会动乱,因此,市场均衡价格不一定符合整个社会的利益。

在市场经济中,价格机制不是万能的,因此还需要国家运用宏观经济政策进行调控。政府制定一些价格政策来干预市场价格就成为必要,政府干预价格将使价格功能减弱,如果干预严重甚至会使价格的功能完全丧失。西方国家对价格干预一般采取间接干预的方式,即采用支持价格和限制价格。

1. 支持价格

支持价格是政府为了扶持某一行业而规定的该行业产品的最低价格,即规定价格的下限,又称保护价格。一般会对农产品采取支持价格。

下面我们用图 2-10 来分析限制价格。

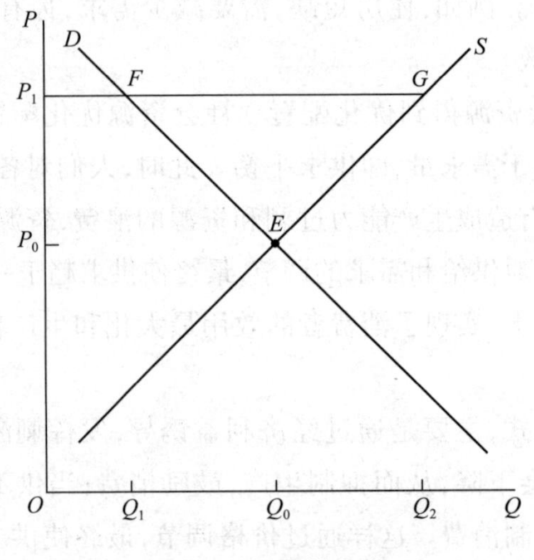

图 2-10　支持价格

从图 2-10 中可以看出,该行业产品由供求关系所决定的均衡价格为 P_0,均衡数量为 Q_0,政府为支持该行业生产而规定的支持价格为 P_1,$P_1 > P_0$,即支持价格一定高于均衡价格。在 P_1 的价格水平上,供给量和需求量由供给曲线和需求曲线上与 P_1 相对应的 F 和 G 决定,即需求量为 Q_1,供给量为 Q_2,$Q_2 > Q_1$,即供给量大于需求量,$Q_2 - Q_1$ 为供给过剩部分。由于市场力量的作用,价格存在下降趋势,所以政府必须收购过剩部分用于储备、出口等。

2. 限制价格

限制价格是政府为了防止某些产品的价格过高而规定的该产品的最高价格,即规定价格的上限。一般是对生活必需品采取限制价格。

下面我们用图 2－11 来分析限制价格。

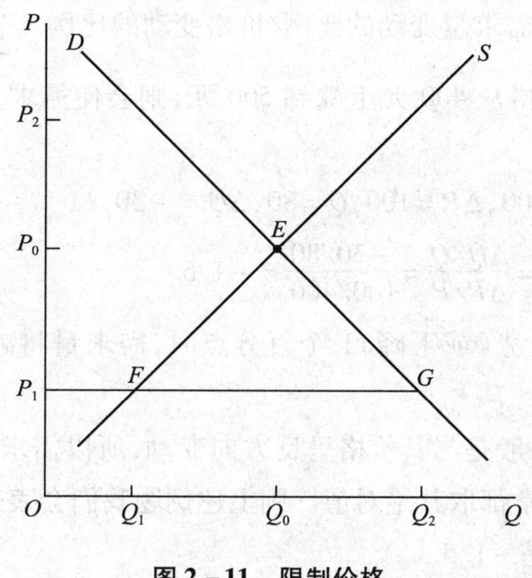

图 2－11　限制价格

从图 2－11 中可以看出，这些产品由供求关系所决定的均衡价格为 P_0，均衡数量为 Q_0，但在这种价格水平时，穷人可能无法得到必需的生活品。政府为制止过高的价格，规定的限制价格为 P_1，$P_1 < P_0$，即限制价格一定低于均衡价格。在 P_1 的价格水平上，供给量和需求量由供给曲线和需求曲线上与 P_1 相对应的 F 和 G 决定，即需求量为 Q_2，供给量为 Q_1，$Q_2 > Q_1$，即供给量小于需求量，产品供不应求，$Q_2 - Q_1$ 为供给不足部分。由于市场力量的作用，价格存在上涨趋势，为了维持限制价格，政府就要实现配给制。否则，在超额需求下，市场上会存在抢购、黑市交易等现象，造成市场秩序的混乱。

项目四　需求价格弹性

不同的商品，即使价格的变化相同，它们对各自的需求和供给的反应程度也不一样。弹性理论正是从量的角度对这方面的问题进行分析的理论，即说明价格变动与需求量或供给量变动之间的量的关系。

任务一　需求价格弹性

需求价格弹性是商品的需求量对其价格的弹性。用于衡量商品的需求量对其价格变动反应的敏感程度。需求价格弹性表示在一定时期内一种商品的需求量的变动对于该商品的价格变动的反应程度。

各种商品的需求价格弹性是不同的，一般用需求价格弹性的弹性系数来表示弹性的大小。需求价格弹性的弹性系数是需求量变动的比率与价格变动的比率的比值。我们以 E_d 代表需求价格弹性系数，P 代表价格，ΔP 代表价格的变动量，Q 代表需求量，ΔQ 代表需求的变动量，则它的数学表达式为：

$$E_d = \text{需求量变动的比例}/\text{价格变动的比例} = \frac{\Delta Q/Q}{\Delta P/P}$$

例如，某商品的价格从 400 元上涨到 500 元，则会使需求量从 80 万吨下降到 50 万吨，求需求价格弹性。

解：在这里有 $P = 400, \Delta P = 100, Q = 80, \Delta Q = -30$

根据公式可得：$E_d = \frac{\Delta Q/Q}{\Delta P/P} = \frac{-30/80}{100/400} = -1.5$

即当该商品价格上涨（或下降）1 个百分点时，需求量将减少（或增加）1.5 个百分点。

由于商品需求量一般是与其价格呈反方向变动，所以需求价格弹性一般是负数，为了便于分析，我们通常都取其绝对值。则上述例题我们会表达为该商品的需求价格弹性系数为 1.5，而不是 -1.5。

任务二　需求价格弹性的分类

各种商品的需求价格弹性不同，根据需求价格弹性的大小，可以把需求的价格弹性分为 5 类：

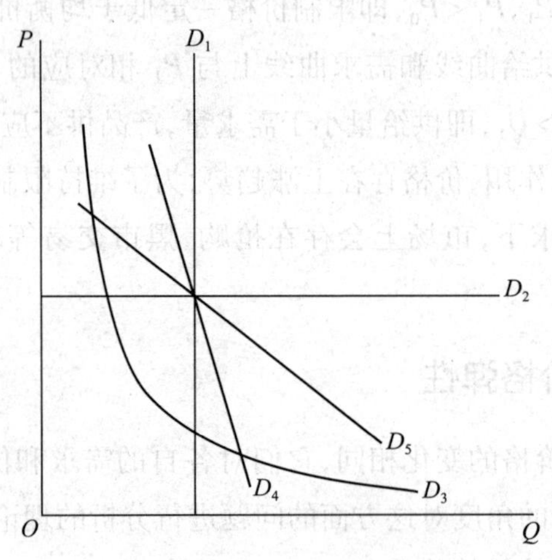

图 2-12　需求价格弹性

（一）需求完全无弹性，$E_d = 0$，在这种情况下，无论价格如何变化，需求量都固定不变，需求曲线是一条与横轴垂直的直线，如图 2-12 中 D_1 曲线所示，对于特殊的战略物资需求、治疗重症的特效药等，可近似地看做完全无弹性商品。

（二）需求完全弹性，$E_d \to \infty$，在这种情况下，价格变动一点需求量变动无限大，即当价格既定时，需求量是无限的，需求曲线是一条与横轴平行的直线，如图 2-12 中 D_2 曲线所示，理论上在完全竞争市场上有此情形发生，商品价格若低于市场价格，立即销售一空，若略高于市场价格，则无人问津。

（三）单位需求弹性，$E_d = 1$，在这种情况下，需求量的变动比率与价格的变动比率相等，即价格上升1%，需求量也正好下降1%。这时的需求曲线是一条正双曲线，如图2－12中D_3曲线所示。

（四）需求缺乏弹性，$1 > E_d > 0$，在这种情况下，需求量的变动比率小于价格的变动比率，即价格变动1%，需求量相对变动不到1%。这时的需求曲线是一条比较陡峭的曲线，如图2－12中D_4曲线所示。例如：石油输出国组织（OPEC）自1960年成立以来限制石油供应，导致石油价格上涨，这主要是因为石油的需求价格弹性很小，涨价导致消费者支出增加，生产者收入增加。

（五）需求富有弹性，$E_d > 1$，在这种情况下，需求量的变动比率大于价格的变动比率，即价格变动1%，需求量相对变动要超过1%。这时的需求曲线是一条比较平坦的曲线，如图2－12中D_5曲线所示。例如，几乎所有的电信运营商在手机资费的标准上都采用非常接近的价格标准，因为假如其中一家运营商提价，它的客户就会转入其他话费相对便宜的运营商，所以话费这种商品的需求富有弹性。

以上前三种情况在现实中是很少见的，比较常见的是后两种情况。

任务三　影响需求价格弹性的因素

为什么各种商品的需求弹性不同呢？一般来说有以下几种因素影响着需求价格弹性的大小。

（一）消费品项目在消费者预算中所占的分量

如果一种商品在消费者总开支中只占很小的份额，那么消费者对该商品的价格变化不会很敏感，因此需求弹性较小，反之弹性较大。因为，价格上涨时，占总预算比例较大的商品需求量必须减少很多，否则会入不敷出，对生活影响较大；占总预算比例较小的商品，对生活的影响较小，需求量不会减少太多。例如，白糖、食盐在消费者预算中所占比重微乎其微，其价格上涨100%时，人们也不会大量减少其消费量，因此，它们的需求价格弹性很小。

（二）替代商品

商品可替代程度的大小和需求价格弹性直接相关，某种商品的替代品越多，替代性越强，该商品就富有弹性，某种商品很难被其他商品所替代，那么该商品就缺乏弹性。例如当猪肉的价格上升时，消费者就会减少猪肉的购买量，增加对相近的替代品如牛肉、鱼肉、鸡肉等的购买，这样猪肉的需求价格弹性就大；而食盐没有很好的替代品，那么它的价格上升时，消费者由于没有其他可替代的商品可购买，因此不会降低食盐的购买量，这样食盐的需求价格弹性就小。

(三)必需品和奢侈品

如果是日常生活必需品,需求弹性比较小,如盐、大米。即使价格上涨幅度很大,需求量也不会有大的变化。通常将需求缺乏弹性的商品称为必需品。非生活必需品价格弹性就比较大,我们将富于弹性的商品称为奢侈品,这些商品的需求对价格的变化比较敏感。

(四)时间期限的长短

一种商品的需求常常存在于某个时期,可以是某一天、一周、一月、一季、一年或几年期限。需求价格弹性随时间的长短而不同,需求弹性会随着时间的延长而变大,因为时间越长,消费者越容易找到替代品或调整自己的消费习惯。

(五)商品用途的广泛性

一般来说,商品的用途广泛,需求价格弹性就大,用途狭窄,则需求价格弹性就小。如果一种商品有多种用途,当它的价格较高时,消费者仅购买较少的数量用在最重要的用途上;当它的价格下降时,消费者将越来越多地把它用于其他的用途上,因此,该商品富有弹性。

(六)商品的耐用程度

一般来讲,使用时间长的耐用消费品需求价格弹性大,而使用时间短的非耐用消费品需求价格弹性小。

任务四 需求价格弹性和厂商的总收益

需求价格弹性的重要作用在于它可以很快地测定价格变动对商品销售收入的影响,由于各种商品的需求价格弹性不同,研究它可以为厂商制定产品价格策略提供依据。

总收益是指厂商出售一定量商品所得到的全部收入,即销售量与价格的乘积。我们用 TR 代表总收益,Q 表示销售量,P 表示价格,则总收益 $TR=P \cdot Q$。

按照上述公式,好像只要提高价格,总收益就会增加;降低价格,总收益就会减少。但事实并非如此,因为价格的变化又会引起需求量的变化,我们假设需求量也就是销售量,不同商品的需求价格弹性不同,价格变动引起的销售量(需求量)的变动不同,从而总收益的变动也就不同。下面我们主要分析需求富有弹性的商品与需求缺乏弹性的商品需求价格弹性与总收益之间的关系。

(一)需求富有弹性的商品需求价格弹性与总收益之间的关系

如果某种商品的需求是富有弹性的,那么该商品的价格下降时,需求量(销售量)

增加的比率大于价格下降的比率，销售者的总收益会增加；当该商品的价格上升时，需求量（销售量）减少的比率大于价格上升的比率，销售者的总收益会减少。即如果某种商品的需求是富有弹性的，则价格与总收益呈反方向变动，价格上升，总收益减少；价格下降，总收益增加。

需求富有弹性的商品价格下降而总收益增加就是我们通常说的“薄利多销”的原因所在。所以，能够做到薄利多销的商品是需求富有弹性的商品。

例如，假设某地区电视机的需求价格弹性为 $E_d=2$，当价格 $P_1=3000$ 元时，需求量（销售量）$Q_1=5000$ 台，则总收益 $TR_1=P_1Q_1=3000\times5000=15000000$ 元。

现假设电视机价格下降 10%，即 $P_2=3000\times(1-10\%)=2700$ 元，因 $E_d=2$，故需求量（销售量）增加 20%，即 $Q_2=5000\times(1+20\%)=6000$ 台，这时总收益 $TR_2=P_2Q_2=2700\times6000=16200000$ 元。

$$TR_2-TR_1=16200000-15000000=1200000\text{ 元}$$

这说明由于电视机价格下降，总收益增加 1200000 元。

此时若采取涨价的策略，则总收益会减少。因此，对富有弹性的商品应降低价格，通过扩大销售量来增加收益，即“薄利多销”策略。所以，在商品富有弹性时，厂商正确的价格策略应该是适当降价，通过扩大销售量来增加总收入，一般不要轻易采取提价策略。

（二）需求缺乏弹性的商品需求价格弹性与总收益的关系

如果某种商品的需求是缺乏弹性的，那么该商品的价格下降时，需求量（销售量）增加的比率小于价格下降的比率，销售者的总收益会减少；当该商品的价格上升时，需求量（销售量）减少的比率小于价格上升的比率，销售者的总收益会增加。即如果某种商品的需求是缺乏弹性的，则价格与总收益呈同方向变动，价格上升，总收益增加；价格下降，总收益减少。

“丰收的悖论”即是如此，中国有句古话叫“谷贱伤农”就是说在丰收的情况下，由于粮食价格下跌，农民的收入减少。其原因在于农产品是生活必需品，需求缺乏弹性，丰收造成粮食价格的下跌，并不会使粮食的需求量同比例增加，从而总收益减少，农民遭受损失。

以小麦为例，假设某市场上小麦的需求价格弹性 $E_d=0.5$，当价格 $P_1=3$ 元时，$Q_1=50000$ 千克，则总收益 $TR_1=P_1Q_1=3\times50000=150000$ 元。

如果小麦的价格下降 10%，即 $P_2=3\times(1-10\%)=2.7$ 元，因 $E_d=0.5$，故需求量（销售量）增加 5%，即 $Q_2=50000\times(1+5\%)=52500$ 千克，这时总收益 $TR_2=P_2Q_2=2.7\times52500=141750$ 元。

$$TR_2-TR_1=141750-150000=-8250\text{ 元}$$

这说明由于小麦价格下降,总收益减少了。反过来说如果小麦价格上涨,总收益也增加了。

厂商总收益的增加,也就是消费者总支出的增加,由此可见,粮油、蔬菜、副食品、日用品这类生活必需品的涨价一定要谨慎,因为这类商品的需求价格弹性很小,涨价后人们的购买不会减少很多,这样就会增加人们的生活支出,造成实际收入的下降,影响社会安定。

任务五　供给价格弹性(供自学)

(一)供给价格弹性

供给价格弹性是商品的供给量对其价格的弹性。用于衡量商品的供给量对其价格变动反应的敏感程度。供给价格弹性表示在一定时期内一种商品的供给量的变动对于该商品的价格变动的反应程度。

各种商品的供给价格弹性是不同的,一般用供给价格弹性的弹性系数来表示弹性的大小。供给价格弹性的弹性系数是供给量变动的比率与价格变动的比率的比值。我们以 E_s 代表供给价格弹性系数,P 代表价格,ΔP 代表价格的变动量,Q 代表供给量,ΔQ 代表供给的变动量,则它的数学表达式为:

$$E_s = \text{供给量变动的比例/价格变动的比例} = \frac{\Delta Q/Q}{\Delta P/P}$$

形式上,供给价格弹性公式与需求价格弹性公式完全相同,只是 Q 所代表的是供给量,而不是需求量。

(二)供给价格弹性的分类

各种商品的供给价格弹性不同,根据供给价格弹性的大小,可以把供给价格弹性分为 5 类:

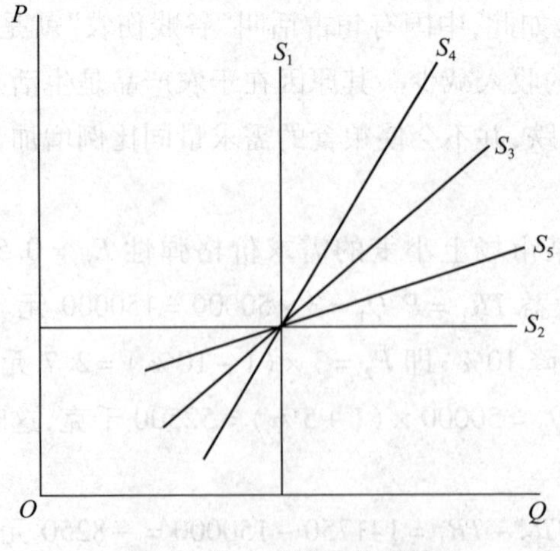

图 2－13　供给价格弹性

(1)供给完全无弹性,$E_s=0$,在这种情况下,无论价格如何变化,供给量都固定不变,供给曲线是一条与横轴垂直的直线,如图 2 - 13 中 S_1 曲线所示,如土地、文物、某些艺术品的供给。

(2)供给完全弹性,$E_s \to \infty$,在这种情况下,价格变动一点供给量变动无限大,即当价格既定时,供给量是无限的,供给曲线是一条与横轴平行的直线,如图 2 - 13 中 S_2 曲线所示。

(3)单位供给弹性,$E_s=1$,在这种情况下,供给量的变动比率与价格的变动比率相等,即价格上升 1%,供给量也正好上升 1%。这时的供给曲线是一条过原点并向右上方倾斜的线,如图 2 - 13 中 S_3 曲线所示。

(4)供给缺乏弹性,$E_s<1$,在这种情况下,供给量的变动比率小于价格的变动比率,即价格变动 1%,供给量相对变动不到 1%。这时的供给曲线是一条向右上方倾斜且能与横轴相交的线,如图 2 - 13 中 S_4 曲线所示。

(5)供给富有弹性,$E_s>1$,在这种情况下,供给量的变动比率大于价格的变动比率,即价格变动 1%,供给量相对变动要超过 1%。这时的供给曲线是一条向右上方倾斜且能与纵轴相交的线,如图 2 - 13 中 S_5 曲线所示。

(三)影响供给价格弹性的因素

在现实经济生活中,影响供给价格弹性的因素比影响需求的因素还要复杂,主要有以下几种:

(1)行业生产能够增加供给的程度。如果在现行市场价格下很容易购买到生产要素,就像纺织行业的情况那样,很微小的价格上升,就会引起产量大幅度的增加,这就意味着供给价格弹性相对较大;而如果生产能力受到严重限制,就像金矿开采那样,即使黄金价格急剧上升,黄金的产量也只能作出微小的反应,这就意味着供给价格弹性较小。

(2)供给时间的长短。市场上价格发生变化要影响供给量的增加或减少,都必须经过一段时间,调整生产要素组合、改变生产规模。在很短的时间内,厂商若要根据商品的涨价及时增加产量,或者根据商品的降价及时缩减产量,都存在不同程度的困难,那么供给价格弹性就小;但在较短时间内,生产规模的扩大与缩小甚至转产都可以实现,供给量可以根据价格变动作出充分的反应,那么供给价格弹性就大。

(3)生产成本随产量变化的情况。生产成本是影响供给量的一个重要因素。如果产量增加只引起边际成本的轻微上升,则意味着厂商的供给曲线比较平坦,供给价格弹性较大;相反,如果产量增加引起边际成本大幅度上升,则意味着厂商供给曲线比较陡峭,供给价格弹性较小。

(4)产品生产周期的长短。针对产品的生产周期而言,生产周期较短的商品,供给价格弹性较大;反之,生产周期较长的商品,供给价格弹性较小。总之,产量易于调整的商品,供给价格弹性较大;反之,产量难以调整的商品,供给价格弹性较小。例如,农产品受自然力的影响较大,产量难以调整,缺乏供给弹性;工业品受自然力的影响较小,产量较易调整,富有供给弹性。

【本情境知识点小结】

经济学家用供求理论分析市场,需求和供给是决定市场均衡价格的两个重要经济力量。

需求是指在一定时期内,其他条件不变的情况下,消费者在每一价格水平下愿意并能够购买的某种商品或劳务的数量。

需求定理是说,在其他条件不变的情况下,某商品的需求量与价格之间呈反方向变动,即需求量随着商品本身价格的上升而减少,随着商品本身价格的下降而增加。需求表、需求曲线和需求函数从不同的角度描述需求。

需求量的变动是在其他因素不变的条件下,商品本身价格变动所引起的需求数量的变动,表现为同一需求曲线上点的移动;需求的变动则是在商品本身价格不变的条件下,由其他因素变动所引起的需求的变动,表现为需求曲线的平行移动。

供给是指在一定时期内,其他条件不变的情况下,生产者在每一价格水平下愿意并能够提供的某种商品或劳务的数量。

供给定理是说,在其他条件不变的情况下,一种商品的供给量与价格之间呈同方向变动,即供给量随着商品本身价格的上升而增加,随着商品本身价格的下降而减少。供给表、供给曲线和供给函数从不同的角度描述供给。

供给量的变动是在其他因素不变的条件下,商品本身价格变动所引起的供给数量的变动,表现为同一供给曲线上点的移动;供给的变动是在商品本身价格不变的条件下,由其他因素变动所引起的供给的变动,表现为供给曲线的平行移动。

需求与供给共同决定市场均衡,市场均衡出现在市场需求曲线和供给曲线的交点上。均衡价格就是指需求价格与供给价格相等时的商品价格,即一种商品的需求和供给达到均衡状态时所形成的市场价格。

支持价格是政府为了扶持某一行业而规定的该行业产品的最低价格,限制价格是政府为了防止某些产品的价格过高而规定的该产品的最高价格。

需求价格弹性表示在一定时期内一种商品的需求量的变动对于该商品的价格变动的反应程度。供给价格弹性表示在一定时期内一种商品的供给量的变动对于该商品的价格变动的反应程度。

一、单项选择题

1. 当羽毛球拍的价格下降时,对羽毛球的需求量将(　　)。
   A. 减少　　B. 不变
   C. 增加　　D. 视具体情况而定

2. 消费者偏好改变,对某商品的消费量随着消费者收入的增加而减少,则该商品是(　　)。
   A. 替代品　　B. 互补品
   C. 正常品　　D. 低档品

3. 下列哪一项会导致面包的需求向右移动(　　)。
   A. 面粉价格的上涨　　B. 果酱价格的上涨
   C. 收入的下降　　D. 花生酱价格的下降

4. 当商品的供给和需求同时增加后,该商品的均衡价格将(　　)。
   A. 上升　　B. 下降
   C. 不变　　D. 无法确定

5. 当某商品的价格从 5 元降至 4 元时,该商品需求量增加了 100 单位,则需求。
   A. 缺乏弹性　　B. 富有弹性
   C. 单位弹性　　D. 不能确定

6. 其他条件不变,生产力的提高将(　　)。
   A. 使需求曲线向左移　　B. 使供给曲线向左移
   C. 使供给曲线向右移　　D. 使价格水平上升

7. 需求定律说明(　　)。
   A. 药品的价格上涨会使药品质量提高
   B. 计算机价格下降导致供给量减少
   C. 丝绸价格提高导致游览公园的人数增加
   D. 汽车的价格提高导致销售量减少

8. 其他条件不变,牛奶价格下降将导致牛奶的(　　)。
   A. 需求下降　　B. 需求增加
   C. 需求量下降　　D. 需求量增加

9. 供给规律说明(　　)。
   A. 生产技术提高会使商品的供给量增加

B. 政策鼓励某商品的生产,因而该商品的供给量增加

C. 消费者更喜欢某商品,使该商品的价格上升

D. 某商品价格上升导致对该商品的供给量增加

10. 水平的需求曲线的需求价格弹性的绝对值是(　　)。

A. 0　　B. 无穷大

C. 1　　D. 不肯定

11. 政府为了扶持农业,对农产品规定高于均衡价格的支持价格。政府要维持支持价格,应采取下面的相应措施:(　　)。

A. 增加对农产品的税收　　B. 实行农产品配给制

C. 收购过剩的农产品　　D. 不需要采取任何措施

12. 均衡价格随着(　　)。

A. 需求和供给的增加而上升　　B. 需求的减少和供给的增加而上升

C. 需求的增加和供给的减少而上升　　D. 需求和供给的减少而上升

13. 下列哪种情况将导致商品需求量的变化而不是需求的变化(　　)。

A. 消费者的收入变化　　B. 生产者的技术水平变化

C. 消费者预期该商品的价格将上涨　　D. 该商品的价格下降

14. 垂直的供给曲线表示(　　)。

A. 在一固定价格无限制地提供某种产品　　B. 价格的变化对供给量没有影响

C. 价格与供给量呈反方向变化　　D. 该行业被垄断

15. 所有下列情况将引起大豆的供给曲线移动,除了(　　)。

A. 大豆的市场价格提高　　B. 大豆的互补商品价格下降

C. 增加 20% 的工资　　D. 大豆获得丰收

16. 下列哪种情况不正确(　　)。

A. 如果供给下降,需求不变,均衡价格将上升

B. 如果供给增加,需求下降,均衡价格将下降

C. 如果需求增加,供给下降,均衡价格将上升

D. 如果需求下降,供给增加,均衡价格将上升

17. 一个高于均衡价格的价格表示(　　)。

A. 在此价格上生产者无法收回生产成本

B. 在此价格上供给量大于需求量

C. 消费者愿意在此价格购买所有产品

D. 在此价格上需求量大于供给量

18. 以下(　　)项的需求和价格之间的关系,是需求规律的例外。

A. 面包　　B. 吉芬商品

C. 低档品　　　　　　　　　　　　D. 小汽车

19. 1966 年以前,天主教徒在星期五不许吃肉,他们便吃鱼。1966 年,教皇允许教徒们在星期五吃肉,则(　　)

A. 一周内的平均鱼价将上涨　　　　B. 鱼的消费量将增加

C. 鱼的消费量将减少　　　　　　　D. 肉的消费量将减少

20. 若某商品价格上升 2%,其需求下降 10%,则该商品的需求价格弹性是(　　)。

A. 缺乏弹性的　　　　　　　　　　B. 富有弹性的

C. 有单位弹性的　　　　　　　　　D. 无法确定

二、问答题

1. 影响商品需求的主要因素是什么?
2. 影响商品供给的主要因素是什么?
3. 影响商品需求价格弹性的主要因素有哪些?
4. 如果考虑提高生产者的收入,那么对农产品和电视机消费品应该采取提价还是降价的办法?为什么?
5. 需求价格弹性的高低对生产者的总收益有什么影响?

三、计算题

1. 已知某一时期内某商品的需求函数为 $Q=50-5P$,供给函数为 $Q=-10+5P$。

(1)求均衡价格 P 和均衡数量 Q。

(2)假定供给函数不变,由于消费者收入水平提高,使需求函数变为 $Q=60-5P$。求出相应的均衡价格 P 和均衡数量 Q。

(3)假定需求函数不变,由于生产技术水平提高,使供给函数变为 $Q=-5+5P$。求出相应的均衡价格 P 和均衡数量 Q。

四、分析题

1. 比萨饼市场有以下需求与供给表:

价格(美元)	需求量(个)	供给量(个)
4	135	26
5	104	53
6	81	81
7	68	98
8	53	110
9	39	121

画出需求与供给曲线。这个市场上均衡价格和均衡数量是多少?如果这个市场上实际价格高于均衡价格,什么因素会使市场趋于均衡?如果这个市场上实际价格低于均衡价格,什么因素会使市场趋于均衡?

2. 指出发生下列几种情况时某种蘑菇的需求曲线的移动方向，左移、右移还是不变？为什么？

(1)卫生组织发出一份报告，称这种蘑菇会致癌；

(2)另一种蘑菇的价格上升了；

(3)消费者的收入增加了；

(4)培育蘑菇的工人工资增加了。

3. 在下列每一对物品中，你认为哪一种物品更富有弹性，为什么？

(1)指定教科书或神秘小说。

(2)贝多芬音乐唱片或一般古典音乐唱片。

(3)未来6个月的暖气用油或未来5年的暖气用油。

(4)生啤酒或水。

【本情境知识的实践案例】

倡导低成本、低费用结构、低价格、让利给消费者的沃尔玛，其利润来源到底在哪里？

沃尔玛的成功，很大程度上归功于它的低价策略，特别是一直坚持的“天天低价”法则。沃尔玛创始人山姆·沃尔顿1962年创立第一家连锁店时，靠的就是薄利多销。当年，山姆对其商店的定位是中下阶层，主要经营服装、饮食以及各种日常用品，最重要的是以低于别家商店的价格出售，因而吸引了众多顾客，连锁店越开越多，但“天天低价”的承诺始终没有变。

“女裤理论”就是对沃尔玛营销策略的最好阐释：女裤的进价每条0.8美元，售价1.2美元。如果降到每条1美元，虽然会少赚一半的钱，但却能卖出3倍的货，从而增加1/3的利润。沃尔玛倡导的是低成本、低费用结构、低价格，让利给消费者的经营思想，那么沃尔玛的利润来源到底在哪里？

沃尔玛是实行会员制的仓储式商场。在未开业前，需进行艰苦的招募会员工作。但沃尔玛宽松的会员制还是颇受个体消费者的欢迎。“我们的会员制与其他的会员制不同，在我们这里办卡不需要交费。只要你认同接受沃尔玛的经营模式我们就会发放会员卡给你，如果你只是临时来店里，办理一张临时卡也只需要两元钱，如果多次购买达到了一定的数量，你就会成为我们的目标客户。”这种宽松的会员制和其他商家需要比对照片、确认身份并付费购买的会员制显然截然不同。

会员制有很强的心理诱导作用，容易迎合一般市民的好奇和趋新心理，由于只有持会员卡的人方可购物，也强化了其“薄利多销”的形象，会对非会员产生强烈的激励作用。同时，办理会员卡条件的宽松，使得沃尔玛吸引了大批个人消费者竞相加入会员的行列。

请思考下列问题:

1.“薄利多销”营销策略与刺激需求的关系是什么?

2.“薄利多销”营销策略的积极作用与消极作用。

学习情境三 消费者行为理论

【学习目标】

重要概念

欲望 效用 基数效用论 序数效用论 总效用 边际效用 边际效用递减规律 消费者均衡 消费者剩余 消费者偏好 无差异曲线 边际替代率 边际替代率递减规律 预算线 消费者均衡 替代效应 收入效应

知识目标:

①掌握效用论、基数效用论、序数效用论及其相关概念;

②理解消费者均衡模型;

③掌握边际效用递减规律。

能力目标:

①能够用边际效用和无差异曲线分析消费者行为;

②能够理解边际效用递减规律的实际应用;

③能够分析实现消费者均衡的条件。

【知识与技能】

项目一 效用论概述

任务一 欲望与效用

消费者是能够作出消费决策的经济单位,它可能是一个人,也可能是一个家庭或是由某些人组成的团体。消费的目的是什么呢?是为了获得幸福。美国经济学家萨缪尔森提出了幸福方程式:幸福 = 效用/欲望。

（一）欲望

欲望是人们的需要，是一种缺乏的感觉与求得满足的愿望。它是一种心理感觉，既要有不足之感又要有求足之感。其特点是无限性和层次性。

欲望的无限性是指人们的欲望永远不可能完全满足，一种欲望得到满足之后，又会产生新的欲望，欲望的无限性是说欲望的总体不能得到完全满足，而不是说每一种欲望都永远不能满足。

（二）效用

欲望虽然是无限的，但却可以有不同的满足程度，欲望的满足程度可以用效用的大小来进行比较和衡量。

效用是指消费者在消费商品时所感受到的满足程度，或者说是商品满足人的欲望的能力。人们之所以要消费商品和服务，是因为从消费中他们的一些需要和爱好能得到满足，例如消费食品能充饥，多穿衣服能御寒，看电影能得到精神享受，等等。我们把这种从商品和服务的消费中能得到的满足感称为效用。消费者在消费活动中获得的满足程度高，效用就大；反之，效用就小。如果消费者消费某种商品感到不舒服或者痛苦，则是负效用。

效用和欲望一样，是一种主观的心理感受。同一数量的同一物品的效用大小没有客观标准，完全取决于消费者在消费时的主观感受，它会因人、因时、因地不同而有所不同。例如，一支香烟对吸烟者来说可以产生很大的效用，而对不吸烟者来说则是无效用，甚至被动吸烟还会产生负效用。

任务二　基数效用论和序数效用论

既然效用是用来表示消费者在消费商品时所感受到的满足感，那么就这种满足感如何来比较和评价的问题，经济学家先后提出了基数效用论和序数效用论。

（一）基数效用论

基数效用论是研究消费者行为的一种理论，是 19 世纪和 20 世纪初期西方经济学普遍使用的概念。其基本观点是：效用是可以计量并可以加总求和的。表示效用大小的计量单位被称为效用单位。因此，效用的大小可以用基数（1、2、3……）来表示，正如长度单位可以用米来表示一样。效用大小是可以测量的，其计数单位就是效用单位。

例如：某消费者早餐吃一个馒头喝了一杯豆浆所得到的效用分别为 20 个效用单位和 10 个效用单位，则可以看出馒头的效用是豆浆产生效用的 2 倍，该消费者吃早餐得到的总效用为 30 个效用单位。

（二）序数效用论

序数效用论是为了弥补基数效用论的缺点而提出来的另一种研究消费者行为的理论。其基本观点是：效用作为一种心理现象无法计量，也不能加总求和，只能表示出满足程度的高低与顺序，因此，效用只能用序数（第一、第二、第三……）来表示。例如，消费者消费了巧克力与唱片，他从中得到的效用是无法衡量，也无法加总求和的，更不能用基数来表示，但他可以比较从消费这两种物品中所得到的效用。如果他认为消费1块巧克力所带来的效用大于消费唱片所带来的效用，那么就叫一块巧克力的效用是第一，唱片的效用是第二。

项目二　基数效用论对消费者行为的分析

生活中，有些东西对人类不可或缺，如水，效用较大，但价格很低；有些东西并非不可或缺的，如钻石，效用较小，但价格很高。这一价值悖论一直困扰着早期的经济学家。直到19世纪末期，边际效用理论提出后才给出了令人满意的解答。

解释这一难题的关键是区分总效用和边际效用。水是生命之源，能带来比钻石高的总效用，但是决定商品价格的是边际效用而非总效用。大量的水降低了其边际效用，因而降低了此类重要物品的价格。反观钻石，储量稀少，人们的消费数量也很少，所以钻石的边际效用很大，其价格就较高。

故商品数量越多，它的边际效用和消费者愿意支付的价格就低。

任务一　总效用与边际效用

基数效用论除了提出效用可以用基数衡量的假定外，还提出了边际效用递减规律的假定，我们可以运用边际效用分析方法研究消费者均衡的实现，即消费者效用最大化的问题。

（一）总效用

总效用是指消费者在一定时间内，从某一种物品所带来的全部效用。总效用的英文缩写是TU，在效用分析中，商品消费量Q是自变量，欲望满足程度即效用是因变量。因此，总效用是商品消费量的函数，总效用函数为：

$$TU=f(Q)$$

(二)边际效用

边际效用则指消费者对某种物品的消费量每增加一单位所增加的额外满足程度。边际效用的英文缩写是 MU,边际的含义是增量,指自变量增加所引起的因变量的增加量。即边际效应函数:$MU=\Delta TU/\Delta Q$

(三)总效用与边际效用的关系

只要人们在既定期间内,消费一项商品的数量增加,他们的总效用就增加,但是每新增一单位商品,总效用增加的部分就减少。也就是说,一项商品的消费数量增多时,其边际效用渐减。

下面我们用表 3-1 来说明总效用、边际效用及其相互关系。

表 3-1　效用表

面包(个)	总效用	边际效用
0	0	/
1	30	30
2	50	20
3	60	10
4	60	0
5	50	-10

表 3-1 表示,一个消费者在不断吃面包的过程中获得了一系列的总效用和边际效用,根据表 3-1,可以绘出总效用曲线和边际效用曲线。如图 3-2 和图 3-3 所示。

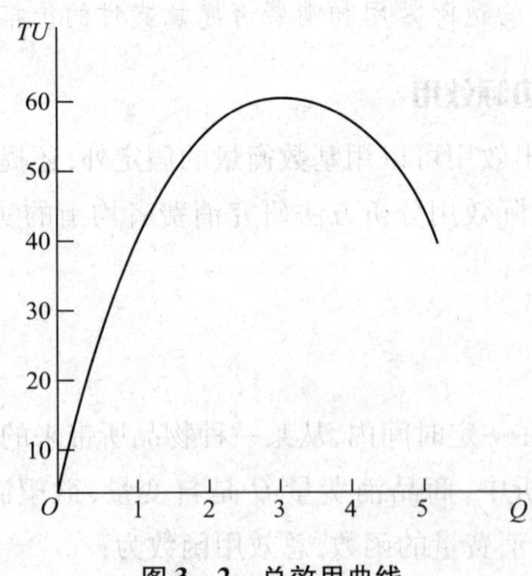

图 3-2　总效用曲线

在图 3-2 中,横轴表示面包的消费量,纵轴表示总效用,总效用曲线 TU 是一条

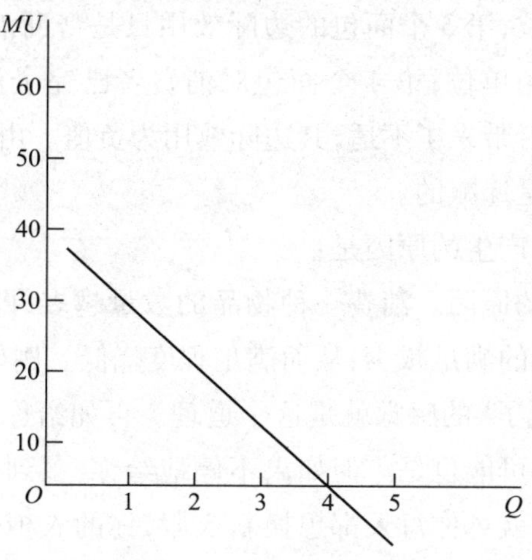

图 3－3　边际效用曲线

从原点出发,向右上方渐升,当达到最高点后,又向右下方倾斜的曲线,表示随着某商品消费量的不断增加,在合理的消费阶段消费者的满足程度会不断增加;但当消费量达到饱和以后,即消费者对该商品的消费欲望得到完全满足后,如果再继续增加消费该商品,那么总的满足程度不但不再增加,反而可能减少。

在图 3－3 中,横轴表示面包的消费量,纵轴表示边际效用,边际效用曲线 *MU* 是一条向右下方倾斜的曲线,并有可能与横轴相交,成为负值的曲线。表示随着某商品消费量的不断增加,消费者所不断增加的欲望满足程度是递减的;当消费量达到饱和以后,即总效用达到最大值时,边际效用为零;过了这点如继续增加消费,由于总效用开始下降,即总效用的增量——边际效用就成了负值。由以上分析可以看出:总效用和边际效用的关系是:当边际效用大于零时,总效用增加;当边际效用为零时,总效用达到最大;当边际效用为负数时,总效用开始递减。随着消费量的增加,边际效用是递减的,这个现象具有一般规律性。

任务二　边际效用递减规律

我们在消费某种物品的时候,随着消费量的增加,等量的消费品,带来的满足感会越来越小,这种情况几乎存在于所有的消费品上,我们称为边际效用递减规律。边际效用递减规律的基本内容是:在一定时间内,在其他商品的消费数量保持不变的条件下,随着消费者对某种商品消费量的增加,消费者从该商品连续增加的每一消费单位中所得到的效用增量即边际效用是递减的,由于这种现象普遍存在,因而被称为边际效用递减规律。

在上例中,假设消费者因饥饿而生命垂危,第 1 个面包的边际效用是挽救消费者的生命,其效用很大,消费者的效用评价是 30 个效用单位;第 2 个面包的边际效用是使消费者恢复精力和体力,其边际效用与第 1 个面包相比,等而次之,消费者的效用评价减少到20个效用单位;第3个面包的边际效用只是帮助消费者解饿,其效用递减,边际效用只有10个效用单位;第4个面包对消费者已完全没有效用,其边际效用为零;第5个面包给消费者带来了不适,其边际效用为负值。由此可见,随着面包的消费量不断增加,边际效用是递减的。

边际效用递减规律产生的原因是:

第一,生理或心理的原因。消费一种物品的数量越多,即某种刺激的反复使人在生理上的反应或心理上的满足减少,从而满足程度降低。例如,给你吃一种食物时,次数多了,就有一种"吃腻了"的感觉就是这个道理。再如给你第一件新衣服,你会很高兴,给你第二件、第三件可能也是。但如果不停地给你,多到一定数量之后,新衣服对你就没有什么价值了。就算你每天都想换新衣服,你的衣柜也装不下,就像吃东西的时候,胃的容量是有限的一样。

第二,物品本身用途的多样性。每一种物品都有多种用途,这些用途的重要性不同。人们总是先把物品用于最重要的用途,而后用于次要的用途,用于最重要用途的物品其边际效用就大,而用于次要用途的其边际效用就小,以此顺序用下去,用途越来越不重要,边际效用就递减了。比如水的用途很多,既可以用来喝,也可以用来做饭,也可以用来洗浴,也可以用来浇地,在水的数量很少,只能用于喝这一种用途时,每瓶水的边际效用很高,也就是像人们所形容的"滴水贵如油";但水源非常充足,满足了人们所有的需要,也就是用于浇地后还有剩余时,每瓶水的边际效用就很低了。

任务三　消费者均衡

消费者要满足自己的欲望,就要花费一定的货币购买一定的物品,通过商品效用的发挥来实现。但欲望是无限的,而消费者的收入是有限的,那么消费者就不得不考虑如何将有限的货币收入分配到各种商品中,使自己获得最大的效用。在消费者的收入和商品的价格既定的条件下,当消费者选择商品组合获取了最大的效用满足,并将保持这种状态不变时,称消费者处于均衡状态,简称为消费者均衡。它是研究单个消费者在既定收入条件下实现效用最大化的均衡条件。这里的均衡是指消费者实现最大效用时既不想再增加、也不想再减少任何商品购买数量的一种相对静止的状态。

(一)消费者均衡实现的假设条件

1. 消费者的偏好既定

这就是说,消费者对各种物品效用的评价是既定的,不会发生变动。由于消费者偏好是主观性的,同一消费者对同种商品组合的效用评价会因时间、地点或其他条件不同而发生变化。确定最佳消费决策只有在消费者的消费行为发生在一个既定的时间、地点和环境,也就是消费者偏好既定的条件下才有意义,消费者在购买物品时,对各种物品购买因需要程度不同,排列的顺序是固定不变的。比如一个消费者到超市中去买白糖、牛奶和巧克力,在去商店之前,对商品购买的排列顺序是白糖、牛奶、巧克力,这一排列顺序到超市后也不会发生改变。这就是说先花第一元钱购买商品时,买白糖在消费者心目中的边际效用最大,牛奶次之,巧克力排在最后。

2. 消费者的收入既定

消费者的收入是有限的,需要购买的物品很多,但不可能全部都买,只能买自己认为最重要的几种。由于消费者在不同的收入水平下购买的商品数量与种类也有所不同,而不同的商品组合会产生不同的效用。因此,只有在既定收入条件下的不同消费决策中选择效用最大化的消费决策才是有意义的。

3. 商品的价格既定

由于商品价格的变化也会引起最佳消费组合发生变化,因此在研究消费者均衡过程中需要假设商品的价格不变。

(二)消费者均衡实现的限制条件

消费者均衡实现的限制条件是:消费者用全部收入所购买的各种物品所带来的边际效用,与为购买这些物品所支付的价格的比例相等,或者说每单位货币所得到的边际效用都相等。

假设消费者的收入为 M,消费者购买并消费 n 种商品,设各种商品的价格分别为 $P_1, P_2, \cdots, P_n$,购买量分别为 $Q_1, Q_2, \cdots, Q_n$,各种商品的边际效用分别为 $MU_1, MU_2, \cdots, MU_n$,每 1 单位货币的边际效用为 MU_m,这样,消费者均衡的条件可写为:

$$P_1 \cdot Q_1 + P_2 \cdot Q_2 + \cdots + P_n . \cdot Q_n = M(1)$$

$$MU_1/P_1 = MU_2/P_2 = \cdots = MU_n/P_n = MU_m(2)$$

上述(1)式是消费者均衡的收入约束条件,说明收入是既定的,购买各种商品的支出不能超过收入总额 M,也不能小于收入总额 M。超过收入的购买是无法实现的,而小于收入的购买也达不到既定收入时的效用最大化。(2)式是消费者均衡实现的评价条件,即所购买的 X 与 Y 物品带来的边际效用与其价格之比相等,也就是说,每一单位货币所得到的边际效用都相等。

下面我们用两种商品的消费者均衡来验证该原理的正确性。

假设消费者用既定收入 M 消费 X 和 Y 两种商品,商品的价格分别为 P_X 和 P_Y,购买量分别为 Q_X 和 Q_Y,边际效用分别为 MU_X 和 MU_Y,每 1 单位货币的边际效用为 MU_m。

如果商品 X 和商品 Y 每增加一个单位货币所增加的效用不同,当 $MU_X/P_X < MU_Y/P_Y$ 时,说明购买商品 X 的最后 1 元钱所获得的边际效用小于购买商品 Y 的最后 1 元钱所获得的边际效用,那么在 $P_X \cdot Q_X + P_Y \cdot Q_Y = M$ 这一限制条件下,理性的消费

者会减少商品 X 的消费量，增加商品 Y 的消费量。根据边际效用递减规律，商品 X 的消费量减少，它的边际效用增加；商品 Y 的消费量增加，它的边际效用减少。直到这两种商品达到均衡状态，即 $MU_X/P_X = MU_Y/P_Y$ 时，消费者获得最大效用，实现消费者均衡。

同样的道理，当 $MU_X/P_X > MU_Y/P_Y$ 时，在 $P_X \cdot Q_X + P_Y \cdot Q_Y = M$ 这一限制条件下，消费者会增加商品 X 的消费量，减少商品 Y 的消费量。直到这两种商品达到均衡状态，即 $MU_X/P_X = MU_Y/P_Y$ 时，消费者获得最大效用，实现消费者均衡。

再来看 MU_X/P_X 或 $MU_Y/P_Y = MU_m$ 的原因。如果 $MU_X/P_X < MU_m$，说明购买商品 X 的最后 1 元钱所获得的边际效用小于 1 元钱货币的边际效用，即消费者购买商品 X 的数量过多，消费者可以把最后 1 元钱用于购买其他商品产生更大的效用。这样，消费者就会减少对商品 X 的购买量，而增加其他商品的购买量。在边际效用递减规律的作用下，随着商品 X 的购买量不断减少，购买商品 X 的最后 1 元钱所产生的边际效用 MU_X/P_X 则逐渐增加，直到 $MU_X/P_X = MU_m$，即购买商品 X 的最后 1 元钱的边际效用等于 1 元钱货币的边际效用，消费者实现效用最大化，即实现消费者均衡。

同样的道理，当 $MU_X/P_X > MU_m$ 时，消费者就会增加商品 X 的购买，直到实现 $MU_X/P_X = MU_m$ 时，消费者实现效用最大化，即实现消费者均衡。

要注意的是，两个均衡等式的成立是以商品单位可以无限细分，而且货币单位也可以无限细分为前提条件的，否则，方程等式的两边只能尽量接近，才可使总效用最大。

例：假设某个消费者准备购买 X 与 Y 两种商品，已知两种商品的价格分别为 $P_X = 10$ 元，$P_Y = 20$ 元，该消费者的收入为 100 元，并将其全部用于购买 X 和 Y 两种商品。两种商品的边际效用 MU_X 和 MU_Y 如表 3－2 所示，此消费者应该购买多少 X，多少 Y 才能使得总效用最大？

表 3－2　　商品 X 和 Y 的边际效用表

Q	0	1	2	3	4	5	6	7	8	9	10
MU_X	0	5	4	3	2	1	0	－1	－2	－3	－4
MU_Y	0	6	5	4	3	2	1	0	－1	－2	－3

根据收入约束条件：$100 = 10X + 20Y$ 的限制，该消费者能够购买的 X 和 Y 这两种商品的所有整数的组合是有限的。依据给定的条件，该消费者购买这两种商品不同数量的组合，即相应的 MU_X/P_X 与 MU_Y/P_Y 的总效用，如表 3－3 所示。根据表 3－3 所列出的资料，运用实现消费均衡的限制条件，就可以确定该消费者实现效用最大化的两种商品的购买量组合比例。

表 3-3　　消费者购买 X 和 Y 商品数量组合表

组合方式	MU_X/P_X 与 MU_Y/P_Y	总效用
$X=10, Y=0$	$-4/10 \neq 0/20$	5
$X=8, Y=1$	$-2/10 \neq 6/20$	18
$X=6, Y=2$	$0/10 \neq 5/20$	26
$X=4, Y=3$	$2/10 = 4/20$	29
$X=2, Y=4$	$4/10 \neq 3/20$	27
$X=0, Y=5$	$0/10 \neq 2/20$	20

由表 3-3 可以看出：只有在 $QX=4$，$QY=3$ 的购买量组合时，才既符合收入条件的限制，又符合 $MU_X/P_X = MU_Y/P_Y$ 的要求，就是实现了消费均衡。此时，该消费者购买 X 商品所带来的总效用为 $0+5+4+3+2=14$，购买 Y 商品所带来的总效用为 $0+6+5+4=15$，购买 X 商品与 Y 商品所带来的总效用为 $14+15=29$。此时 1 元货币的边际效用 $MU_m = MU_X/P_X = MU_Y/P_Y = 1/5$。

思考：(1) 若其他条件不变，消费者收入 M 由 100 增加到 200 时最佳消费组合是什么？

(2) 若消费者的收入 M 和两种商品的价格 P_X 和 P_Y 都分别翻倍后，最佳消费组合是什么？

任务四　需求曲线的推导

基数效用论者认为：一定数量的某商品的边际效用越小，则消费者购买一定数量的商品愿意支付的价格就越低；反之，某商品的边际效用越大，则消费者愿意支付的价格就越高。根据边际效用递减规律，随着商品消费数量的增加，边际效用逐渐减少，那么消费者愿意支付的价格也就逐渐降低。

根据消费者均衡，在只有一种商品的情况下，均衡条件为：$MU/P = MU_m$，由于单位货币的边际效用 MU_m 是固定不变的，随着需求量的减少，根据边际效用递减规律可知，MU 是递增的，要使 $MU/P = MU_m$ 该式成立，则，P 也应该同比例递增。

表 3-4　　某商品总效用与边际效用关系表

某商品	总效用	边际效用
0	0	/
1	50	50
2	90	40
3	120	30
4	140	20
5	150	10
6	160	0
7	150	-10

下面我们以表 3-4 为例来进行说明，现假设表中 $MU_m = 4$，为实现消费者均衡：

$MU/P = MU_m$

当商品的消费量为1时，边际效用为50，则消费者购买1单位商品所愿意支付的价格为：$P = MU/MU_m = 50/4 = 12.5$

当商品的消费量为2时，边际效用为40，则消费者购买2单位商品所愿意支付的价格为：$P = MU/MU_m = 40/4 = 10$

同理，当商品的消费量为3、4、5时，边际效用分别为30、20、10，则消费者愿意支付的价格分别为7.5、5、2.5，因此我们不难看出商品的价格同比例于边际效用递减。（当消费量为6、7时，边际效用为0甚至为负数，计算出的价格也为负数，厂商是不可能在这种情况下向市场提供产品的，所以现实生活中不存在此现象。）

反过来，我们从商品的价格变化的角度来理解表3－4，为了保证消费者均衡条件"$MU/P = MU_m$"的实现，当商品的价格为12.5时，由$MU = P \cdot MU_m = 12.5 \times 4 = 50$，可知消费者最佳购买量为1；

当商品的价格为10时，由$MU = P \cdot MU_m = 10 \times 4 = 40$，可知消费者最佳购买量为2；

当商品的价格为7.5时，由$MU = P \cdot MU_m = 7.5 \times 4 = 30$，可知消费者最佳购买量为3；等等。

根据上述分析我们可以绘出反映价格与消费量之间关系的图，如图3－4所示，便是相应的单个消费者对某种商品的需求曲线。从图中可以看出：商品的需求量随商品的价格上升而减少；随商品价格下降而增加。即商品的需求量与商品的价格呈反方向变动，这就是用边际效用递减规律来推导需求曲线。

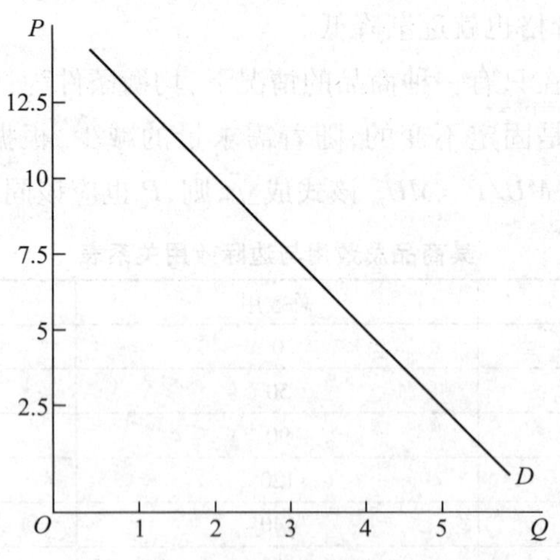

图3－4　价格与消费量之间关系图

任务五　消费者剩余

消费者剩余是消费者在购买一定数量的某种商品时愿意支付的价格，即需求价格与其实际支付的价格之间的差额。或者说是消费者消费某种一定量商品所获得的总效用与为此花费的货币的总效用的差额。其计算公式为：

消费者剩余 = 需求价格 − 实际价格

在消费者消费某种商品时，消费者对每一单位商品所愿意支付的价格只取决于对该单位商品的边际效用。由于边际效用递减规律，消费者对某种商品所愿意支付的价格（需求价格）会随着消费者对该商品的消费量的不断增加而降低。但消费者对每一单位商品所愿意支付的价格并不等于该商品在市场上的实际价格。事实上，消费者在购买商品时是按照实际的市场价格支付的。于是，在需求价格和实际价格之间就产生了一个差额。

随着消费者对某一商品消费数量的不断增加，由于对每一单位商品的需求价格递减，而实际价格不变，因而消费者所获得的消费者剩余在减少。

下面我们可以用表 3 − 5 来说明消费者消费剩余的计算过程：

表 3 − 5

某种商品购买数量（件）	边际效用	需求价格（元）	市场价格（元）	消费者剩余（元）
1	50	12.5	2.5	10
2	40	10	2.5	7.5
3	30	7.5	2.5	5
4	20	5	2.5	2.5
5	10	2.5	2.5	0

在该例中，我们假设消费者对每一元货币的效用评价为 4 个效用单位。第一个单位商品给消费者带来的边际效用为 50，因而该单位商品的需求价格为 12.5 元，而该商品的市场价格只有 2.5 元，因而在第一个单位商品的消费中，消费者获得了 10 元的消费者剩余。随着消费数量的不断增加，需求价格在递减，则消费者剩余也在递减。当消费数量增加到消费者的需求价格等于商品的实际价格时，消费者剩余为零，这时理性的消费者会停止购买。

在这里需要说明的是，对消费者来说，他愿意付出的价格取决于他对该物品效用的评价。而由于边际效用是递减的，那么，他愿意付出的价格随物品数量的增加而递减。但市场价格则是由整个市场的供求关系决定的，决定商品价格的是全体消费者和供给者，不会因某一消费者愿望而发生转移，即对某一消费者来说市场价格是相对固定的，由此，随着消费者购买某种商品数量的增加，他愿意付出的价格在不断下降，而市场价格不变，那么，他从每单位商品购买中所获得的消费者剩余逐渐在减少。

在理解消费者剩余时要注意两点：第一，消费者剩余并不是实际收入的增加，只是一种心理感觉。第二，生活必需品的消费者剩余大。因为消费者对此类物品的效用评价高，愿意付出的价格也高，但此类物品的市场价格一般并不高。研究消费者剩余对某一消费者实际意义并不大,但全体消费者的心理感受对市场供求关系却有重要的影响。

项目三　序数效用论对消费者行为的分析

任务一　消费者偏好

序数效用论认为,虽然效用不能用基数来具体计量,但商品的效用大小是可以比较的,方法就是用顺序或等级来表示。于是提出了消费者偏好的概念,消费者偏好是指消费者对不同商品或商品组合的喜好程度。消费者根据自己的意愿对可供消费的商品或商品组合进行排序,这种排序反映了消费者个人的需要、兴趣和嗜好。由于消费者对各种不同的商品组合的偏好程度是有差别的,这种偏好程度的差别决定了不同商品组合效用的大小顺序。

例如,对于甲、乙两种商品组合,若消费者对甲组合的偏好程度大于对乙组合的偏好程度,则可以说甲组合的效用水平大于乙组合的效用水平。若消费者对甲组合与乙组合的偏好程度相同,则可以说两种组合的效用水平无差异。

任务二　无差异曲线

(一)无差异曲线

无差异曲线是指用于表示两种商品的不同数量的组合给消费者所带来的效用完全相同的曲线。即曲线上每一点所代表的两种商品的组合方式对于消费者的效用是无差异的。

假设某消费者面临 X、Y 两种商品,这两种商品可以有 A、B、C、D 共四种不同的消费组合。这四种组合都能给该消费者带来相同的效用水平,如表 3－6 所示。

表 3－6　某消费者的无差异表

组合方式	X 商品	Y 商品
A	40	40
B	70	30
C	120	20
D	200	10

通过表 3－6 可以绘制出无差异曲线如图 3－5 所示。

在图 3－5 中,横轴代表商品 X 的数量,纵轴代表商品 Y 的数量,A、B、C、D 各点表示四种不同的商品数量组合,将各点连接起来的曲线就是无差异曲线。无差异曲线上的任何一点所表示的商品组合虽然都各不相同,但它们在消费者偏好既定条件下给消费者带来的效用是相同的。

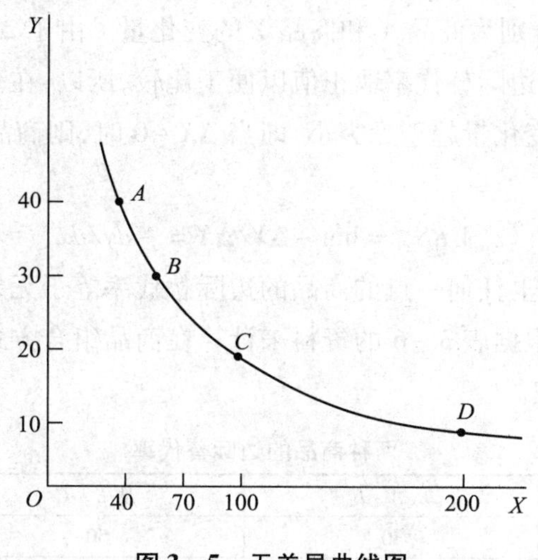

图 3-5　无差异曲线图

(二)无差异曲线的特征

1. 在正常的消费阶段,无差异曲线是一条向右下方倾斜,斜率为负;表明为实现同样的满足程度,增加一种商品的消费,必须减少另一种商品的消费。假定每个商品都被限定为多了比少了好,那么无差异曲线一定向右下方倾斜,就是说,其斜率一定为负。只是在特殊情况下,即当某种商品为中性物品或令人讨厌的物品时,无差异曲线才表现为水平的或者垂直的,甚至是向右上方倾斜,即斜率为正。

2. 同一平面图上可以有无数条无差异曲线,每一条曲线代表不同的效用水平,无差异曲线图中位置越高或距离原点越远的无差异曲线所代表的消费者的满足程度越高。同一坐标平面上的任何两条无差异曲线之间,可以有无数条无差异曲线。同一条曲线代表相同的效用,不同的曲线代表不同的效用。

3. 在同一坐标平面上任何两条无差异曲线不会相交。这是因为两条无差异曲线如果相交,就会产生矛盾。只要消费者的偏好是可传递的,无差异曲线就不可能相交。

4. 无差异曲线是一条凸向原点的线。这就是说,无差异曲线的斜率的绝对值是递减的。这是由于边际替代率递减规律所决定的。

任务三　商品的边际替代率及其递减规律

(一)边际替代率

边际替代率是指在维持效用水平或满足程度不变的前提下,消费者增加一单位的某种商品的消费时所需放弃的另一种商品的消费数量。

以 MRS 代表商品的边际替代率,则商品 X 对商品 Y 的边际替代率的公式为:

$$MRS_{XY} = -\Delta Y/\Delta X$$

其中，ΔX 和 ΔY 分别为商品 X 和商品 Y 的变化量。由于 ΔX 和 ΔY 的符号肯定是相反的，为了使商品的边际替代率取正值以便于比较，所以，在公式中加了一个负号。

假定商品数量的变化量趋于无穷小，即当 $\Delta X \to 0$ 时，则商品的边际替代率的公式可以写为：

$$MRS_{XY} = \lim - \Delta Y / \Delta X = - dy/dx$$

显然，无差异曲线上任何一点的商品的边际替代率等于无差异曲线在该点的斜率的绝对值。我们可以根据表 3－6 的资料来计算在商品组合方式转换中的商品的边际替代率，并做成表 3－7。

表 3－7　两种商品的边际替代率

变动情况	从 $A \to B$	从 $B \to C$	从 $C \to D$
ΔX	30	50	100
ΔY	－10	－10	－10
MRS_{XY}	1/3	1/5	1/10

（二）边际替代率递减规律

边际替代率递减规律是在维持效用水平不变的前提下，消费者为每增加 1 单位的某种商品的消费所要放弃的另一种商品的消费数量是递减的。即一种商品替代另一种商品的数量边际替代率是递减的。

在表 3－5 中，ΔX 是商品 X 的增加量，ΔY 是商品 Y 的减少量。在保证消费者效用不变的前提下，商品组合方式由 A 转换到 B，消费者为了增加 30 单位 X 商品的消费，就必须放弃 10 单位 Y 商品的消费。这时的边际替代率为 1/3，也就是说，在这个转换中，每增加 1 单位商品 X 的消费，就需要放弃 1/3 单位商品 Y 的消费。由组合方式 B 转换到组合方式 C，边际替代率递减到 1/5。即在保证效用不变的前提下，继续增加商品 X 的消费所需放弃的商品 Y 的消费量减少了。依此类推，边际替代率逐渐减少，这种现象普遍存在于任何两种商品的正常替代过程中，因而形成了边际替代递减规律。

商品边际替代率递减规律存在的原因是商品的边际效用递减规律。在用商品 X 替代商品 Y 的过程中，随着商品 X 消费数量的增加，它的边际效用在递减；随着商品 Y 消费数量的减少，它的边际效用在递增。这样，每增加 1 单位商品 X 的消费，它所能替代出来的商品 Y 的数量越来越少。因此，商品的边际替代率递减规律实际上就是用无差异曲线的形式来表述的边际效用递减规律。

任务四　预算线

无差异曲线描述了消费者为保持一定的总效用水平购买两种商品的不同数量组合，是消费者的主观评价，在消费者的实际消费中，还要考虑两个重要因素——消费者的收入水平和商品的价格。在不考虑借贷的条件下，消费者不能无限制地选择他喜好的商品。这就是预算约束,预算约束可以用预算线来说明。

(一)预算线

预算线又可称为消费可能线、等支出线或价格线。它表示在消费者收入和商品价格既定的条件下,消费者的全部收入所能购买到的两种商品的不同数量的各种组合。

假设某消费者的收入是400元,他需要购买土豆(X_1)和牛肉(X_2)两种商品,各自的价格为$P_{X_1}=2$元/公斤,$P_{X_2}=10$元/公斤,该消费者可能的消费组合如表3-8所示。

表3-8　消费者可能的消费组合

400元的消费可能性组合

$Y=400$元

$P_{X1}=2$元/公斤

$P_{X2}=10$元/公斤

组合方式	土豆 X_1	牛肉 X_2
A	0	40
B	50	30
C	100	20
D	150	10
E	200	0

根据上述条件我们能作出一条预算线,如图3-6所示。

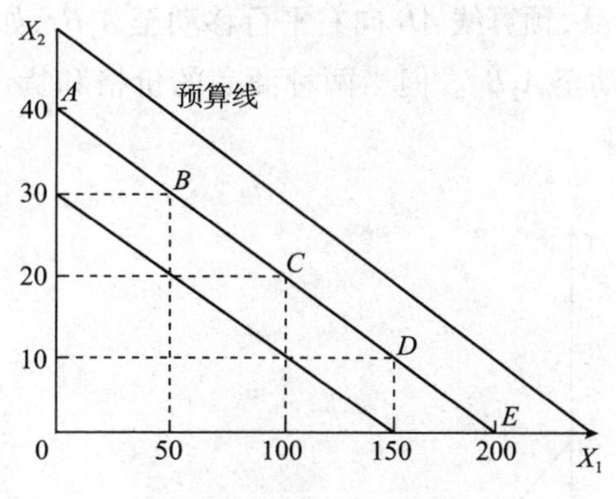

图3-6　预算线

在图3-6中,横轴和纵轴分别表示两种商品的购买量。当土豆的消费量$Q_{X_1}=0$时,则牛肉的消费量$Q_{X_2}=40$,我们在坐标上找到A点;当牛肉的消费量$Q_{X_2}=0$时,则土豆的消费量$Q_{X_1}=200$,我们在坐标上找到E点;用直线连接A、E两点,这就是一条预算线。

预算线上的任何一点都是在收入与商品价格既定的条件下,消费者所能购买到的两种商品的最大数量组合。例如在C点,消费者购买100公斤土豆和20公斤牛肉,正好用完400元收入($100\times2+20\times10=400$),预算线以内的任何一点所表示的消费组合是消费者在既定收入和商品价格条件下可以实现的,但不是最大数量的消费组合,即收入没有用完。例如消费者购买 100 公斤土豆和 10 公斤牛肉,总支出是 300 元$(100\times2+10\times10=300)$,小于 400 元既定收入。在线外的任何一点所表示的商品组合是消费者在收入与商品价格既定条件下所不能实现的。例如消费者购买 100 公斤土豆和 30 公斤牛肉,总支出是 500 元$(100\times2+30\times10=500)$,大于既定的 400 元收入。

预算线是消费者消费行为的限制条件。这种限制就是消费者的消费支出不能大于也不能小于收入。大于收入的消费组合是在收入既定条件下所无法实现的;小于收入的消费组合则无法实现效用最大化。

(二)预算线的变动

预算线的定义所述,无论商品价格变动还是消费者的货币收入变动,都会影响消费者的购买数量,从而导致预算线的移动。

1. 商品价格既定,消费者的货币收入变动

两种商品价格不变,消费者的货币收入变化时,会引起预算线的截距变化,使预算线发生平移。

由于商品价格未变,预算线的斜率相同。如图 3－7 所示,如果货币收入增加,消费者可以购买更多的商品,预算线 AB 向右平行移动至 A_1B_1,如果货币收入减少,预算线 AB 向左下方平行移动至 A_2B_2。但当两种商品的价格和货币收入同比例同方向变化时,预算线不发生变化。

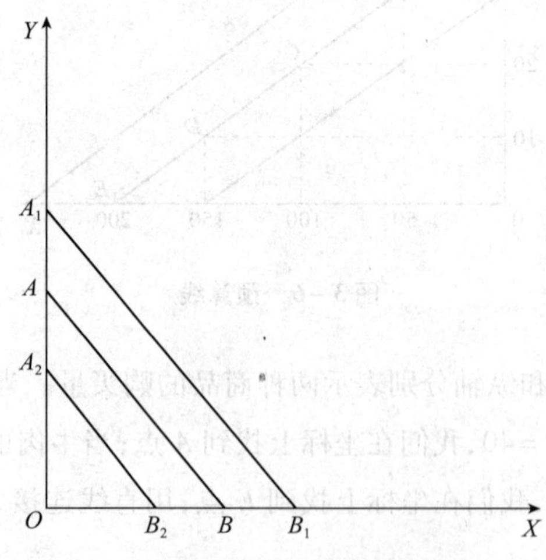

图 3－7　收入变化引起的预算线平移

2. 货币收入既定,商品价格变动

消费者的货币收入不变,两种商品价格同比例同方向变化时,会引起预算线的截

距变化,使预算线发生变动。

消费者的货币收入不变,一种商品价格不变而另一种商品价格变化时,会引起预算线的斜率及相应截距的变化。

由于商品价格发生了变动,预算线斜率发生了改变,预算不再平行移动,如图3-8a所示,商品 X 的价格下降,则使预算线 AB 移至 AB_1;商品 X 的价格上升,则使预算线 AB 移至 AB_2。在图3-8b中,商品 Y 的价格下降,则使预算线 AB 移至 A_1B;商品 Y 的价格上升,则使预算线 AB 移至 A_2B。

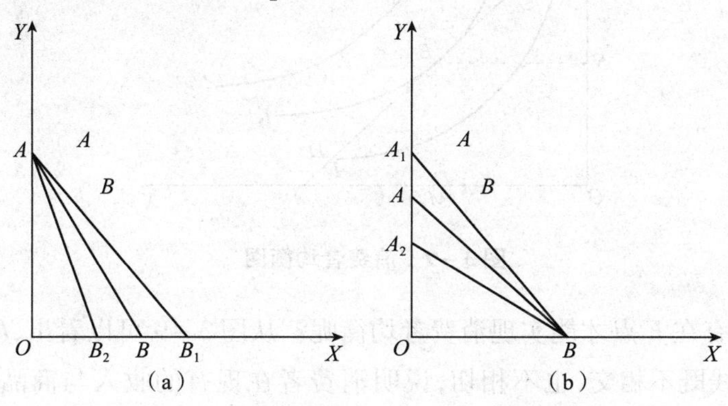

图3-8　商品价格发生变化引起的预算线平移

下面我们用表3-9来总结一下预算线的变动情况,用 I 表示消费者的货币收入,P_x、P_y 分别表示两种商品 X、Y 的价格。

表3-9　　　　预算线的变动

条件		预算线的变动	参考图形
I 变化,P_x、P_y 不变		预算线平移	图3-7
I 不变,P_x、P_y 同比例同方向变化		预算线平移	图3-7
I 不变	P_x 变化、P_y 不变	预算线以 A 为圆心转动	图3-8a
	P_y 变化、P_x 不变	预算线以 B 为圆心转动	图3-8b
I、P_x、P_y 同比例同方向变化		预算线不变	

任务五　消费者均衡

消费者均衡是研究单个消费者在既定收入条件下实现效用最大化的均衡条件。是指在既定收入和各种商品价格的限制下选购一定数量的各种商品,以达到最满意的程度,称为消费者均衡。

序数效用论将无差异曲线与预算线结合起来分析消费者均衡的实现。如果把无差异曲线与预算线合在一个坐标图上,那么,一条既定的预算线必定与无数条无差异曲线中的某一条相切于一点,这个切点就是消费者均衡点。消费者在收入和商品价格既定的条件下,只要按照消费者均衡点所表示的两种商品的组合进行消费,一定能实现效用最大化。

如图 3－9 所示，I_1、I_2、I_3 是三条效用水平不同的无差异曲线，其效用的大小顺序是 $I_1 < I_2 < I_3$。AB 为在消费者收入和商品 X、Y 的价格既定条件下的预算线，AB 线与 I_2 线相切于 E 点，E 点就是消费者均衡点。

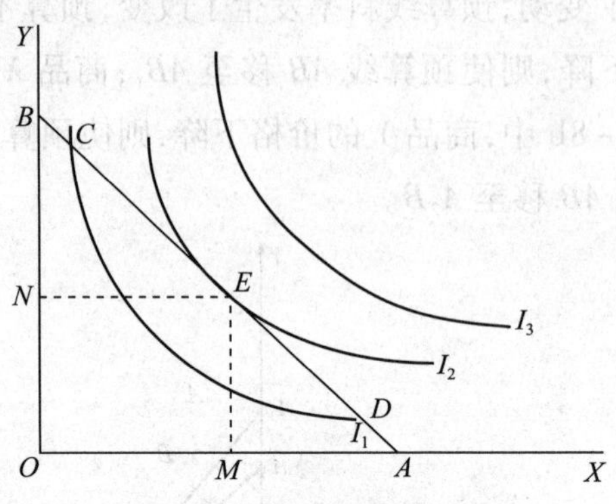

图 3－9　消费者均衡图

为什么只有在 E 点才能实现消费者均衡呢？从图 3－9 可以看出，I_3 的效用大于 I_2，但 I_3 与 AB 线既不相交，也不相切，说明消费者在现有的收入与商品价格条件下，无论怎样优化消费组合也不可能达到 I_3 所表示的效用水平。AB 线与 I_1 线相交与 C、D 两点，说明按这两点来进行消费组合虽然是现有收入能够达到的，但所实现的效用水平是 I_1 所表示的效用水平。AB 线与 I_2 线相切于 E 点，说明按 E 点进行消费组合也是现有收入力所能及的，其实现的是 I_2 所代表的效用水平。由于 I_2 的效用水平高于 I_1，因而按 E 点进行消费组合的效用水平就大于 C 点和 D 点。另外，由于无数条无差异曲线有相似性，因而能和既定的预算线 AB 相切的无差异曲线只有一条，而且是能够与 AB 相交的无差异曲线中离原点最远的一条，也就是图上的 I_2。于是 E 点便成为在收入与价格既定条件下的效用最大化的消费组合点。

任务六　需求曲线的推导

序数效用论者采用价格—消费曲线推导需求曲线。

价格—消费曲线是在消费者的偏好、收入以及其他商品价格不变的条件下，与某一种商品的不同价格水平相联系的消费者的预算线和无差异曲线相切的消费者效用最大化的均衡点的轨迹。

在其他条件不变的情况下，假定商品 X_1 的价格发生变化，那么，这会对消费者的均衡产生什么影响呢？由于收入不变，一种商品的价格发生变化预算线就会移动，与另一条无差异曲线相切，切点就是均衡点。把这些均衡点连接起来，就是价格——消费曲线。

如图 3－10 所示，假定商品 X_1 的初始价格为 P_2，相应的预算线为 A_2B，它与无差异曲线 I_2 相切于 E_2 点，E_2 点就是消费者的一个均衡点。再假定商品 X_1 的价格由 P_2

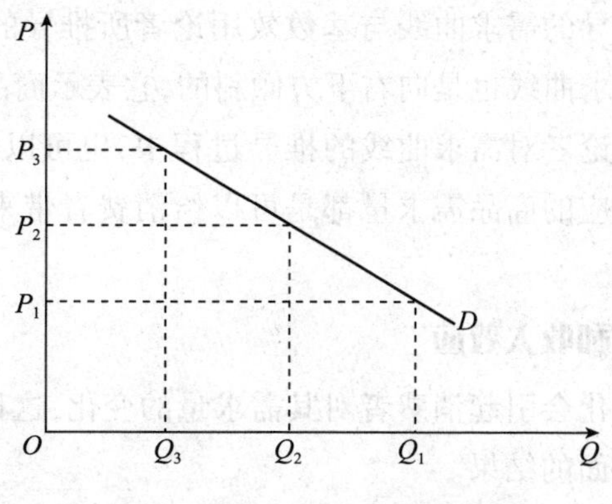

图 3-10　价格—消费曲线

下降为 P_1，相应的预算线由 A_2B 移至 A_1B，于是，预算线 A_1B 与另一条较高的无差异曲线 I_1 相切于均衡点 E_1。同理，若假定商品 X_1 的价格由 P_2 上升为 P_3，预算线由 A_2B 移至 A_3B，于是，预算线 A_3B 与另一条较低的无差异曲线 I_3 相切于均衡点 E_3。显然，在商品 X_1 的每一个价格上，总可以找到一个与之相对应的消费者的均衡点。随着商品 X_1 价格的不断变化，就可以找到无数个消费者的均衡点。它们的轨迹就是价格—消费曲线 。

分析图中价格—消费曲线 PCC 上的三个均衡点 E_1、E_2 和 E_3 可以看出，在每一个均衡点上，都存在着商品 X_1 的价格与商品 X_1 的需求量之间一一对应的关系。这就是：在均衡点 E_2，商品 X_1 的价格为 P_2，则商品 X_1 的需求量为 Q_2。在均衡点 E_1，商品 X_1 的价格由 P_2 下降为 P_1，则商品 X_1 的需求量由 Q_2 增加为 Q_1。在均衡点 E_3，商品 X_1 的价格由 P_2 上升为 P_3，则商品 X_1 的需求量由 Q_2 减少为 Q_3。根据商品 X_1 的价格和需求量之间的这种对应关系，把每一个 P 数值和相应的均衡点上的 Q 数值绘制在商品的价格——数量坐标图上，便可以得到单个消费者的需求曲线（如图 3-11 所示）。

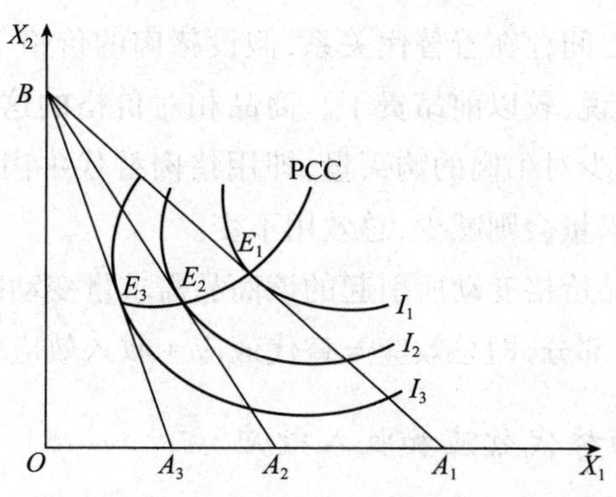

图 3-11　消费者的需求曲线

序数效用论者所推导的需求曲线与基数效用论者所推导的需求曲线具有相同的特征。序数效用论的需求曲线也是向右下方倾斜的,它表示商品的价格与需求量呈反方向变动。从序数效用论者对需求曲线的推导过程中,也可以清楚地看到:需求曲线上与每一价格水平相对应的商品需求量都是可以给消费者带来最大效用水平或满足程度的需求量。

任务七　替代效应和收入效应

一种商品价格的变化会引起消费者对其需求量的变化,这种变化可以被分解为收入效应和替代效应两方面的结果。

当一种商品的价格发生变化时,会对消费者产生两种影响,一是消费者的实际收入水平发生变化。在这里实际收入水平的变化被定义为效用水平的变化。二是使商品的相对价格发生变化。这两种变化都会改变消费者对该种商品的需求量。

(一)收入效应

收入效应是指因价格变化带来的实际收入的变化导致需求量的变化,并且引起效用水平的变化。

例如,消费者购买猪肉,当猪肉价格下降时,其他商品价格保持不变,这时对于消费者来说,虽然货币收入没有发生变化,但是现在的货币收入购买力增强了,也就是说实际收入水平提高了。因此,在不减少其他商品购买量的前提下,消费者可以买进更多的猪肉。实际收入水平的提高,会使消费者改变对这种商品的购买量,从而达到更高的效用水平,这就是收入效应。

(二)替代效应

替代效应是指由于商品的价格变动所引起的商品相对价格的变动,进而由商品的相对价格变动所引起的商品需求量的变动。替代效应不改变消费者的效用水平。

例如,猪肉和牛肉之间存在着替代关系,假设猪肉的价格下降,牛肉的价格不变,使得牛肉相对于猪肉来说,较以前昂贵了。商品相对价格的这种变化,会使消费者增加对猪肉的购买量而减少对牛肉的购买量,即用猪肉替代牛肉,这样对猪肉的需求量会增加,而对牛肉的需求量会则减少,总效用不变。

综上所述,一种商品价格变动所引起的该商品需求量变动的总效应可以被分解为替代效应和收入效应两部分,即总效应 = 替代效应 + 收入效应。

(三)正常物品的替代效应和收入效应

在正常物品的情况下,替代效应和收入效应均使需求量与价格反方向变动,使得需求曲线向右下方倾斜。即当价格下降时,对于正常物品,替代效应的作用是增加需求量,收入效应的作用也是增加需求量。

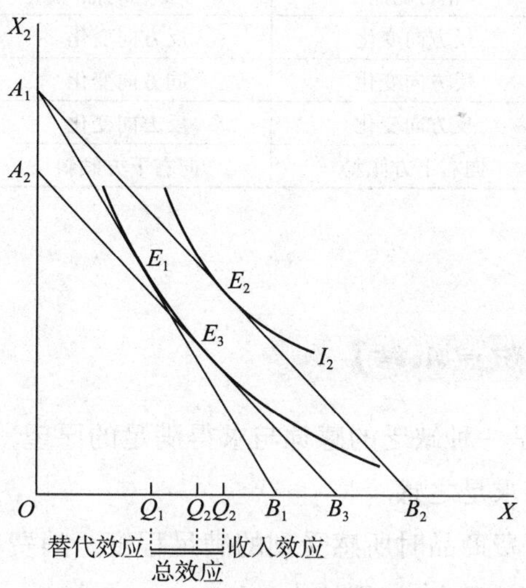

图3-12 正常物品的替代效应与收入效应

图3-12中,横轴OX_1和纵轴OX_2分别表示商品X_1和商品X_2数量,其中,商品X_1是正常物品。在商品价格变化之前,消费者的预算线为A_1B_1,该预算线与无差异曲线I_1相切于E_1点,E_1点是消费者效用最大化的一个均衡点。在均衡点E_1上,相应的商品X_1的需求量为Q_1。现假设商品X_1的价格P_1下降,使预算线的位置由A_1B_1移至A_1B_2。新的预算线A_1B_2与另一条代表更高效用水平的无差异曲线I_2相切于E_2点,E_2点是商品X_1价格下降后的消费者的效用最大化的均衡点。在E_2均衡点上,相应的商品X_1的需求量为Q_2。比较E_1、E_2两个均衡点,商品X_1的需求量的增加量为Q_2-Q_1,这就是商品X_1的价格P_1下降所引起的总效用。

(四)低档物品的替代效应和收入效应

低档物品:替代效应的作用使需求量与价格呈反方向变动,收入效应的作用使需求量与价格呈同方向变动,但由于替代效应的作用大于收入效应的作用,总效应的结果仍使需求量与价格呈反方向变动,相应的需求曲线是向右下方倾斜的。

吉芬物品:替代效应的作用使需求量与价格呈反方向变动,收入效用的作用是需求量与价格呈同方向变动,且收入效应大于替代效应的作用,从而总效应的作用是需求量与价格同方向变动,这就是吉芬物品的需求曲线呈右上方倾斜的特殊形状的原因。

可以用表3-10将各类不同商品的替代效应和收入效应做如下小结:

表 3-10　商品的替代效应和收入效应

商品类别	正常物品	低档物品	吉芬物品
替代效应与价格的关系	反方向变化	反方向变化	反方向变化
收入效应与价格的关系	反方向变化	同方向变化	同方向变化
总效应与价格的关系	反方向变化	反方向变化	同方向变化
需求曲线的形状	向右下方倾斜	向右下方倾斜	向右上方倾斜

【本情境知识点小结】

1. 欲望是人们的需要,是一种缺乏的感觉与求得满足的愿望。它是一种心理感觉,既要有不足之感又要有求足之感。
2. 效用是指消费者在消费商品时所感受到的满足程度。消费者在消费活动中获得的满足程度高,效用就大;反之,效用就小。
3. 基数效用论的基本观点是:效用是可以计量并可以加总求和的。效用大小是可以测量的,其计数单位就是效用单位。而序数效用论则认为效用作为一种心理现象无法计量,也不能加总求和,只能表示出满足程度的高低与顺序,因此,效用只能用序数(第一、第二、第三……)来表示。
4. 总效用是指消费者在一定时间内,从某一种物品所带来的全部效用。
5. 边际效用指消费者对某种物品的消费量每增加一单位所增加的额外满足程度。
6. 总效用和边际效用的关系是:当边际效用大于零时,总效用增加;当边际效用为零时,总效用达到最大;当边际效用为负数时,总效用开始递减。随着消费量的增加,边际效用是递减的,这个现象具有一般规律性,被称为边际效用递减规律。
7. 在消费者的收入和商品的价格既定的条件下,当消费者选择商品组合获取了最大的效用满足,并将保持这种状态不变时,称消费者处于均衡状态,简称为消费者均衡。

   消费者剩余是消费者在购买一定数量的某种商品时愿意支付的价格,即需求价格与其实际支付的价格之间的差额。
8. 消费者偏好是指消费者对不同商品或商品组合的喜好程度。消费者根据自己的意愿对可供消费的商品或商品组合进行排序,这种排序反映了消费者个人的需要、兴趣和嗜好。
9. 无差异曲线是指用于表示两种商品的不同数量的组合给消费者所带来的效用完全相同的曲线。即曲线上每一点所代表的两种商品的组合方式对于消费者的效用是无差异的。
10. 边际替代率是指在维持效用水平或满足程度不变的前提下,消费者增加一单位的某种商品的消费时所需放弃的另一种商品的消费数量。

边际替代率递减规律是在维持效用水平不变的前提下,消费者为每增加1单位的某种商品的消费所要放弃的另一种商品的消费数量是递减的。即一种商品替代另一种商品的数量边际替代率是递减的。

11. 预算线又可称为消费可能线、等支出线或价格线。它表示在消费者收入和商品价格既定的条件下,消费者的全部收入所能购买到的两种商品的不同数量的各种组合。

12. 消费者均衡是研究单个消费者在既定收入条件下实现效用最大化的均衡条件。是指在既定收入和各种商品价格的限制下选购一定数量的各种商品,以达到最满意的程度,称为消费者均衡。

13. 收入效应是指因价格变化带来的实际收入的变化导致需求量的变化,并且引起效用水平的变化。

替代效应是指由于商品的价格变动所引起的商品相对价格的变动,进而由商品的相对价格变动所引起的商品需求量的变动。替代效应不改变消费者的效用水平。

【练习与思考】

一、选择题

1. 以下(　　)项指的是边际效用。

A. 张某吃了第二个面包,满足程度从10个效用单位增加到了15个效用单位,增加了5个效用单位

B. 张某吃了两个面包,共获得满足15个效用单位

C. 张某吃了四个面包后再不想吃了

D. 张某吃了两个面包,平均每个面包带给张某的满足程度为7.5个效用单位

2. 若某消费者消费了两个单位某物品之后,得知边际效用为零,则此时(　　)

A. 消费者获得了最大平均效用　　B. 消费者获得的总效用最大

C. 消费者获得的总效用最小　　D. 消费者所获得的总效用为负

3. 若消费者张某只准备买两种商品X和Y,X的价格为10,Y的价格为2。若张某买了7个单位X和3个单位Y,所获得的边际效用值分别为30个单位和20个单位,则(　　)。

A. 张某获得了最大效用

B. 张某应当增加X的购买,减少Y的购买

C. 张某应当增加Y的购买,减少X的购买

D. 张某想要获得最大效用,需要借钱

4. 某消费者消费更多的某种商品时,则(　　)。

A. 消费者获得的总效用递增　　B. 消费者获得的总效用递减

C. 消费者获得的边际效用递增　　D. 消费者获得的边际效用递减

5. 无差异曲线的位置和形状取决于(　　)。

A. 消费者的偏好和收入　　B. 消费者收入和商品价格

C. 消费者偏好、收入和商品价格　　D. 消费者的偏好

6. 预算线向右上方平移的原因是(　　)。

A. 商品 X 的价格下降了

B. 消费者的收入下降了

C. 商品 Y 的价格下降了

D. 商品 X 和 Y 的价格按同一比率下降了

7. 预算线的位置和斜率取决于(　　)。

A. 消费者的收入　　B. 消费者的收入和商品价格

C. 消费者的偏好　　D. 消费者的偏好、收入和商品价格

8. 预算线绕着它与横轴的交点向外移动的原因是(　　)。

A. 商品 X 的价格下降　　B. 商品 Y 的价格下降

C. 商品 X 和 Y 的价格同时上升

D. 消费者的收入增加

9. 总效用达到最大时,(　　)。

A. 边际效用为零　　B. 边际效用最大

C. 边际效用为负　　D. 边际效用为正

10. 消费者剩余是(　　)。

A. 消费者获得的总效用

B. 消费者消费不了的商品

C. 消费者的总效用与支付的总额之差

D. 消费者的货币剩余

11. 正常物品价格上升导致需求量减少的原因在于(　　)。

A. 替代效应使需求量增加,收入效应使需求量减少

B. 替代效应使需求量增加,收入效应使需求量增加

C. 替代效应使需求量减少,收入效应使需求量减少

D. 替代效应使需求量减少,收入效应使需求量增加

二、问答题

1. 试述基数效用论和序数效用论有何区别?

2. 边际效用为什么会是递减的？

3. 用替代效应和收入效应说明需求定理。

三、计算题

1. 若消费者张某的收入为270元，他在商品 X 和 Y 的无差异曲线上的斜率为 $dY/dX=-20Y$ 的点上实现均衡。已知商品 X 和商品 Y 的价格分别为 $Px=2$，$Py=5$，那么此时张某将消费 X 和 Y 是多少？

2. 假定某人的总效用函数为 $U=XY$（X、Y 分别为 X 和 Y 商品的消费量，U 为总效用），该人每月收入120元，$Px=2$ 元，$Py=4$ 元。求：(1)为获得最大效用的 X、Y 商品的组合；(2)最大的总效用水平；(3)假定 X 商品的价格提高44%，Y 商品的价格不变，为保持原有的总效用水平，收入必须增加多少？

【本情境知识的实践案例】

美国是世界上经济最为强大的国家，人均消费商品数量居世界第一，人均垃圾量也没有一个国家能与之相比。美国的垃圾不但包括各种废弃物，也包括各种用旧了的家具、地毯、鞋子、炊具，乃至电视机和冰箱。美国是一个注重消费的社会，它的生产巨大，产品积压常常成为主要的经济问题。如果每一个人将自己生产出的产品全部消费掉，经济则正常运转。如果生产旺盛，消费不足，或者说，居民由于富裕而增加了储蓄，产品就会积压。所以对于美国来说，医治经济萧条的主要措施是鼓励消费。

在美国家庭里的旧东西有几条出路：举办"后院拍卖"，捐给教堂，捐赠给旧货店或当垃圾扔掉。旧东西在美国很不值钱，你可以在后院拍卖中买到1美元一个的电熨斗，在教堂拍卖中买到10美元一套的百科全书和5美元一套的西装。相反，旧东西在中国就值钱多了。在大城市，经常看到有人在收购各种旧的生活用品，然后运到贫穷、偏僻的农村地区以几倍的价格卖出。用经济学原理解释中美两国旧东西的价格差异。

（资料来源：张云峰. 微观经济学典型题解析及自测试题[M]. 西安：西北工业大学出版社，2010.）

学习情境四　生产理论

【学习目标】

重要概念：

生产者　生产要素　生产函数　等产量曲线　边际报酬递减　等成本曲线　规模报酬　规模经济

知识目标：

①能了解生产函数的组成；

②能分析四种不同市场结构条件下利润最大化的情况，均衡价格和均衡数量的决定；

③能够理解等产量曲线和等成本曲线的含义，掌握生产者如何实现均衡；

④理解边际报酬递减规律，掌握两种生产要素合理组合的无差异曲线分析法。

能力目标：

①能运用理论初步解释生产者的生产行为；

②能够运用规模报酬、规模经济判断企业表现出的是规模经济还是规模不经济；

③能够分析在长期内，生产者应该如何调整全部的生产要素的数量，从而实现生产要素的最优组合。

【知识与技能】

项目一　生产和生产函数

【引子】

近几年百姓饱受高物价的困扰，涨价冲击波也让企业尝尽了苦头。新希望集团70% ~80%的产值都来自于农牧业，对于2008年以来粮食价格的持续上涨，董事长刘永好估算，企业购入粮食等农产品生产资料的成本持续增加已经超过了30%。除此之外，物流企业也受到要素价格高位波动的冲击。全国政协委员、中国海运集团总公司总裁李绍德告诉记者，目前，近四成公司干散货运输的可变成本都来自燃油价格的变动。更为残酷的是,要素价格的上涨趋势仍未松动。全国政协委员、传化集团董事长徐冠巨坦言,原材料价格上涨、员工薪酬水平提高、通货膨胀等因素叠加,企业生产经营的外部环境不容乐观。

那么,原材料、土地、燃油价格的变动对企业的生产有怎样的影响呢?

(资料来源:http://www. ceconline. com/financial/)

任务一 生产和生产要素

(一)生产要素

马克思这样阐述生产要素的基本观点:在任何社会和任何时代,劳动力和生产资料都是产品的生产要素。

劳动力有广义和狭义之分。广义上的劳动力指全部人口,狭义上的劳动力指具有劳动能力的人口。人的劳动能力是蕴藏在人体中的脑力和体力的总和。离开劳动力,生产资料是不可能创造任何东西的。但是,在生产过程中,除了必须具备一定的生产经验和劳动技能,还必须具备一定量的生产资料。

生产资料,也称做生产手段,是劳动者进行生产时所需要使用的资源或工具。一般可包括土地、厂房、机器设备、工具、原料等。

现代的科学知识成果也应列入生产要素的范畴。生产要素又可分为两类:其中,土地、厂房、机器设备、工具、原料等被列为外生性生产要素,而知识、企业家才能属于内生性生产要素。

(二)生产

生产是企业对各种生产要素进行合理组合,以最大限度地生产出产品的行为过程。生产要素的数量组合和产量之间的关系用生产函数来表示。

任务二 生产函数

(一)经济效率和技术效率

技术效率是分析投入和产出之间的关系,技术效率的实现是由企业的管理水平和技术能力决定的;经济效率是分析成本和产量之间的关系,经济效率是对资源的有效配置,而生产要素是由企业所处的市场决定的。实现经济效率时一定实现了技术效率,实现技术效率不一定实现了经济效率。本章我们要研究的是技术效率,经济效率在成本理论一章进行讨论。

(二)生产函数

厂商为了达到利润最大化的目的,在生产过程中,必须知道生产要素的投入和产品的产出的关系。比如让两个工人同时操作一台机器,工人是劳动力,机器则是资本要素。两个工人操作一台机器可以减少操作的出错率,但是从效率来讲是失败的,因为多了一个人的投入并没有得到更多的产品。但是,除了生产要素以外,是不是还会有其他要素影响到投入和产出的关系呢?在上述例子中,如果我们使用全自动的机器进行操作,两个工人负责操作每一条生产线,那么就会大大提高产品的产出。也就是说,生产技术将改变投入量和产出量之间的关系。我们在生产函数中要研究的问题,是在不考虑技术进步的时候,各种要素的投入比例在生产过程中如何配合,以提高实现生产的技术效率。

因此,所谓生产函数是指在一定时期内,在一定的技术水平之下,生产要素的数量与某种组合同它所能生产出来的最大产量之间依存关系的函数。我们用下列公式表示:

$$Q = f(L,K,N,E)$$

其中,Q 代表产量、L 代表投入的劳动、K 代表资本、N 代表土地、E 代表企业家才能。

在经济学的分析中,通常简化为:

$$Q = f(L、K)$$

各生产要素在一定范围内可以相互替代以改变产出量。例如 ,为了生产一定数量的小麦,农户可以采用多投入土地,少投入劳动的广种薄收的生产方式,也可以采用少投入土地,多投入劳动的精耕细作的生产方式。我们通常把多用劳动而少用资本的生产方法称为劳动密集型生产方法,对应的行业称为劳动密集型产业。比如钢铁业、一般电子与通信设备制造业、运输设备制造业、石油化工、重型机械工业、电力工业等。把多用资本少用劳动的生产方法称为技术密集型生产方法,对应的行业称为技术密集型产业。比如电子计算机工业,飞机和宇宙航天工业,原子能工业,大规模和超大规模集成电路工业、高级医疗器械,电子乐器等高级工业。

项目二　短期生产中生产要素的合理投入

任务一　一种可变生产要素的生产函数

生产函数按生产者能否变动全部要素投入为标准划分为短期生产函数和长期生产函数。短期指厂商来不及调整全部生产要素的数量,至少有一种生产要素的数量是固定不变的情况,通常认为劳动要素的数量在短期是可变的,资本要素的数量在短期不变。

任务二　总产量函数、平均产量函数和边际产量函数

(一)总产量、平均产量和边际产量

根据生产函数 $Q = f(L、K)$,可以得到投入劳动要素所带来的总产量、平均产量和

边际产量的概念。

1. 总产量

总产量(TPL)是指一定期限内的某种生产要素所生产出来的全部产量。例如,在一块麦田中施用10公斤化肥,生产出400公斤小麦,则400公斤小麦就是施用10公斤化肥的总产量。

2. 平均产量

平均产量(APL)是指平均每单位生产要素所生产出来的产量。在上例中,每公斤化肥的平均产量就是(400/10=40)40公斤小麦。

3. 边际产量

边际产量(MPL)是指每增加一单位生产要素所增加的产量。在上例中,如果小麦田里再增加施用1公斤化肥,小麦产量便又增加20公斤,则20公斤小麦是第一公斤化肥的边际产量。

以 Q 代表生产要素投入的数量,总产量、平均产量、边际产量的数量关系分别是:

$$TPL = APL \cdot Q$$

$$APL = TPL/Q$$

$$MPL = \Delta TPL/\Delta Q$$

假设某一短期生产函数的具体形式为:

$$Q = 21L + 9L2 - L3$$

$$APL = 21 + 9L - L2$$

$$MPL = 21 + 18L - 3L2$$

假设投入劳动从1个单位逐渐增加到7个单位,则相应的总产量、平均产量和边际产量如表4-1所示。

表4-1

劳动力数量 L	总产量 Q	平均产量 APL	边际产量 MPL
0	0	0	0
1	29	29	36
2	70	35	45
3	117	39	48
4	164	41	37
5	205	41	36
6	234	39	21
7	245	35	0

(二)总产量、平均产量曲线和边际产量曲线

根据表4-1绘制产量曲线图4-1。

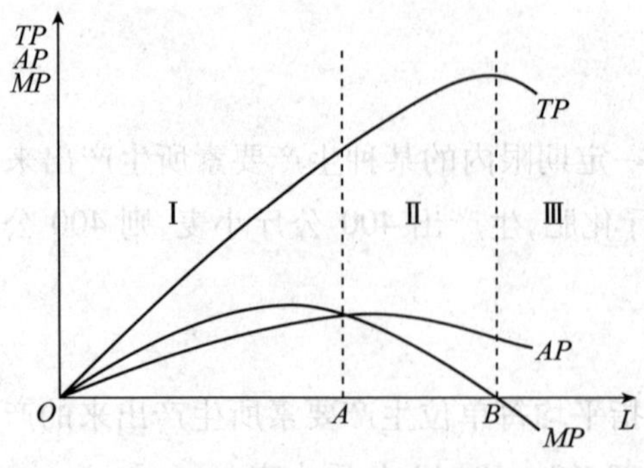

图 4－1　产量曲线图

其中，X 轴代表可变要素劳动的投入数量 L，Y 轴表示产量 Q。TP 为总产量曲线，AP 为平均产量曲线，MP 为边际产量曲线。

根据图 4－1，我们可以从如下三个方面来分析总产量、平均产量、边际产量之间的关系。

1. 在资本量不变的情况下，随着劳动投入量的不断增加，总产量、平均产量、边际产量都是先递增，当增加到一定程度后又递减，这反映了边际收益递减规律的作用。

2. 边际产量曲线 MP 与平均产量曲线 AP 相交于平均产量曲线的最高点 A。在 MP 和 AP 相交之前，平均产量曲线是上升的。相交之后，平均产量曲线是下降的，两条曲线的交点 A 就是平均产量曲线的最高点。就任何一对平均量和边际量的一般关系而言，只要边际量大于平均量，边际量就把平均量拉上；只要边际量小于平均量，边际量就把平均量拉下。例如，某班学生的高考平均成绩是 500 分（平均量）。如果新调入的一名学生的成绩（边际量）高于 500 分，则全班的平均成绩会提高；如果新调入学生的成绩低于 500 分，则全班的平均成绩会降低。

3. 当 MP 和横轴相交时，即边际产量为零时，总产量达到最高。由于边际产量是总产量的增量，因而当边际产量为正值时（B 点左边），总产量的增量是正值，当然总产量就是递增的。而这一阶段边际产量的递减只能使总产量增加的幅度越来越小。在边际产量成为负值以后（B 点的右边），总产量的增量是负值，当然总产量就是递减的。

另外需要说明的是，总产量曲线的出发点可能是原点，也可能不是原点。如果可变的生产要素是该生产过程所必需的，则总产量曲线从原点出发。如上例中的劳动，当劳动投入量为零时，不可能有产量。但如果该生产要素不是生产所必需的，如小麦生产中的化肥，则总产量曲线就不从原点出发，而是从纵轴上的某一点出发。这说明，即使没有化肥投入，仍然可以有一定的小麦产量。

任务三　边际报酬递减规律

在图 4－1 中，我们可以看出边际产量表现出先上升而后下降的变动趋势，这一变动趋势被称为边际报酬递减规律,也称边际收益递减规律。边际报酬递减规律是指在技术水平不变的条件下,当把一种可变生产要素投入到一种或几种不变生产要素中时,最初边际产量是递增的,但当该生产要素的增加超过一定限度时,边际产量会递减,甚至还会绝对减少。例如,对于给定的一块1公顷的菜地来说,开始随着肥料的增加,土壤结构得到了改善,菜地的产量会以递增的比率上升;但若不断增加施肥到一定程度后,肥力过大超过了蔬菜的需要,产量不仅不能提高,反而会下降,即导致负的边际产量。

边际报酬递减规律是短期生产理论中的一条基本规律,但它要发挥作用必须具备以下三个前提条件:

1. 只适用于其他要素投入量不变,只有一种生产要素变动。也就是说,在保持其他生产要素不变而只增加其中某种生产要素的投入量时,要素的边际产量才发生递减;如果各种生产要素的投入量按原比例同时增加时,边际产量不一定递减。

2. 只适用于技术水平不变的情况下,否则在保持其他要素不变而连续增加某种生产要素时,边际报酬不一定递减,而可能递增。

3. 假定其他的生产要素不变,即生产的规模不发生变化,而且所增加的生产要素应具有相同的效率,如果增加的第二单位的生产要素比第一单位的更为有效,则边际报酬不一定递减。

任务四　生产过程三阶段

根据可变要素的总产量曲线、平均产量曲线和边际产量曲线之间的关系,在短期只有一种要素可以变动时,生产者在选择劳动力的投入数量时存在三种情况,我们通常也将其称为生产过程三阶段。

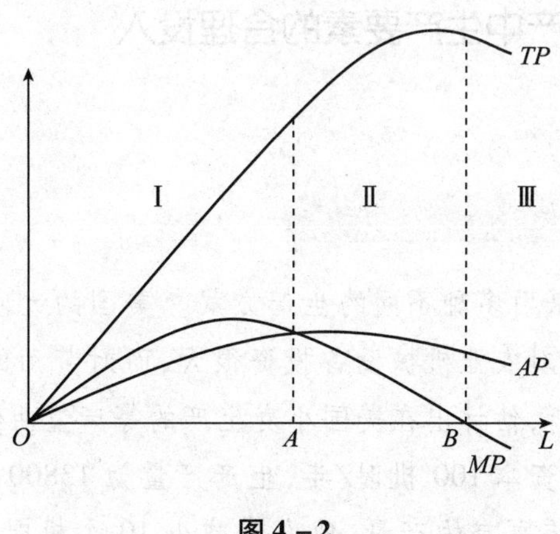

图4-2

其中,O~A点为第一阶段,A~B点为第二阶段,B点以后为第三阶段。

0~A:收益递增阶段

$A \sim B$:收益递减阶段

B 点以后:收益为负阶段

1. 第一阶段是不合理的生产阶段,这一点比较隐晦。实际的情况是在这一阶段劳动力投入很少,相比之下固定投入的资本使用量过大。因而需要增加劳动量以使得资本充分发挥作用。因此,任何一个理性的生产者都不会将生产过程仅限于此阶段。

2. 第二阶段是合理的生产阶段。在这个阶段中,劳动力的边际产量虽然递减,但仍为正值,这就说明随着该种生产要素使用量的增加,总产量还将有所提高,只是速度变慢。

3. 第三阶段是不合理的生产阶段,这一点比较明朗。劳动力投入越多,总产量越小,即边际产量为负值。主要原因是与不变投入资本相比,可变投入劳动已经过多了。由此可以得出结论:生产要素投入相对过多,其边际产量将变为负值,从而形成不合理的生产阶段。

综上所述,合理的劳动投入水平不应该在生产的第一阶段,也不应该在生产的第三阶段,而只应在生产的第二阶段,即 $A \sim B$ 点之间。但是劳动投入量应该在第二阶段的哪一点呢?这要结合厂商的生产目标来具体分析。如果不变的生产要素是非常稀缺的,厂商要充分利用可变生产要素的生产潜力,则应将生产目标定为平均产量最大,这时可变生产要素投入量应为 A 点的量。如果厂商更注重社会效益,要更大限度地满足社会对其产品的需求,则应将生产目标定为总产量最大,这时可变生产要素投入量应为 B 点的量。一般而言,在市场经济条件下,厂商生产的目标既不是平均产量最大,也不是总产量最大,而是利润最大。利润最大化的要素投入点的确定,必须要结合成本和收益来进行分析。这部分内容将在本书其他章节进行详细讨论。

项目三　长期生产中生产要素的合理投入

农作物的生产可以采用多种不同的生产方式。美国的大农场通常采用资本密集型的生产方式进行生产,对农业机械设备投资很大,而对劳动的投入则相当小。有人对小麦生产进行统计分析,估计出在美国小麦生产的等产量曲线,经过分析,发现当投入劳动为500工时/年和资本100机时/年,生产产量为13800普式尔/年。当农场主尝试要少用资本但要维持原有的产量,他发现减少10个机时/年需要增加260个工时/年的投入。农场主意识到,除非劳动的成本大大低于机械成本,他才考虑使用更多的劳动,否则他应该维持原有的资本密集型的生产方式。

资料来源:百度网。

任务一　两种可变生产要素的生产函数表达式

长期生产函数是指生产者可以调整全部生产要素数量的情况。上一节对短期生产函数的考察,分析了一种可变生产要素的投入量和产量之间的关系。而在本节中,我们将讨论两种可变生产要素的投入量和产量之间的关系。在生产理论中,为了分析方便,通常以两种可变要素的生产函数来研究长期生产问题。假定生产者用劳动和资本两种可变要素来生产一种产品,则生产函数的形式为:

$$Q = f(L、K)$$

其中,L 表示可变要素劳动的投入量,K 表示可变要素资本的投入量,Q 表示产量。此公式描述了在长期内,在技术水平不变的条件下,两种可变要素投入量的组合与能生产的最大产量之间的依存关系。

任务二　等产量曲线

在两种可变投入生产函数下,如何使两要素投入量达到最优组合,以使生产一定产量时的成本最小,或使用一定成本时的产量最大?既然不同的生产要素之间相互组合的比例会对生产要素的生产能力即产出率产生直接的影响,因此寻求生产过程中生产要素的最佳组合比例,即确定资源最佳的配置方式,便有了实际的意义。这时,有必要研究生产函数的等产量曲线。

假设某种产品生产函数是 $Q = L_1/2K_1/2$,当 $Q_1 = 6$,$Q_2 = 8$ 时,生产这两个产量的各种资本投入量和劳动投入量的组合,可由表 4－2 表示。

表 4－2　各种资本投入量和劳动投入量的组合

	L	K		L	K
$Q_1 = 6$	2	18	$Q_2 = 8$	2	32
	3	12		3	21.33
	4	9		4	16
	4.5	8		4.5	15.33
	6	6		8	8

根据表 4－2 可以描绘出两条相应的等产量曲线,如图 4－3 所示。

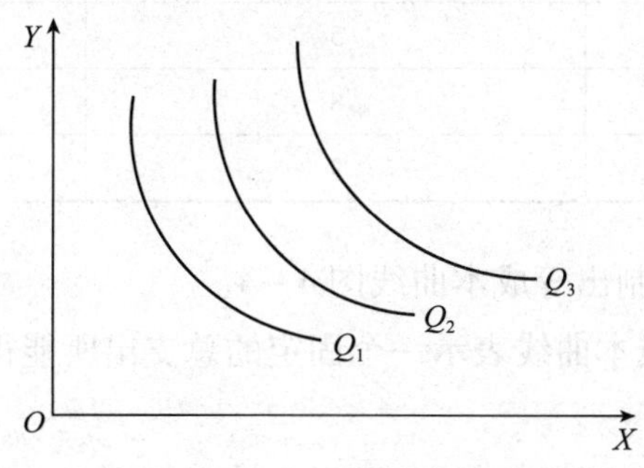

图 4－3　等产量曲线

图 4 - 3 反映出等量曲线有如下特点:

首先,离原点越远的等产量曲线所代表的产出水平越高,如图中,$Q_1 < Q_2 < Q_3$;

其次,等产量曲线互不相交,否则将违背上一条特性和等产量曲线本身的含义;

再次,等产量曲线的斜率为负;

最后,等产量曲线凸向原点。

图 4 - 3 表明企业可以在同一条等产量曲线上的不同的点进行生产获得相同的产量,说明生产要素之间存在着相互替代的关系。一般来说,要素之间的相互替代关系可能有三种类型,因而有三种等产量曲线。上述所示的曲线型等产量线是最一般的情况,它表明要素之间只能在一定范围内互相替代,我们在生产理论中讨论的等产量曲线都是指这种类型。

任务三　等成本曲线

等产量曲线仅表示生产要素的投入量组合与产出量之间的关系,但是,等产量曲线并没有回答厂商选择何种生产要素投入量的组合来进行生产这一问题。选择何种生产要素,取决于厂商的总成本和每单位资本和劳动的价格。在现实生活中,各种生产要素都是有价的。例如:雇佣工人,需要支付工人的工资;到银行贷款,需要支付贷款的利息;办工厂,需要租用土地,需支付地租等。厂商要想购买这些生产要素,就必须有一定的货币支出,这种货币的支出构成了厂商的生产成本。一个厂商若想追求最大利润,就必须考虑成本。因此,我们需要用等成本曲线来分析厂商如何选择生产要素的组合。

等成本线是一条表明在生产者成本、各生产要素价格既定条件下,生产者所有购买到的不同生产要素最大数量的组合。

假如有 X 与 Y 两种生产要素,每单位 X 的价格为 10 元;每单位 Y 的价格为 20 元,当厂商的成本为 50 元、80 元、90 元的支出时,购买情况如表 4 - 3 所示。

表 4 - 3

总成本	如果全部成本只购买 X	如果全部成本只购买 Y
50	5	2.5
80	8	4
90	9	4.5

根据表 4 - 4 可以绘制出等成本曲线图 4 - 4。

由图 4 - 4 可知,等成本曲线表示一个固定的总支出所能得到的各种投入品组合。它具有如下特征:

1. 由于成本方程式是线性的,所以等成本线必是一条直线。图中横轴上的点表

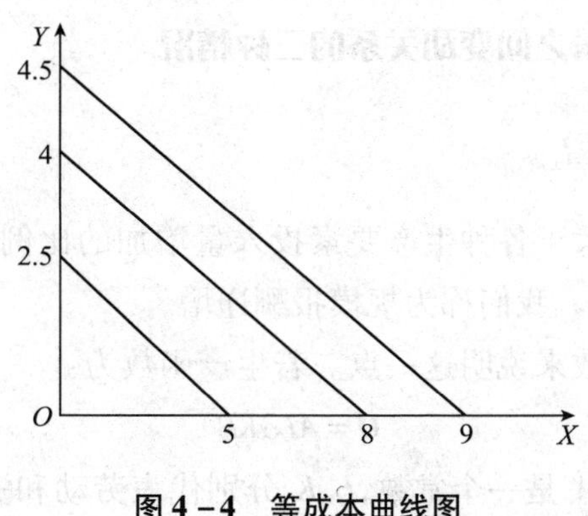

图 4－4　等成本曲线图

示既定的全部成本都购买 X(劳动)时的数量,纵轴上的点表示既定的全部成本都购买 Y(资本)时的数量,连接这两点的线段就是等成本线。它表示既定的全部成本所能购买到劳动和资本的各种组合。

2. 等成本曲线的斜率为两种生产要素的价格之比的负值。等成本曲线以内区域中的任何一点,表示既定的全部成本都用来购买该点的劳动和资本的组合以后还有剩余。等成本曲线以外的区域中的任何一点,表示用既定的全部成本购买该点的劳动和资本的组合都不够。唯有等成本线上的任何一点,才表示用既定的全部成本刚好能购买到的劳动和资本的组合。

3. 等成本曲线随着厂商的成本和生产要素的价格改变而改变,在图 4－4 中,当 X 这种生产要素价格不变,投入不断增加时,总成本增加,等成本曲线逐渐向右移动。当 Y 这种生产要素价格不变,投入不断增加时,总成本增加,等成本曲线逐渐向上移动。

项目四　生产规模

任务一　规模报酬

在前两节中,我们主要讨论生产要素的相互关系。边际收益递减问题研究的是其他生产要素不变,一种可变的生产要素的不同投入对产量的影响,以及由此引起的生产要素之间的组合比例的变化以及边际收益的改变。等产量曲线研究的是在长期生产过程中两种要素的最佳配合比例。而生产规模则是讨论所有的生产要素按相同比例变化所引起的产量或收益的变化问题。例如,某餐厅日接待顾客为 200 人,需要投入 10 个单位的资本和 20 个单位的劳动。现在餐厅规模扩大,投入资本为 20 个单位,劳动为 40 个单位,那么这时接待顾客的情况会发生怎样的变化?这才是规模经济所要研究的问题。也就是说,规模经济研究在生产函数中技术系数不变的情况下投入与产出之间的关系。规模报酬也可称为规模收益。

任务二　规模与产量之间变动关系的三种情况

(一)规模报酬递增

当产量增加的比例大于各种生产要素投入量增加的比例时,例如,规模扩大了一倍,导致产量扩大了两倍。我们称为规模报酬递增。

我们可以用生产函数来说明这一点。若生产函数为:

$$Q = AL\alpha K\beta$$

其中, Q 代表产量,A 是一个常数,L、K 分别代表劳动和资本的投入量,α、β 分别表示劳动(L)和资本(K)对产量影响的程度。当 $\alpha + \beta > 1$ 时,劳动和资本的同比例增加会引起产量以更大的比例增加。

假设,$\alpha = 1, \beta = 1, A = 2$,产量变动情况见下表:

Q =	L =	K =
2	1	1
6	2	2
18	3	3
32	4	4

引起规模报酬递增的原因可以归纳为以下几个方面:

1. 企业可以使用更加先进的机器设备

当企业规模较小时无力购买先进的大型设备,即使购买了,由于产量较小也不能充分发挥作用。只有在大规模生产中,大型设备才能充分发挥作用,提高设备生产效率。

2. 企业可以实行专业化生产

在大规模生产中,专业化分工可以更加精细,这样可以提高工人的技术水平和熟练程度,提高劳动生产效率。

3. 企业可以对原材料综合利用

在小规模生产中,许多原材料不能充分利用,造成浪费。在大规模生产中,就可以生产很多副产品,提高资源利用效率。

4. 企业可以降低管理成本

各种不同的生产规模所需要的管理机构都是大同小异的,规模越小,管理人员比例越高,产品成本中的管理成本比重越大。扩大生产规模,可以降低管理人员比例,提高企业的管理效率。

5. 企业可以降低生产要素购买价格

大规模生产所需的生产要素,如原料、能源等的数量较大,大企业不但可以从供应商那里以较低的批发价格购买生产要素,还有可能在生产要素市场上形成垄断,以更低的价格购买生产要素，从而降低产品成本。

6. 企业可以在产品销售上形成垄断

由于市场容量是有限的，大规模厂商必然占有较大的市场份额，从而形成产品市场的垄断。垄断厂商可以通过提高产品价格而获得额外的经济利益。

（二）规模报酬不变

产量增加的比例等于各种生产要素增加的比例称为规模报酬不变。例如，生产规模扩大一倍，产量因此也扩大了一倍。在上述生产函数中，若 $\alpha+\beta=1$，则表示规模收益不变。

假设，$\alpha=0$，$\beta=1$，$A=2$，产量变动情况见下表：

$Q=$	$L=$	$K=$
2	1	1
4	2	2
6	3	3
8	4	4

（三）规模报酬递减

产量增加的比例小于各种生产要素增加的比例就称为规模报酬递减。规模报酬递减的主要原因是由于厂商规模过大，使得生产的各个方面难以得到有效的协调，从而降低了生产效率。

一般而言，随着企业规模的不断扩大，在开始会出现规模报酬递增，在利益的驱动下，企业在品尝到生产规模扩张的好处后会继续扩大生产规模，此时会有一段较长的规模不变阶段，最后，会出现规模收益递减。另外，不同行业的规模报酬变化也会不同。

综上所述，当一个企业规模小，不能充分发挥规模经济的作用，应继续扩大生产规模；当一个企业规模过大时，就会产生规模不经济，应缩小生产规模。因而一个企业或者一个行业应该维持在适度规模的阶段。所谓适度规模，是指企业得到了生产规模扩大所带来的产量或收益递增的全部好处之后，将规模保持在规模收益不变的阶段，而绝不应将规模扩大到规模收益递减的阶段。对于不同行业的厂商来说，适度规模的大小是不相同的，确定适度规模时应主要考虑以下几个方面的因素。

1. 本行业的技术特点

一般而言，资本集约型行业如汽车、冶金、造船、化工等部门所需投资量较大，因此适度规模较大，而劳动集约型行业如传统农业、服装行业、餐饮服务行业，由于其主要投入的生产要素是劳动，因此适度规模相对较小。

2. 市场条件

一般来说,行业市场容量的大小也制约着企业规模。有些行业,由于产品的标准化程度较高,市场容量较大,对大规模生产有利。例如,重工业中的冶金、化工等行业的规模就较大。反之,标准化程度较低、市场容量较小的行业,适度规模就应该小一些。例如,餐饮业、服务业、服装业。

【本情境知识点小结】

1. 马克思关于生产要素的基本观点:在任何社会和任何时代,劳动力和生产资料都是产品的生产要素。

在现代,科学知识成果也应列入生产要素的范畴。生产要素又可分为两类:其中,土地、厂房、机器设备、工具、原料等被列为外生性生产要素,而知识、企业家才能属于内生性生产要素。

2. 生产是企业对各种生产要素进行合理组合,以最大限度地生产出产品的行为过程。生产要素的数量组合和产量之间的关系用生产函数来表示。

3. 生产函数是指在一定时期内,在一定的技术水平之下,生产要素的数量与某种组合同它所能生产出来的最大产量之间依存关系的函数。我们用下列公式表示:

$$Q = f(L, K, N, E)$$

其中,Q 代表产量、L 代表投入的劳动、K 代表资本、N 代表土地、E 代表企业家才能。

4. 总产量、平均产量和边际产量根据生产函数 $Q = f(L、K)$,可以得到投入劳动要素所带来的总产量、平均产量和边际产量的概念。

总产量(TPL)是指一定期限内的某种生产要素所生产出来的全部产量。

平均产量(APL)是指平均每单位生产要素所生产出来的产量。

边际产量(MPL)是指每增加一单位生产要素所增加的产量。

以 Q 代表生产要素投入的数量,总产量、平均产量、边际产量的数量关系分别是:

$$TPL = APL \cdot Q$$

$$APL = TPL/Q$$

$$MPL = \Delta TPL/\Delta Q$$

5. 等产量曲线:同一条等产量曲线上的不同的点进行生产获得相同的产量,说明生产要素之间存在着相互替代的关系。一般来说,要素之间的相互替代关系可能有三种类型，因而有三种等产量曲线。

6. 等成本曲线：等成本曲线是一条表明在生产者成本、各生产要素价格既定条件下，生产者所有购买到的不同生产要素最大数量的组合。

7. 规模经济研究在生产函数中技术系数不变的情况下投入与产出之间的关系。规模报酬也可称为规模收益。

8. 规模报酬递增：当产量增加的比例大于各种生产要素投入量增加的比例时，例如，规模扩大了一倍，导致产量扩大了两倍。我们称为规模报酬递增。

【练习与思考】

一、选择题

1. 当总产量达到最大时，边际产量是(　　)。

A. 大于0　　B. 等于0　　C. 小于0　　D. 不一定

2. 当投入的资本和劳动增加了一倍，而产出增加了2倍，这时的规模报酬是(　　)。

A. 递增　　B. 不变　　C. 递减　　D. 不确定

3. 当生产函数的边际产量曲线为正且递减时，总产量可以是(　　)。

A. 递减且为正　　B. 递增且为正

C. 为0　　D. 上述任何一种情况

4. 当 *APL* 为正但递减时，*MPL* 是(　　)。

A. 递减　　B. 负的

C. 零　　D. 上述任何一种

5. 如果某厂商增加1单位劳动使用量能够减少3单位资本，而仍生产同样的产出量，则 为(　　)。

A. −1/3　　B. −3　　C. −1　　D. −6

6. 等成本曲线平行向外移动表明(　　)

A. 产量提高了　　B. 生产要素的价格按相同比例提高了

C. 成本增加了　　D. 生产要素的价格按不同比例提高了

7. 如果等成本曲线与等产量曲线没有交点，那么要生产等产量曲线所表示的产量，应该(　　)

A. 增加投入　　B. 保持原投入不变

C. 减少投入

二、判断题

1. 随着技术水平的变化，生产函数也会发生变化。(　　)

2. 只要边际产量减少，总产量一定也在减少。(　　)
3. 随着某种生产要素投入量的增加，边际产量和平均产量增加到一定程度将趋于下降。其中边际产量的下降一定先于平均产量。(　　)
4. 边际产量曲线一定在平均产量曲线的最高点与它相交。(　　)
5. 利用等产量曲线上任意一点所表示的生产要素组合，都可以生产出同一数量的产品。(　　)
6. 假如以生产要素 X 代替 Y 的边际替代率等于3，这意味着这时增加1单位 X 所增加的产量，等于减少3单位 Y 所减少的产量。(　　)
7. 短期是至少一种投入量固定，一种投入量可变的时期。(　　)
8. 长期是指一年以上。(　　)

三、简答题

1. 解释生产函数的概念。描述汉堡包、计算机、音乐会和高等教育的生产函数。
2. 假定你在大学召开运动会期间，拥有经营食品的特许权。你出售热狗、可乐和炸土豆片。你投入的资本、劳动和原料各是什么？如果热狗的需求下降，你在短期内能够采取什么措施降低产量？
3. 请说明如果边际产量始终是递减的，那么，平均产量始终高于边际产量。

【本学习情境的理论与实践案例】

大企业与小企业的竞争

在国内市场上，一个令人不解的现象是，大企业经常竞争不过小企业，小企业运用价格武器发起冲击，在灵活性上发挥优势，也包括采用一些如恶性模仿以及钻政策空子等手段，似乎大企业能做的，小企业也能做到。而小企业能做到的如灵活性、管理成本低等优势，在大企业并不具备。尽管大企业花费巨资做广告推广，但往往是其价值差异并不明显，倒是那重复数遍的“……就是好！”广告让消费者产生不信任甚至厌恶感。再看看市场上的生产结构，不难发现，大企业和中小企业之间很少分工合作，大多在生产同一种产品。尤其是在一些加工深度不大、技术不是很复杂、进入壁垒不高的行业，小企业与大企业一起在终端产品上竞争。一句话，大企业往往难以与小企业区分开来，大企业因此难以发挥其优势，恶性的价格竞争如价格战往往就成为决战商场的最终武器。结果是，小企业与大企业之间不是形成良性的在供应链层次上的合作，而是成为终端产品上的竞争对手。弱小的生产商很少被竞争淘汰或并购，而是与大企业展开顽强的“游击战”或“地道战”。市场上制订规则者不是大企业而是在后院加工的小作坊，它们似乎才是价格制订者。大企业面对的竞争环境十分恶劣，但问题是，大企业自身的竞争优势究竟何在?

大企业首先要运用规模竞争优势。几乎在所有的行业都存在规模效应,即随着生产销售规模的扩大,每件产品的平均成本会下降。结果是,规模大的比规模小的企业的产品在成本上就具有优势。这个规模优势不仅仅表现在生产上,而且表现在研究开发、营销、行政管理制度建设上以及人力资源培训上。假设宝洁公司一年销售额是500亿美元,它用5%的销售比例来做广告,就是25亿美元。如果一个年收入只有200亿元人民币的企业要与宝洁直接在广告上竞争,就几乎是不可能的,因为其全部的收入也不足25亿美元。

非价格竞争是大企业市场竞争的主要武器,也是它们以区别于中小厂商的核心战略。所谓非价格竞争主要是指企业在品牌、广告、研究开发、产品服务差异化、渠道以及多元化经营等方面的竞争。这些都是需要较高的资金投入、高效的管理能力、高素质的人力资源以及合理组织制度来保证的,这显然是小企业所难以克服的竞争障碍。

(资料来源:http://www.southcn.com/news/china/gdspcn/200210220506.htm)

请分析:

(1)大企业取得规模经济的主要原因是什么?

(2)我国目前大企业和小企业在竞争过程中面临怎样的问题?

学习情境五　成本理论

【学习目标】

重要概念:

成本函数　短期成本　固定成本　变动成本　显明成本　隐含成本　边际成本　边际收益　利润最大化原则

知识目标:

①能够了解成本及其分类;

②能够分析不同类型的成本曲线的变化规律;

③能够理解短期成本曲线和长期成本曲线的含义;

④能够理解利润最大化原则。

能力目标：

能运用理论初步解释商家的降价策略；

能够运用成本曲线分析投入要素的价格变化所引起的成本的变化；

【知识与技能】

项目一 成本和成本函数

【引子】

巴菲特关注收入增长率高低，更关注成本高低。收入高低决定企业日子是好还是坏，但成本高低决定大部分企业是生还是死。拥有强大品牌、专利等独一无二的资源而具有提价能力的企业只是极少数，大多数企业生产的是替代性很强的普通商品，行业竞争激烈，只能接受市场定价。而巴菲特发现大部分行业的竞争不是品牌竞争，而是成本竞争。只有企业成本足够低，才能盈利更多，生存更久。1965 年巴菲特收购了伯克希尔公司，当时这家公司是一家纺织厂，主要生产西服的衬里。但是因为人工成本太高，巴菲特勉强维持伯克希尔纺织业务 20 年之后，不得不关闭这一业务。从上可以看出成本的重要性，那么，生产者又是如何计算成本的呢？

（资料来源：http://news.chinaventure.com.cn）

任务一 成本及其分类

（一）显明成本和隐含成本

1. 显明成本

企业的全部成本可以区分为显明成本和隐含成本两种形式。显明成本是指企业需要实际向外支付的成本，包括：企业雇佣工人所支付的工资，向银行贷款所支付的利息，租用土地所支付的地租，购买原材料及各种能源所支付的费用，等等。显明成本在会计账目上直接表现，并需要实际支付。

2. 隐含成本

隐含成本是指企业不需要实际向外支付的成本，包括：企业自有资金的利息，自有土地的地租,自有厂房、设备等固定资产的折旧费,以及企业所有者自己所提供劳务的报酬等。

经济学认为,企业从生产要素市场上购买或租用的生产要素应支付相应报酬,同样道理,对自有的生产要素投入也应获得相应的报酬。所不同的是,对自有生产要素投入的报酬的支付不一定体现在会计账目上。

(二)机会成本

机会成本与企业在经济活动中所进行的选择和决策有关。一般来说,如果生产要素具有多种使用方式,则总是把该种生产要素在最佳使用方式中所提供给社会的价值作为它在其他使用方式中的机会成本。

一旦这种生产要素已经被最佳地加以利用了,则把它在"次佳"(仅次于最佳使用方式)使用方式中提供的价值作为其机会成本。例如,某人有 10 万元资金,可供选择的投资及收益情况有四种:开商店,可年获利 2 万元;开饭馆,可年获利 3 万元;炒股票,可年获利 4 万元;炒期货,可年获利 5 万元。他的最佳方式是炒期货,次佳方式是炒股票,如果他最后选择了炒期货,也就同时放弃了其他几种投资机会。他利用 10 万元资金炒期货年获利 5 万元的机会成本就是炒股票的年获利 4 万元。

因此,每一种生产要素在任何一种使用方式中都具有机会成本。当然,如果使用一种没有其他用途的要素,其机会成本就等于零。

(三)经济成本和会计成本

会计成本是根据会计凭证已经被记录下来的成本,故也称历史成本。

经济成本是企业生产产品或者提供劳务时对使用的生产要素所应该支付的代价。经济成本应包含会计成本和机会成本、显明成本和隐含成本,在计算利润时应以经济成本为基础。

(四)短期成本和长期成本

短期与长期不是简单的时间长短,而是有其特定的经济学含义。

短期内,企业只能在既定的生产规模下,根据产量要求调整原材料、所需能源和工人等可变的生产要素,而不能调整土地、厂房、大型设备、管理人员等固定的生产要素。从长期来看,所有的生产要素都是可以变动的。因此,短期成本是企业维持固定生产要素不变,只改变变动生产要素,以便生产各种水平之产量时所付出的成本;而长期成本则是企业调整所有生产要素,使其总是保持最佳结合比例,以便生产各种水平之产量时所付出的成本。

任务二　成本函数

成本函数是成本与产量之间关系的总称。成本量就取决于要素投入量和单位要素价格，即：$c = \sum X_i P_i (i=1,2,3,\cdots,n)$

如果仅有劳动和资本两种要素投入，则反映生产要素及其价格与生产成本之间的关系的成本方程为

$$C = W \times L + r \times K$$

其中，L 代表劳动，W 代表劳动的价格，r 代表资本的价格，K 代表资本。

成本函数则是不同于成本方程的概念，成本函数是指在要素价格既定条件下，成本与产出量之间的关系。即

$$成本 = f(产出)$$

我们主要讨论成本函数，成本函数可由生产函数导出。上一章提到生产函数以及它在投入要素上所支付的价值决定着生产者的成本函数。由于生产函数随着生产要素的变动情况可以有不同的形式，所以成本函数也可以采取不同的形式。但我们主要讨论的则是短期成本函数和长期成本函数。用图像表示，也就是短期成本曲线和长期成本曲线。

项目二　短期成本分析

任务一　成本的基本分析方法

在微观经济学中，把经济分析的时期区分为短期和长期。

所谓短期，是指厂商不能根据它所要达到的产量来调整其全部生产要素的时期。在这一时期，厂商只能通过调整原材料、燃料和工人的数量来改变其产量，而不能通过建造新厂房、购入新设备来调整生产规模。

所谓长期，是指厂商能根据它所要达到的产量来调整其全部生产要素的时期。例如，可以调整原料、燃料和工人的数量，还可以调整厂房、设备及管理人员数量，以改变企业的生产规模。不同行业，不同厂商，短期与长期的时间长短是不同的。例如：水电厂的短期可能是好几年，而一个面包厂的长期仅是若干个月。

与之相应，厂商的行为或决策也可以分为短期行为决策和长期行为决策两大类。在具体分析成本问题时，成本分析也相应的分为两大类：短期成本分析、长期成本分析。所以经济学中的成本理论由短期成本理论和长期成本理论构成。

任务二　短期成本的几个相关概念

1. 短期总成本（STC）是指企业生产某特定数量产品所需要付出的成本总额。包括两个部分：固定成本（TFC）和变动成本（TVC）。

$$STC = TFC + TVC$$

固定成本（*TFC*）是不随产量变化而改变的成本；变动成本（*TVC*）是随着产量变化而改变的成本。这种划分有利于企业进行短期经营决策。一般说厂房设备等在短期看是比较固定的，因此归属于固定成本，而劳动力则是变动成本。但在某些情况下，固定设备是可以变动的，而劳动力则是不易变动的。比如在运输部门，有时增加运输设备（例如飞机）很容易，而寻找或培养有经验和胜任的驾驶员就不那么容易了。要是从长期说，固定资产也是可以变动的。因此，我们说的长期和短期概念，是指一般的情况。

2. 短期平均成本（*SAC*）是指厂商在短期内平均每一单位产品所分摊的固定成本和可变成本之和，即：平均固定成本（*AFC*）和平均可变成本（*AVC*）。

平均固定成本（*AFC*）是指厂商在短期内平均每单位产品所消耗的固定成本数额。

$$AFC = \frac{TFC}{Q}$$

平均可变成本（*AVC*）是指厂商在短期内平均每单位产品所消耗的变动成本数额。

$$AVC = \frac{TVC}{Q}$$

3. 短期边际成本（*SMC*）是指短期内每增加一单位产量所引起的总成本的增加量。

$$SMC = \frac{\Delta STC}{\Delta Q} = \frac{\Delta TVC}{\Delta Q} = \frac{dSTC}{dQ}$$

表 5－1　　各类短期成本的变动规律及其相互关系

产量 Q	固定成本	变动成本	总成本	边际成本	平均固定成本	平均变动成本	平均成本
1	100	100	200	100	100	100	200
2	100	128	228	28	50	64	114
3	100	148	248	20	33. 3	49. 3	82. 7
4	100	162	262	14	25	40. 5	65. 5
5	100	180	280	18	20	36	56
6	100	200	300	20	16. 7	333	50
7	100	225	325	25	14. 3	32. 1	46. 4
8	100	254	354	29	12. 5	31. 8	44. 3
9	100	292	392	38	11. 1	32. 4	43. 6
10	100	350	450	58	10	35	45

表 5－1 说明了各种成本的计算和相互关系。当产量由 1 个单位增加到 2 个单位的时候，因固定成本不变，因此仍然为 100。但变动成本可随着产量的变动而变动，因此从 100 增加到 128，而总成本是固定成本和变动成本之和，为 228。边际成本为总成本增加量除以产量增加量，即 28 除以 1 等于 28。平均固定成本为固定成本除以产

量,即100除以2等于50。平均变动成本为变动成本除以产量,即128除以2等于64。平均成本为平均固定成本和平均变动成本之和,即为114。

任务三 各种短期成本曲线

(一)固定成本曲线、变动成本曲线和短期总成本曲线

我们用图5-1来说明短期总成本、固定成本和变动成本的变动规律。

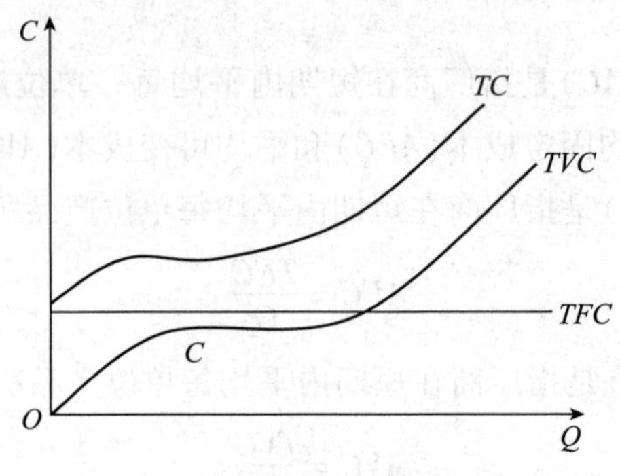

图5-1 短期总成本

如图5-1所示,固定成本 *TFC* 在短期中是固定不变的,不会随着产量的变动而变动,即使产量为零也仍然固定不变。因此在平面直角坐标系中表现为一条平行于横轴的直线。

变动成本 *TVC* 是随着产量的变动而变动的,变动成本曲线的起点是从原点出发,因为没有产量时是没有变动成本的,该曲线的变动方向是向右上方倾斜,这表明变动成本是随着产量的增加而增加的,是同方向变化的;变动成本曲线由原点出发,最初比较陡峭,随着产量 *Q* 的增加变得较为平坦,最后又比较陡峭,是一条向右上方倾斜的曲线。

如图5-1所示,当产量小于 *C* 点时,*TVC* 的斜率是递减的,当产量逐渐增加到 *C* 点以后时,*TVC* 曲线的斜率是递增的,也就是说,变动成本先以递减的速度增加,然后以递增的速度增加。

(二)平均固定成本、平均变动成本和短期平均成本

如图5-2所示,平均固定成本、平均变动成本和短期平均成本曲线有如下特点:

1. 平均固定成本 *AFC* 是向右下方倾斜的曲线。随着产量的增加而减少,总固定成本 *TFC* 不变,产量增加,分摊到每一单位产品上的固定成本必然下降。如产量为1个时平均固定成本 *AFC* 为100%,产量为2个时,每个产品中的 *AFC* 为50%,产量为3个时,每个产品中的 *AFC* 为33%。

2. 平均变动成本曲线是 *U* 形曲线。平均变动成本是生产平均单位产量付出的变动成本。

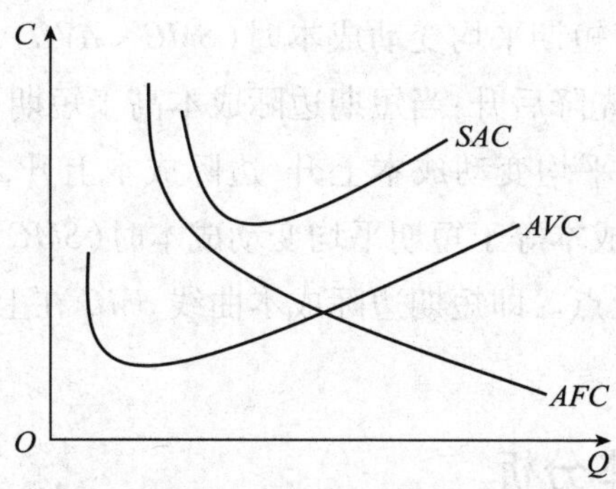

图 5－2　平均固定成本、平均变动成本和短期平均成本

在生产过程中，开始时增加生产要素效率逐渐得到发挥，每单位所带来的产量逐渐增加，因此平均变动成本 *AVC* 逐渐减少；而当生产要素达到最优组合以后，继续增加生产要素所带来的产量逐渐减少，平均变动成本又转而开始增加形成 *U* 字形的图形。

3. *SAC* 也是 *U* 形曲线。短期平均成本的变动规律是由平均固定成本和平均变动成本决定的。

在产量开始增加但产量较低时，由于平均固定成本 *AFC* 迅速下降，平均变动成本 *AVC* 也在下降，因此平均成本 *SAC* 迅速下降。以后随着产量的逐渐增加，平均固定成本 *AFC* 越来越小，它在平均成本中所占的比重也越来越小，这时短期平均成本的变化主要受平均可变成本 *AVC* 的影响，而平均变动成本到达一定点后将趋于上升，所以它迟早将抵消平均固定成本下降的影响而导致平均成本上升。

（三）短期边际成本、平均成本和平均变动成本

短期边际成本是每增加一单位产品所增加的成本。

$$SMC=\frac{\Delta STC}{\Delta Q}=\frac{\Delta TVC}{\Delta Q}$$

短期边际成本的大小由于固定成本不变，所以取决于变动成本 *TVC*，所增加的成本只是变动成本。

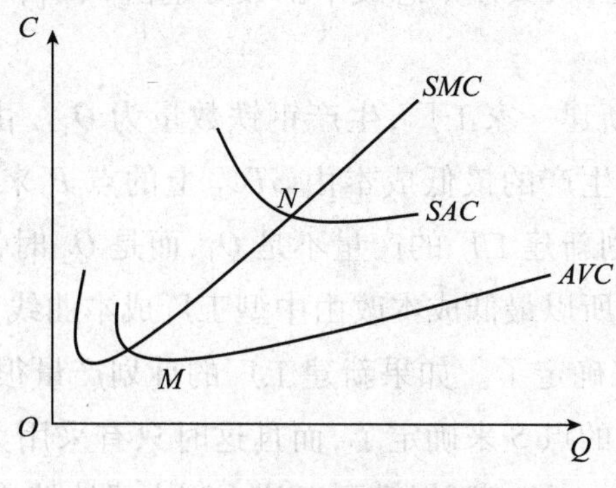

图 5－3　短期边际成本和平均成本

当短期边际成本低于短期平均变动成本时（$SMC < AVC$），即 M 点之前，短期平均变动成本下降，边际成本先降后升；当短期边际成本高于短期平均变动成本时（$SMC > AVC$），即 M 点以后，短期平均变动成本上升，边际成本上升，且边际成本斜率大于平均变动成本；当短期边际成本等于短期平均变动成本时（$SMC = AVC$），即交于 M 点，短期平均变动成本处于最低点。即短期边际成本曲线 SMC 在上升过程中经过短期平均成本 SAC 的最低点。

项目三　长期成本分析

【引子】

台塑是王永庆成功经营的第一个大企业，这个企业生产聚氯乙烯塑胶粉。开始时，该企业规模仅为每月产量100吨，尽管产量低，仍供大于求，台湾地区的需求仅为每月20吨。产量低，平均成本无法实现最低，价格降不下来，台湾地区仅有的20吨市场需求也被日本产品占领。扩大产量，销路又成问题。王永庆处于两难境地。这时，台塑的股东纷纷要求退股，王永庆毅然卖掉自己的大部分企业，买断了台塑的产权，把产量扩大到月产量1200吨，并以低价格迅速占领了世界市场，结果王永庆成功了。材料生产体现了什么经济学原理？王永庆为什么会成功？

（资料来源 http://www.shbiz.com.cn/html）

长期来看，企业可以改变各种生产要素的投入，扩大生产规模以增加产量，因而一切成本都是可变的。在本节中，我们将分析长期成本和产量的关系。厂商行为涉及的长期成本主要有长期总成本、长期平均成本和长期边际成本三种，它们的英文缩写依次为 LTC，LAC，LMC。

任务一　长期总成本

我们通过分析短期总成本曲线来分析长期总成本曲线。假设在钢铁行业中，可能有小、中、大3种规模的工厂，其短期总成本函数分别由 STC_1，STC_2 和 STC_3 来表示，如图5－4所示。

若目前该行业准备新建一家工厂，生产钢铁数量为 Q_1。由于产量 Q_1 较小，采用小型工厂是适宜的，这时生产的最低成本由 STC_1 上的点 P 来确定，而中型或大型工厂的成本都较高。当计划新建工厂的产量不是 Q_1，而是 Q_2 时，由于产量增大，小型工厂的生产成本急剧上升，所以最低成本改由中型工厂成本曲线 STC_2，这时生产的最低成本由 STC_2 上的点 R 来确定了。如果新建工厂的计划产量很大，达到 Q_3 时，这时生产的最低成本由 STC_3 上的点 S 来确定了，而且这时只有采用大型工厂进行生产才能保证成本最低。当该行业中的工厂规模可以从小到大呈连续变化的时候，所有这些成

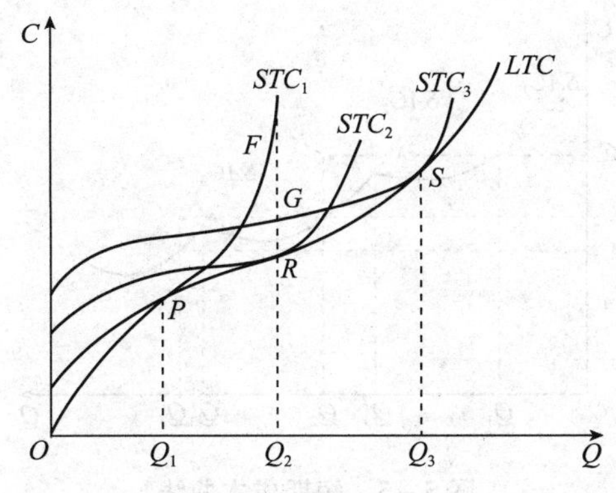

图5-4　长期总成本曲线

本最低的点将组成一条连续光滑的长期总成本曲线 LTC。

由此可知,长期总成本是在长期中厂商生产一定量产品的成本总和。

长期成本曲线有如下特征:

第一,LTC 曲线从原点出发。它表示当产量为零时,长期总成本也是零,这不同于短期总成本曲线。因为在长期内,一切生产要素都是可以调整的,没有固定成本。

第二,LTC 曲线向右上方倾斜。随着产量增加,厂商不断扩大规模,长期总成本不断增加。

第三,LTC 曲线向右上方倾斜的角度,即斜率先是递减然后递增。其原因可以用规模收益的变动规律来说明。在企业生产规模扩张的开始阶段,厂商由于扩大生产规模而使经济效益提高,出现规模收益递增,这时每增加一单位产量所增加的长期总成本是递减的,因而 LTC 曲线向右上方倾斜的角度递减。在企业的生产扩张到一定规模以后,厂商继续扩大规模会出现规模收益递减,这时每增加一单位产量所增加的长期总成本递增,它表示为 LTC 曲线向右上方倾斜的角度递增。

任务二　长期平均成本

企业为了取得最大利润,无论是短期还是长期,总是力求以最少的单位成本即平均总成本进行生产。它和长期总成本的关系表示为:

$$LAC = LTC/Q$$

我们仍然用短期平均成本来分析长期平均成本。假设某企业在短期内有三种不同的生产规模可以选择,这三种规模的短期平均成本分别为 SAC_1,SAC_2 和 SAC_3。在长期内,厂商可以根据产量要求,选择最优的生产规模进行生产。假定厂商生产的产量为 Q_1,则会选择 SAC_1 曲线所代表的生产规模,以 C_1 的平均成本进行生产。假定厂商生产的产量为 Q_2,则会选择 SAC_2 曲线所代表的生产规模进行生产,相应的最小平均成本为 C_2。假定厂商生产的产量为 Q_3,则会选择 SAC_3 曲线所代表的生产规模进行生产,相应的最小平均成本为 C_3。

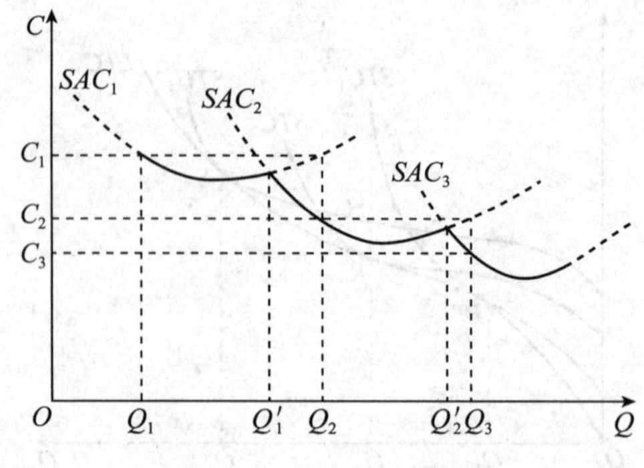

图 5-5 短期成本曲线

如果厂商生产的产量为 Q'_1，则厂商既可以选择 SAC_1，也可以选择 SAC_2 代表的生产规模，因为这两个生产规模都以相同的平均成本生产同一个产量。这时厂商有可能选择 SAC_1 曲线，因为该生产规模相对较小，投资相对少一点；厂商也可能考虑到今后扩大产量的需要而选择 SAC_2 曲线所代表的生产规模。这种考虑和选择，对于其他类似的两条 SAC 曲线的交点所代表的产量，也是同样适用的。

若假定规模可以无限细分，便有无穷多条短期平均成本曲线，对应于每一个产量，都有一个最佳的短期平均成本点，把所有这些点用一条光滑的曲线连接起来，就是该厂商的长期平均成本曲线 LAC。

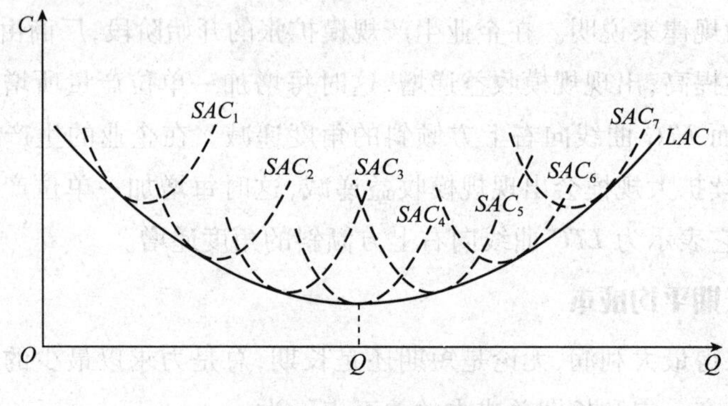

图 5-6 长期成本曲线

一般来说，生产任何已知产量水平的长期平均成本，并不出现在短期平均成本曲线的最低点，只有在 LAC 曲线的最低成本点，长期平均成本等于最低的短期平均成本。在 LAC 的递减阶段，LAC 曲线和 SAC 曲线最低点的左侧相切，在 LAC 的递增阶段，LAC 曲线与 SAC 曲线最低点的右侧相切，只有在 LAC 曲线的最低点，LAC 曲线才和 SAC 曲线最低点相切。由此可见，长期平均成本曲线呈 U 形。

任务三 长期边际成本

长期边际成本是长期中每增加一单位产量所增加的成本。

$$LMC = \frac{dLTC}{dQ}$$

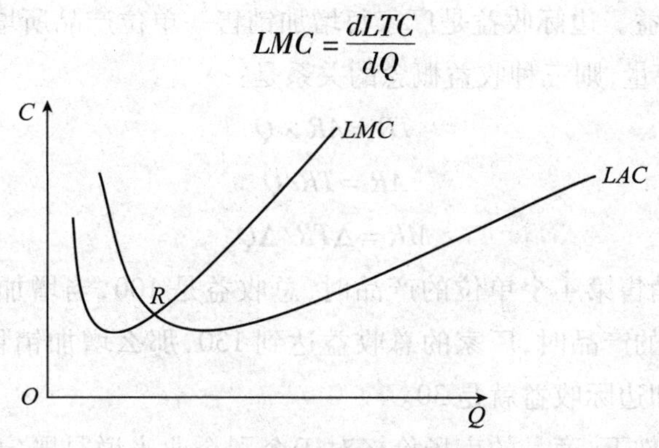

图 5－7　长期边际成本曲线

长期边际成本与长期平均成本的关系和短期边际成本与短期平均成本的关系一样，即 *LMC* 曲线必然相交于 *LAC* 曲线的最低点，如图 5－7 所示的 *R* 点，其原因在于，当长期边际成本小于长期平均成本时，增加产量会使长期边际成本将长期平均成本拉低，长期平均成本降低。反之，当长期边际成本大于长期平均成本时，增加产量会使长期边际成本将长期平均成本拉高，长期平均成本提高。因此，当长期边际成本等于长期平均成本时，*LAC* 曲线处于最低点。

项目四　收益与利润最大化

【引子】

小王是一辆重庆开往成都的长途巴士的车主兼司机。巴士出站后，还有 2 个空位，当车开到成渝高速公路的收费站时，有一人出 40 元要求上车前往成都（假设重庆到成都的汽车票价为 60 元），如果允许中途载客，小王是否会允许该客人上车？

如果有一家三口愿意出 180 元要求搭车，而按照规定，车不得超员，如超员一人罚款 200 元。在这种情况下，小王应不应该允许该家庭上车？

（资料来源 http://www.shbiz.com.cn/html/）

任务一　收益及分类

收益是指厂家出卖产品得到的全部收入（*TR*），即价格与销售量的乘积。

即：$TR = P \times Q$

收益中既包括成本，又包括利润。收益可分为总收益 *TR*、平均收益 *AR* 和边际收益 *MR*。

总收益是厂家销售一定量产品得到的全部收入。平均收益是厂家销售每一单位产品平均获得的收益。边际收益是厂家每增加销售一单位产品所增加的收益。

以 Q 代表销售量,则三种收益概念的关系是:

$$TR = AR \times Q$$

$$AR = TR/Q$$

$$MR = \Delta TR/\Delta Q$$

例如,当厂家销售第 4 个单位的产品时,总收益是 100,当增加销售一单位产品,即销售第 5 个单位的产品时,厂家的总收益达到 130,那么增加销售的第 5 个单位产品的收益增加额,即边际收益就是 30。

在完全竞争条件下,商品的市场价格对于个别企业来说是既定的,企业不可能改变市场价格,只能接受市场价格。因此企业以单位产量所增加的收益只能是这个单位产量的价格即平均收益。也就是说,平均收益和边际收益总是相等并且保持不变的。

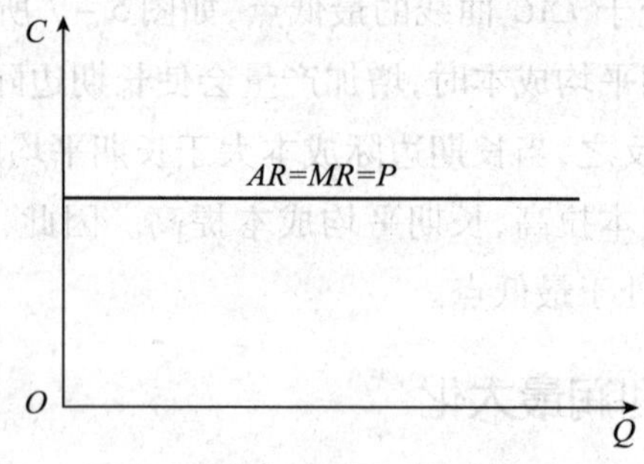

图 5-8　平均收益与边际收益曲线

如果一个企业规模较大,在整个行业中占有很大的市场份额,甚至一个行业只有一家企业提供产品,则这家企业的产销量就对整个市场的供求关系产生很大的影响。当这个企业的产量增加时,也就意味着整个行业的供给量增加,价格必然下降。反之,若这个企业的产量减少,整个行业的供给量也就减少,价格必然上升。这时,平均收益不再等于边际收益。如图 5-9 所示,AR 曲线和 MR 曲线都向右下方倾斜,但 MR 曲线在 AR 曲线的下方,以更快的速度递减。

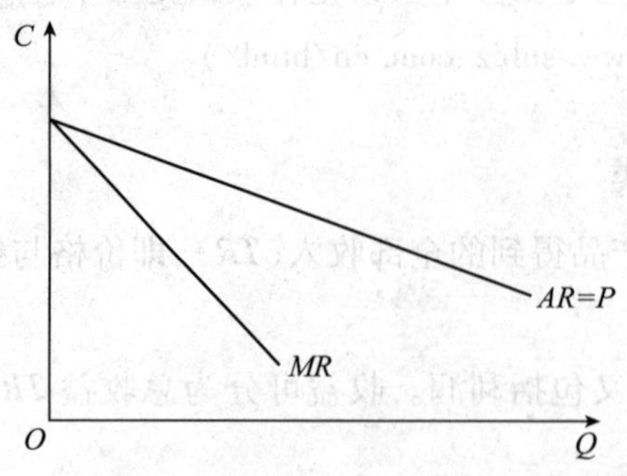

图 5-9　不完全竞争条件下的平均收益与边际收益曲线

任务二　利润最大化原则

（一）利润

厂商生产的目的就是为了获得利润，利润是指总收益与总成本之差。

若以 P 表示利润，则 $P = TR - TC$。

其中 TR 表示总收益，TC 表示总成本。

利润可能为正值，也可能为负值；若为负值，这时称为亏损。

应该特别注意的是：微观经济中的利润指经济利润，它是企业的总收益和总成本之间的差额；除经济利润外，西方经济当中，还有正常利润，它是指厂商对企业家才能支付的价格。

（二）利润最大化原则

厂商出售产品的原则是为了获得最大利润，那么怎样才能获得最大利润呢？如果边际收益大于边际成本，企业将增加产量。虽然随着产量的增加，边际成本趋于上升，在边际收益不变的条件下，增加一单位产量所增加的利润逐渐减少，但它的总利润却有所增加。当边际收益等于边际成本时，企业把可能获得利润都得到了，这时企业的利润达到最大化。如果企业再继续增加产量，边际成本继续上升，边际收益开始小于边际成本，故有 $MR = MC$ 时，利润达到最大值。$MR = MC$ 这个条件称为利润最大化原则或厂商的理性决策原则。

利润最大化原则要求厂商将产量调整到这样一个水平，使其最后增加的产出单位能带来的收益增量，必须等于该产出单位所带来的总成本增量，才能实现在既定收益和成本条件下的最大化利润或最小化亏损。若 $MR < MC$，厂商将收缩产量，反之，若 $MR > MC$，厂商将扩大产量，最后在 $MR = MC$ 时的产量水平达到均衡，这个原则对于处在任何市场结构中的以利润最大化为目标的厂商产量决策行为都是适用的。

【本情境知识点小结】

1. 成本是指企业生产产品或者提供劳务时对使用的生产要素所应该支付的代价。
   显明成本是指企业需要实际向外支付的成本。
   隐含成本是指企业不需要实际向外支付的成本。
2. 经济成本是企业生产产品或者提供劳务时对使用的生产要素所应该支付的代价。经济成本应包含会计成本和机会成本、显明成本和隐含成本，在计算利润时应以经济成本为基础。

3. 成本函数是成本与产量之间关系的总称。根据时期不同,分为短期成本函数和长期成本函数。

   短期成本是指企业只调整某些生产要素时所发生的成本。在短期内,企业成本分为总成本、固定成本、变动成本、平均成本和边际成本等。

   短期总成本是指企业生产某一特定数量产品所需要付出的成本总额。包括两个部分:固定成本和变动成本。固定成本是不随产量变化而改变的成本;变动成本是随着产量变化而改变的成本。总成本的变动规律和变动成本的变动规律基本相同。不同的是当总成本最小时,它等于固定成本。

4. 平均成本和平均变动成本的规律是最初随产量的增加而下降,当下降到一定程度时,又随产量的增加而上升,是U形曲线。

   平均固定成本的变动规律是随产量的增加而持续下降,并且越来越接近于零,但永远不等于零。

5. 边际成本开始随产量的增加而减少,当产量增加到一定程度时,随产量的增加而增加,也呈U形变动,并且相交于平均成本和平均变动成本的最低点。其中,和平均变动成本的交点为停止营业点,和平均成本的交点为收支相抵点。

6. 长期来看,企业可以改变各种生产要素的投入,扩大生产规模以增加产量,因而一切成本都是可变的。但是无论是短期还是长期,企业为了取得最大利润总是力求以最少的单位成本即平均总成本进行生产。长期平均成本曲线也呈U形变动。

   长期边际成本与长期平均成本的关系和短期边际成本与短期平均成本的关系一样,且比短期边际成本要平坦。

7. 企业收益是指厂家出卖产品得到的全部收入,取决于产品价格和产品数量。

8. 利润最大化原则要求厂商将产量调整到这样一个水平,使其最后增加的产出单位能带来的收益增量,必须等于该产出单位所带来的总成本增量,才能实现在既定收益和成本条件下的最大化利润或最小化亏损。但是利润最大化原则不同于成本最小原则,成本最小原则不是利润最大化原则的充分条件,而是必要条件。

【练习与思考】

一、名词解释

固定成本　变动成本　显明成本　隐含成本 边际收益　利润最大化原则

二、选择题

1. 某厂商每年从企业的总收入取出一部分作为自己所提供的自有生产要素的报酬,取出的部分叫做(　　)。

A. 显明成本　　　　　　　　　　　　　　B. 隐含成本

C. 经济利润　　　　　　　　　　　　　　D. 固定成本

2. 以下成本曲线不是 U 形的是(　　)。

A. 平均可变成本　　　　　　　　　　　　B. 平均成本

C. 平均固定成本　　　　　　　　　　　　D. 边际成本

3. 边际成本曲线和平均变动成本曲线的交点是(　　)。

A. 盈亏平衡点　　　　　　　　　　　　　B. 停止营业点

C. 厂商均衡点　　　　　　　　　　　　　D. 平均成本最低点

4. 已知产量为 99 单位时,总成本等于 995 元,产量增加到 100 单位时,平均成本等于 10 元,由此可知边际成本等于(　　)。

A. 10　　　　　　　　　　　　　　　　　B. 5

C. 99.5　　　　　　　　　　　　　　　　D. 100

5. 当总成本曲线的切线通过原点时,*SAC*(　　)。

A. 最小　　　　　　　　　　　　　　　　B. 等于 *SMC*

C. 等于 *AVC* 加上 *AFC*　　　　　　　　D. 以上都对

三、简答题

1. 解释下列每句话的错误:

1)在约塞米提国立公园开采石油的机会成本为零,因为没有任何企业在这里进行生产。

2)当企业在每一投入上花费相同数量的资金时,该企业的成本达到最低。

2. 考虑表中的数据,回答以下问题:

1)产量 (吨)	2)土地投入 (英亩)	3)劳动投入 (工人数)	4)土地租金 (每亩美元)	5)劳动工资 (人均美元)
0	15	0	12	5
1	15	6	12	5
2	15	11	12	5
3	15	15	12	5
4	15	21	12	5
5	15	31	12	5
6	15	45	12	5
7	15	63	12	5

1)计算 *TC*、*VC*、*FC*、*AC*、*AVC*、*MC*。描绘 *AC* 曲线和 *MC* 曲线。

2)假设劳动的价格上升 1 倍。计算新的 *AC* 和 *MC*。画出新的图线。

3. 解释为什么 *MC*、*AC* 和 *AVC* 相交于它们的最小值点。

学习情境六　市场结构与厂商理论

【学习目标】

重要概念：

完全竞争市场、垄断市场、垄断竞争市场、寡头市场

知识目标：

①能阐明四种不同市场结构的特征；

②能分析四种不同市场结构条件下利润最大化的情况，均衡价格和均衡数量的决定；

③能够理解四种不同市场结构条件下厂商的长期均衡与短期均衡；

④能够对四种不同市场结构进行比较。

能力目标：

①能够分析厂商在不同的市场结构条件下面临的需求曲线和收益曲线；

②能够分析在不同的市场结构条件下厂商利润最大化原则；

③能够分析不同市场结构各厂商之间的影响程度。

【知识与技能】

项目一　市场结构与厂商理论概述

任务一　市场结构的概念

（一）市场

所谓市场，是买者和卖者进行交易的场所，或者说市场反映了一群买者和卖者之间的交易活动，特点是能够提高资源配置的效率。市场的概念既是抽象的又是具体的。

市场根据不同的标准有不同的划分，如现货市场与期货市场，产品市场与服务市场，实物市场与金融市场，批发市场与零售市场，地区性市场、全国市场与世界市场。

(二)市场结构

市场结构有狭义和广义之分,狭义指买方构成市场,卖方构成行业。广义是指一个行业内部买方和卖方的数量及其规模分布、产品差别的程度和新企业进入该行业的难易程度的综合状态,也可以说是某一市场中各种要素之间的内在联系及其特征,包括市场供给者之间(包括替代品)、需求者之间、供给和需求者之间以及市场上现有的供给者、需求者与正在进入该市场的供给者、需求者之间的关系。

划分一个行业属于什么类型的市场结构,主要依据以下三个方面:

第一,本行业内部的生产者数目或企业数目。如果本行业就一家企业,那就可以划分为完全垄断市场;如果只有少数几家大企业,那就属于寡头垄断市场;如果企业数目很多,则可以划入完全竞争市场或垄断竞争市场。一个行业内企业数目越多,其竞争程度就越激烈;反之,一个行业内企业数目越少,其垄断程度就越高。

第二,本行业内各企业生产者的产品差别程度。这是区分垄断竞争市场和完全竞争市场的主要方式。

第三,进入障碍的大小。所谓进入障碍,是指一个新的企业要进入某一行业所遇到的阻力,也可以说是资源流动的难易程度。一个行业的进入障碍越小,其竞争程度越高。

(三)市场结构的类型

根据三个方面因素的不同特点,将市场划分为完全竞争市场、垄断竞争市场、寡头垄断市场和完全垄断市场四种市场类型。四种市场结构中,完全竞争市场竞争最为充分,完全垄断市场不存在竞争,垄断竞争和寡头垄断具有竞争但竞争又不充分。这四种类型的市场和厂商的特点如表6-1:

表6-1　四种市场和厂商的基本特征比较

市场结构类型	厂商数目	产品差别程度	个别厂商控制价格程度	厂商进入产业难易	现实中接近的行业
完全竞争	很多	无差别	没有	完全自由	农业
垄断竞争	很多	有些差别	有一些	比较自由	零售业
寡头垄断	几个	有或没有差别	相当有	有限	汽车制造业
完全垄断	一个	唯一产品无替代品	很大但常受政府管制	不能	公用事业

任务二　厂商理论

(一)厂商理论的概念

厂商理论被称为市场理论、厂商均衡理论,是微观经济学的组成部分,研究不同市场条件下的厂商均衡条件与价格、产量的决定。不同市场条件包括市场的结构、市场组成的特点和市场的竞争程度。其中厂商是市场经济中生产组织的基本单位,它主要指个体工商户、合伙公司、股份公司等,而生产相同产品的同类厂商则组成一个行业。

真正研究厂商理论并作出贡献的是意大利经济学家斯拉法、英国经济学家琼·罗宾逊夫人、美国经济学家张伯伦。斯拉法于1926年出版《竞争条件下的收益规律》一书,对厂商理论的建立有着重要的作用,是该理论产生的标志。罗宾逊夫人1933年出版的《不完全竞争经济学》、张伯伦1933年出版的《垄断竞争理论》,可以看作是厂商理论最主要的著作。在经济学说史中,作为厂商理论的代表作一般以张伯伦的著作为标志。自此以后,在西方经济学中出现了厂商均衡理论,并以此作为对均衡价格理论的发展,使其得到完善。

微观经济学的完成,以厂商理论提出为标志。在厂商理论中,将均衡价格与不同的市场竞争结合起来,分析不同竞争厂商的价格、利润和产量,使微观经济学的理论得到具体的运用。

(二)需求曲线

1. 市场需求曲线

市场需求曲线表示市场价格与某种商品销售总量之间的关系,取决于消费者的行为。

2. 厂商需求曲线

厂商制定的价格与销售量之间的关系叫做厂商面临的需求曲线。厂商面临的需求曲线不仅取决于消费者的行为,还取决于其他厂商的行为。

关于市场需求曲线和厂商需求曲线的区别,我们将结合不同的市场结构在本章后面的内容中做详细的介绍。

(三)厂商的收益与利润

1. 收益、平均收益与边际收益

厂商的收益就是厂商的销售收入。厂商的收益可以分为总收益(TR)、平均收益(AR)和边际收益(MR)。

总收益(TR)指厂商销售一批产品的收入的总和。以 P 表示市场价格,以 Q 表示销售量,则有:

$$TR(Q) = P \times Q$$

平均收益(AR)指厂商在平均每一单位产品销售上所获得的收入。即:

$$AR(Q) = TR(Q)/Q$$

边际收益(MR)指厂商增加一单位产品销售所获得的收入增量。即:

$$MR(Q) = \triangle TR(Q) / \triangle Q$$

2. 厂商利润最大化的原则

(1)厂商利润最大化的原则

利润 = $TR(Q) - TC(Q)$;(总收益与总成本的差)

利润最大化的条件为上式的一阶导数为0、二阶导数小于0的点。

TR 的一阶导数为 MR,TC 的一阶导数为 MC,则 $MR = MC$。

TR 的二阶导数为:MR 的斜率小于 MC 的斜率。

(2)如何理解利润最大化原则

如果 MR 大于 MC,增加一单位的产量,就增加利润;减少一单位的产量,就减少利润。所以,要增加产量。

如果 MR 小于 MC,增加一单位的产量,就减少利润;减少一单位的产量,就增加利润。所以,要减少产量。

如果 MR 等于 MC,达到均衡,可以确定价格与产量,即均衡条件。

在其他条件不变的情况下,厂商选择的最优产量,应使最后一单位产品所获得的边际收益(MR)等于边际成本(MC),即 $MR = MC$,这就是厂商实现最大利润的均衡条件,对于所有市场结构都是适用的。

项目二　完全竞争市场

任务一　完全竞争市场的含义与特征

(一)完全竞争市场的含义

完全竞争市场,又叫纯粹竞争市场,是指竞争充分而不受任何阻碍和干扰的一种市场结构。在这种市场类型中,买卖人数众多,买者和卖者是价格的接受者,资源可自由流动,市场完全由“看不见的手”进行调节,政府对市场不作任何干预,只起维护社会安定和抵御外来侵略的作用,承担的只是“守夜人”的角色。

(二)完全竞争市场的特征

1. 市场上有许多经济主体

这些经济主体数量众多,且每一主体规模又很小,所以,他们任何一个人都无法通过买卖行为来影响市场上的供求关系,也无法影响市场价格,每个人都是市场价格的被动接受者。

2. 产品是同质的,即任何生产者的产品都是无差别的

第一条件使任何单个主体对整个市场的影响减少至可以忽略不计的程度,第二条件由于个别售卖者的产品和他的竞争者完全一样,就使他不能以任何方法控制其

价格。

3. 各种资源都可以完全自由流动而不受任何限制

第一,劳动可以毫无障碍地在不同地区,不同的部门、不同行业、不同企业之间无障碍流动。

第二,任何一个生产要素的所有者都不能垄断要素的投入。

第三,新资本可以毫无障碍地进入,老资本可以毫无障碍地退出。

4. 市场信息是完全的和对称的

厂商与居民户都可以获得完备的市场信息,双方不存在相互的欺骗。这些条件是非常苛刻的,所以,专家们认为现实中的完全竞争市场是罕见的,比较接近的是农产品市场,但是现实中是否存在着真正意义上的完全竞争市场并不重要,重要的是说明在假设的完全竞争条件之下,市场机制如何调节经济,有了完全竞争的市场,我们就有了一把尺子,一面镜子,一个目标。

任务二　完全竞争市场的供求、价格与收益

(一)完全竞争市场的需求曲线

1. 完全竞争市场的行业需求曲线

消费者对整个行业所生产的产品的需求量被称为行业需求量,相应的需求曲线被称为行业所面临的需求曲线。由于整个行业所面临的需求曲线就是整个市场上全部消费者的需求总量,所以在完全竞争市场的条件下对整个行业来说,需求曲线是一条向右下方倾斜的曲线(如图 6－1 所示)。整个行业产品的价格就由这种需求与供给决定。

2. 完全竞争市场的厂商需求曲线

当市场价格确定之后,对个别厂商来说,这一价格就是既定的,无论它如何增加产量都不能影响市场价格。因此,市场对个别厂商产品的需求曲线是一条由既定市场价格出发的平行线(如图 6－2 所示),它表示厂商能够在现行价格销售想要销售的任意数量。这条需求曲线的需求价格弹性系数为无限大。

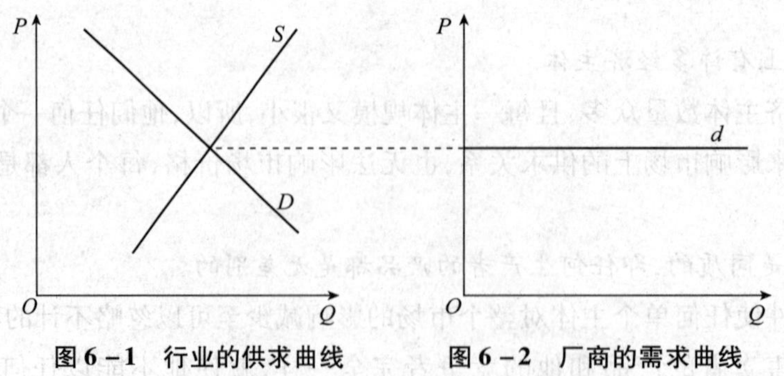

图 6－1　行业的供求曲线　　图 6－2　厂商的需求曲线

图6－2表示:完全竞争市场中的厂商只能被动地接受既定的市场价格,而且在每一价格水平下,单个厂商总是可以把他所愿意提供的任何数量的产品卖出去。

(二)完全竞争市场的供给曲线

1. 完全竞争市场的厂商供给曲线

所谓供给曲线是表示在其他条件不变的情况下,生产者在每一价格水平愿意而且能够提供的产品的数量。更重要的是,生产者所提供的产品数量是在既定价格水平下能够给他带来最大利润或最小亏损的产品数量。由于企业的边际成本曲线决定了企业在任何一种价格时愿意供给多少,因此完全竞争厂商的 *SMC* 曲线上等于和高于 *AVC* 曲线最低点的部分,就是完全竞争厂商的短期供给曲线。如图6－3所示。

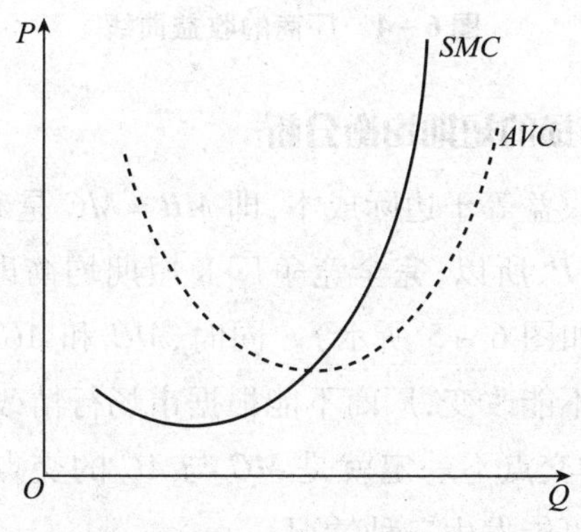

图6－3　单个厂商的供给曲线

2. 完全竞争市场的行业供给曲线

某个完全竞争行业的供给量(即某种产品的市场供给量)是由该行业各个厂商的供给量加总而成的。既然在完全竞争市场条件下,短期供给曲线与 *MC* 曲线位于 *AVC* 曲线最低点以上的部分重叠,在价格不变的情况下,将行业内所有 *MC* 曲线与市场价格相对应的数量水平加总,就可以得到该行业供给曲线或市场供给曲线,如图6－1所示。

(三)完全竞争市场的平均收益和边际收益

在各种类型的市场上,平均收益与价格都是相等的,即 $AR=P$。因为厂商按既定的市场价格出售产品,每单位产品的售价也就是每单位产品的平均收益。

在完全竞争市场上,对个别厂商来说,平均收益、边际收益与价格相等,即 $AR=P=MR$。因为只有在这种市场结构下,个别厂商销售量的增加不会影响价格,厂商每增加一单位产品的销售,市场价格仍然不变,从而每增加一单位产品销售的边际收益

MR 也不会变[$MR=d(TR)/dQ=d(PQ)/dQ=P$],边际收益也等于价格。

正因为价格、平均收益和边际收益都是相等的,所以在完全竞争市场上,厂商需求曲线、平均收益曲线和边际收益曲线,三条线重合在一起(如图 6-4 所示),公式表示为:$P=AR=MR$。

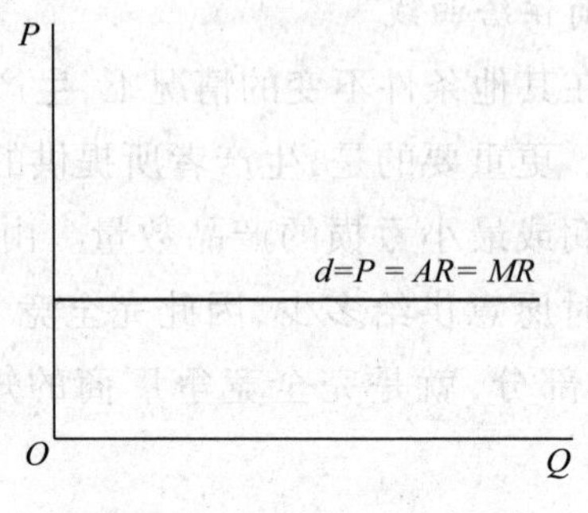

图 6-4 厂商的收益曲线

任务三 完全竞争市场的短期均衡分析

前面已经证明,边际收益等于边际成本,即 $MR=MC$ 是利润最大化的条件。在完全竞争条件下,$MR=AR=P$,所以,完全竞争厂商短期均衡即取得最大利润的必要条件是 $MC=MR=AR=P$(如图 6-5 所示)。同时,MC 和 AC 又相交于 AC 的最低点。但在短期,由于有些要素不能改变,厂商不能根据市场行情改变生产规模,也不能变换行业。因此,MC 与 MR 的交点不一定就是 MC 与 AC 的交点,即不一定就是 AC 的最低点,从而短期均衡就有可能发生三种情况。

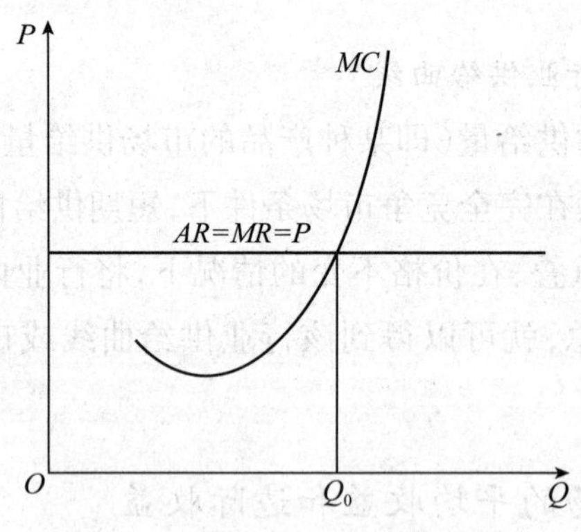

图 6-5 完全竞争厂商的短期均衡

(一)获得超额利润的厂商短期均衡

当一种商品的市场价格为 P_4,由于各种原因出现供不应求时,其价格必定上涨为

P_1。MC 与 $MR(=AR)$ 的交点在 MC 与 AC 的交点上方，从而 $AR>AC$，此时总收益 $TR_1=AR_1 \cdot Q_1$，总成本 $TC_1=AC \cdot Q_1$，而 $AR_1>AC$，所以 $AR_1 \cdot Q_4>AC \cdot Q_4$，即总收益 $TR>$ 总成本 TC，其值等于 $AR_1 \cdot Q_4-AC \cdot Q_4=(AR_1-AC)Q_4$，即图6-6中阴影部分。由于这时新的厂商不能参加进来，老的厂商不能扩大工厂规模，因而，厂商获超额利润。这种均衡情况如图6-6所示。

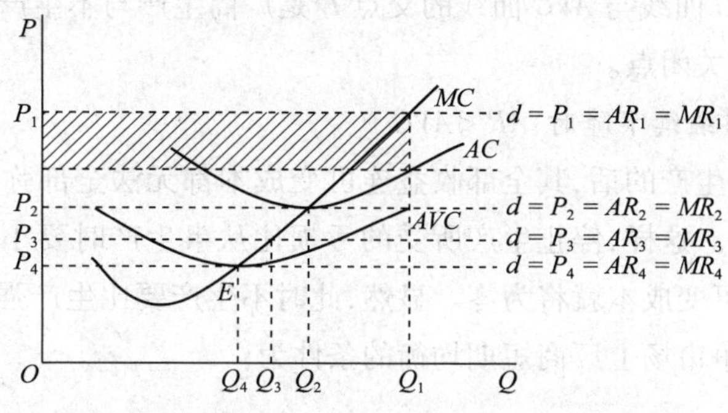

图6-6　完全竞争厂商的短期均衡产量的决定

（二）获得正常利润的厂商短期均衡

假设供求平衡时，MC 与 MR 的交点也正好是与 AC 的交点，即 $MR=MC=AR=AC=P_2$，此时总收益 $TR=AR_2 \cdot Q_2$，总成本 $TC=AC_2 \cdot Q_2$，而 $AR_2=AC_2$，所以 $AR_2 \cdot Q_2=AC_2 \cdot Q_2$，即总收益 $TR=$ 总成本 TC。此时，厂商获得正常利润，超额利润消失。在成本理论中说过，正常利润是总成本的一部分，此时现有厂商不愿意离开这个行业，没有新的厂商愿意加入这个行业（如图6-6所示）。由于在这一点上，厂商既无利润，又无亏损，所以，MC 曲线和 AC 曲线的交点也被称为厂商的收支相抵点。

（三）处于亏损状态的厂商短期均衡

当一种商品由于各种原因出现供过于求时，价格必定下跌为 P_3。MC 与 $MR(=AR)$ 的交点在 MC 与 AC 的交点下方，从而 $AR_3<AC$，此时总收益 $TR=AR_3 \cdot Q_3$，总成本 $TC=AC \cdot Q_3$，而 $AR_3<AC$，所以 $AR_3 \cdot Q_3<AC \cdot Q_3$，即总收益<总成本，这种情况必然会导致厂商亏损，此时，该厂商又该如何进行生产决策呢？

短期内原有厂商来不及缩小规模或退出该行业，因而，厂商面临着两种抉择：要么根据利润最大化原则继续生产，使亏损额最小；要么关闭停产。在这种情况下，厂商的决策必须结合固定成本与变动成本的特点进行。

1. 当商品价格下降为 P_3 时：$AVC<AR<AC$

此时，厂商虽然亏损，但仍继续生产。因为只有这样，厂商才能在用全部收益弥补全部可变成本之后，还能弥补在短期内总是存在的不变成本的一部分。假若它停止生产，它将负担全部的固定成本损失。所以，在这种情况下，生产要比不生产强。

2. 当商品价格下降为 P_4 时：$AR = AVC$

在这个点上，厂商可能继续生产，也可能不生产。或者说，生产与不生产的结果对厂商来说都是一样的。因为厂商从事生产和不从事生产所受的亏损是一样的，其亏损额都等于固定成本，厂商的全部收入只够弥补全部的可变成本，而不能弥补任何的不变成本。所以，SMC 曲线与 AVC 曲线的交点 E 是厂商生产与不生产的临界点，通常称之为停止营业点或关闭点。

3. 当商品价格继续下降时：$AR < AVC$

如果厂商继续生产的话，其全部收益连可变成本都无法全部弥补，就更谈不上对不变成本的弥补了。这样，停止生产所受的亏损比从事生产时要小些。而事实上，厂商只要停止生产，可变成本就将为零。显然，此时不生产要比生产强。

所以，完全竞争市场上厂商短期均衡的条件为：

①$MR = MC$

②$MR \geqslant AVC$

即：$MC = MR \geqslant AVC$

任务四　完全竞争市场的长期均衡分析

在短期内，厂商可能获得超额利润也可能亏损，但是，在长期中，由于厂商可以调整生产规模，其他厂商也可以自由地进入和退出该行业，这样整个行业供给的变动就会影响市场价格，从而影响各个厂商的均衡。因此，厂商不可能长期盈利或长期亏损，厂商的长期均衡为不盈不亏，只获得正常利润。

具体来说，当供给小于需求，价格高（P_1）时，各厂商会扩大生产，其他厂商也会涌入该行业，从而整个行业供给增加，价格水平下降。当供给大于需求，价格低（P_2）时，各厂商会减少生产，有些厂商会退出该行业，从而整个行业供给减少，价格水平上升。最终价格水平（P_0）会达到使各个厂商既无超额利润又无亏损的状态。这时整个行业的供求均衡，各个厂商的产量也不再调整，于是就实现了长期均衡，如图 6－7 所示。

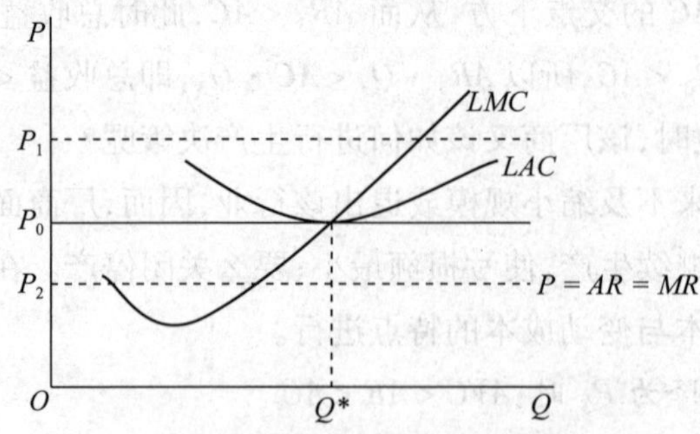

图 6－7　完全竞争厂商的长期均衡产量的决定

由此,我们可以得到完全竞争市场中厂商长期均衡的条件为:

$$MR = LMC = SMC = LAC = SAC = P$$

任务五　对完全竞争市场的评价

根据对完全竞争市场厂商均衡的分析,经济学家们认为,在这种完全竞争条件下,价格可以充分发挥其“看不见的手”的作用,调节整个经济的运行。通过这种调节实现:

第一,社会的供给与需求相等,从而资源得到了最优配置,生产者的生产不会有不足或过剩,消费者的需求也得到了满足。第二,在长期均衡时所达到的平均成本处于最低点,这说明通过完全竞争与资源的自由流动,使生产要素的效率得到了最有效的发挥。第三,平均成本最低决定了产品的价格也是最低的,这对消费者是有利的。从以上来看,完全竞争市场是最理想的。

但是,也有许多经济学家指出,完全竞争市场也有其缺点,这就在于:

第一,各厂商的平均成本最低并不一定是社会成本最低。第二,产品无差别,这样,消费者的多种需求无法得到满足。第三,完全竞争市场上生产者的规模都很小,这样,他们就没有能力去实现重大的科学技术突破,从而不利于技术发展。第四,在实际中完全竞争的情况是很少的,而且一般来说竞争也必然引起垄断。对完全竞争市场的辩证分析,为我们对其他市场的分析提供了一个理论基础。

项目三　完全垄断市场

任务一　完全垄断市场的含义、特征及成因

(一)完全垄断市场的含义

垄断一词出自于希腊语,意思是“一个销售者”,也就是指某一个人控制了一个产品的全部市场供给。

完全垄断市场,是一种与完全竞争市场相对立的极端形式的市场类型,是指整个行业的市场完全处于一家厂商所控制的状态,即一家厂商控制了某种产品的市场结构。

(二)完全垄断市场的特征

基于以上分析,我们可以知道,完全垄断市场具有四大基本特征:

1. 企业就是行业,整个市场的物品、劳务或资源都由一个供给者提供,消费者众多;

2. 产品不能替代,没有任何接近的替代品,消费者不可能购买到性能等方面相近

的替代品；

3. 独自决定价格，厂商是价格的制定者而不是接受者，也就是说，厂商可以利用任何方式决定价格；

4. 存在进入障碍，使新的企业无法进入市场，从而完全排除了竞争。

在这样的市场中，排除了任何的竞争因素，独家垄断厂商控制了整个行业的生产和销售，所以垄断厂商可以控制和操纵市场价格，是价格的制定者，他可以自行决定自己的产量和销售价格，并因此使自己利润最大化。

(三)完全垄断市场形成的原因

垄断企业作为市场唯一的供给者，很容易控制市场某一种产品的数量及其市场价格，从而可连续获得垄断利润。具体地说，垄断市场形成的主要原因有以下几个方面：

1. 自然垄断

有些行业具有向规模经济、范围经济发展的内在趋势，而在整个市场中随着企业生产规模的扩大和范围的扩展，单位成本递减，从而实现的效益增加，这些行业具有自然垄断性。通常情况下，这些具有自然垄断性的行业是由政府来经营的。如电力、电话、自来水、天然气以及公共运输等行业就是如此。但在现代社会条件下，以电信业为例，高度垄断经营只能损害消费者和社会的利益，阻碍电信业自身的健康发展。

2. 技术垄断

专利是政府授予发明者的某些权利，这些权利一般是指在一定时期内对专利对象的制作、利用和处理的排他性独占权，从而使发明者获得应有的收益。某项产品、技术或劳务的发明者拥有专利权以后，在专利保护的有效期内形成了对这种产品、技术和劳务的垄断。

3. 资源垄断

当某个生产者拥有并且控制了生产所必需的某种或某几种生产要素的供给来源时，就形成了资源垄断。这样，就维护了这个生产者的垄断地位及其垄断利益。最常见的是通过对原料的垄断来限制竞争。

4. 政府垄断

政府通过特许经营，给予某些企业独家经营某种物品或劳务的权利。这种独家经营的权利是一种排他性的独有权利，是国家运用行政和法律的手段赋予并进行保护的权力。政府的特许经营，使独家经营企业不受潜在新进入者的竞争威胁，从而形成合法的垄断。

在西方国家，符合完全垄断条件的情况是不存在的。即使在历史上一度出现过，也为反托拉斯法所禁止。尽管完全垄断市场并不存在，但完全垄断模型却是分析已出现在现实世界中的近似完全垄断现象以及了解控制市场中某些垄断力量的有力工具。

如果完全竞争市场被认为是效率最高的市场，按此标准，完全垄断市场就是效率最低的市场。

任务二　完全垄断厂商的需求曲线、平均收益曲线、边际收益曲线

（一）完全垄断市场的需求曲线

在完全垄断情况下，一家厂商就是整个行业。因此，整个行业的需求曲线也就是一家厂商的需求曲线。这时，需求曲线就是一条表明需求量与价格呈反方向变动的向右下方倾斜的曲线。如图 6-8(a)所示。

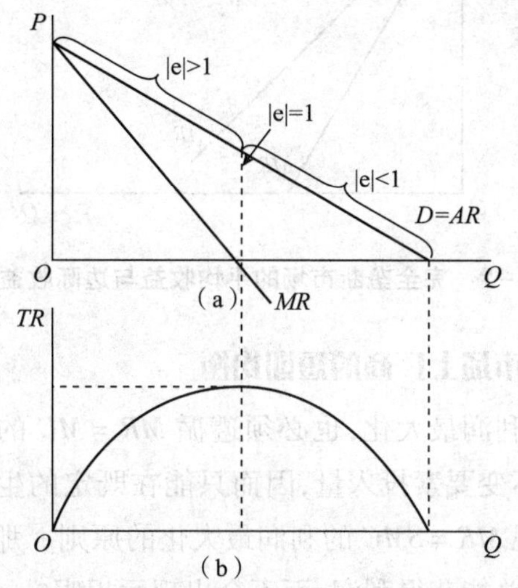

图 6-8　完全垄断厂商的需求及收益曲线

（二）完全垄断市场的平均收益与边际收益

在完全垄断下，平均收益仍等于价格，因此，平均收益曲线 AR 仍然与需求曲线 d 重合。但是，在完全垄断市场上，当销售量增加时，产品的价格会下降，从而边际收益减少，边际收益曲线 MR 就再也不与需求曲线重合了，而是位于需求曲线下方，而且，随着产量的增加，边际收益曲线与需求曲线的距离越来越大，表示边际收益比价格下降得更快。如图 6-8(b)所示，这样平均收益就不会等于边际收益，而是平均收益大于边际收益。

图 6-8 中商品的市场价格 P 随着垄断厂商的商品销售量的不断增加而下降。所以垄断厂商的需求曲线是向右下方倾斜的。与此相对应，从收益看，垄断厂商的平均收益 AR 等于商品的价格 P，平均收益 AR 也是不断下降的；此外，在每一个销售量上，边际收益都小于平均收益，即 $MR < AR$。

$MR < AR$ 的原因在于：根据边际量和平均量之间的关系，只要平均量下降，边际量

就总是小于平均量。所以，在商品价格即平均收益 AR 不断下降的同时，必有 $MR < AR$。

用曲线图形来表示平均收益与边际收益之间的关系，见图 6－9。横轴 Q 表示产量，纵轴 R 表示收益，AR 为平均收益曲线，MR 为边际收益曲线。从图中可以明显看出，MR 曲线在 AR 曲线下方。

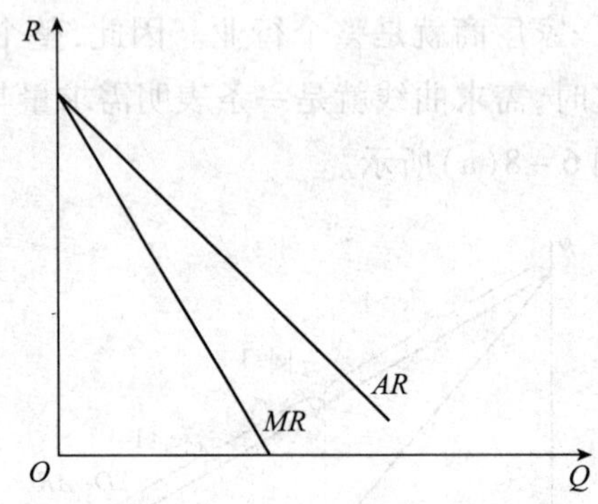

图 6－9　完全垄断市场的平均收益与边际收益曲线

任务三　完全垄断市场上厂商的短期均衡

垄断厂商为了获得利润最大化，也必须遵循 $MR = MC$ 的原则进行生产。在短期内，垄断厂商无法改变不变要素投入量，因而只能在既定的生产规模下通过对产量和价格的同时调整，来实现 $MR = SMC$ 的利润最大化的原则。那么，在完全垄断条件下，垄断厂商是否在短期内总能获得利润，而不会出现亏损呢？

在短期内，厂商对产量的调整也要受到限制，因为在短期内，产量的调整同样要受到固定生产要素（厂房、设备等）无法调整的限制。这样，也可能出现供大于求或供小于求的情况，当然也可能是供求相等。

（一）完全垄断厂商短期均衡——亏损

用图 6－10 来说明，d 曲线和 MR 曲线代表垄断厂商的需求和收益状况。垄断厂商根据 $MR = SMC$ 的利润最大化的均衡条件，将产量和价格分别调整到 Q_1 和 P_l 的水平。在短期均衡点 E 上，垄断厂商的平均收益为 GQ_1，平均成本为 FQ_1，平均成本大于平均收益，垄断厂商面临亏损，单位产品的平均亏损额为 GF，总亏损额相当于图中矩形 KP_1FG 的面积。

与完全竞争厂商相同，在亏损的情况下，是否要停止生产则要看平均收益与平均可变成本的比较。

若 $AR > AVC$，垄断厂商虽然亏损，但可以继续生产。

若 $AR < AVC$，垄断厂商应该停止生产。

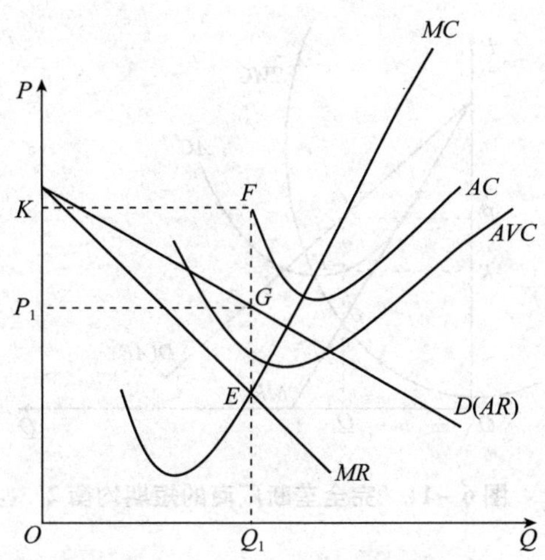

图 6-10　完全垄断厂商的短期均衡 1

若 $AR=AVC$，垄断厂商此时生产和不生产都一样。

图中厂商虽然是亏损的，但由于 $AR>AVC$，厂商还可以用收益弥补平均可变成本，所以厂商仍将继续生产。这说明垄断并不保证一定能赚得利润，是否赚得利润，取决于市场需求所决定的可能的卖价和成本状况。

造成垄断厂商短期亏损的原因，可能是既定的生产规模的成本过高，表现为相应的成本曲线的位置过高。也可能是垄断厂商所面临的市场需求过小，表现为相应的需求曲线的位置过低。

（二）完全垄断厂商的短期均衡——超额利润

为了实现最大限度利润，完全垄断厂商将把产销量调整到这样水平：该产量之 $MR=MC$。由此决定了 MR 和 MC 的交点 E 相应的产量 Q_1。垄断者索取的价格是 P_1（MC 曲线与 MR 曲线相交之点向上引申与需求曲线相交之点 G，决定价格水平为 P_1）。这时总收益为平均收益（价格）与产量的乘积，即 OP_1GQ_1，总成本为平均成本与产量的乘积，即 $OKFQ_1$，总收益大于总成本，KP_1GF 为达到最大的超额利润（如图 6-11 所示）。

（三）完全垄断厂商的短期均衡——正常利润

同前面一样，完全垄断厂商为了实现利润最大化，调整了产销量，MR 和 MC 的交点相应的产量 Q_1。垄断者索取的价格是 P，此时 AC 曲线和 AR 曲线相切于一点 G，这时总收益和总成本均为平均成本与产量的乘积，即 $OPGQ_1$，总收益等于总成本，完全垄断厂商经济利润为零，只获得正常利润（如图 6-12 所示）。

根据以上三种情况的分析，可以得到垄断厂商短期均衡条件为：$MR=SMC$

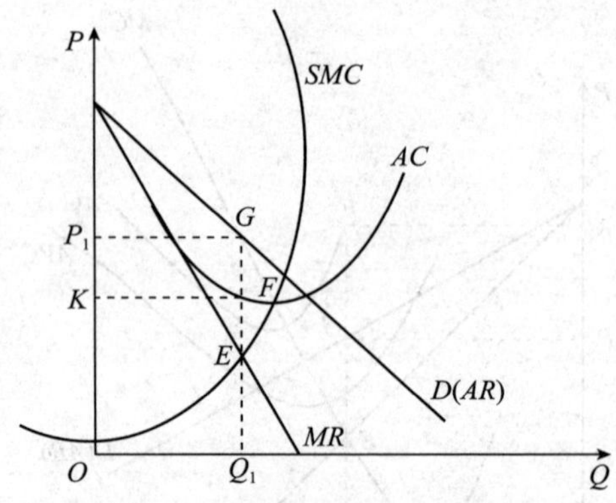

图 6－11　完全垄断厂商的短期均衡 2

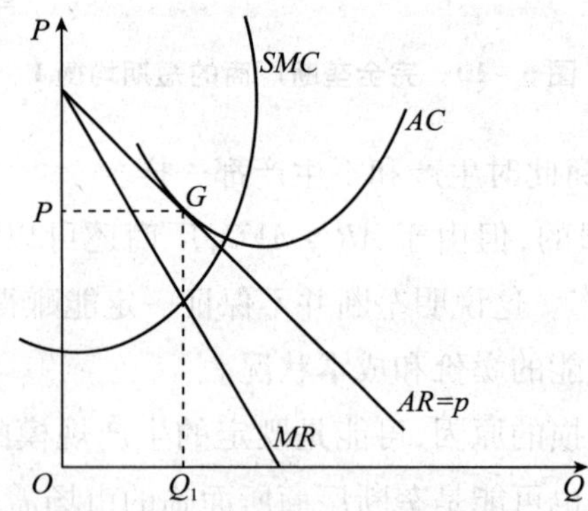

图 6－12　完全垄断厂商的短期均衡 3

垄断厂商在短期均衡点供大于求的情况下，会有亏损；在供小于求的情况下，会有超额利润；供求相等时，则只有正常利润。

任务四　完全垄断市场上厂商的长期均衡

垄断厂商在长期内可以调整全部生产要素的投入量，即调整生产规模，从而实现利润最大化。垄断行业排除了其他厂商加入的可能性，因此，与完全竞争厂商不同，如果垄断厂商在短期内获得利润，其利润在长期内不会因为新厂商的加入而消失，垄断厂商在长期内是可以保持利润的。垄断厂商在长期内对生产的调整，一般有三种可能的结果：

1. 垄断厂商在短期内是亏损的，但在长期中又存在可以使他获得利润或至少亏损为零的最优生产规模，于是该厂商退出生产；

2. 垄断厂商在短期内是亏损的，在长期内通过对最优生产规模的选择，摆脱了亏损的状况，甚至获得利润；

3. 垄断厂商在短期内利用既定生产规模获得利润，在长期中通过对生产规模的调整，使自己获得更大的利润。

我们以第三种情况为例进行分析，在图 6－13 中，假设垄断厂商现有设备之短期平均成本曲线 SAC_1，为了赚得最大利润，他销售的产量是（MR 与 SMC_1 相交之点相应的）Q_1，销售价格为 P_1。因为在产量为 Q_1 时，$MC \neq LMC$，所以这样的均衡是短期均衡，而不是长期均衡。在长期内，他将扩大其厂房设备的规模，其短期平均成本曲线为 SAC_2，短期边际成本曲线 SMC_2 与 MR 相交之点相应的产销量 Q_2 和销售价格为 P_2，这时 $MR = LMC = SMC_2$，就实现了长期均衡。

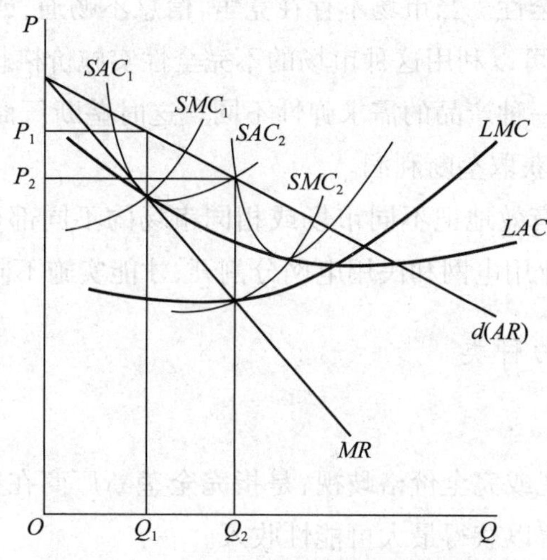

图 6－13　完全垄断厂商的长期均衡

通过上述图形分析说明，在短期中，垄断厂商无法调整全部生产要素，因此不一定能实现利润最大化。但在长期中，厂商可以调整全部生产要素，因此可以实现利润最大化。这时就存在垄断利润。在长期中，垄断厂商在高价少销与低价多销中进行选择，以便使所达到的产量能实现利润最大化。图 6－13 所说明的实际上正是这种调节的结果。

如图 6－13 所示，在长期中，垄断厂商可以通过调节产量与价格来实现利润最大化。这时厂商均衡的条件是：$MR = LMC$ 和 $MR = SMC$，即 $MR = LMC = SMC$。

任务五　垄断厂商的价格歧视与垄断利润

完全垄断厂商是一家厂商垄断整个市场，可以决定其产量和价格，因而为获得最大可能的垄断利润，可以通过价格歧视来增加其总收益。

（一）价格歧视的含义

所谓价格歧视，是指垄断者在同一时间内对同一成本的产品向不同的购买者收取不同的价格，或是对不同成本的产品向不同的购买者收取相同的价格。

这种定价的方法不可能出现于完全竞争的市场，因为完全竞争市场的个别厂商的行为不能影响价格,而垄断者却可以做到。价格歧视有三种具体类型,现分别进行介绍。

(二)实施价格歧视的前提

实施价格歧视的目的是为了获取超额利润。要使差别价格得以实施,通常需要具备三个条件:

1. 市场存在不完全性。当市场不存在竞争,信息不畅通,或者市场由于各种原因被分割时,垄断厂商就可以利用这种市场的不完全性实施价格歧视。

2. 各个市场对同一种产品的需求弹性不同。这时垄断厂商就可以对需求弹性较小的市场实施高价,以获取垄断利润。

3. 垄断厂商能够有效地把不同市场或相同市场的不同部分分割开来。例如,在电力行业中只有把工业用电网和民用电网分割开,才能实施不同的价格。

(三)价格歧视的种类

1. 一级价格歧视

所谓一级价格歧视或完全价格歧视,是指完全垄断厂商在销售其产品时,每个产品均以不同的价格出售以获得最大可能性收入。

在前面分析消费者行为的理论中,曾介绍过西方经济学关于边际效用价值论的观点。按此观点,商品的价格是按边际效用的大小来确定的,对边际效用高的商品,愿意支付的价格则高,反之则低。可是商品的市场价格大都定在某一个价格水平上,并不会根据消费者的边际效用取价。这样,消费者根据其边际效用大小而愿意付出的价格总和同实际付出的价格总和之间便出现差额,这就是所谓“消费者剩余”。如图 6-14 所示,消费者购买第一个单位的需求价格是 7 美元,第二单位的价格是 6 美元,……第 6 个单位的价格是 2 美元。可是一般市场上每个商品的价格均为 2 美元,这就出现了所谓“消费者剩余”,即消费者根据其边际效用大小而愿意付出的价格总和同实际付出的价格总和之间的差额。图中阴影部分为消费者实际支付的价格,空白部分为消费者愿意支付的价格和实际支付的价格之间的差额,即消费者剩余。

在实际生活中,采取一级价格歧视的定价方法非常罕见,它只有在两种情况下才有可能:一种情况是完全垄断厂商的产品销售对象数量很少;另一种情况是完全垄断厂商能够精确地知道每个消费者所愿意接受的最高价格。这种价格歧视的典型事例是乡村医生,根据不同求医人的能力和愿意支付的最高价格,对于相同的治疗收取不同的医疗费用。

2. 二级价格歧视

所谓二级价格歧视,是指垄断者对某特定消费者,按其购买数量的不同制定不同

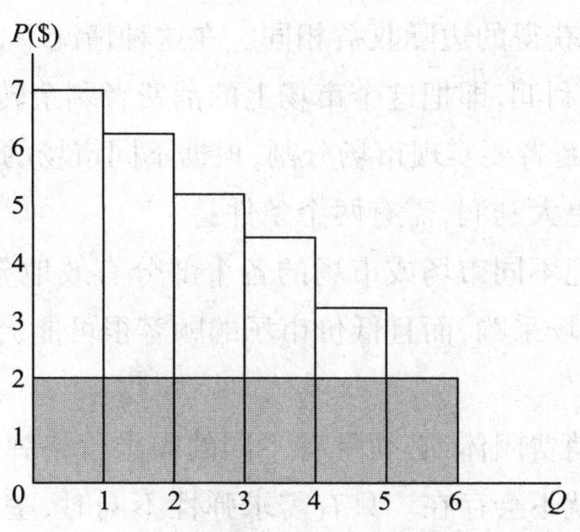

图 6－14　垄断厂商的一级价格歧视

的价格，以获得较大收益的一种方法。如图 6－15 所示，垄断企业为了鼓励顾客多消费，它规定购买量为 Q_1 时，每单位产品价格为 P_1；购买量扩大为 Q_2 时，单位价格可降到 P_2；购买量增加到 Q_3 时，价格还可降到 P_3。这种定价方式与在 Q_3 处实行单一价格 P_3 相比，垄断者的利润会因此而增加。因为在实行单一价格 P_3 时，总收益为 P_3Q_3；实行差别价格后，销售 Q_1 单位的产品，收益为 P_1Q_1；扩大销售 (Q_2-Q_1)，收益为 $P_2(Q_2-Q_1)$；继续增加销售 (Q_3-Q_2)，收益为 $P_3(Q_3-Q_2)$，这样实行差别定价后的总收益即这三部分收益之和：$P_3Q_3+(P_2-P_3)Q_2+(P_1-P_2)Q_1$。从图上看，它的总收益就增加了面积 A 加面积 B 的部分。很显然，这部分收益的增加是由于消费者在低产量时面临高价格而来的。

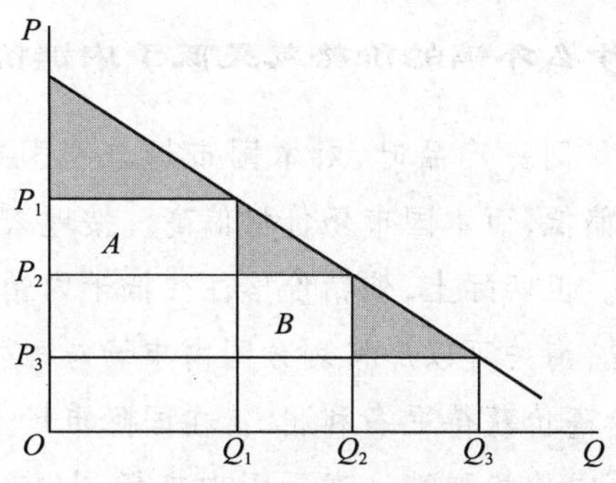

图 6－15　垄断厂商的二级价格歧视

二级价格歧视在实际生活中较为常见。例如在水、电、煤气、邮政、电信等社会公用事业中，多采用这种方法。如电信公司根据每天 24 小时中不同的时间，按不同的标准收取电话费用，邮政局根据邮件的数量和重量不同所收取邮资也不同。

3. 三级价格歧视

三级价格歧视是指垄断者对同样的产品在不同的市场收取不同的价格，而所售出的最后一个单位产品所获得的边际收益相同。在这种情况下,垄断厂商就可以在实行高价的市场上获得垄断利润,即把这个市场上的消费者剩余转变为超额利润。

需要说明的是,垄断者要实现市场分割,根据不同市场的需求弹性分别制定不同的销售价格,从而取得更大利润,需有两个条件:

第一,垄断者能够把不同市场或市场的各个部分有效地分割开来。否则,不仅全部顾客会集中于低价市场采购,而且低价市场的顾客很可能会将低价购得的产品转向高价市场出售。

第二,各子市场或消费团体,必须具有不同的需求价格弹性。如果两个市场的需求弹性相同,差别价格就不会存在。只有需求弹性不同时,垄断者才能在需求弹性较大的市场制定较低的价格(因为定价过高,消费者就不买了);同时在需求弹性较小的市场制定较高的价格(因为即使价格高些,消费者也不得不购买)。例如,航空公司可以在一条飞机航线上,把它的乘客划分为公务乘客和旅游休假乘客,对公务乘客(需求弹性不足)就可收费高一些,而对旅游休假乘客收费可能低一些,因为对这部分需求弹性充足的乘客索取高价的结果会使需求量大幅度地下降。

三级价格差别的实例,有一些常见实际范例。例如电力公司对普通家庭用电和工业用电这两个不同的市场分别收取不同的收费标准。

为什么外销的价格总是低于内销价格

在国际贸易方面,销售同一产品时,对本国市场与别国市场分别定不同的价格。一般来说,外国市场价格偏低,而本国市场价格偏高。按理来说,产品外销要加上运费和关税,成本要比内销高。但实际上,外销价格往往低于内销价格,这可以用三级价格歧视进行分析。一般来说,海关可以严格划分国内市场与国外市场。完全垄断企业可以垄断国内市场通过垄断高价获得更多利润,但在国际市场上就遇到其他企业的激烈竞争,因此,国外市场的需求价格弹性远高于国内市场,相应地,外销价格也远低于内销价格。

资料来源:百度—经济知识。

任务六　对完全垄断市场的评价

经济学家根据完全垄断市场和完全竞争市场的比较分析,认为完全垄断对经济是不利的。

第一,生产资源的浪费。因为完全垄断与完全竞争相比,平均成本与价格高,而产量低。在完全竞争条件下长期均衡的条件是 $MR = AR = AC = MC$,即厂商是在最低的成本情况下,保持生产均衡,因而生产资源得到最优配置。但在完全垄断条件下的长期均衡,由 MR 曲线与 MC(包括 SMC 与 LMC)曲线的交点确定均衡产量。由于生产是在生产成本高于最低平均成本处保持均衡,因此资源未能得到最优配置。

第二,社会福利损失。垄断厂商实行价格歧视,即价格差别,消费者所付的价格高,就是消费者剩余减少。这种减少是社会福利的损失。

此外,垄断者凭借其垄断地位而获得超额利润加剧了社会收入分配不平等,也阻碍了技术进步。

但也有许多经济学家认为对完全垄断也要作具体分析。首先,有些完全垄断,尤其是政府对某些公用事业的垄断,并不以追求垄断利润为目的。这些公用事业往往投资大,投资周期长而利润率低,但它又是经济发展和人民生活所必需的。这样的公用事业由政府进行完全垄断,会给全社会带来好处。然而也应该指出,由政府完全垄断这些公用事业,往往也会由于官僚主义而引起效率低下。其次,也有的经济学家认为,垄断厂商因能获得垄断利润,具有更雄厚的资金与人力,从而更有能力进行新的研究,促进技术进步。

完全竞争与完全垄断都是经济中少见的情况,现实中普遍存在的是竞争与垄断不同程度的结合。

项目四　垄断竞争市场

任务一　垄断竞争市场的含义和特征

(一)垄断竞争市场的含义

垄断竞争市场是指一种介于完全竞争和完全垄断之间的市场组织形式,在这种市场中,既存在着激烈的竞争,又具有垄断的因素。

(二)垄断竞争市场的特征

1. 厂商的数量比较多

市场中存在着较多数目的厂商,彼此之间存在着较为激烈的竞争。由于每个厂商都认为自己的产量在整个市场中只占有一个很小的比例,因而厂商会认为自己改变产量和价格,不会招致其竞争对手们相应行动的报复。

2. 厂商所生产的产品是有差别的,或称“异质商品”

产品差别是指同一产品在价格、外观、性能、质量、构造、颜色、包装、形象、品牌、服务及商标广告等方面的差别以及基于消费者想象的虚幻的差别。由于存在着这些差别,使得产品成了带有自身特点的“唯一”产品了,也使得消费者有了选择的必然,使得厂商对自己独特产品的生产销售量和价格具有控制力，即具有了一定的垄断能力，而垄断能力的大小则取决于它的产品区别于其他厂商的程度。产品差别程度越大，垄断程度越高。

在西方经济学中，这一条件是决定垄断竞争市场中存在垄断性的重要原因，因为产品的差异造成了无穷多的独特的产品市场，企业在其独具的市场中具有控制能力，形成对各个独特产品市场的垄断。

3. 厂商进入或退出该行业都比较容易

由于厂商规模比较小，厂商进入或退出市场比较容易。

垄断竞争市场是常见的一种市场结构，如肥皂、洗发水、毛巾、服装、布匹等日用品市场，餐馆、旅馆、商店等服务业市场，牛奶、火腿等食品类市场，书籍、药品等市场大都属于此类。

产品差别的启示

沙特阿拉伯西北部的麦加，是伊斯兰教创始人穆罕默德的诞生地，也是伊斯兰教的发源地。自公元7世纪以来，它一直是穆斯林的朝拜圣地。朝拜中必不可少的两种用品是地毯和指南针。

这两种产品本来是不相关的，但精明的比利时地毯商范德维格敏锐地捕捉到这一商机，将扁平的指南针嵌入地毯，并且指南针不是指向正南，而是指向麦加。这样，穆斯林无论走到哪里，只要将地毯往地上一铺，就能面向麦加祷告。这种极具创意的新产品，一上市就成为穆斯林地区的抢手货。范德维格也因善于制造产品差异而成为巨富。

任务二　垄断竞争厂商面临的市场需求曲线

(一)形状

由于垄断竞争厂商可以在一定程度上控制自己的价格，故垄断竞争厂商的需求曲线负斜率，和完全垄断厂商一样，其面临的需求曲线也是向右下方倾斜的。但不同的是，因为厂商之间存在竞争，各个厂商的产品相互之间具有很强的替代性，使得垄断竞争厂商所面临的需求曲线具有较大的弹性，故需求曲线又比较平坦。因此，垄断竞争厂商面临的需求曲线是介于完全竞争与垄断两种市场结构下厂商面临的需求曲线之间。如图6-16所示。

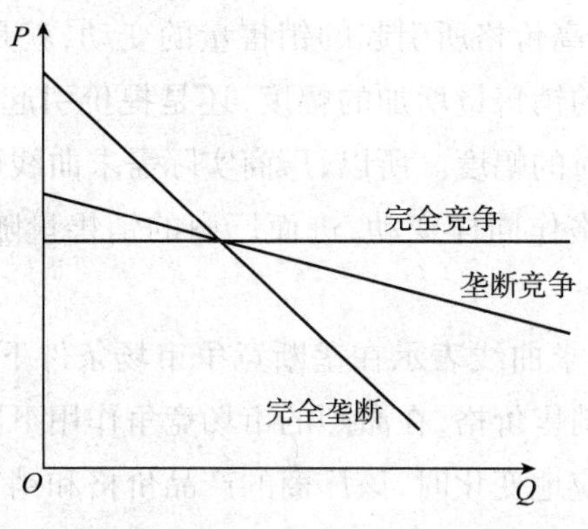

图 6－16 三种厂商的需求曲线对比

（二）两条需求曲线

在垄断竞争条件下，厂商所面临的需求曲线有两种，通常我们用 d 需求曲线和 D 需求曲线加以区分。

1. 厂商主观需求曲线（d）

一个厂商单独变动价格，而该行业的其他厂商都不变动价格。在这种情况下，该厂商所面临的需求曲线是他独有的，表示对该厂商产品的需求量随着该厂商自己价格的变动而变动。如果该厂商降低自己产品的价格，不仅能使自己原有的顾客增加需求量，而且能够把其他厂商的顾客也吸引过来，该厂商的销售量会大幅度地增加。如果该厂商提高自己产品的价格，其结果与降价相反，会使自己的销售量大幅度减少。

在图 6－17 中 d 曲线表示在垄断竞争市场条件下，某一行业中的某一厂商变动产品销售价格，而同行业中其他厂商的产品价格保持不变时，该厂商产品的销售价格和销售量之间的关系。比如某厂商甲初始生产时，价格和产量分别为 P_1、Q_1，即处于厂商所面临的需求曲线 d_1 的 B 点之上。此时，厂商甲认为自己的削价行为能够增加自己产品的销售量。同时不会招致报复性反应。假设甲厂商把价格由 $P1$ 降至 $P2$，其销售量相应地由 Q_1 增加到 Q_2，因此，厂商甲预期自己的生产会沿着 d_1 曲线由 B 点运动到 D 点。同理，如果假设厂商甲将价格由 P_l 升至 P_3，其他垄断竞争厂商对此并无反应，他会预期到其产品销量会相应地由 Q_1 降至 Q_4，厂商甲的生产，将沿着需求曲线 d_l 由 B 点运动到 A 点。厂商在垄断竞争条件下，生产沿着曲线 d 的上下移动，是以垄断竞争厂商甲自主决定价格，并且其他垄断竞争厂商对此毫无反应的假设为前提的。由此，我们通常称 d 曲线为预期需求曲线，或垄断竞争厂商的主观需求曲线。

2. 厂商实际需求曲线（D）

一个厂商变动价格时，本行业中的其他厂商也对价格做同样的变动。这样，一个厂商所改变的不仅是自己的需求曲线，而且整个行业所面临的需求曲线也随之改变。

这时,一家厂商降低或提高价格所引起的销售量的变动,就是市场需求曲线所反映的变动。无论是降价引起的销售量增加的幅度,还是提价引起的销售量减少的幅度,都小于厂商单独变动价格时的幅度。所以,厂商实际需求曲线(D)是一条表示厂商变动价格时其他厂商也对价格作同样变动,进而厂商的销售量随价格变动而变动的需求曲线。

在图 6－17 中,D 需求曲线表示在垄断竞争市场条件下,某一生产行业中的某一厂商甲调整自己产品的销售价格,在激烈的市场竞争作用下同一生产行业中的其他厂商也使产品价格发生相应地变化时,该厂商的产品价格和销售量之间的关系。

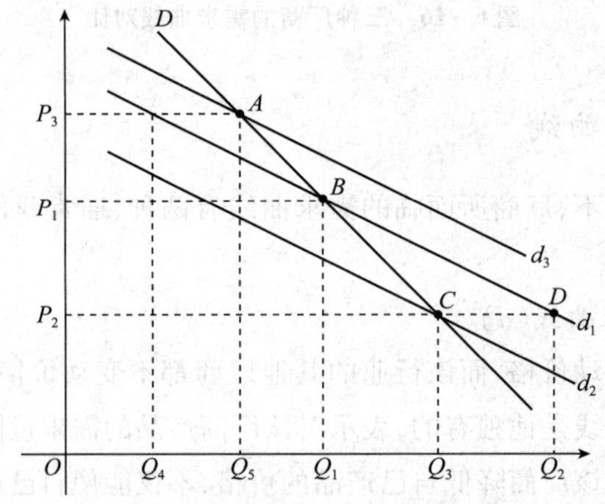

图 6－17 垄断竞争厂商的需求曲线

如果某垄断竞争厂商甲将价格由 P_1 降至 P_2 时,生产行业内所有厂商都将产品价格由 P_1 降至 P_2,于是厂商乙的实际销售量是 D 需求曲线上的 Q_3,而不会是厂商的预期销售量即 d_1 曲线上的 Q_2,Q_3 是小于 Q_2 的。这是因为厂商甲在降价后,行业内其他厂商也相应降价,所以仅有部分消费者被厂商甲吸引过来,而对这一生产行业来说,各个厂商销售量的增加仅来自于整个市场价格水平的下降。所以,该垄断竞争厂商降价的结果是使自己的销售量沿着 D 需求曲线由 B 点平移到 C 点。同时,d_1 需求曲线也相应地平移到 d_2 需求曲线的位置。d_2 需求曲线表示当集团将价格固定在 P_2 以后,该垄断竞争厂商独自变动价格时在各个价格下的预期销售量。

相反,当厂商甲把价格由 P_1 升至 P_3 时,同一集团中的所有其他厂商也将价格由 P_1 移至 P_3,垄断竞争厂商乙的实际销售量是 D 需求曲线上的 Q_5,Q_5 小于厂商的预期销量即 d_1 需求曲线上的 Q_4。所以,该垄断竞争厂商提价的结果是使自己的销售量沿着 D 需求曲线由 B 点平移到 A 点。同时,d_1 需求曲线也相应地平移到 d_3 需求曲线的位置。d_3 需求曲线表示当集团将价格固定在 P_3 以后,该垄断竞争厂商独自变动价格时在各个价格下的预期销售量。所以,D 需求曲线反映了行业内其他厂商的行为对于个别厂商调整价格所引起的市场需求量的变动。

在垄断竞争市场上，D 曲线可以被视为厂商的长期需求曲线。它表示垄断竞争生产集团内的单个厂商在每一市场价格水平下的实际销售份额。

3. 主观需求曲线与实际需求曲线之间的关系

(1)当垄断竞争生产集团内的所有厂商都以相同价格改变产品价格时，整个市场价格的变化会使得单个垄断竞争厂商的 d 需求曲线的位置沿着 D 需求曲线上下平移。

(2)由于 d 需求曲线表示单个垄断竞争厂商单独改变价格时所预期的产量，D 需求曲线表示每个垄断竞争厂商在每一市场价格水平实际所面临的市场需求量，所以，d 需求曲线和 D 需求曲线相交意味着垄断竞争市场的供求相等状态。

(3) d 需求曲线的弹性大于 D 需求曲线的弹性。

任务三　垄断竞争厂商的短期均衡

在短期内，垄断竞争厂商是在现有的生产规模下通过对产量和价格的同时调整，来实现 $MR = SMC$ 的均衡条件。

短期内厂商不能调整生产规模(包括不能进出市场)，而且一家厂商的价格变动也不会引起其他厂商采取相应的措施，因而厂商短期均衡与完全垄断类似，垄断竞争市场上实现了短期均衡时也可能出现的超额利润、收支相抵或亏损三种情况。

图 6－18 表示分别在一个不同垄断竞争行业的两家典型企业的成本、需求和边际收益曲线。在下面的两幅图中，利润最大化产量在边际收益与边际成本曲线的交点。这两幅图表示企业利润的不同结果。在(a)幅中，价格高于平均总成本，因此企业有利润 P_EABC。(b)幅中，价格低于平均总成本。在这种情况下，企业不能获得正利润，因此企业能做的就是使其亏损最小化，亏损为 P_EABC。

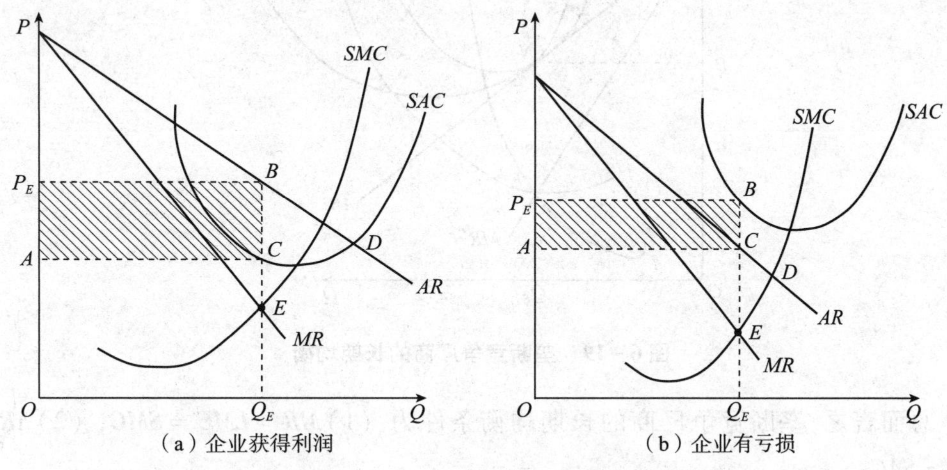

图 6－18　垄断竞争厂商的短期均衡

综上所述,垄断竞争厂商短期均衡的条件是:$MR=SMC$。此时,垄断竞争厂商可能获得最大利润,可能利润为零,也可能蒙受最小亏损。

任务四　垄断竞争企业的长期均衡

在长期内,垄断竞争厂商不仅可以调整生产规模,还可以加入或退出生产集团。这就意味着,垄断竞争厂商在长期均衡时的利润必定为零,即在垄断竞争厂商的长期均衡点上,d 需求曲线必定与 LAC 曲线相切。简单地看,这些情况与完全竞争厂商是相似的。但由于垄断竞争厂商所面临的是两条向右下方倾斜的需求曲线,因此,垄断竞争厂商的长期均衡的实现过程及其状态具有本身的特点。

图 6－18 所示的情况不会持续太长,当企业有利润时,如(a)所示,新企业有进入市场激励。这种进入增加了顾客可以选择产品数量,因此,减少了市场已有的每家企业面临的需求。换句话说,利润鼓励进入,而进入又使已有企业面临的需求曲线向左移动。随着已有企业产品需求的减少,这些企业利润下降了。

相反,当企业有亏损时,如(b)所示,市场上的企业有退出的激励。随着企业退出,顾客可选择的产品少了。这种企业数量的减少扩大了留在市场上的企业面临的需求。换句话说,亏损鼓励退出,退出使仍然留下来的企业的需求曲线向右移动。随着留下来的企业产品需求的增加,这些企业利润增加(也就是说,亏损减少了)。

这个进入和退出的过程一直要持续到市场上企业正好有零经济利润时为止。图 6－19 描述了长期均衡。一旦进入和退出使利润为零,MR 曲线、SMC 曲线以及 LMC 曲线相交于同一均衡点 E,即 $MR=SMC=LMC$;厂商所面临的需求曲线与 LAC 及 SAC 相切于 N 点,则可得,$AR=LAC=SAC$,此时厂商利润为零。

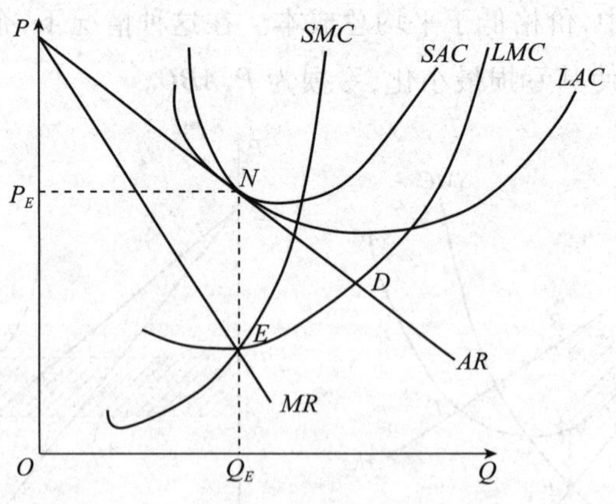

图 6－19　垄断竞争厂商的长期均衡

总而言之,垄断竞争厂商的长期均衡条件为:(1)$MR=LMC=SMC$;(2)$AR=LAC=SAC$。

任务五　对垄断竞争市场的评价

垄断竞争市场的经济效率介于完全竞争市场和垄断竞争市场之间，在垄断竞争厂商处于长期均衡时，市场价格高于厂商的边际成本，市场价格等于厂商的平均成本但高于平均成本最低点。这说明：(1)垄断竞争下成本较高，未能达到最低点，存在资源浪费；(2)垄断竞争下价格比较高，相应产量较低，对消费者不利。但也并不能由此得出完全竞争市场就优于垄断竞争市场的结论。因为尽管垄断竞争市场上平均成本与价格高，资源有浪费，但消费者可以得到有差别的产品，从而满足不同的需求。而且垄断竞争市场上的产量要高于完全垄断市场，价格却要低。特别是垄断竞争有利于鼓励进行创新。因此，许多经济学家认为，垄断竞争从总体上看还是利大于弊的。

项目五　寡头垄断市场

世界经济被评级机构绑架

无论是2008年金融危机，或2011年的欧债危机，无论是主权债务还是各大银行，都随着评级机构每一次评级的调整而战栗。

2011年12月12日，国际三大评级机构中的惠誉和穆迪再次发表声明，认为欧盟峰会未提出对欧债危机全面性的解决方案，因此仍有可能调低欧盟国家主权评级，而另一家主要评级机构标准普尔早前也表示，要对整个欧盟的主权信用评级重新评估。

穆迪、标普、惠誉的垄断地位与美国经济的发展和美国国际地位的提高以及相关的监管法律直接相关。

三大评级机构兴起于第一次世界大战期间，当时美国成为国际资本流动中心和世界第一大债权国。

此外，由于美国在国际金融服务体系中的主导地位和经济全球化，三家机构对国际法规的制定和国际市场的影响越来越大。

国际清算银行(BIS)、国际证券机构技术委员会等有关国际组织均要求本单位对评级规则进行推广和使用。而根据国际清算银行的报告，世界上所有参与信用评级的银行和公司中，穆迪覆盖了80%的银行和78%的公司，标普覆盖了37%的银行和66%的公司。

摘自：《寡头垄断评级市场》。

任务一 寡头垄断市场的含义、成因和类型

(一)寡头垄断市场的含义

寡头垄断市场是介于垄断竞争与完全垄断之间的一种比较现实的混合市场结构,是指少数几个企业控制整个市场的生产和销售的市场结构,这几个企业被称为寡头企业。

在寡头市场上,少数几家大规模厂商占据整个行业或行业的大部分产出,从而每家厂商对整个行业价格与产量的决定都有举足轻重的影响。而这几家厂商之间又存在着不同形式的竞争。

寡头垄断市场在经济中占有十分重要的地位。例如在美国,钢铁、汽车、炼铝、石油、飞机制造、机械、香烟等重要行业都是寡头垄断市场。在这些行业中,大都有四五家公司的产量占全行业产量的70%以上。在日本、欧洲等经济发达国家和地区也存在着同样的现象。

(二)寡头垄断市场的成因

1. 某些产品的生产必须在相当大的生产规模上进行才能达到最好的经济效益;
2. 行业中几家企业对生产所需的基本生产资源供给的控制;
3. 寡头本身所采取的种种排他性措施,以及政府的扶植和支持等。

由此可见,寡头市场的成因和垄断市场是很相似的,只是在程度上有所差别而已。寡头市场是比较接近垄断市场的一种市场组织。

(三)寡头垄断市场的类型

1. 根据产品特征,寡头垄断市场可以分为纯粹寡头行业和差别寡头行业两类。

在纯粹寡头行业中,厂商生产无差别产品;而在差别寡头行业中,厂商生产有差别产品。

2. 按厂商的行动方式,寡头垄断市场分为有勾结行为的和独立行动的两种类型。

任务二 寡头垄断市场的特征

(一)厂商极少

市场上的厂商只有一个以上的少数几个(当厂商为两个时,叫双头垄断),每个厂商在市场中都具有举足轻重的地位,对其产品价格具有相当的影响力。

(二)相互依存

相互依存是寡头垄断市场的基本特征。由于厂商数目少而且占据市场份额大,不

管怎样，一个厂商的行为都会影响对手的行为，影响整个市场。所以，每个寡头在决定自己的策略和政策时，都非常重视对手对自己这一策略和政策的态度和反应。作为厂商的寡头垄断者是独立自主的经营单位，具有独立的特点，但是他们的行为又互相影响、互相依存。这样，寡头厂商可以通过各种方式达成共谋或协作，形式多种多样，可以签订协议，可以暗中默契。所以任一厂商进行决策时，必须把竞争者的反应考虑在内，因而他既不是价格的制定者，更不是价格的接受者，而是价格的寻求者。

（三）产品同质或异质

产品没有差别，彼此依存的程度很高，叫纯粹寡头，存在于钢铁、尼龙、水泥等产业；产品有差别，彼此依存关系较低，叫差别寡头，存在于汽车、重型机械、石油产品、电气用具、香烟等产业。

（四）进出不易

其他厂商进入相当困难，甚至极其困难。因为不仅在规模、资金、信誉、市场、原料、专利等方面，其他厂商难以与原有厂商匹敌，而且由于原有厂商相互依存，休戚相关，其他厂商不仅难以进入，也难以退出。

任务三　寡头垄断市场产量和价格的决定

（一）寡头垄断市场上产量的决定

各寡头之间有可能存在相互之间的勾结，也有可能不存在勾结。在这两种情况下，产量的决定是有差别的。

1. 各寡头之间存在勾结

产量是由各寡头之间协商确定的，而协商确定的结果有利于谁，则取决于实力的大小。这种协商可能是对产量的限定，也可能是对销售市场的瓜分，即不规定具体产量的限制，而是规定各寡头的具体范围。当然，这种勾结往往是暂时的，当各寡头的实力发生变化之后，就会要求重新确定产量或瓜分市场，从而引起激烈的竞争。

2. 各寡头之间不存在勾结

各寡头是根据其他寡头的产量决策来调整自己的产量，以达到利润最大化的目的。这要根据不同的假设条件进行分析。经济学家曾作了许多不同的假设，并得出了不同的答案。

（二）寡头垄断市场上的价格决定

寡头垄断定价通常是成本加成法。就是在核定成本的基础上，加上一个百分比或预期利润额来确定价格。这是按利润最大化原则事先确定利润目标的定价。它能为市场所接受,是因为垄断组织控制着生产和市场销售的最大份额。

寡头垄断市场上的价格的决定也要区分存在勾结或不存在勾结。

1. 不存在勾结——价格决定的方法是价格领先制

价格领先制是指一个行业的价格通常由某一寡头率先制定,其余寡头追随其后确定各自价格。领价者往往既不是自封的,也不是共同推陈出新选的,而是自然形成的。这种自然形成的领价者或者说价格领袖,一般有三种情况:

第一,支配型价格领袖。领先确定价格的厂商是本行业中最大的、具有支配地位的厂商。它在市场上占有份额最大,因此对价格的决定举足轻重。它根据自己利润最大化的原则确定产品价格及其变动,其余规模较小的寡头则根据这种价格来确定自己的价格以及产量。

第二,效率型价格领袖。领先确定价格的厂商是本行业中成本最低,而效率最高的厂商。它对价格的确定也使其他厂商不得不随之变动。

第三,晴雨表型价格领袖。这种厂商并不一定在本行业中规模最大,也不一定效率最高,但它在掌握市场行情变化或其他信息方面明显优于其他厂商。这家厂商价格的变动实际上是首先传递了某种信息,因此,它的价格在该行业中具有晴雨表的作用,其他厂商会参照这家厂商的价格变动而变动自己的价格。

2. 存在勾结——卡特尔

卡特尔是生产同类产品的厂商,在划分销售市场、规定商品产量、确定商品价格等方面签订协定而成立的同盟。通过建立卡特尔,几家寡头企业,协调行动,共同确定价格,就有可能像垄断企业一样,使整个行业的利润达到最大。但由于卡特尔各成员之间的矛盾,有时达成的协议也很难兑现,或引起卡特尔解体。

在不存在公开勾结的卡特尔的情况下,各寡头还能通过暗中的串通来确定价格。

任务四　对寡头垄断市场的评价

寡头垄断在经济生活中是十分重要的,是现代市场经济最为典型的市场结构。具有两个明显的优点:为了竞争,寡头厂商总是要积极从事研究与开发,以不断提高产品质量,降低产品成本,改进产品性能;它们多为大企业,能够承担起研究与开发所需要的高昂费用。在汽车、计算机等寡头市场上,我们可以充分感受到技术的突飞猛进和产品的日新月异。所以,寡头垄断有利于实现规模经济和促进科学技术进步,对经济的发展是有作用的。

但寡头垄断的经济效率是比较低下的,仅仅高于完全垄断。而且,过度制造产品差别和广告的非价格竞争,也造成资源浪费。同时,寡头垄断会抬高价格,损害消费者利益和社会经济福利。

【本情境知识点小结】

1. 微观经济学根据市场竞争程度的强弱把众多行业划分为四大市场类型，即完全竞争市场、垄断竞争市场、寡头市场和垄断市场。后三个类型也称为不完全竞争市场。
2. 四大市场类型在四个方面存在差别：市场上厂商的数目；厂商之间各自提供产品的差别程度；单个厂商对市场价格的控制程度；厂商进入或退出一个行业的难易程度。
3. 在各大市场中，假定任意厂商都是根据 $MR = MC$ 的利润最大化原则来安排生产。
4. 完全竞争市场必须同时具备下述四个条件，即众多的小规模卖者和买者、产品是同质的、价格的接受者、自由进入和退出该行业、完全的信息或知识。

   完全竞争市场的短期供给曲线就是短期边际成本曲线在平均可变成本曲线之上的部分。
5. 垄断市场是整个行业中只有唯一的一个厂商的市场组织。具体地说，垄断市场主要有以下五个特点：唯一卖主、没有任何相近的替代品、价格制定者、进入壁垒、非价格竞争。

   垄断市场与竞争性企业在市场的地位上区别在于：垄断企业的需求曲线是向下倾斜的，导致其边际收入曲线位于需求曲线的下方。给定成本相同，完全垄断企业可以通过限制产量和索取高价格获得经济利润。
6. 垄断竞争市场是这样一种市场组织，一个市场中有许多厂商生产和销售有差别的同种产品。这个市场既垄断又竞争。一般来说，垄断竞争市场具有以下特征：相对大量的厂商、差别化的产品、容易进入和退出。第一和第三个特征使垄断性竞争具有竞争的一面，而第二个特征则是其具有垄断的一面。
7. 寡头垄断市场是指少数几个厂商垄断了某一行业的市场，控制着一行业的供给。它包括无差别寡头和有差别寡头两大类。

   寡头垄断行业的特点是企业数量较少，每家企业都占有很大一块市场。业内企业因此相互依赖任何一家企业的行为都会直接影响其对手的行动。产品既可能是同质的，也可能存在很大差异。

【练习与思考】

一、选择题

1. 在完全竞争市场上,单个厂商的需求曲线是(　　)。

A. 向右下方倾斜的曲线　　B. 向右上方倾斜的曲线

C. 一条与价格轴平行的直线　　D. 一条与价格轴垂直的直线

2. 假设在某厂商的平均收益曲线从水平线变为向右下方倾斜的曲线,这说明(　　)。

A. 既有厂商进入也有厂商退出该行业　　B. 完全竞争被不完全竞争所取代

C. 新的厂商进入了该行业　　D. 原有厂商进入了该行业

3. 一个完全竞争厂商处于短期均衡的条件是(　　)。

A. $AVC = MC$　　B. $AC = MC$　　C. $P = AC$　　D. $P = MC$

4. 假如在短期内某一完全竞争厂商的收益只能弥补它的可变成本,这表明该厂商(　　)。

A. 继续生产将会出现更大的亏损　　B. 停止生产没有亏损

C. 退出生产　　D. 继续生产

5. 假如一个完全竞争厂商的收益不能弥补可变成本,为了减少损失,它应该(　　)。

A. 减少生产　　B. 增加生产

C. 提高价格　　D. 停止生产

6. 在完全竞争市场上,厂商短期内继续生产的条件是(　　)。

A. $AC = AR$　　B. $AVC < AR$ 且 $AVC = AR$

C. $AVC > AR$ 且 $AVC = AR$　　D. $MC = MR$

7. 在完全垄断市场上,厂商的需求曲线(　　)。

A. 与厂商的边际收益曲线重合　　B. 与平行于数量轴的价格线重合

C. 位于边际收益曲线的下方　　D. 向右下方倾斜

8. 在完全垄断市场上,厂商的长期均衡条件是(　　)

A. $AR = LMC$　　B. $MR = AR = LMC = SMC$

C. $MR = AR = LMC$　　D. $MR = LMC = SMC$

9. 如果完全垄断厂商在两个分割的市场中具有相同的需求曲线,那么垄断厂商(　　)。

A. 可以实行差别价格　　B. 不能实行差别价格

C. 不能确定能否实行差别价格　　D. 可能亏损

10. 形成垄断竞争市场最基本条件是(　　)。

A. 国家赋予特权　　B. 只有几家厂商　　C. 完全信息　　D. 产品差异

二、问答题

1. 为什么完全竞争中的厂商不愿为做广告而花费任何金钱?
2. 为什么利润最大化原则 $MC = MR$ 在完全竞争条件下可表达为 $MC = P$?
3. 垄断厂商是价格的制定者,即垄断厂商可以任意定价,这种说法对吗?
4. 谈谈对不完全竞争市场理论的评价。

三、计算题

1. 假设完全竞争市场上某厂商的短期成本函数为:$STC = 0.1Q^3 - 2Q^2 + 15Q + 10$,试求:当价格 $P = 100$ 时,厂商实现 $MR = MC$ 的产量、平均成本和利润是多少?
2. 设垄断厂商的产品成本函数为 $TC = 5Q^2 + 20Q + 10$,产品的需求函数为 $Q = 140 - P$,试求利润最大化的产量、价格和利润。

学习情境七　要素市场理论

【学习目标】

重要概念

生产要素需求　生产要素供给　劳动供给　劳动需求　准租金　经济租金　超额利润　洛伦兹曲线　基尼系数

知识目标:

①掌握生产要素需求的性质;

②了解生产要素的需求和供给曲线;

③掌握工资、利息、地租、利润理论;

④理解劳动的供给规律;

⑤了解洛伦兹曲线和基尼系数。

能力目标:

①明确完全竞争厂商使用生产要素的原则;

②分析生产要素价格的决定与变化;

③能够运用分配理论来解释我国的分配政策。

【知识与技能】

项目一 生产要素市场均衡与价格决定

【引子】

前面几章分析了产品市场的均衡价格及相应均衡产量的决定,回答了微观经济学生产什么、生产多少和如何生产的问题。这一章则是要探讨生产要素的价格是如何决定的。在社会上,每个人都是生产要素的所有者,生产要素的价格就是他们的收入,因此,生产要素价格如何决定的问题也就是国民收入如何分配的问题,也就是微观经济学所要回答的为谁生产的问题。为了说明生产要素价格的决定,我们首先要了解生产要素需求与供给。

分配理论要解决为谁生产的问题,即生产出来的产品和服务如何分配给社会各阶层。分配理论涉及劳动、资本、土地和企业家才能四种基本生产要素所获得的报酬,各种生产要素所获得的报酬就是生产要素的价格。生产要素的价格与产品的价格一样,都是由供求关系决定的。这就是说,生产要素的需求与供给决定了生产要素的价格。

生产要素包括劳动、资本、土地和企业家才能四大类,但长期以来我们只强调劳动在价值创造和财富生产中的作用,而其他生产要素的作用及其对国民收入的分割要么被忽视了,要么重视不够。本章从生产要素的需求与供给入手,依次介绍工资理论、利息理论、地租理论和利润理论,并从社会的角度来研究分配问题。

任务一 生产要素的需求

生产要素是用于生产产品和服务的投入。劳动、资本、土地、企业家才能是四种最重要的生产要素,其对应的价格为工资、利息、地租和正常利润。西方经济学分配理论的核心是马歇尔"四位一体"的要素理论。英国经济学家马歇尔"四位一体"的要素理论是在19世纪法国经济学家萨伊的"三位一体"要素理论,即劳动的价格是工资,资本的价格是利息,土地的价格是地租的基础上,加上正常利润,即企业家才能的价格而形成的。这个公式概括了经济学分配理论的中心,即在生产中,工人提供了劳动,获得了工资;资本家提供了资本,获得了利息;地主提供了土地,获得了地租;企业家提供了企业家才能,企业家获得了正常利润。简言之,各种生产要素都可以根据自己在生产中所作出的贡献而获得相应的报酬。所以,分配理论也称为要素价格理论。例如,一家生产软件程序的IT企业,它需要程序员的时间(劳动)、它的机构所处的实际空间

(土地)、办公楼和电脑设备(资本)和管理者的管理(企业家才能)。

(一)生产要素需求的性质

1. 生产要素的需求是一种派生需求(或叫引致需求)

厂商对生产要素的需求是人们对要素所生产出来的商品的需求派生出来的,它不同于一般消费者对消费品的需求。消费者对消费品的需求是一种直接需求,也就是为了直接满足自己的欲望。厂商购买生产要素是为了用这些要素来生产商品以满足市场需求,所以,同消费者对商品的需求取决于商品的效用和边际效用不同,厂商对生产要素的需求取决于生产要素所具有的能够生产出产品的能力。

2. 生产要素的需求是一种联合的需求或相互依存的需求

任何生产行为所需要的都不是一种生产要素,而是多种生产要素,这样各种生产要素之间是互相补充的。如果只增加一种生产要素而不增加另外一种,就会出现边际收益递减现象。而且,在一定的范围内,各种生产要素也可以互相替代,或多使用劳动,少使用资本;或少使用劳动,多使用资本等。生产要素相互之间的这种关系说明它们之间是相互依存的。

(二)影响生产要素需求的因素

1. 市场对产品的需求以及产品的价格

如果市场上对某种产品的需求增加了,该产品的价格就高,则就会增加对该种产品的生产要素的需求。反之,就会减少对该种产品的生产要素的需求。

2. 生产技术状况

生产技术水平决定了对某种生产要素需求的大小。如果技术是资本密集型的,则对资本的需求大。

3. 生产要素的价格

在既定生产技术条件下,厂商所需要的生产要素的变动,取决于该要素本身的价格和各种生产要素的相对价格,因为各种生产要素之间可能存在替代性,厂商一般用低价格的生产要素替代高价格的生产要素。

(三)完全竞争市场上的生产要素需求

完全竞争产品市场即大量的具有完全信息的买者和卖者交易完全相同的产品。和完全竞争市场一样,完全竞争要素市场的基本性质可以描述为:要素的供求双方人数都很多;要素没有区别,要素供求双方都具有完全的信息;要素可以充分自由地流动。

企业购买生产要素是为了实现利润最大化。这样,它就必须使购买最后一单位生产要素所支出的边际成本与其所带来的边际收益相等。在完全竞争市场上,边际收益等于平均收益,即等于价格。因此,企业对生产要素的需求就是要实现边际收益、边际成本与价格相等,即 $MR = MC = P$。在完全竞争市场上,对一家企业来说,价格是不变的。由此可见,企业对生产要素的需求就取决于生产要素的边际收益。生产要素的边际收益取决于该要素的边际生产力。在其他条件不变的情况下,增加一单位某种生产要素所增加的产量(或者这种产量所带来的收益)就是该生产要素的边际生产力。如果以实物来表示生产要素的边际生产力,则称为边际物质产品。如果以货币来表示生产要素的边际生产力,则称为边际收益产品,或边际产品价值。根据边际收益递减规律,在其他条件不变的情况下,生产要素的边际生产力是递减的。因此,生产要素的边际收益曲线是一条向右下方倾斜的曲线。这条曲线也是生产要素的需求曲线。

在图 7-1 中,横轴为生产要素需求量,纵轴为生产要素价格,MRP 为边际物质产品曲线,即向右下方倾斜的边际生产力曲线,也就是生产要素需求曲线。当生产要素的价格为 P_0 时,生产要素的需求量为 Q_0,这时使用的生产要素量可以实现 $MR = MC$。如果生产要素价格高,就是 $MR < MC$,从而减少生产要素需求;如果生产要素价格低,就是 $MR > MC$,从而增加生产要素需求。整个行业的生产要素需求是各个企业需求之和,也是一条向右下方倾斜的曲线。

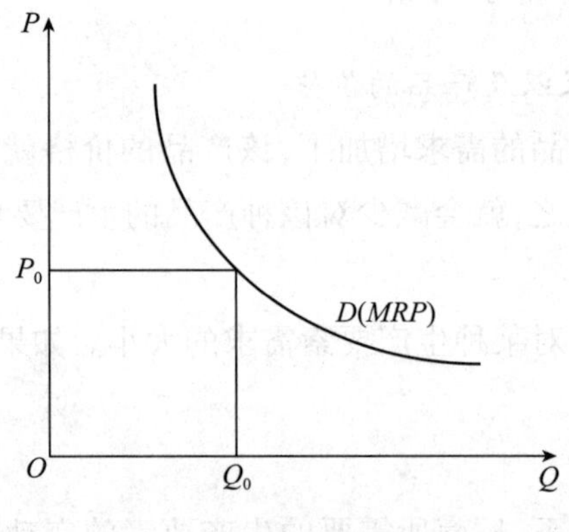

图 7-1　生产要素需求曲线

(四)不完全竞争市场上的生产要素需求

不完全竞争市场上的生产要素需求在不完全竞争(即垄断竞争、完全垄断、寡头垄断)市场上,对一个企业来说,价格也并不是不变的。因此,边际收益不等于价格。边际收益取决于生产要素的边际生产力与价格水平。因此,生产要素的需求曲线仍然是一条向右下方倾斜的线。这两种市场上的差别在于生产要素需求曲线的斜率不同,从而在同一生产要素价格时,对生产要素的需求量不同。一般而言,同一价格时完全竞争市场上的生产要素需求量大于不完全竞争市场。

任务二　生产要素的供给

就要素的供给来看,它不是来自厂商,而是来自个人或家庭。在消费者行为理论中个人或家庭是消费者,而在要素价格理论中个人或家庭是生产要素所有者,负责向厂商提供各种生产要素,并获得相应的报酬。

生产要素的供给是指在不同的报酬下,生产要素市场上所提供的要素数量。生产要素的供给价格是生产要素所有者对提供一定数量生产要素所愿意接受的最低价格。一般来说,如果某种生产要素的价格提高,这种生产要素的供给就会增多;如果某种生产要素的价格降低,这种生产要素的供给就会减少,其供给数量与价格呈同方向变化。所以,生产要素的供给曲线表现为一条向右上方倾斜的曲线。如图 7-2 所示。

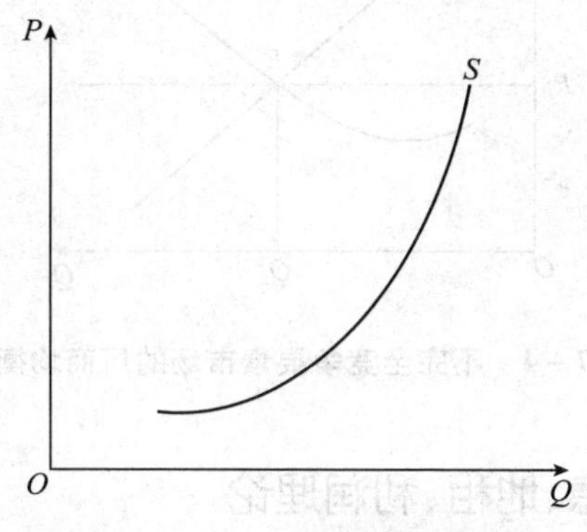

图 7-2　生产要素供给曲线

在图 7-2 中,横轴 Q 表示生产要素需求量,纵轴 P 表示生产要素价格,S 曲线是生产要素的市场供给曲线。完全竞争要素市场的特点表现为:要素的需求者和供给者人数众多,单个卖者和买者的要素供给量和需求量变化不影响要素价格。所以,在完全竞争市场上生产要素的供给曲线是一条与横轴平行的直线。而在不完全竞争市场上生产要素的供给曲线是一条向右上方倾斜的曲线。

任务三　生产要素的价格均衡

同商品的价格(和产销数量)是由产品的供给和需求共同决定的一样,生产要素的价格(和使用量)也是由生产要素的需求和供给共同决定的。但由于厂商对生产要素的需求取决于人们对商品的需求,而商品的供求与生产要素的供求关系存在着如上所说的相互依存和相互制约的关系,所以对生产要素需求的分析要比商品需求的分析复杂一些。因此,对生产要素供给和需求进行分析时还必须区分各种不同情况。

在完全竞争市场条件下,生产要素的供给曲线 S 与需求曲线 D 相交于 E 点,相对应的均衡价格为 P_E,均衡数量为 Q_E。如图 7-3 所示。

在不完全竞争市场条件下,生产要素的供给曲线 S 与需求曲线 D 相交于 E 点,相对应的均衡价格为 P_E 均衡数量为 Q_E。如图 7-4 所示。

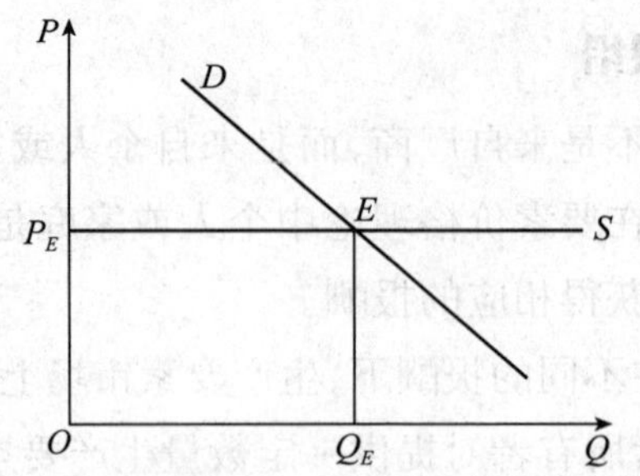

图 7－3　完全竞争要素市场的厂商均衡

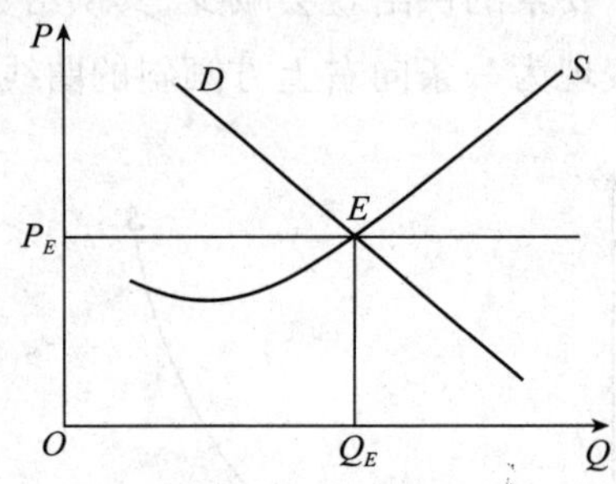

图 7－4　不完全竞争要素市场的厂商均衡

项目二　工资、利息、地租、利润理论

人们常说，“造船不如买船，买船不如租船”。现今，“培养人不如招人，招人不如租人”，这成为了一种时尚，这就是所谓的人才租赁。这种形式最早起源于日本、美国等发达国家。至20世纪90年代中期，广州市大批劳动力直接进入市场。随着人们就业观念的转变，“人才租赁”，“劳务租赁”开始出现。

任务一　工资理论

工资是劳动这种生产要素的价格，或劳动力所提供的劳务的报酬。工资是在劳动市场上形成的，可以从不同的角度把工资分为不同的种类。从计算方式分，可以把工资分为计时工资和计件工资；从支付手段来分，可以把工资分为货币工资和实物工资；从购买力来分，可以把工资分为名义工资和实际工资。同一般商品的价格决定一样，在完全竞争市场和不完全竞争市场上，工资的决定是不同的。

（一）完全竞争市场下工资的决定

这里所说的完全竞争是指在劳动市场上的完全竞争状况，无论是劳动力的买方或卖方都不存在对劳动的垄断。在这种情况下,工资完全是由劳动的供求关系所决定的。

1. 劳动收入与闲暇

劳动者每天自由支配的时间可分为劳动时间和闲暇时间两部分,选择闲暇直接增加了消费的效用,选择劳动会增加收入,进而通过收入用于消费可以再增加消费者的效用。因而,劳动者是在劳动收入与闲暇之间进行选择。

2. 劳动的需求

从劳动的需求方面说,劳动的要素价格取决于劳动这一要素的边际收益产量,也就是取决于劳动的边际生产力。劳动的边际生产力是指在其他条件不变的情况下,每增加一单位劳动所增加的产量。随着劳动这一要素的雇用量的增加,劳动的边际生产力是递减的。所以,劳动的需求曲线是一条向右下方倾斜的曲线,表明劳动的需求量与工资呈反方向变动。如图 7-5 所示。

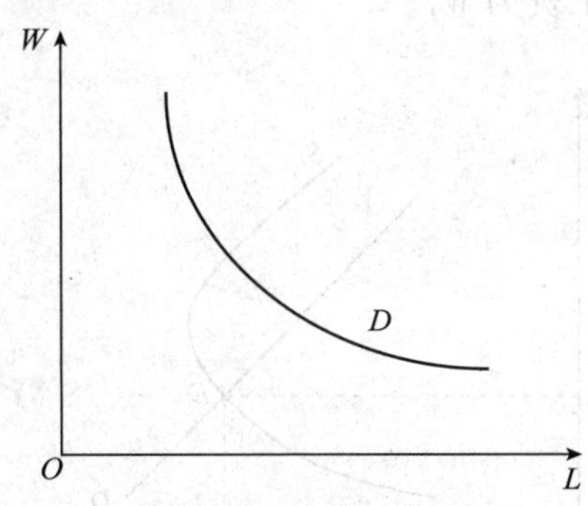

图 7-5 劳动的需求曲线

在图 7-5 中,横轴代表劳动的需求量,纵轴代表工资水平,D 为劳动的需求曲线,也是劳动的边际生产力曲线,曲线上的每一点都反映了劳动的市场价格与企业对劳动使用量之间的对应关系。

劳动的需求除了主要取决于劳动的边际生产力外,还取决于市场对产品的需求、劳动的价格、劳动在生产中的重要性等。

3. 劳动的供给

劳动的供给曲线称为"向后弯曲的供给曲线"。当工资较低时,随着工资的上升,消费者为了得到较高的工资而减少闲暇,增加劳动供给的数量,在这个阶段,劳动供给曲线向右上方倾斜;但是,工资上涨对劳动供给的吸引力有限,当工资涨到使劳动供应量最大的点之后,劳动供给量不但不增加,反而要减少;这样在最大点之后劳动供给曲线将向后弯曲。如图 7-6 所示。

4. 工资的决定

劳动的需求与供给共同决定了完全竞争市场上的工资水平,如图 7-7 所示的均

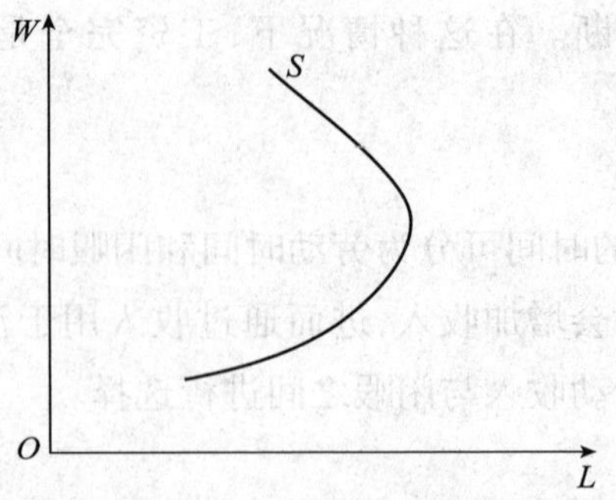

图 7－6 劳动的供给曲线

衡工资水平为 E。在图 7－7 中，横轴代表劳动的数量，纵轴代表工资水平。劳动需求曲线 D 向右下方倾斜，劳动供给曲线 S 开始向右上方倾斜，而过一定点后，转而向左上方弯曲。劳动需求曲线 D 和劳动供给曲线 S 的交点 E 决定了劳动要素的均衡数量为 L_E，劳动的均衡价格，即工资为 W_E。

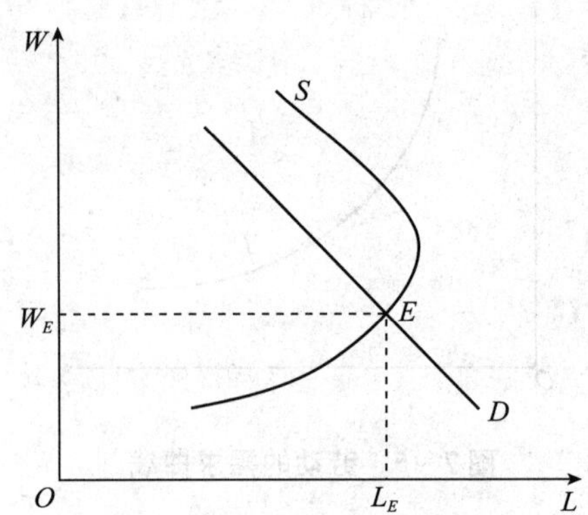

图 7－7 劳动市场上工资的决定

根据供求定理，在劳动供给不变的条件下，通过增加对劳动的需求（一定限度内），不但可以使工资增加，而且可以增加就业。在劳动需求不变的条件下，通过减少劳动的供给同样也可以使工资增加，但这种情况会使就业减少。另外，工会、政府政策、法律、习惯、社会心理等因素也会引起劳动需求曲线或供给曲线的变化，进而导致均衡工资发生变化。

（二）不完全竞争市场上工资的决定

不完全竞争是指劳动市场上存在着不同程度的垄断。该垄断有两种情况：

一是劳动者对劳动的垄断，即劳动者成立工会，垄断了劳动的供给。二是厂商对劳动购买的垄断。那么，这两种情况的结合就是双边垄断。在不完全竞争市场上，工资可能高于或低于劳动的边际生产力。

工会对工资的影响有3种：

1. 增加对劳动的需求。增加厂商对劳动需求的最主要方法就是增加市场对产品的需求。因为劳动需求是由产品需求派生出来的。因此，工会会采用增加出口，限制进口，采用贸易保护政策等手段来促使增加劳动需求。在劳动供给不变的条件下，通过增加劳动需求，不但会使工资增加，而且可以增加就业。

2. 减少劳动的供给。在劳动需求不变的条件下，通过减少劳动的供给同样也会提高工资水平，但此情况下，会使就业减少。减少劳动力供给的方法主要有：限制非工会会员受雇；迫使政府通过强制退休、禁止使用童工、限制移民、减少工时等政策与法律。

3. 最低工资法。工会迫使政府通过立法规定最低工资。于是，这就可以使劳动供给大于需求时，也能够使工资维持在一定水平上，从而保持劳动供给量的一定。所谓最低工资法是规定企业支付给工人的工资不能低于某个水平，即最低工资的法律。在现实经济生活中，工会对工资决定的影响力是有限的。

从劳动的需求来看，它会受到3种因素的影响：

1. 产品的需求弹性。劳动的需求也是一种派生需求，若对某种产品的需求弹性大，则工资增加引起产品价格上涨，这会使产品需求量大幅减少，从而限制了工资的增加；若产品需求弹性小，则工资增加得相对较容易。

2. 劳动在总成本中所占的比例。若劳动在总成本中所占的比例较大，那么工资增加会引起总成本增加较多，工资的增加就会有限；反之，则工资增加较为容易。

3. 劳动的可替代性。若劳动不易被代替，那么提高工资容易；反之，则较有限。

另外，从劳动的供给来看，同样也受下列三个因素的影响：

1. 工会控制工人数量的多少。若工会控制的工人数众多，则其力量就强，那么就易于增加工资。这表明，工会的垄断程度越高，则要求增加工资的力量就越大。

2. 工人流动性的大小。若工人流动性小，某个行业或地区很难从其他来源得到工人，则增加工资就会相对容易；反之，则增加工资有限。

3. 工会基金的多少。若工会保证罢工期间工人的生活基金多，提高工资就较容易一些，反之，则较有限。工会提高工资的斗争能否成功，很大程度上还取决于整个经济形势的好坏、劳资双方力量的对比、政府干预的程度与倾向性、工会斗争的方式与艺术、社会对工会的同情与支持的程度等诸多因素。此外，在劳动市场上还有厂商的买方垄断因素。当厂商的垄断程度高时，厂商就会竭力将工资压低到劳动的边际生产力之下。总之，尽管劳动市场上的垄断因素对工资的决定起到相当大的作用和影响，但是，从长期来看，还是劳动的供求状况在起着决定性作用，劳动的供求是决定工资的关键因素。

任务二　利息理论

（一）什么是利息

利息是资本这种生产要素的价格，是资本所有者的收入，或使用资本这一生产要素的报酬。西方经济学认为,资本之所以能带来利息,是因为使用资本可以提高生产效率。在利息理论中,常用利息率来表示资本的价格,利息率是利息在每一单位时间内在货币资本中所占的比率。

(二)利率的决定

利率也叫利息率。资本的净生产力采用按年计的百分率来表示,通常称为资本的实际利息率。实际利息率是指由资本供求关系所决定的利息占货币资本的比率,一般称为纯利息率,它反映了资本的净生产力。在资本市场上,债权人对债务人所实际收取的包括风险收入在内的利息,称为借贷利息,此时的利率叫做借贷利息率。这两种利息率在量上是有差别的。利率取决于资本的需求与供给。资本的需求主要是企业投资的需求,因此,可以用投资来代表资本需求。资本的供给主要是储蓄,因此,可以用储蓄来代表资本的供给。这样就可以用投资与储蓄来说明利息率的决定。

1. 资本的需求

因为资本的使用可以提高生产效率,所以企业借入资本进行投资,目的是为了实现利润最大化,即在于资本具有净生产力。由于投资取决于利润与利息之间的差额。这样,在利润率既定时,利息率就与投资呈反方向变动,从而资本的需求曲线是一条向右下方倾斜的曲线,符合需求曲线的特点。

2. 资本的供给

资本的供给,就是资本的所有者在各个不同的利率水平上愿意而且能够提供的资本数量。人们把消费后的余额进行储蓄,放弃现期消费是为了获得利息。利息率越高,人们越愿意参加储蓄,利息率越低,人们就减少储蓄,利息随着放弃现期消费量的增加而递增。因此,利息率与储蓄呈同方向变动。资本的供给曲线是呈右上方倾斜的曲线,这也符合供给曲线的特性。

3. 利率的决定

利率是由资本的需求与供给这两个因素共同决定的。可用图 7 -8 来说明利率的决定。

在图 7 -8 中,横轴 K 代表资本量,纵轴 I 代表利息率,D 为资本的需求曲线,S 为资本的供给曲线。资本的需求曲线 D 和供给曲线 S 的交点为 E,均衡利率为 I_E,它表示利率水平为 I_E 时,投资者对资本的需求量恰好等于储蓄者愿意提供的资本量。

(三)利息在经济中的作用

1. 利息的存在可以鼓励少消费,多增加储蓄是发展经济的关键,而刺激人们增加储蓄的最有力手段就是提高利息率。

2. 利息的存在可以使资本得到最有效的利用。在现实生活中,利息率是判断投

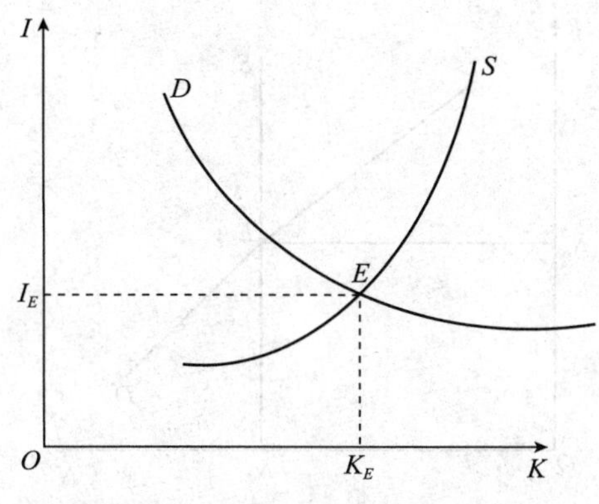

图 7－8　资本需求与供给曲线

资与否的一个尺度。如果投资回报率不大于利息率则根本不需要投资；如果扣除利息后所剩余的利润与投资的比率很低，则说明经营的效益不高。所以，人们会把资本用于获得利润最高的部门，使其更好的发挥作用，这就是资本的逐利性。

3. 利息率是调节经济最重要的手段之一。当一个社会出现了通货膨胀时，提高利息率可以压抑对可贷资金的需求，刺激可贷资金的供给，从而制止通货膨胀。所以，利息率是调节经济的一个最重要手段。

任务三　地租理论

（一）地租的性质

地租是土地这种生产要素的价格，地主提供了土地，得到了地租。如前所述，土地可以泛指生产中使用的自然资源，地租也可以理解为使用这些自然资源的租金。

地租的产生首先在于土地本身具有生产力；其次，土地作为一种自然资源具有数量有限、位置不变，以及不能再生的特点。这些特点与资本和劳动不同，因此，地租的决定就有自己的特点。地租的产生与归属是两个不同的问题。地租产生于以上两个原因，这就是说，无论在什么社会里，实际上都存在地租。但不同社会里，地租的归属不同。在私有制社会里，地租归土地的所有者所有。在国有制社会里，地租归国家所有。在社会团体所有制的社会里，地租归某一拥有土地的社会团体所有。有偿使用土地是地租存在的表现。

（二）地租的决定

地租由土地的需求与供给决定。土地的需求取决于土地的边际生产力，土地的边际生产力也是递减的。所以，土地的需求曲线是一条向右下方倾斜的曲线。但土地的供给是固定的，因为在每个地区，可以利用的土地总有一定的限度。这样，土地的供给曲线就是一条与横轴垂直的线。地租的决定可以用图 7－9 来说明。

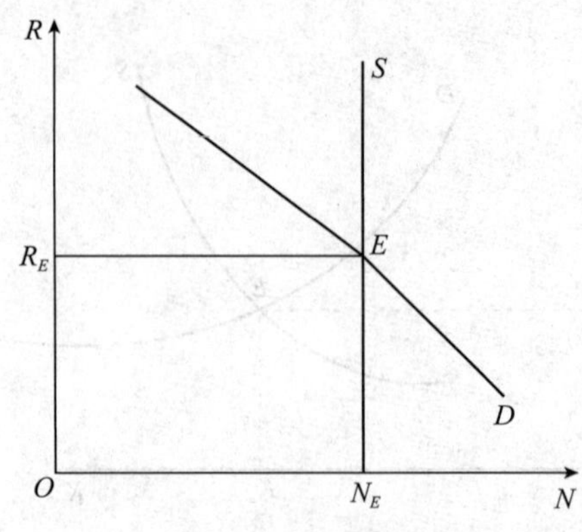

图 7-9　地租的决定

图7-9中,横轴代表土地量,纵轴代表地租,垂直线 S 为土地的供给曲线,土地的供给是固定的,因为在每个地区,可以利用的土地总有一定的限度。这样,土地供给曲线就是一条与横轴垂直的线,表示土地的供给无弹性。土地的供给量固定为 N_E,D 为土地的需求曲线,D 与 S 相交于 E 点,决定了地租为 R_E。随着经济的发展,对土地的需求不断增加,这样,地租就有不断上升的趋势。

(三)准地租和经济地租

从对地租的分析中还引申出了两个重要的经济概念:准地租与经济地租。

1. 准地租又称准租金或准租,是指固定资产在短期内所得到的收入,因其性质类似地租,而被马歇尔称为准地租。在短期内,固定资产是不变的,与土地的供给相似。不论这种固定资产是否取得收入,都不会影响其供给。只要产品的销售价格能够补偿平均可变成本,就可以利用这些固定资产进行生产。在这种情况下,产品价格超过其平均可变成本的余额,代表固定资产的收入。这种收入是由于产品价格超过弥补其可变平均成本的余额而产生的,其性质类似地租。这里要注意的是,准地租只在短期内存在。在长期内固定资产也是可变的,固定资产的收入就是折旧费及其利息收入。这样,也就不存在准地租了。

2. 如果生产要素的所有者所得到的实际收入高于他们希望得到的收入,则超过的部分收入就称为经济地租。经济地租是劳动生产要素的供给者实际得到的超过他们本来愿意接受的工资水平的收入,因此也可以称为劳动的经济租。其他生产要素的供给者,如资本、企业家才能等要素的供给者,当然也可以得到这种类似的地租(或生产者剩余)。

经济地租类似于消费者剩余,所以也被称为生产者剩余。生产者剩余与消费者剩余的相同点是:二者都是由于实际发生的数额与自己想象中的数额之差形成的。所以,都认为得到了一种剩余。它们的区别是:消费者剩余是产品的消费者购买商品时所得到的一种额外福利，它只是一种在心理上感受到的收入的增加；而生产者剩余则是生产要素的供给者得到的额外收入，而这种收入是实实在在的收入增加。

任务四　利润理论

利润是企业家才能这种生产要素的报酬。企业家不仅从事企业生产经营中的管理工作，而且要进行创新和承担风险。一般把利润分为正常利润与超额利润。

(一)正常利润与超额利润

1. 正常利润是企业家才能的价格，也是企业家才能这种生产要素所得到的收入。它包括在成本之中，其性质与工资相类似，也是由企业家才能的需求与供给所决定的。如前所述，对企业家才能的需求是很大的，因为企业家才能是生产经营好坏的关键。企业家才能的需求与供给的特点，决定了企业家才能的收入——正常利润，必然是很高的。可以说，正常利润是一种特殊的工资，其特殊性就在于其数额远远高于一般劳动者所得到的工资。

2. 超额利润是指超过正常利润的那部分利润，又称为纯粹利润或经济利润。只有在动态的社会中和不完全竞争条件下，才会产生这种利润。动态的社会涉及创新和风险。不完全竞争就是存在着垄断。

3. 创新就是建立一种新的生产函数，即把从来没有使用过的生产要素和生产条件的新组合引入生产体系。简单来说，创新就是指企业家对生产要素实行新的组合。这种新组合主要有5种：引进新产品；采用新的生产方法(或称引进新技术)；开辟新市场；获得原材料的新来源；采用新的组织形式或方法。以上5种形式的创新都可以产生超额利润。创新是社会进步的动力。所以，由创新获得的超额利润是合理的，它既是对社会进步必须付出的代价，同时也是社会对创新者的奖励。由创新所带来的超额利润是暂时的，只能存在于创新开始的一定时期内。在长期中，由于厂商之间的竞争，必然会跟进这种创新以争夺市场，从而就导致超额利润的消失。然而，长期内还会不断涌现创新，所以，超额利润虽然只能在短期内存在，但从长期来说，它却是一个不断涌现、不断消失又不断涌现的过程。

4. 能够获得超额利润的创新是要冒风险的。由创新而获得的报酬，也是风险报酬。一方面，由于未来具有不确定性，人们对未来的预测有可能发生错误，风险必然普遍存在；另一方面，有风险的生产或事业也是社会需要的产物。那么，由于社会中的不确定性，风险就要有承担者。由于承担风险而产生超额利润是当然合理的，可以作为一种社会保险的形式。此种风险报酬与构成正常利润的、不具有创新意义的风险报酬不同，因为创新风险报酬只存在于短期之内，而构成正常利润的风险报酬却具有长期性。因此，后者被列入了正常利润。

(二)垄断的超额利润

垄断利润也是一种超过正常利润的利润。与前面所讲的超额利润不同,它包括卖方垄断和买方垄断。卖方垄断也称垄断或专卖,是指对某种产品出售权的垄断。垄断者可以抬高价格以损害消费者的利益而获得超额利润。我们在前一章所分析的垄断竞争的短期均衡、完全垄断的短期与长期均衡以及寡头垄断下的超额利润就是指这一种情况。买方垄断也称专买,指对某种产品或生产要素购买权的垄断。在这一情况下,垄断者可以压低收购价格,以损害生产者或生产要素供给者的利益而获得超额利润。通过以上分析可见,垄断利润是垄断者对生产者、消费者、要素供给者的一种剥削,是不合理的。

(三)利润的作用

1. 利润是刺激生产的动力。生产的目的是获得利润,若不能获得利润,生产者就失去进行生产的动力。

2. 利润是创新的源泉。没有利润就没有创新,也就没有社会的进步和发展。

3. 利润影响资源的利用。利润是厂商进行创新的目的,创新所带来的投资、产量和就业的增加,将使社会资源的利用率得到提高。

4. 利润影响资源的配置。当某一行业存在超额利润时,生产要素所有者就会将资源投入到这个行业;当某一行业发生亏损时,这个行业内的一部分生产要素所有者就会将资源撤离这个行业,而投入存在超额利润的行业中去。这样,利润或亏损是促进资源流动的信号,社会资源在利润的作用下,将被配置到社会所需要的用途上。

项目三 洛伦兹曲线和基尼系数

任务一 洛伦兹曲线

在判断某一社会收入(或财产)分配的平均程度时,洛伦兹曲线图是最常用的工具。为了研究国民收入在国民之间的分配,美国统计学家洛伦兹提出了著名的洛伦兹曲线。洛伦兹首先将一国总人口所得由低到高排队,分成五等份,然后计算出各收入组(占总人口的20%)所得到的收入占全社会总收入的百分比。然后由低到高进行累计,再将这样得到的人口累计百分比与收入累计百分比的对应关系描绘在图形上,即得到洛伦兹曲线。

任务二 基尼系数

基尼系数是根据洛伦兹曲线计算出来的、反映收入分配均等程度的指标。它是由意大利经济学家基尼首先提出来的,并因此而得名。基尼系数也被称为洛伦兹系数。

基尼系数等于 0,此时收入分配绝对平等;基尼系数等于 1,此时收入分配绝对不平等;实际基尼系数总是介于 0 到 1 之间,即 $0 \leqslant G \leqslant 1$。国际上通用的标准通常表示如下:基尼系数 <0.2,表示绝对平等;0.2 ~0.3,表示比较平均;0.3 ~0.4,表示基本合理;0.4 ~0.5,表示差距较大;0.5 以上,表示收入差距悬殊,即存在两极分化。

洛伦兹曲线与基尼系数的运用,可以对社会收入分配的实际情况及发展变化进行分析比较,也可以对政策的收入分配效应进行分析。作为一种工具,洛伦兹曲线与基尼系数是非常有用的。首先,从空间上,运用洛伦兹曲线与基尼系数,可以对各国或各地区的收入分配平均程度进行对比;其次,从时间上,可以运用洛伦兹曲线与基尼系数,对不同国家或地区在不同时期的收入情况进行对比;最后,对各种政策的收入效应也可以运用洛伦兹曲线与基尼系数进行比较。

需要注意的是,我们在这一部分对洛伦兹曲线和基尼系数的描述都非常简单。因为在情境八将会具体详尽的提及,请参照“收入分配不均等及其对策”这部分内容。

【本情境知识点小结】

1. 生产要素的需求是一种联合需求。生产要素的边际收益取决于该要素的边际生产力。生产要素的供给来自居民,并从中获得生产要素的报酬,一般情况下,生产要素价格越高,收益越多,供给量也就越大。
2. 由于受到替代效应和收入效应的影响,劳动的供给曲线向后弯曲。(与传统意义上的供给曲线相反)工资由劳动的需求曲线和供给曲线共同决定,但是工会在工资的决定中能起到一定的作用。土地作为一种生产要素,其服务价格是由土地的供给和需求曲线的交点决定的。资本的需求主要来自厂商的投资、居民的投资以及政府进行公共基础建设和平衡财政赤字的支出。资本的供给主要来源于居民户的储蓄、厂商的储蓄和政府增加或减少货币供给量的权利。资本的供给和需求曲线决定资本市场的均衡。企业家才能作为一种生产要素,其报酬是利润。超额利润主要来源于创新、风险和垄断;反过来,利润对刺激生产、创新、资源的合理配置有着重要的作用。
3. 洛伦兹曲线是反映社会收入分配平均程度的曲线,基尼系数是反映收入分配平等程度的指标,是衡量一个国家贫富差距的标准,由于财产的差别、人力的差别、受教育的差别、冒险的差别导致了收入分配不平均。

【练习与思考】

一、单项选择

1. 厂商每增加一单位生产要素投入所增加的生产力,是(　　)

A. 边际产品价值　　B. 边际收益

C. 边际产品　　D. 边际生产力

2. 在完全竞争的要素市场上,市场要素供给曲线是一条(　　)

A. 水平线　　B. 垂直线

C. 向右上方倾斜的曲线　　D. 向右下方倾斜的曲线

3. 生产要素的需求曲线之所以向右下方倾斜,是因为(　　)

A. 要素的边际产品价值递减　　B. 要素生产的产品的边际效用递减

C. 要素参加生产的规模报酬递减　　D. 以上均不正确

4. 劳动的供给曲线是一条(　　)

A. 向右上方倾斜的曲线　　B. 向后弯曲的曲线

C. 向右下方倾斜的曲线　　D. 与横轴平行的曲线

5. 工资率的上升所导致的替代效应是指(　　)

A. 工作同样长的时间可以得到更多的收入

B. 工作较短的时间也可以得到同样的收入

C. 工人宁愿工作更长的时间,用收入带来的享受替代闲暇带来的享受

D. 以上均对

6. 随着工资水平的提高(　　)

A. 劳动的供给量会一直增加　　B. 劳动的供给量逐渐减少

C. 劳动的供给量先增加,但工资提高到一定水平后,劳动的供给不仅不会增加反而减少

D. 劳动的供给量增加到一定程度后既不会增加也不会减少

7. 土地的供给曲线是一条(　　)

A. 向右上方倾斜的曲线　　B. 向右下方倾斜的曲线

C. 与横轴平行的线　　D. 与横轴垂直的线

8. 素质较差的生产要素,在长期内由于需求增加而获得的一种超额收入,称为(　　)

A. 一般准租金　　B. 经济租金

C. 纯租金　　D. 地租

9. 收入分配绝对平均时,基尼系数(　　)

A. 等于零　　B. 等于一

C. 大于零小于一　　　　　　　　D. 小于一

10. 衡量社会收入分配公平程度的曲线是(　　)

A. 洛伦兹曲线　　　　　　　　B. 菲利普斯曲线

C. 契约线　　　　　　　　　　D. 工资曲线

二、判断分析

1. 在生产要素市场上,需求来自个人,供给来自厂商(　　)。
2. 生产要素市场的需求是一种直接需求(　　)。
3. 在完全竞争市场上,无论是产品市场还是要素市场,其价格都是一个常数(　　)。
4. 某项政策实施前,基尼系数为 0.68,该政策实施后,基尼系数为 0.72,所以说该政策的实施有助于实现收入分配平等化(　　)。
5. 劳动的供给和其他商品的供给一样,价格越高,供给越多,因此,提高工资可以无限增加劳动的供给(　　)。
6. 同商品市场上一样,在要素市场上,市场需求曲线是所有厂商需求曲线的总和(　　)。
7. 利率是指利息占借贷资本的比重,利息率与资本需求量呈反方向变动(　　)。

三、计算题

1. 假定对劳动的市场需求曲线为 $D_L = -10W + 150$,劳动的供给曲线为 $S_L = 20W$,其中 S_L、D_L 分别为劳动市场供给、需求的人数,W 为每日工资,问:在这一市场中,劳动与工资的均衡水平是多少?
2. 假定 A 企业只使用一种可变投入 L,其边际产品价值函数为 $MRP = 30 + 2L - L^2$,假定企业的投入 L 的供给价格固定不变为 15 元,那么,利润最大化的 L 的投入数量为多少?

四、问答题

1. 生产要素的价格决定与一般商品的价格决定有什么不同?
2. 完全竞争条件下,生产要素市场是如何达到均衡的? 其均衡的条件是什么?
3. 劳动的供给曲线是如何确定的? 为什么?
4. 如何区分准地租和经济地租?

学习情境八　市场失灵与微观经济政策

【学习目标】

重要概念：

市场失灵　自然垄断　政府管制　公共物品　外部影响　科斯定理

知识目标：

①能理解公共物品、外部性和垄断、信息不对称所引起的市场失灵；

②能理解外部影响及其政策；

③能理解公共物品的特征；

④能了解信息不对称和搭便车的概念；

⑤能够理解政府干预市场的理由及方式。

能力目标：

①能够分析垄断导致效率的缺失；

②能够分析外部影响、信息不对称的理论；

③能够利用基尼系数结合实际情况分析收入分配差距问题。

【知识与技能】

项目一　垄断和反垄断政策

在前面各章中，我们用了大量的篇幅论证市场机制在调节社会资源配置与产品产量中的作用。但是市场机制不是万能的，它不可能调节人们经济生活的所有领域，对于市场机制在某些领域不能起作用或不能起有效作用的情况，我们称为市场失灵。导致市场失灵的原因主要有以下几种：垄断、公共产品，外部性以及不完全信息。

任务一　垄断的危害

垄断是市场不完善的表现，垄断市场是一个产量较低而价格较高的市场。它的存在，不仅造成资源浪费和市场效率低下，而且使社会福利减少。

（一）垄断导致低效率

由于资源配置的稀缺性和规模收益递增的作用，市场往往由一个或者几个厂商垄断，在这种情况下，垄断厂商利用其市场控制力，制定与均衡价格相背离的价格，以获得更多的超额利润。由于在垄断市场上，垄断导致了较高的价格和较低的产量，从而使得消费者剩余减少而生产者剩余增加，资源的配置难以达到帕累托最优的状态。

（二）垄断对消费者不利影响

在垄断条件下，垄断厂商为了追求更高利润而制定垄断高价，使消费者剩余大幅度减少。消费者剩余是消费者在购买商品时，实际付出的价格低于他愿意付出的价格，由此得到的额外效用和满足。

在完全竞争条件下，消费者按照均衡价格购买商品，但是许多消费者对商品的效用评价，或者从消费该商品中所获得的满足程度，要高于均衡价格所反映的效用水平，这就表现为消费者剩余。在图 8－1 中，$\triangle DBP_e$ 所代表的是完全竞争条件下的消费者剩余。而在垄断条件下，消费者剩余只剩下$\triangle DAP_m$ 所代表的价值，减少了 ACP_eP_m 所代表的价值。其中，ACP_eP_m 是垄断厂商获得的垄断利润。$\triangle ABC$ 代表的是社会福利损失，或垄断性产量限制对社会造成的损失。在所有垄断行业中，都存在着这样的损失。

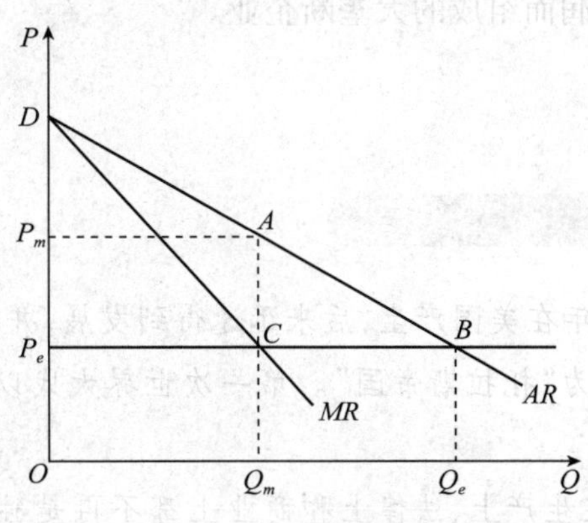

图 8－1　垄断的损失

当垄断收取高于边际成本的价格时，一些潜在消费者对物品的评价高于其边际成本，但是低于垄断者的价格，这些消费者最后将不购买物品。由于消费者对物品的评价大于生产这些物品的成本，因此如果交易则是合意的，但结果是无效率的。

（三）垄断导致其他不利影响

1. 大公司对市场的垄断往往会妨碍技术进步

一方面，在竞争市场上，企业只能通过改进技术和管理以降低成本、提高产品质量来获取更多的利润,而垄断者却可以领先其垄断地位拿高额利润,从而会使改进技术和管理的动力大大下降;另一方面,由于大公司对市场的垄断,使得许多相关的技术和工艺不得不采用标准化的模式和大公司的产品相配套,这就有可能使得一些性能更优越的配套产品遭到淘汰。

2. 由于被授予特许权而取得的垄断权力,往往会导致寻租现象

在一些国家,垄断权力的取得,往往靠政府有关部门赋予特权,因此,一些垄断企业为了维持自己的垄断地位,常常会采用贿赂或变相贿赂的方式把垄断高额利润的一部分塞进有关行政部门尤其是领导人的腰包。这种所谓寻租行为不仅破坏了公平竞争,干扰了市场秩序,还使许多经济资源浪费在非生产性活动上。

任务二　反托拉斯法

(一)托拉斯概念及组织形式

1. 托拉斯概念

托拉斯是英语 trust 的音译,原意为托管财产所有权,是一种资本主义垄断组织形式,由许多生产同类商品的企业或在生产上有密切联系的企业,为了垄断某些商品的产销,以获取高额垄断利润而组成的大垄断企业。

【小知识】

托拉斯最早于1882年在美国产生,后来迅速得到发展,并在美国的工业部门中占据了支配地位,美国被称为“托拉斯帝国”。第一次世界大战以后,托拉斯在西欧各国也有了迅速地发展。

参加托拉斯的企业在生产上、法律上和商业上都不再是独立的生产经营单位,而由托拉斯组织董事会及其委任的经理来统一掌管所属全部企业的生产、销售和财务活动。托拉斯的领导权掌握在最大企业的资本家手中,没有担任托拉斯组织职务的其他企业主则是托拉斯的股东,按其所持有的股份取得红利。在托拉斯内部,争夺领导权和利润分配额的斗争是很激烈的。托拉斯是众多大企业的联合,汇集了巨额资本,具有较雄厚的经济实力,在竞争中不易被击败;而且由于股东不能撤出股份,只能将股票拿到市场上出售,无论股票怎样转卖,都不会影响托拉斯本身的存在,因此它是一种比较稳定的垄断组织形式。

资料来源:企业管理世界网。

2. 托拉斯组织形式

托拉斯的垄断组织形式可分为两种：

(1)以金融控制为基础的托拉斯。参加的企业形式上保持独立性，实际上从属于掌管托拉斯股票控制额的总公司，这种总公司是一种持股公司，通过持有其他公司的股票控制额对它们进行金融控制。

(2)以生产同类商品的企业完全合并为基础的托拉斯。这种托拉斯所从属的总公司是一种业务公司，直接经营产销业务。在总公司下按产品类别或工序、工艺设立若干分公司来管理。

(二)反托拉斯概念

政府对垄断最为强烈的反应是制定反垄断法或反托拉斯法。很多国家都不同程度地制定了反托拉斯法，其中最为突出的是美国。

反托拉斯法(Antitrust law)，即反垄断法，是国际间或涉外经济活动中，用于控制垄断活动的立法、行政规章、司法判例以及国际条约的总称。从广义讲，垄断活动同限制性商业惯例(“限制”指限制竞争)、卡特尔行为以及托拉斯活动含义相当；从狭义讲，国际间的限制性商业惯例，指在经济活动中，企业为牟取高额利润而进行的合并、接管(狭义的垄断活动)，或勾结起来进行串通投标、操纵价格、划分市场等不正当的经营活动(狭义的限制性商业惯例)。反托拉斯法就是取缔垄断行径、贸易限制和那些旨在抬高价格或取消竞争的厂商勾结行为的各种法律。

任务三　自然垄断和政府管制

(一)自然垄断

1. 自然垄断的概念

自然垄断是经济学中一个传统概念。早期的自然垄断概念与资源条件的集中有关，主要是指由于资源条件的分布集中而无法竞争或不适宜竞争所形成的垄断。另外，自然垄断也与规模经济紧密相连，指一个企业能以低于两个或者更多的企业的成本为整个市场供给一种物品或者劳务，如果相关产量范围存在规模经济时自然垄断就产生了。

但到 20 世纪 80 年代，西方经济学对自然垄断的认识发生了重大的变化。1982 年，鲍莫尔、潘泽和威利格用部分可加性重新定义了自然垄断。假设在某个行业中有 X 种不同产品，Y 个生产厂商，其中任何一个企业可以生产任何一种或者多种产品。如果单一企业生产所有各种产品的成本小于多个企业分别生产这些产品的成本之和，该行业的成本就是部分可加的。如果在所有有关的产量上企业的成本都是部分可加的，该行业就是自然垄断的。换言之，即使平均成本上升，只要单一企业生产所有产品的成本小于多个企业分别生产这些产品的成本之和,由单一企业垄断市场的社会成本依然最小,该行业就是自然垄断行业。平均成本下降是自然垄断的充分条件,但不是必要条件。新定义扩大了自然垄断的范围,它不仅包括传统的自然垄断即强自然垄断,还包括了所谓的弱自然垄断。

2. 自然垄断的基本特征

(1)效率主导性

从自然垄断的经济学理论基础来看,无论是规模经济还是范围经济或者是成本的次可加性,自然垄断主导取决于经济效率而不是其他因素。自然垄断主导建立在效率目的基础上并且保障效率的实现。

(2)呈现网络经济特征

综观世界各国的自然垄断存在的行业和产业,如供水、电力、煤气、热力供应、电信、铁路、航空等。我们不难发现采取自然垄断经营的产业一般具有网络经济的特征即依赖一定的产业网络为市场提供商品和服务。

(3)资产具有沉淀性与专用性

企业在经营自然垄断行业时,将要投入大量的资金进行基础产业网络的建设。这些产业网络形成了大规模的固定资本,它们折旧时间长,变现能力差,从而导致了整个垄断产业大量的资本沉淀。另外,由于基础产业网络占有的资产往往具有相应产业或者行业的专用性,资金一旦投入也就很难收回,改为其他用途也难。

(4)产品的日常性

供水、电力、煤气、热力供应、电信、铁路、航空等垄断行业,它们所提供的产品都是人们的日常生活必需品,具有日常性与必需性的特征。自然垄断行业通过它们的网络触角将这些日常生活必需资料输送到千家万户去以保持社会生活的稳定与有序。

(二)政府管制

1. 政府管制的概念

政府管制又称为政府规制。管制,是政府干预市场的活动总称,政府管制是指政府为达到一定的目的,凭借其法定的权力对社会经济主体的经济活动所施加的某种限制和约束,其宗旨是为市场运行及企业行为建立相应的规则,以弥补市场失灵,确保微观经济的有序运行,实现社会福利的最大化。

政府管制的一个根本特征,就是依法管制,也即通常所说的依法行政。但这里的“法”必须是合理的法,是所有利益相关集团都接受的法。否则依法行政或依法管制就成为少数强势利益集团侵害弱势利益集团的“合法”工具。通过普通法、国有化和宏观调控干预经济的活动基本上可以归为政府的宏观行为,反托拉斯和管制属于政府的微观行为。

关于管制的研究被视为经济学的一个正式领域，管制经济学最早是由美国著名的经济学家斯蒂格勒开创的。

2. 政府管制的方式

经济学上把政府管制分为经济管制和社会管制两类。

(1)经济管制。经济管制是指对价格、市场进入和退出条件、特殊行业服务标准的控制。一般来说，是对某一个特定行业、特定产业进行的一种纵向性管制。这些行业往往具有一些特点，如自然垄断性。像电信中的本地网络、电力中的配电和输送、铁路的轨道传输网络等，这些环节获得合法垄断，有合理意义和社会效应。此外，对运输、金融证券、电台电视台等媒体的管制也属于经济管制。

(2)社会管制。社会管制主要用来保护环境以及劳工和消费者的健康和安全。主要针对外部不经济和内部不经济。前者是市场交易双方在交易时，会产生一种由第三方或社会全体支付的成本。像环境污染，自然资源的掠夺性和枯竭性开采等。政府因此必须对交易主体进行准入、设定标准和收费等方面的管制。后者是交易双方在交易过程中，一方控制信息但不向另一方完全公开，由此造成的非合约成本由信息不足方承担。

项目二　外部影响及其对市场效率的影响

任务一　外部影响

(一)外部影响的概念

所谓外部影响或外部性是指在在市场经济中，生产者或消费者在自己的活动中产生了一种有利影响或不利影响，这种有利影响带来的利益(或者说收益)或有害影响带来的损失(或者说成本)都不是消费者和生产者本人所获得或承担的。例如植树对环境的好处与工厂给周围造成的污染。前者给社会带来利益，后者给社会带来的不利，但这种利益和损害，往往不由生产者本身所获得和承担。这就造成了私人收益和社会收益、私人成本和社会成本的不一致，容易造成市场失灵。

(二)外部影响的类型

外部影响一般分为外部经济和外部不经济两种类型。

1. 外部经济

指某个人从其活动中得到的私人利益小于该活动所带来的社会利益，这种性质的外部影响被称为外部经济。

2. 外部不经济

指某个人的一项经济活动会给社会上其他成员带来危害，但他自己却并不为此而支付足够抵偿这种危害的成本。此时,这个人为其活动所付出的私人成本就小于该活动所造成的社会成本,这种性质的外部影响被称为“外部不经济”。

(三)外部影响的基本特征

外部影响具有以下五个基本特征:

1. 外部影响独立于市场机制之外,这是最重要的一个特征

由于外部性不是通过市场机制造成的,市场机制也很难对此予以调节,例如,无法形成价格使造成污染的钢铁厂付出代价,使受到损失的养鱼场得到补偿。

2. 外部影响产生于决策范围之外而具有伴随性

外部性不是行为人刻意追求的结果,但是它又不可能期望不存在外部性,如噪音对邻居的影响。

3. 外部影响与受损者之间具有某种关联性

外部性是现实中客观存在的,无时不在,无所不在。但是,只有受损者认识到外部性的存在,认识到自己受了损害,外部性才成为问题,才作为一个问题存在。

4. 外部影响具有某种强制性

很多情况下,外部性是受损者被动接受并且无力或无法改变的。

5. 外部影响不可能完全消除

只要有行为发生,就一定伴随着某种外部性。除非没有行为发生,也就没有外部性了。人们可以采取措施限制、缓解外部性的影响,但不可能完全消除外部性。

任务二　外部性导致市场失灵

(一)外部不经济

我们假设工厂排放污染物:生产每一吨铬有一定量烟尘进入大气。由于这种烟尘对那些呼吸空气的人造成健康危险,它是外部不经济。这种外部性如何影响市场结果的效率呢?

这种外部性,生产铬的社会成本大于工厂生产者的成本。生产每单位产品,社会成本包括工厂的私人成本加上受到污染不利影响的旁观者的成本。如图 8-2 表示生产铬的社会成本。社会成本曲线在供给曲线之上,因为它考虑到了铬生产者给社会所带来的外部成本。这两条曲线的差别反映了排放污染的成本。因此,在有生产的外部不经济现象时,生产铬的社会成本大于私人成本,铬的最适数量(即最优的数量)小于均衡数量(即市场量)。可见由于生产者没有偿付生产过程中的全部成本,就会过多生产产品,使产量超出社会最优的产出水平。

(二)外部经济

虽然一些活动给第三方带来了成本,但也有一些活动产生了利益。例如教育产生

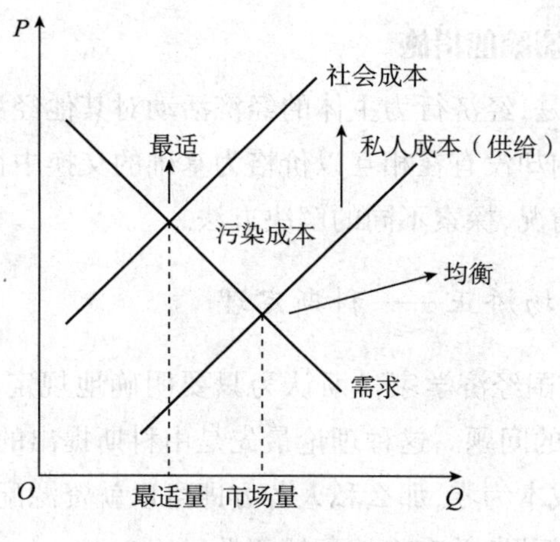

图 8－2　污染与社会最适

的外部经济是因为受更多教育的人拥有良好的个人素质，教育的消费者以高工资的形式得到了大部分收益。教育带来的外部性，无疑是良性的，则教育是外部经济。

外部经济的分析类似于外部不经济。如图 8－3 所示，需求曲线并不反映一种物品对社会的价值，由于社会价值大于私人价值，社会价值曲线在需求曲线之上。在社会价值曲线和供给曲线（成本）相交之处得出了最适量。因此，社会最适量大于私人市场决定的数量（即市场量）。可见在外部经济时，物品的社会价值大于私人价值。

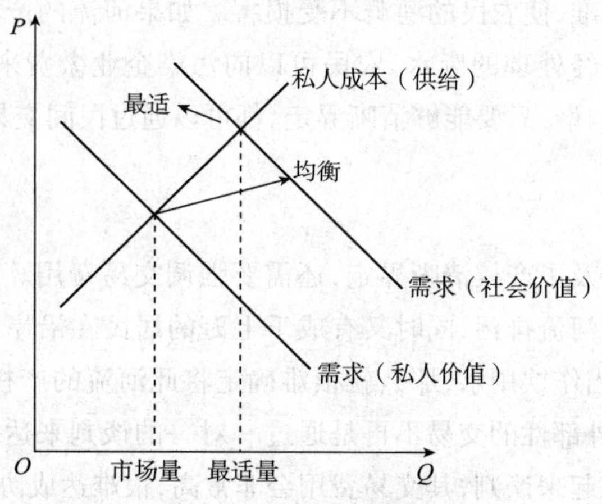

图 8－3　教育与社会最适

由于外部影响不是金钱关系或交易关系，外部经济或外部不经济都无“市场价格”，这种利益关系的协调也就不能以市场的方式解决。现代经济中外部不经济的影响越来越广泛和严重，一个突出的问题就是环境问题。当这些问题出现时，市场无法自行解决，因此需要政府出面寻求解决途径。

任务三　克服外部影响的措施

外部性的根本问题是,经济行为主体的经济活动对其他经济行为主体的经济活动产生了影响,而这种影响却没有在相互以价格为基础的交换中得到补偿。要解决外部性问题,就得针对不同情况,探索不同的解决方法。

(一)外部性的市场矫正——科斯定理

20 世纪 60 年代,美国经济学家科斯认为只要明确地规定法定所有权,就可以解决外部影响给社会带来的问题。这种理论最先是由科斯提出的,故称为科斯定理。科斯定理指出,如果交易成本为零,那么私人各方即可以就资源配置进行协商,从而私人市场就能够解决外部性问题,并有效地配置资源。

科斯认为,人们不能或不愿意通过市场交易来解决问题的原因无非有两点:一是产权没有准确界定;二是交易费用过高。如果这两个条件都同时具备了,就完全可以通过市场交易解决外部性问题,即把外部问题内部化。

1. 产权界定

例如,污染企业排放废水,影响到农民灌溉,使农民利益受损。这种生产的负外部性可以通过明确产权来解决。如果河流的产权属于农民,那么农民可以向造纸厂收费,以补偿自己的损失;如果嫌收费太高,污染企业可自行建造治理污水设施,以使排放的废水达到一定标准,使农民的灌溉不受损害。如果河流的产权属于污染企业,那么企业就有权排放未经处理的废水,农民可以向污染企业缴费来请求造纸厂处理废水。总之,无论产权归谁,只要能够清晰界定,都可以通过民间交易行为来解决外部性问题。

2. 交易费用

上面分析中只涉及了产权清晰界定,还需要强调交易费用。如果河流流域很大,沿岸有很多企业都向河流排污,同时又有成千上万的居民在沿岸居住,他们不仅用河水灌溉,而且把河水当作饮用水,那么就很难确定将此河流的产权分配给谁。而且最重要的是,这种解释外部性的交易不再是通过一对一的谈判来达成,而是需要把所有排污者与受损者召集起来谈判,其交易费用会非常高,很难达成协议。

事实上,谈判费用及交易成本不会很低,更不会为零,涉及外部效应的当事人很多,很难达成完美的解决方案,这决定了在许多场合仍然需要某种形式的政府管理。

(二)政府行为

1. 直接管制

政府可以直接禁止某些行为来解决外部性问题。例如,如果工厂排放的废水中含有有毒物质,那就禁止将其排放到居民供水水源。如果某些化学物质会污染环境,那就禁止使用这种物质。除直接禁止之外,政府还可以制定硬性规定,从法律法规上来根本禁止某些行为或制定某些标准,消除外部性问题。直接管制的方法简单易行,而且收效较快。

但是直接管制也存在一些缺陷。首先,不可能使外部性彻底消除;其次,在直接管制下,政府部门要制定有效的法律法规,需要详细了解某些行业的技术细节。在现实经济当中,要做到这一点往往是比较困难的;再次,直接管制下的规章制度往往不能得到有效实施,被管制单位总是会千方百计逃避管制。这样会加大管制的社会成本,影响直接管制方法的实施。

2. 税收与津贴

对产生外部成本者课税,对产生外部利益者补贴,其目的在于使外部效果的产生者自行负担其外部成本或享有外部利益。

对产生消极外部因素的厂商征税或罚款,使它补偿由于污染等导致社会增加的成本,把厂商造成的外在成本内部化,促使其消灭或减少消极的外部因素。从理论上来说,对造成外部不经济的家庭或厂商实行征税,其征税额应该等于该家庭或厂商给其他家庭或厂商造成的损失额。对于产生外部经济的家庭或厂商,政府应给予补贴,其补贴额应该等于该家庭或厂商给其他家庭或厂商带来的收益额。

无论征税还是津贴,只要是私人成本与私人收益和相应的社会成本与社会收益相等,就可以解决外部性问题,使资源配置富有效率。

(三)实行内部化政策

就是采用一体化经营机制,扩大企业经营规模,组织一个大规模的经济实体将外部成本或收益内部化,从而矫正外部效应带来的效率损失。

项目三　公共物品

任务一　公共物品和私人物品

(一)私人物品

西方经济学主要论述的是私人物品——普通市场上常见的那些物品,是具有竞争性和排他性的物品(图8-4)。市场机制中任何人如果需要别人所拥有的产品,就需要付出相应代价,即进行等价交换。这样对于需要某一产品而又不拥有这个产品的人来说,该产品就具有稀缺性;如果别人也需要就形成了竞争性。竞争性实际上就是一种出价机制,谁出价高,谁获得该产品。而对于拥有该产品的人就可以通过让渡该产品获得相应的利益。这样就形成了在等价交换前提下的当事人各方对自己利益的最大化追求,形成了供求关系和价格体系,也就形成了市场机制的调节。市场机制在具备上述两个特点的私人物品的场合才真正起作用，才有效率。

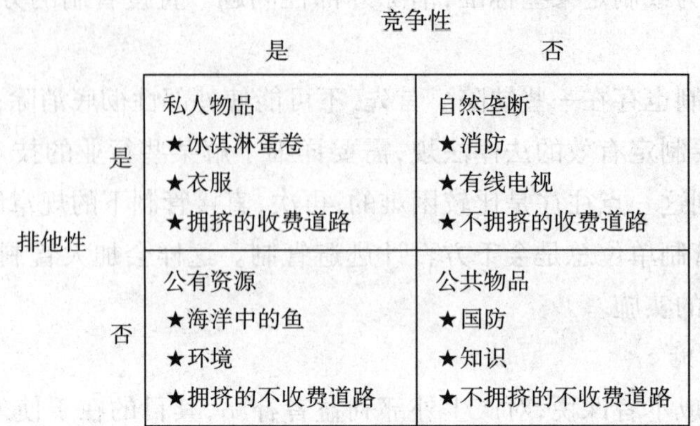

排他性 \ 竞争性	是	否
是	私人物品 ★冰淇淋蛋卷 ★衣服 ★拥挤的收费道路	自然垄断 ★消防 ★有线电视 ★不拥挤的收费道路
否	公有资源 ★海洋中的鱼 ★环境 ★拥挤的不收费道路	公共物品 ★国防 ★知识 ★不拥挤的不收费道路

图 8－4　四种类型物品

在经济中还存在许多不满足竞争性或排他性特点的商品，通常把它叫做公共物品。

（二）公共物品

1. 公共物品的概念

公共物品是与私人物品相对应的一个概念，指的是具有非竞争性、非排他性、不能依靠市场力量实现有效配置的产品（图 8－4），这种产品一般不能或不能有效通过市场机制由企业和个人来提供，主要由政府来提供。

2. 公共物品的基本特征

（1）非排他性

非排他性是指对公共物品的享用无须付费，一种公共物品可以同时供一个以上的人消费，任何人对某种公共物品的消费，都不排斥其他人对这种物品的消费，也不会减少其他人由此而获得的满足。这是因为对公共产品收费是非常困难的，甚至是不可能的，因此任何一个消费者都可以免费使用公共产品。如一国国防一经设立，就不能排斥该国任何一个公民从国防安全中受益。

（2）非竞争性

非竞争性也叫共享性，是指一个人对公共物品的享用并不影响另一个人的享用，即你用不影响我用、你多用也不影响我多用。对于任一给定的公共产品，额外增加一个人的消费不会影响其他人；同时对生产者来说，也不会由于消费者的增加而额外增加成本。例如一个人运用法律来维护其权利时，别人也可以运用法律去维护他的权益。同样，法律制定者也不会由于运用该法律的人数增加，而增加额外的开支。

在一个社会中，公共物品的范围十分广泛，如政治、法律、国防、治安、政府行政管理、大中型水利设施、城市规划、公共道路、广播、电视、教育乃至抗旱、防洪等,都属于公共物品的范畴。公共物品直接或间接为企业的生产和个人的家庭生活提供服务,是社会总产品中重要的不可缺少的部分,而且,随着社会和经济的发展,社会公共物品生产总体上呈扩大的趋势。

严格地讲,只有同时具备非竞争性与非排他性两种特征的物品才是真正的公共物品,但是现实生活中同时具备这两种特征的公共物品并不多。国防、灯塔通常被认为是同时具备这两种特征的公共物品。

3. 公共物品导致市场失灵

公共物品本身所具有的特性,使得任何私人部门都不愿意或不能充分提供。因此,其产量低于合理的水平,由此会造成社会福利的减少和资源的浪费。此时,市场机制在公共物品的提供上不能较好地发挥作用,导致市场失灵。

(1)公共物品的非排他性导致市场失灵

在市场竞争条件下,为了达到有效的资源配置,消费者必须以出价购买的形式满足自己的个人偏好。由于公共物品的非排他性,难免有些人参与了公共物品消费,却不愿意支付公共物品的生产成本,这就是所谓的搭便车的问题。所谓搭便车,就是指有些人虽然参与了公共物品的消费,但却不愿意支付公共物品的生产成本,完全依赖于他人对公共物品生产成本的支付。由于搭便车问题的存在和增多,就会使得公共物品的提供者减少或几乎没有,最终导致资源配置效率的低下,造成市场失灵现象。

由于公共物品没有排他性,搭便车的现象就使得私人市场无法有效提供公共物品。但是,政府可以潜在地解决这个问题。如果政府确信总利益大于成本,它就可以提供公共物品,并用税收为它支付。

(2)公共物品的非竞争性导致市场失灵

非竞争性表明,对于任一给定的公共物品产出水平,增加额外一个人消费该产品不会引起产品成本的任何增加,即消费者人数的增加所引起的产品边际成本等于零。因此,从效率的角度看,应该让所有的人都免费享用公共物品,以任何方式阻拦一部分人享用公共物品都会造成效率损失。比如说,公路已经建成,每辆车通过公路的边际维修费用假设为零。假如公路管理局收过路费 10 元,那么,走高速获得利益低于 10 元的车辆便不会进入这段高速公路。例如某人并没有要事,为简单起见,且假定他的实践机会成本为每小时 4 元。如果他绕道而行,要多花半个小时,并多耗 2 元钱汽油,因此机会成本为 4 元,与 10 元钱的过路费相比,绕道而行对此人来说是个人理性的决策。但对整个社会来说绕道而行白白浪费了半个小时人力和 2 元钱的汽油,因此是一种效率损失。搭便车问题和低效率问题都决定了市场机制对公共产品的配置无能为力。

任务二　准公共物品

1. 准公共物品概念

准公共物品是介于私人物品和纯公共物品之间,相对于纯公共物品而言,它的某些性质发生了变化。

2. 分类

第一类准公共物品的使用和消费局限在一定的地域中,其受益的范围是有限的,如地方公共物品(并不一定具有排他性)。

第二类准公共物品是公共的或是可以共用的,一个人的使用不能够排斥其他人的使用。然而,出于私益它在消费上却可能存在着竞争。由于公共的性质,物品使用中可能存在着“拥挤效应”和“过度使用”的问题,这类物品如地下水流域与水体资源、牧区、森林、灌溉渠道等。

第三类准公共物品具有明显的排他性,由于消费“拥挤点”的存在,往往必须通过付费才能消费,它包括俱乐部物品、有线电视频道和高速公路等。

值得注意的是,不要把公共物品与政府提供的物品相混淆。政府一般提供国防、法制、航空控制、环境保护和警察等不具备消费竞争性的物品。这些物品中有些甚至还不具备排他性特点。但是政府也提供其他物品或服务,如养老金、失业补助、邮政服务以及某些与私人企业所生产的完全相同的东西等,这些物品或服务显然在消费上是竞争的。

任务三　公共资源及其保护

(一)公共资源

从上述对公共物品的分析中可知,一种物品如果不具有排他性,则每个人出于自己的利益考虑就会尽可能多地去利用它,在这种情况下如果该物品又具有竞争性的特点,即是所谓的“公共资源”(见图8-4),则它可能很快就会被过度地使用,从而造成灾难性的后果。

1. 公共资源的概念及特征

公共资源是指自然生成或自然存在的资源,它是能为人类提供生存、发展、享受的自然物质与自然条件,这些资源的所有权由全体社会成员共同享有,是人类社会经济发展共同所有的基础条件。

在经济学上,所谓“公共资源”是指满足以下两个条件的自然资源:一是这些资源不为哪一个个人或企业组织所拥有;二是社会成员可以自由地利用这些资源。这两个条件决定公共资源具备了“竞争性”的特点,但不具备“排他性”的特征。

2. 公有地悲剧

公有地问题实际上是关于共享资源或再生资源问题,如渔场、森林和地下水的使用,对共享资源利用不当的可能是典型的公共问题。假设一个村庄划出一块公共区域让村民放牧。所有村民都有放牧的动机,因为能在公共区域免费放牧。但是如果给定一个小的公共区域,个人的最终选择将导致过度放牧,在极端情况下,导致谁都不能放牧,这就是典型的公有地悲剧现象。

3. 公有地悲剧理论的启示

公有地悲剧说明的是产权不明,使得企业和个人使用资源的直接成本小于社会所需付出的成本,而使资源被过度使用。其结果是产权流于“国家所有,人人所有,又人人没有”以及“人人所有,人人没有,谁都应负责任,谁都不负责”的状况,因而出现两种极端现象:一方面人们对公共资源漠不关心,不爱护;另一方面,个人短期思想严重,只想分光吃净,竭泽而渔,不愿扩大再生产。前者导致资源利用不足,后者导致资源滥用。

(二)对公共资源保护的对策

许多公有资源的例子,几乎所有的例子都产生了与公有地悲剧一样的问题:私人决策者过分地使用公有资源。

1. 明确和稳定产权

科斯定理证明,一旦产权明确规定,而各利益相关者之间的联络、谈判、签约等的成本足够低,则无论将产权划归给谁,最终总能达到该资源的最优配置和使用。必须指出的是,产权稳定和产权明确同等重要,如果产权不稳定,即使产权明确,也会对资源进行掠夺性的使用。比如在出售污染许可证的情况下,解决的方法是政府帮助确定产权,从而重新焕发市场力量。

2. 没有产权引起市场失灵,由政府解决

当市场机制不可能实现对公共物品的有效供给和使用时,政府必须出面干预,以最大限度保护公共资源的有效利用。

(1)政府管制私人行为,比如在休渔期,只能由政府进行强制管制,禁止渔船私自出海捕捞;

(2)政府提供市场不能提供的物品,比如一国的国防;

(3)政府在一些经济领域制订统一计划以提高资源的配置效率,增加经济福利。

项目四　不完全信息和市场失灵

任务一　信息完全和信息不完全

(一)信息完全

信息完全也称为完全信息,是指市场参与者拥有的对于某种经济环境状态的全部知识。完全信息是一个有效率的完全竞争市场所必需的理论前提条件。在某种意义上,它也是经济理论中"经济人(理性人)假设"所必需的条件。

在现实经济中,没有人能够拥有各个方面经济环境状态的全部信息,某些新古典经济学家声称:我们并不需要完全信息,因为价格体系已经集中我们所需的全部信息,在市场机制运行良好的条件下,经济主体只要能够获得有关他们自己偏好和价格方面的信息就已足够。

(二)信息不完全

信息不完全是与完全信息相对而言的,是指市场参与者不拥有某种经济环境状态的全部知识。信息不完全不仅是指那种绝对意义上的不完全(即由于认识能力的限制,人们不可能随时知道其他任何时间和地点发生的事情),而且是指"相对"意义上的不完全(即市场经济本身不能够生产出足够的信息并有效地配置它们)。

信息不完全的产生是多种因素造成的。首先,获取信息需要成本。其次,由于人们认识能力的局限性和差异性使其不可能掌握全部的信息。此外,充分占有信息的一方会为了自身利益而对他人隐藏信息。

任务二　不完全信息与市场失灵

(一)不完全信息导致市场失灵

在完全信息的情况下,市场机制可以实现资源的自由配置。市场以价格为信号,可以引导资源的流动,实现供求均衡。但是在信息不对称的情况下,市场机制就不能充分发挥作用。例如,由于交易双方的信息不对称,价格不再是引导资源流动的明确信号,消费者可能以较高的价格购买到质量很差的商品,生产者可能生产出市场并不需要的产品。

而且,在市场交易中,由于经济活动的参与人具有的信息是不同的,一些人可以利用信息优势进行欺诈,这会损害正当的交易。当人们对欺诈的担心严重影响交易活动时,市场的正常作用就会丧失,市场配置资源的功能也就失灵了。此时市场一般不能完全自行解决问题,为了保证市场的正常运转,政府需要制定一些法规来约束和制止欺诈行为。

(二)导致市场失灵的原因

信息不对称会导致资源配置不当,减弱市场效率,其主要原因在于信息不对称会引起逆向选择、道德风险、委托—代理问题,这些问题会导致市场失灵。

1. 逆向选择

逆向选择是指在买卖双方信息不对称的情况下,差的商品总是将好的商品驱逐出市场;或者说拥有信息优势的一方,在交易中总是趋向于做出尽可能地有利于自己而不利于别人的选择。逆向选择的存在使得市场价格不能真实地反映市场供求关系,导致市场资源配置的低效率。一般在商品市场上卖者关于产品的质量、保险市场上投保人关于自身的情况等都有可能产生逆向选择问题。

表 8-1　　逆向选择举例

市场	不知情者	知情者	私人信息
劳动市场	雇主	雇员	企业不了解应聘者的工作能力,只能根据平均能力给出招聘工资。其结果是能力高者不来应聘,应聘者大都是等于或低于平均能力的人。
保险市场	承保人	投保人	在车辆、火灾、医疗、人寿、财产等保险中,承保人不了解投保人的风险程度,只能根据平均事故率制定保费率,结果高风险者驱逐低风险者。
证券市场	股民	公司	由于监督不力,不少公司包装上市,违规圈钱,黑幕重重,导致人们不敢轻易进入,股市规模难以扩大。
评选市场	评选者	参选者	参选者以各种不正当手段隐瞒信息,骗取入围,导致评选质量不断下降。
信贷市场	债权人	债务人	贷款利率与贷款风险有关。债权人不了解债务人的风险程度,只能根据平均风险确定利率,结果低风险者不肯贷,贷款者大都是高风险者。
集贸市场	买者	卖者	买主不了解卖主所卖产品的质量,但对集贸市场的价格有个大致印象。精品的卖主由于卖不出好价钱而退出市场,导致市场充斥假冒伪劣产品。

资料来源:黎诣远等,《微观经济分析》(第二版),清华大学出版社 2003 年版。

2. 道德风险

道德风险是指在双方信息不对称的情况下,人们享有自己行为的收益,而将成本转嫁给别人,从而造成他人损失的可能性。道德风险的存在不仅使得处于信息劣势的一方受到损失,而且会破坏原有的市场均衡,导致资源配置的低效率。道德风险分析的应用领域主要是保险市场。

3. 委托—代理问题

由于信息的不对称性,委托人往往不知道代理人要采取什么行动或者即使知道代理人采取某种行动,也不能观察和测度代理人从事这一行动时的努力程度,同时两者之间存在的利益分割关系,通常会使得代理人不完全按照委托人的意图行事,这在经济学上被称为委托—代理问题。委托—代理问题也会导致效率损失,造成市场失灵。

任务三　信息不完全导致市场失灵的解决对策

在信息不完全所导致市场失灵的领域,通过一些有效的制度安排,可以消除信息不完全带来的影响。实施这些防范措施可以通过市场机制本身,也可以通过政府干预来做到。

(一)利用市场机制传递和获得信息

1. 发信号进行信息沟通

发信号是指由信息的一方向无信息的一方披露自己私人信息所采取的行动。企业会花钱做广告向潜在顾客发出他们有高质量产品的信号。应聘大学生向招聘单位展示他们有能力承担某项工作的信息。

2. 甄别和筛选信息

筛选就是当无信息的一方引起有信息的一方披露私人信息时的现象。信息甄别的机制非常常见。不同的劳动报酬机制就是一个例子,一家工厂同时实行计件工资制和计时工资制,其结果是,生产率高于平均生产率的工人都会选择计件工资制,而生产效率较低的工人倾向于选择计时工资制。再如,保险公司出售汽车保险,由于保险公司知道车主中的驾驶技术不同,根据他们的平均事故概率确定费率定会导致技术好的车主退出保险市场。于是保险公司便同时实行两种保险方案,一种是费率较高的全额保险,另一种是费率较低的部分保险。显然,驾驶技术较差的车主会选择前者,而选择后者则是车技较高的车主。

(二)政府管制

政府针对信息不完全可以有许多弥补的行为。政府可以运用其公共权力,整治虚假广告、打击假冒伪劣产品,强制生产经营者落实产品担保承诺等。政府还可以制定行政法规,强制生产经营者向市场提供真实的比较全面的信息。此外,政府也能直接提供信息。

项目五　收入分配不均等及其对策

任务一　市场竞争与贫富差别

市场竞争是市场经济的基本特征,也是市场经济有效性的最根本保证,而竞争意味着优胜劣汰,适者生存,这样不加干涉,必然不能够使作为贫穷方的弱势群体超越有极强投资运作能力的富裕者,长此以往必然产生贫富差距拉大的问题。

贫富差距是指由于各个社会成员所处的具体社会政治、经济和文化方面的地位和环境不同,而形成的实际占有社会财富的差距。它表现为一定量的物质财富和精神财富。贫富差距包括收入差距和财富差距两部分。前者主要属于经济问题;后者用个人受教育的程度、科技水平和能力、思想文化修养、知识产权、社会知名度等来表示,通过一定时期各种社会关系诸如个人的社会地位、生活方式、精神面貌、健康状况等的综合反映,主要属于社会问题。本书侧重于收入差距问题的研究。

任务二　收入分配的衡量指标

(一)洛伦兹曲线

洛伦兹曲线是由美国统计学家洛伦兹提出的,是用来反映国民收入分配平均程度的曲线。

1. 洛伦兹曲线的绘制

(1)统计社会上所有成员的收入情况,按照家庭的年收入从低到高排列,如表 8-2 所示。

表 8-2　　收入分配资料

人口累积(%)	收入累积(%)
0%	0%
20%	3%
40%	8%
60%	29%
80%	49%
100%	100%

(2)分别计算各种收入档次的家庭在社会总收入中所占的比重。

(3)将这些数字描绘在坐标图上形成洛伦兹曲线。

横坐标 OC 表示人口累积百分比,纵坐标 OI 表示收入累积百分比。见图 8-5。

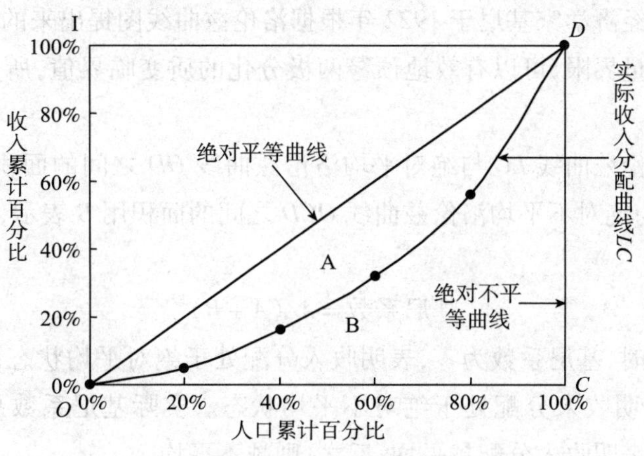

图 8-5　洛伦兹曲线

2. 洛伦兹曲线的意义

(1)曲线 OD 表示收入分配绝对平均,即任一人口的百分比均等于其收入的百分比,即人口累计百分比等于收入累计百分比,如每百分之十的人占有全社会收入的百分之十,百分之五十的人占有全社会收入的百分之五十等。

(2)曲线 *OCD* 表示收入分配绝对不平均,即社会的全部收入只为一人所得,其余的人都毫无所得。

(3)在现实生活中的社会收入分配情况是介于绝对平均和绝对不平均之间的,所以在曲线 *OD* 与曲线 *OCD* 之间存在一条曲线 *LC*,它就是实际收入分配曲线。

3. 洛伦兹曲线的应用

(1)洛伦兹曲线 *LC* 所处位置或弯曲程度可以表示出现有社会的收入分配平均程度:如果洛伦兹曲线 *LC* 比较靠近 *OD* 线,其弯曲程度越小,则其收入分配平均程度比较高;如果洛伦兹曲线 *LC* 比较靠近 *OCD* 线,其弯曲程度越大,则其收入分配平均程度比较低,即社会收入分配不平等程度较高。

(2)可以运用洛伦兹曲线 *LC* 来比较各国的收入分配平均程度。将不同国家的洛伦兹曲线 *LC* 画在同一坐标图上,根据它们和 *OD* 线之间面积的大小,可以判断出哪一国的收入分配具有较高的平均程度。

(3)可以运用洛伦兹曲线 *LC* 来比较同一国家的收入分配平均程度的变化趋势。将同一国家不同时期的洛伦兹曲线 *LC* 画在同一坐标图上,可以看出该国收入分配平均程度的变化趋势。当然也可以将不同种类的分配曲线如财产分配、职业收入分配等用洛伦兹曲线在同一坐标图上表示,从而比较它们之间的平均程度高低。

(二)基尼系数

基尼系数是目前国际上最广泛使用的衡量收入分配不均等程度的一个重要分析指标。由意大利经济学家基尼于 1922 年根据洛伦兹曲线图提出来的。它反映收入分配差异程度的数量界限,可以有效地预警两极分化的质变临界值,所以是衡量贫富差距的最可行方法。

它将实际洛伦兹曲线 *LC* 与绝对平均洛伦兹曲线 *OD* 之间的面积用 *A* 表示,实际洛伦兹曲线 *LC* 与绝对不平均洛伦兹曲线 *OCD* 之间的面积用 *B* 表示,如图 8－5 所示,则基尼系数为:

$$\text{基尼系数}=A/(A+B)$$

当 *A* 等于零时,基尼系数为零,表明收入分配处于绝对平均状态;当 *B* 等于零时,基尼系数为 1,表明收入分配处于绝对不平均状态。实际基尼系数总是在零和 1 之间,其数值越小,表明收入分配越平均;反之,则越不平均。

一般来说,基尼系数在 0.2 以下,表示居民之间收入分配高度平均,0.2～0.3 之间表示相对平均,在 0.3～0.4 之间为比较合理,同时,国际上通常把 0.4 作为收入分配贫富差距的警戒线,认为 0.4～0.6 为差距偏大,0.6 以上为高度不平均。

任务三　收入分配不平均的原因

任何社会都会存在不同程度的收入分配的不平均,在市场经济社会中更为突出。

造成收入分配不平均的原因有四个方面:

(一)财产的差别

有的国家由于少数人掌握了大部分财产,并且财产是可以世袭的,所以由财产不平均必然会导致收入的不平均。

(二)人力的差别

人与人之间在客观上存在着体力、智力等方面的差别,而这些差别也是导致收入平均的一个主要原因。

(三)教育的差别

不同的人受教育程度不同,有机会接受高等教育的人能选择高收入职业,这种教育的差别导致的职业、技术的差别,也就造成了收入的不平均。

(四)冒险的差别

有些人愿意从事危险工作,或日夜加班,或投资股票,他们的收入就有增多的机会。而保守畏缩从不冒险的人,收入增加的机会相对较少。

总之,收入分配不平均的现象,是一种社会客观存在,既与经济发展阶段有关,与社会个人的因素也有关系。

任务四 解决收入不均衡的相关对策

从现实来看,如果贫富差距不断扩大,会引发一系列的社会矛盾和问题,甚至会威胁到社会的稳定和安全,所以应采取相关措施缩小贫富差距。市场经济本身没有自发实现平等的机制,所以,收入分配不公平的问题要通过政策来解决。主要工具有税收政策与社会福利政策。

(一)税收政策

征税主要目的是通过税收为政策各种支出筹资,在宏观经济政策中,政府运用税收来调节宏观经济,收入分配中也用税收来在调节分配,主要手段有个人所得税、遗产税、财产税、赠与税等。

(二)社会福利政策

主要是通过给穷人补助来实现收入分配平等化。这一政策的主要内容有:各种形式的社会保障与社会保险;向贫困者提供就业机会与培训;医疗保险与援助;对教育事业的资助;各种保护劳动者的立法;改善住房条件等。

【本情境知识点小结】

1. 垄断是市场不完善的表现,垄断市场是一个产量较低而价格较高的市场。它的存在,不仅造成资源浪费和市场效率低下,而且使社会福利减少。
2. 政府对垄断最为强烈的反应是制定反垄断法或反托拉斯法。很多国家都不同程度地制定了反托拉斯法,其中最为突出的是美国。
3. 私人物品是指普通市场上常见的那些物品,是具有竞争性和排他性的物品。
4. 公共物品是与私人物品相对应的一个概念,指的是具有非竞争性、非排他性、不能依靠市场力量实现有效配置的产品。
5. 信息完全也称为完全信息,是指市场参与者拥有的对于某种经济环境状态的全部知识。
6. 信息不完全也可称为不完全信息,是与完全信息相对而言的,是指市场参与者不拥有某种经济环境状态的全部知识。
7. 洛伦兹曲线是由美国统计学家洛伦兹提出的,是用来反映国民收入分配平均程度的曲线。
8. 基尼系数是目前国际上最广泛使用的衡量收入分配不均等程度的一个重要分析指标。由意大利经济学家基尼于 1922 年根据洛伦兹曲线图提出来的。它反映收入分配差异程度的数量界限,可以有效地预警两极分化的质变临界值,所以是衡量贫富差距的最可行方法。

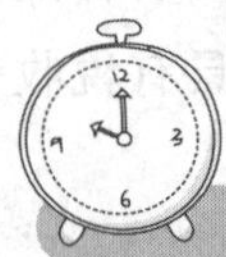

【练习与思考】

一、重要概念

市场失灵　自然垄断　政府管制　公共物品　外部影响　搭便车　科斯定理

二、问答题

1. 市场为什么会出现失灵?政府应该采取哪些措施应对市场失灵?
2. 什么是外部影响?外部影响怎样导致资源配置失效?
3. 信息不对称如何造成市场失灵?

三、选择题

1. 公共物品导致市场失灵,是因为它们具有(　　)

A. 竞争性　　　　B. 排他性

C. 非排他性　　　　　　　　　　　　D. 有用性

2. 可以用下面哪个术语描述一个养蜂人与其邻近的农场主之间的影响？（　　）

A. 外部经济　　　　　　　　　　　　B. 外部不经济

C. 外部有害　　　　　　　　　　　　D. 公共产品

3. 免费乘车者现象是对下列哪个问题的形象描述？（　　）

A. 社会福利问题　　　　　　　　　　B. 外部经济问题

C. 公共物品问题　　　　　　　　　　D. 垄断问题

4. 增加一些人听广播或看电视不会影响电台的发射成本，这种特性叫做公共物品的（　　）

A. 排他性　　　　　　　　　　　　　B. 竞争性

C. 非排他性　　　　　　　　　　　　D. 非竞争性

【本学习情境的理论与实践案例】

恩格尔系数实例运用

以前，人们见面的最常用问候语为“你吃了吗”，由此可见“吃”在当时人们生活中占有非常重要的地位。然而，随着社会的不断发展进步，“你吃了吗”的口头问候语已渐渐远离了我们的生活。这是因为“吃”对于大多数国人来说已不是最重要的事情，很少有人为吃不饱肚子而发愁了。人们有更多钱用于教育、健身、旅游、娱乐等事情。我们来看一下王老师的家庭消费结构就会明白。

王老师是大学教师，每月工资收入约6000元，稿费等其他收入平均2000元。妻子正在读博士，没有固定收入。女儿上幼儿园。家庭总收入8000元。

每个月的支出：住房支出没有，因为王老师家现在住的房子由学校解决。吃饭花掉1000元，买书400元，订阅杂志报刊200元，购买唱片100元，去影院看电影两场200元。妻子购买化妆品和服装以及做美容等800元。去体育馆健身平均每月100元。夫妻两个还一起办了游泳卡每月100元。每周打两次网球，一个月消费300元。

每月给孩子买书200元，玩具100元。孩子上幼儿园每月1000元。

这样算下来消费4500元，再加上一些临时出现的支出，每月总消费额在5000元左右。在这些消费开支中，吃饭只花掉了1000元，占总消费额的20%。而教育、健身等消费占绝大多数。

“民以食为天”，吃是人们获得生存的首要条件，只有这一层次获得满足后，消费才会向其他方面扩展。因此，食品支出的比重从一个侧面反映了生活水平的高低。食品在王老师家庭消费中占很低的比例，这说明王老师的生活水平比较高。而这个食品在总消费中所占的比例就是恩格尔系数。

恩格尔系数是德国经济学家和统计学家恩格尔提出的衡量居民生活水平高低的计算方法。这个方法表明,随着居民收入的增加,耗费在食品上的支出比例就会减少。耗费在食品上的支出越少、数值越小,生活富裕程度就越高。这个系数的数值越小,表明在食品上的支出越少,生活水平越高。根据联合国粮农组织提出的标准,恩格尔系数超过59%为贫困,50% ~59%为温饱,40% ~50%为小康,30% ~40%为富裕,低于30%为最富裕。

恩格尔系数一经提出,就得到西方经济学界的广泛接受和确认,认为它具有普遍的适用性。在我国也较早地就被应用在统计工作中。计算恩格尔系数一般是采用各地的城乡住户调查资料。如北京市统计局2007年4月10日发布调查数据:2006年北京市恩格尔系数为30.8%,比2005年下降1%,比1978年下降了27.9%。这个数据与30%的"富裕系数标准"还差0.8个百分点。恩格尔系数一路走低,表明北京城市居民的生活质量在不断提高,正在由小康向富裕迈进。

问题:

1. 什么是恩格尔系数?它的经济意义是什么?

2. 实践中采用恩格尔指标系数衡量人们生活水平时,是否会出现失灵的情况?出现失灵的原因是什么?

模块三　宏观经济学

学习情境九　认识国民收入核算理论

【学习目标】

知识目标：

①能够理解国内生产总值(GDP)的含义；

②能够理解国民收入各个总量的概念及其关系；

③能够对国内生产总值与国民生产总值(GNP)进行比较；

④能够列出两部门与四部门国民收入核算的恒等关系。

能力目标：

①能够利用国内生产总值对经济问题进行分析；

②能够利用国民收入核算中的恒等式进行相关计算；

③能够用基本方法对国民收入进行核算；

④能够对国民收入各个总量之间进行推导。

【知识与技能】

项目一　国内生产总值及其核算

【引子】

我国 2006～2011 年国内生产总值及增长率

2011 年，经初步核算，全年国内生产总值 471564 亿元，比上年增长 9.2%。其中，第一产业增加值 47712 亿元，增长 4.5%；第二产业增加值 220592 亿元，增长 10.6%；第三产业增加值 203260 亿元，增长 8.9%。第一产业增加值占国内生产总值的比重为 10.1%，第二产业增加值比重为 46.8%，第三产业增加值比重为 43.1%。

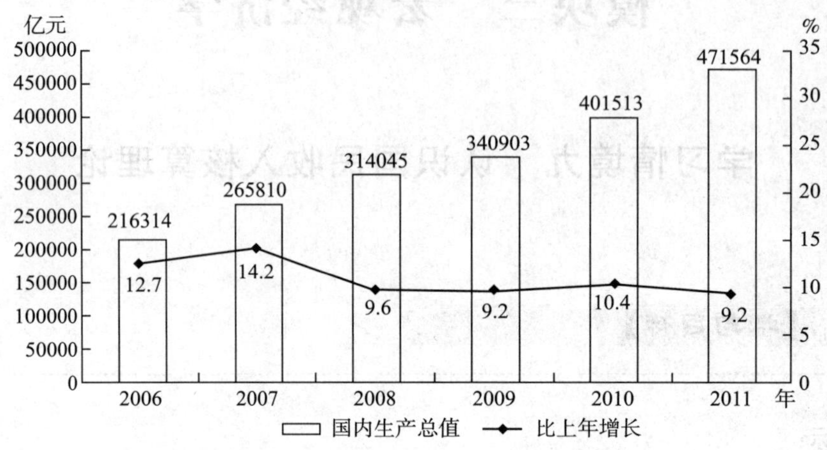

图 9－1　我国 2006～2011 年国内生产总值及增长率

资料来源：中国证券网。

任务一　国内生产总值的含义

国内生产总值（Gross Domestic Product，GDP）是指在一定时期内（通常是一年），一个国家或地区的经济中所生产出的全部最终产品和劳务的价值，常被公认为衡量国家经济状况的最佳指标。它不但可反映一个国家的经济表现，还可以反映一国的国力与财富。可以从以下几个方面来理解其含义：

第一，国内生产总值是用最终产品来计量的，即最终产品在该时期的最终出售价值。一般根据产品的实际用途，可以把产品分为中间产品和最终产品。所谓最终产品，是指在一定时期内生产的可供人们直接消费或者使用的物品和服务。这部分产品已经到达生产的最后阶段，不能再作为原料或半成品投入其他产品和劳务的生产过程中去，如消费品、资本品等。中间产品是指为了再加工或者转卖用于供别种产品生产使用的物品和劳务，如原材料、燃料等。GDP 必须按当期最终产品计算，中间产品不能计入，否则会造成重复计算。

第二，国内生产总值是一个市场价值的概念。各种最终产品的市场价值是在市场上达成交换的价值，都是用货币来加以衡量的，通过市场交换体现出来。一种产品的市场价值就是使用这种最终产品的单价乘以其产量获得的。

第三，国内生产总值一般仅指市场活动导致的价值。那些非生产性活动以及地下交易、黑市交易等不计入 GDP 中，如家务劳动、自给自足性生产、赌博和毒品的非法交易等。

第四,GDP 是计算期内生产的最终产品价值,因而是流量而不是存量。即 GDP 统计的数据必须是在本期内生产出来的,并且不是中间产品。

表 9-1　　2011 年 IMF 世界经济体 GDP 排名

序号	国家	GDP(亿美元)	年中人口(万人)	人均 GDP(美元)
1	美国	150940.30	31194.59	48386.69
2	中国	72981.47	134812.09	5413.57
3	日本	58694.71	12781.87	45920.30
4	德国	35770.31	8177.65	43741.55
5	法国	27763.24	6308.65	44008.18
6	巴西	24929.08	19493.27	12788.56
7	英国	24175.70	6264.42	38592.10
8	意大利	21987.30	6062.64	36266.85
9	俄罗斯	18504.01	14241.13	12993.36
10	加拿大	17368.69	3443.74	50435.50

第五,GDP 不是实实在在流通的财富,它只是用标准的货币平均值来表示财富的多少。

即 GDP 有以下特征:它是一个市场价值概念,是最终产品而不是中间产品的价值,是指一个时期内生产的最终产品价值,而不是一定时间内所出售的最终产品的价值,是一定时期内生产的价值,包含时间因素,是一个地域概念,而不是国民概念。

此外,除少数例外,GDP 仅仅指为市场而生产的物品和劳务的价值,非市场活动不包括在内。

任务二　国内生产总值的核算方法

(一)用支出法核算 GDP

支出法核算 GDP,就是从产品的使用出发,把一年内购买的各项最终产品的支出加总而计算出的该年内生产的最终产品的市场价值。这种方法又称最终产品法、产品流动法。

如果用 Q_1、Q_2、…、Q_n 代表各种最终产品的产量,P_1、P_2、…、P_n 代表各种最终产品的价格,则使用支出法核算 *GDP* 的公式是:

$$GDP = Q_1P_1 + Q_2P_2 + \cdots + Q_nP_n$$

在现实生活中,产品和劳务的最后使用,主要是居民消费、企业投资、政府购买和净出口。因此,用支出法核算 *GDP*,就是核算一个国家或地区在一定时期内居民消费、企业投资、政府购买和净出口这几方面支出的总和。

1. 居民消费(用字母 *C* 表示),是指居民个人和家庭用于生活消费以及集体用于个人消费的全部支出。包括购买商品支出以及享受文化服务和生活服务等非商品支出。

2. 企业投资(用字母 I 表示),是指增加或更新资本资产(包括厂房、机器设备、住宅及存货)的支出。投资包括固定资产投资和存货投资两大类。主要是指增加到物质资本存量上的新的资本流量,包括用于资本设备、存货和建筑物的支出,不包括仅在不同个人之间重新配置资产的购买,如购买债券、股票等的支出。投资包括固定资产投资和企业存货投资。固定资产投资指新造厂房、购买新设备、建筑新住宅的投资。为什么住宅建筑属于投资而不属于消费呢?因为住宅像别的固定资产一样是长期使用、慢慢地被消耗的。存货投资是指企业掌握的存货(或称成为库存)的增加或减少。如果年初全国企业存货为2000亿美元而年末为2200亿美元,则存货投资为200亿美元。存货投资可能是正值,也可能是负值,因为年末存货价值可能大于也可能小于年初存货。企业存货之所以被视为投资,是因为它能产生收入。从国民经济统计的角度看,生产出来但没有卖出去的产品只能作为企业的存货投资处理,这样做是使得从生产角度统计的GDP和从支出角度统计的GDP相一致。

计入GDP中的投资是指总投资,即重置投资与净投资之和,重置投资也就是折旧。投资和消费的划分不是绝对的,具体的分类则取决于实际统计中的规定。

3. 政府购买(用字母 G 来表示),是指各级政府购买物品和劳务的支出,它包括政府购买军火、军队和警察的服务、政府机关办公用品与办公设施、举办诸如道路等公共工程、开办学校等方面的支出。政府支付给政府雇员的工资也属于政府购买。政府购买是一种实质性的支出,表现出商品、劳务与货币的双向运动,直接形成社会需求,成为国内生产总值的组成部分。政府购买只是政府支出的一部分,政府支出的另一部分如政府转移支付、公债利息等都不计入GDP。政府转移支付是政府不以取得本年生产出来的商品与劳务的作为报偿的支出,包括政府在社会福利、社会保险、失业救济、贫困补助、老年保障、卫生保健、对农业的补贴等方面的支出。政府转移支付是政府通过其职能将收入在不同的社会成员间进行转移和重新分配,将一部分人的收入转移到另一部分人手中,其实质是一种财富的再分配。有政府转移支付发生时,即政府付出这些支出时,并不相应得到什么商品与劳务,政府转移支付是一种货币性支出,整个社会的总收入并没有发生改变。因此,政府转移支付不计入国内生产总值中。

4. 净出口(用字母 $X-M$ 表示,X 表示出口,M 表示进口)是指进出口的差额。进口应从本国总购买中减去,因为进口表示收入流到国外,同时,也不是用于购买本国产品的支出;出口则应加进本国总购买量之中,因为出口表示收入从外国流入,是用于购买本国产品的支出,因此,净出口应计入总支出。净出口可能是正值,也可能是负值。

把上述四个项目加起来,就是用支出法计算 GDP 的公式:

$$GDP = C + I + G + (X - M)$$

在我国的统计实践中，支出法计算的是国内生产总值划分为最终消费、资本形成总额、货物和服务的净出口总额，它反映了本期生产的国内生产总值的使用及构成。

最终消费分为居民消费和政府消费。居民消费除了直接以货币形式购买货物和服务的消费外，还包括以其他方式获得的货物和服务的消费支出，即所谓的虚拟消费支出。居民虚拟消费支出包括以下几种类型：单位以实物报酬及实物转移的形式提供给劳动者的货物和服务；金融机构提供的金融媒介服务；保险公司提供的保险服务。我国支出法核算的国内生产总值见表9－2。

表9－2　　我国2008—2010年支出法核算的国内生产总值（亿元）

年份	国内生产总值	最终消费支出	资本形成总额	货物和服务净出口
2008	314901.3	152346.6	138325.3	24229.4
2009	346316.6	166820.1	164463.2	15033.3
2010	394307.6	186905.3	191690.8	15711.5

资料来源：国家统计局2011年统计年报数据。

通过支出法计算的GDP，我们可以计算出消费率和投资率。所谓消费率就是最终消费占GDP的比率，所谓投资率就是资本形成总额占GDP的比率。按照有关统计资料，最近几年以来，我国的消费率出现了比较明显的下降趋势，2005年我国的消费率为52.1%，投资率为43.4%。同世界水平相比我国的消费率明显偏低。因此，当前和今后一段时期，宏观经济调控的一个重要内容就是要调整投资和消费的比例关系，扩大消费需求是扩大内需的重点。

（二）用收入法核算GDP

收入法核算GDP，就是从收入的角度，把生产要素在生产中所得到的各种收入相加来计算的GDP，即把劳动所得到的工资、土地所有者得到的地租、资本所得到的利息以及企业家才能得到的利润相加来计算GDP。这种方法又叫要素支付法、要素成本法。

在没有政府的简单经济中，企业的增加值即其创造的国内生产总值，就等于要素收入加上折旧，当政府介入后，政府往往征收间接税，这时的GDP还应包括间接税和企业转移支付。间接税是对产品销售征收的税，它包括货物税、周转税。这种税收名义上是对企业征收，但企业可以把它打入生产成本之中，最终转嫁到消费者身上，故也应视为成本。同样，还有企业转移支付（即企业对非营利组织的社会慈善捐款和呆账等），它也不是生产要素创造的收入，但要通过产品价格转移给消费者，故也应看作成本。资本折旧也应计入GDP。因为它虽不是要素收入，但包括在总投资中。

还有,非公司企业主收入也应计入 GDP 中。非公司企业主收入,是指医生、律师、小店铺主、农民等的收入。他们使用自己的资金,自我雇用,其工资、利息、租金很难像公司的账目那样,分成其自己经营应得的工资、自有资金的利息、自有房子的租金等,其工资、利息、利润、租金常混在一起作为非公司企业主收入。

这样,按收入法计算的公式就是:

GDP = 工资 + 利息 + 利润 + 租金 + 间接税和企业转移支付 + 折旧

也可看成是:GDP = 生产要素的收入 + 非生产要素的收入

从理论上讲,用收入法计算出的 GDP 与用支出法计算出的 GDP 在量上是相等的。

(三)用生产法核算 GDP

用生产法核算 GDP,是指按提供物质产品与劳务的各个部门的产值来计算国内生产总值。生产法又叫部门法。这种计算方法反映了国内生产总值的来源。运用这种方法进行计算时,各生产部门要把使用的中间产品的产值扣除,只计算所增加的价值。商业和服务等部门也按增值法计算。卫生、教育、行政、家庭服务等部门无法计算其增值,就按工资收入来计算其服务的价值。

按生产法核算国内生产总值,可以分为下列部门:农林渔业;矿业;建筑业;制造业;运输业;邮电和公用事业;电、煤气、自来水业;批发、零售商业;金融、保险、不动产;服务业;政府服务和政府企业。把以上部门生产的国内生产总值加总,再与国外要素净收入相加,考虑统计误差项,就可以得到用生产法计算的 GDP 了。

按支出法、收入法与生产法计算的 GDP 在量上是相等的,但实际核算中常有误差,因而要加上一个统计误差项来进行调整,使其达到一致。实际统计中,一般以国民经济核算体系的支出法为基本方法,即以支出法所计算出的国内生产总值为标准。

在我国的统计实践中,收入法计算 GDP 分为四项:

GDP = 劳动者报酬 + 生产税净额 + 固定资产折旧 + 营业盈余

第一项为劳动者报酬。是指劳动者因从事生产活动所获得全部报酬。包括劳动者获得的各种形式的工资、奖金和津贴,既包括货币形式的,也包括实物形式的;还包括劳动者所享受的公费医疗和医药卫生费、上下班交通补贴和单位支付的社会保险费等。

第二项为生产净额,指生产税减生产补贴后的余额。生产税指政府对生产单位生产、销售和从事经营活动,以及因从事生产活动使用某些生产要素(如固定资产、土地、劳动力)所征收的各种税、附加费和规费。生产补贴与生产税相反,是指政府对生产单位的单方面的收入转移,因此视为负生产税,包括政策亏损补贴、粮食系统价格补贴、外贸企业出口退税等。

第三项为固定资产折旧，是指一定时期内为弥补固定资产损耗按照核定的固定资产折旧率提取的固定资产折旧。它反映了固定资产在当期生产中的转移价值。

第四项为营业盈余，是指常驻单位创造的增加值扣除劳动报酬、生产税净额和固定资产折旧后的余额。它相当于企业的营业利润加上生产补贴。

（四）国民收入核算体系

以上所介绍的是西方国民收入核算体系（简称 SNA，the System of National Accounts），该体系认为创造物质产品和提供服务的劳务活动都是创造价值的生产活动，将国内生产总值（GDP）作为核算国民经济活动的核心指标。西方国民收入核算体系是目前大多数国家所采取的一种核算国民经济的方法，是一种比较合理和科学的核算体系。首先，在世界经济全球化、一体化、市场化、信息化趋势不断加强的今天，信息、知识、技术、劳务部门在经济生活中的地位日益重要，第三产业创造的价值在现代经济生活中所占的比重愈来愈大，而物质生产在整个经济生活中的地位已相对下降。因此，在国民收入核算体系中应把非物质生产劳务计算在内，把一切有偿劳务的市场价值计入 GDP 是必要的。其次，根据 SNA 核算国民收入时可以避免重复计算，区分名义 GDP 和实际 GDP 等也都有合理性。当然，这种体系以 GDP 来衡量国民经济总产出水平、衡量经济发展程度、衡量生活水平等也是有缺陷的。例如，非市场交易活动（如家务活动、自给自足生产）得不到反映，无法说明人们闲暇的享受与安全，无法反映一国环境污染的程度，其中也不可避免地有一些重复计算，等等。美国经济分析局将 SNA 作为核算标准，并根据本国的特点加以改进，采用以支出法为主多种方法相结合的方式核算本国国内生产总值（GDP）。在这一点上，与我国以生产法和收入法核算为主，支出法为辅的核算方式有所不同。首先，美国经济分析局利用国民收入和产品账户（NIPA）以支出法核算全国 GDP，并以此数据作为其他账户和方法核算 GDP 的总控制数；其次，通过产业账户（Industry Accounts）核算按行业分类的增加值，在核算分行业 GDP 时采用了生产法和收入法相结合的方式，这种方法核算的 GDP 需要进行处理以与前面用支出法核算的结果保持衔接。此外，为了满足地区经济的核算需求，经济分析局还通过地区账户（Regional Accounts）核算各州和各主要大都市地区的 GDP 数据，与核算分行业 GDP 相似，同样采用生产法和收入法相结合的方式核算各个地区所有行业的增加值，并通过分行业增加值最终汇总为地区生产总值。我们以服装生产过程中的市场价值增加为例（见表 9－3）。

表 9-3　　服装生产过程中的市场价值增加(单位:元)

生产阶段	产品收入	中间成本	增加值	要素收入
棉花	15	-	15	15
棉纱	20	15	5	5
棉布	30	20	10	10
服装	50	30	20	20
合计	115	65	50	50

生产法看最终产品的价值(服装的价值):50 元;
收入法把要素收入列相加为:15 +5 +10 +20 =50 元;
增值法把中间产品的价值累加:15 +5 +10 +20 =50 元。

(五)三种核算 GDP 的方法的比较分析

生产法最准确但核算的工作量大。支出法最具可操作性,但不尽准确。收入法介乎于另外两种方法之间,三种核算方法的关系见图 9-2。

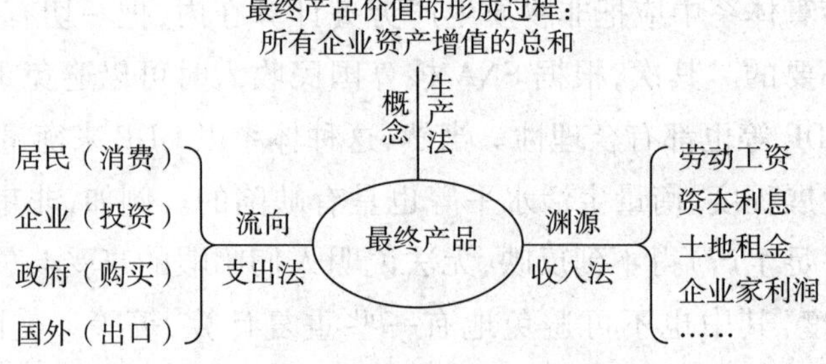

图 9-2　三种核算方法的关系

目前世界各国常用的是支出法与生产法。尤其是支出法。现在各国一般都把它作为核算国民收入最基本的方法。

在我国的国民经济统计工作实践中,三种核算 GDP 的方法都在使用,但是,以生产法核算的 GDP 为准。

任务三　实际 GDP 与名义 GDP

名义国内生产总值和实际国内生产总值作为一个价值指标,它的变动必然受到产量变化和价格变化两方面的影响。但是,社会成员的物质福利只与所生产的商品和劳务的数量和质量有关。如果产品和劳务的数量不变,而价格提高一倍,国内生产总值将增加一倍,但社会的物质福利实质上并未增加。因此,为了准确地反映国内生产总值的变化情况,我们有必要剔除价格变化的因素,这里就引入了名义国内生产总值和实际国内生产总值这两个概念。

所谓名义国内生产总值是指用生产商品和劳务的那个时期的市价所计算出来的

最终产品的价值。比如美国某年的名义国内生产总值即是某财政年度生产的全部最终产品和劳务用当年的市场价格计算出来的市场价值。

实际国内生产总值是指以从前某一年作为基期的价格所计算出来的当期全部最终产品的市场价值。名义 GDP 与实际 GDP 之比,称为国内生产总值折算指数。

$$\text{GDP 折算指数} = \frac{\text{某年名义 GDP}}{\text{某年实际 GDP}} = \frac{\sum PtQt}{\sum PoQt} \times 100\%$$

上式中,Pt 为当年价格,Po 为基期价格,Qt 为当年产量,$\Sigma PtQt$ 为当年名义 GDP,$\Sigma PoQt$ 为当年实际 GDP。

具体应用如表 9－4 所示,设某地区经济生产大米、猪肉与棉布三种产品,根据 1978 年和 1998 年所生产的产品数量与价格,以 1978 年为基年,可以算出 1998 年的名义 GDP 为 2940 元,1998 年的实际 *GDP* 为 720 元。

由此计算得出的 1978—1998 年 *GDP* 的价格调整指数为 408.3%。若指定 1978 年为基年,意味着 1978 年的 *GDP* 价格调整指数为 100%,表明 1998 年按产出量的价格加权平均水平比 1978 年上涨了 3.083 倍,或者上涨了 308.3%。

表 9－4

项目	1978 年价格	1998 年价格	1998 年产量
大米/千克	0.4	2.2	200
猪肉/千克	2.8	16	100
棉布/m	2.4	6	150

由此可以看出名义 GDP 和实际 GDP 有以下规律:

名义 GDP 是以当年价格计算的,而实际 GDP 是参照一个基期进行换算的。

名义 GDP 是指以现行市场价格计算的既定时期国内总产品和服务的价格总和。

实际 GDP 是指在相同的价格或货币值保持不变的条件下,即扣除物价上涨因素以后的 GDP,不同时期所生产的全部产出的实际值。

实际 GDP = 名义 GDP/GDP 折算指数(即价格总水平)

由于在 GDP 价格调整指数的计算中包括了该国所有产品与劳务的数量和价格信息,因此它可以被看作为总物价水平一般性的衡量指标。很多国家就是根据 GDP 价格调整指数百分比的变化来判断一个经济中总体物价水平的变动状况的。应该指出的是,GDP 价格调整指数仅仅是衡量总价格水平中若干指标中的一个。在美国,衡量家庭生活费水平受价格变动影响的另一个重要指标是消费品价格指数(CPI),它包括"有代表性的"一篮子消费品的价格变动状态。CPI 所涉及的产品范围比 GDP 价格调整指数要狭小一些,它仅代表了消费品的价格变动状况。而 GDP 价格调整指数则是一国生产的所有产品有关数量的价格加权平均指数,它既包括消费品,又包括投资品。既反映了实际产量与最终产品数量上的变化,又反映出价格的变动。实际反映的只是实际产量的变化。因此,计算实际可使我们了解到从一个时期到另一个时期产量变化的程度。即如果使用的都是基期的价格,则两个时期的差额就表现为两个时期产量的变化,如果仅比较两个时期的名义则无法知晓两个时期的差额是由产量变化还是由价格变化引起的。所以,一般而言,为了准确地反映国内经济的实际增长情况,各国通常采取实际国内生产总值来进行计算。

任务四　GDP 衡量社会经济发展的主要缺陷

1. 有些经济活动是无法计入 GDP 总值的。

(1)每一个国家都存在大量的非市场经济活动。

(2)每一个国家都存在大量的以逃避税收为目的的地下经济活动。

(3)每一个国家都存在大量的非法经济活动。

(4)同一类商品不同时期的技术进步与质量提升。

2. 中间产品与最终产品的完全区分做不到。无法区分,就无法做到准确。

3. 存在统计失真。发展中国家在释放“后发优势”时,存在大量的资本输入现象,而 GDP 强调以一国领土为界,无论是本国公民创造的还是外国公民创造的,都要计入该国 GDP,这也容易导致发展中国家财富统计的“严重失真”。由于不考虑价值判断,从而存在一定的片面性。

(1)未考虑环境降级成本。经济活动往往造成环境污染,引起环境质量的下降,亦称环境降级成本。GDP 核算一方面没有扣减环境降级成本,即环境污染的代价,另一方面将环境保护支出作为生产活动来反映,从两个方面增了 GDP。结果是污染物排放越多,GDP 越大;环境保护支出越多,GDP 也越大。

(2)未考虑自然资源消耗成本。经济活动要开发利用自然资源,GDP 只核算了经济活动对自然资源的开发成本,却没有计算自然资源本身的价值,即自然资源耗减成本,造成自然资源无价或低价,其结果高估了当期经济生产活动新创造的价值。

(3)未能考虑人们的精神文化生活质量。GDP 与人的精神文化世界不相联系,衡量不出这个社会的精神文明程度。一个 GDP 高的社会并不等于这个社会精神文明也高。如果只注重发展经济,忽视人的道德品质,结果是社会风气败坏,商业诚信缺失,假冒伪劣商品横行,整个社会深受其害。

(4)未能考虑社会收入和财富分配的状况。因为 GDP 不衡量公平,在忽视公平和正义的社会里,财富收入必然会拉开极大的贫富差距,这就导致社会的发展极不均衡。

(5)GDP 完全衡量不出司法的公正水平,而司法是否公正恰恰对企业间的纠纷和消费者与企业间的纠纷产生影响。没有一个公正的司法服务,经济发展的质量就成问题。

(6)GDP 更衡量不出社会的民主化程度和贪污腐败程度。

4. GDP 无法准确地进行国际比较。

(1)不同的国家采用了不同的核算体系。

(2)不同的国家经济发展水平不同,能计入 GDP 的产品与劳务的范围也不同。发达国家经济的规范性与透明度高,计入 GDP 的内容也就多;发展中国家则相反。

(3)各国的产品价格水平与汇率存在差异。

GDP 活动只是一种经济活动,不是人类社会的全部活动。因为人类社会的全部活动既有以 GDP 为代表的经济活动,又有政治活动、精神活动。片面追求 GDP 会将社会导向极端。

项目二 国民收入核算中的其他总量

北京市民的国民收入水平

据北京市统计局年初披露的数据显示,2011 年按常住人口计算,去年全市人均 GDP 达 80394 元,折合 12447 美元。按世界银行划分标准,这一数据被认为已达到中上等国家水平,接近富裕国家。对此,北京市统计局副局长于秀琴表示,“世界银行是按 GNI 计算,我们是按 GDP 计算,国内外要素收入略有差别,但可用来大致参考富裕程度。”

对此有不少网友调侃,北京市人均 GDP 达 80394 元,已经接近富裕国家水平,为什么我们可支配收入还是很少,还是要为是坐公交还是地铁划算而纠结?有业内人士表示,人均 GDP 与人均可支配收入不是一个概念,从 GDP 到人均可支配收入,中间要经过一系列环节。北京市人均 GDP 接近富裕国家水平,并不意味着居民生活质量和福利的提高。数据显示,去年北京城镇居民人均可支配收入 32903 元,仅为人均 GDP 的约 40%;农村居民人均纯收入仅为 14736 元。北京的人均可支配收入相当于人均 GDP 的 40% 是偏低的,特别是考虑到中国很低的社会保障水平,这一比例比一些富裕国家至少要低 10 个百分点。应该理性看待人均 GDP,经济发展归根结底还是要提高居民的生活水平和福利。

资料来源:中国企业家网。

任务一 国内生产净值(Net Domestic Product,NDP)

在一个国家或地区里,在一定时期内所生产的最终产品和劳务按市场价格计算的净值，及新增加的产值。按市场价格计算的国内生产净值的简称，等于国内生产总值减去所有常住单位的固定资产折旧。即：

NDP = GDP - 资本折旧(Depreciation)

最终产品价值并未扣去资本设备消耗的价值，如把消耗的资本设备价值扣除了，就得到净增加值，即从 GDP 中扣除资本折旧，就得到 NDP。

净投资是总投资中扣除了资本消耗或者说重置投资部分。例如，某企业某年购置 10 台机器，其中 2 台用来更换报废的旧机器，则总投资 10 台机器，净投资为 8 台机器。

从经济学和社会学的双重角度来看，NDP 的实际使用意义要远远大于 GDP，也即衡量一国经济总量用国内生产净值指标要比国内生产总值指标优越得多。GDP 是衡量一定时期一国范围内生产的最终产品的市场价值，是一个地域概念，但 NDP 考虑到了“消耗”或者说“折旧”在经济增长中的重要因素，是一个不折不扣的经济概念，也是一个国民概念——它真正诠释了生产、增长及总价值与消耗、效率、净价值之间的关系。

对于追求 GDP 高增长率的今天而言，NDP 有着更为深远的意义——它促使人们在追求表面经济高增长率的同时，更为深入地思考经济高增长率所同时带来的浪费、环境牺牲等长期问题，对于政府及各经济单位改进经济政策、企业发展理念有着极其深厚的意义。

任务二　国民生产总值(Gross National Product，GNP)

GNP 是国民生产总值，它是重要的宏观经济指标，是指一个国家地区的国民经济在一定时期(一般为 1 年)内以货币表现的全部最终产品(含货物和服务)价值的总和。

GNP = GDP +(本国居民来自国外的要素收入 - 本国支付给外国居民的要素收入)

把国民生产总值作为综合经济指标的主要优点在于：第一，它只计算了最终产品的价值，而没有计算中间产品的价值，因而不包括重复计算的部分；第二，它不仅计入了物质生产部门的增加值，而且也计入了所有服务部门的增加值，因而反映了现代产业结构的变化，反映了教育、科学技术、金融等第三产业在社会经济中的作用。

国民生产总值指标的缺陷是：第一，把一切社会活动都作为生产活动，都创造价值，因而统计的范围过宽；第二，把所有的服务增加值同时都计入了国民生产总值，也会出现重复计算。收入再分配的次数越多，重复计算的部分就越大。

GDP 与 GNP(国民生产总值)对比：

①GDP 是一国领土范围内的居民(无论国籍)在一定时期内所生产的最终产品和劳务的市场总价值。

②GNP 是一个国家的国民一定时期内在国内和国外所生产的最终产品和劳务的

价值。

二者的关系如下所示：

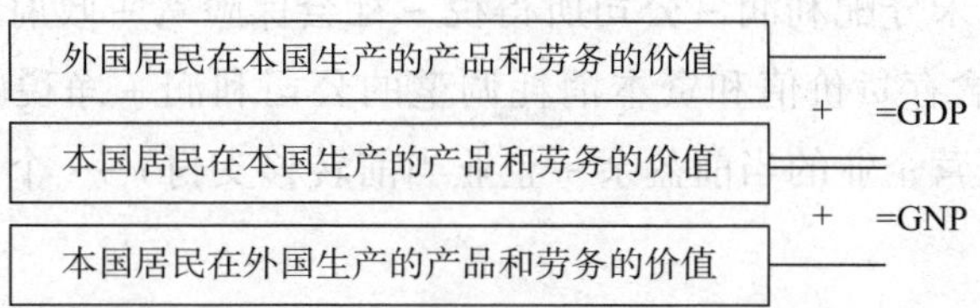

例如：一个在中国工作的美国公民的收入要记入美国的 GNP，但不记入美国的 GDP 中，而记入中国的 GDP。反之，一个在美国制造业中开设公司的中国企业主取得的利润是中国 GNP 的一部分，但他是美国 GDP 的一部分。

若某国一定时期内的 GNP 超 GDP，则说明该时期该国公民从外国获得的收入超过了外国公民从该国获得的收入；而 GDP 超过 GNP 时，说明的情况则正相反。

任务三　国民收入（National Income，NI）

国民收入有广义狭义之分。广义的国民收入泛指国民收入五个总量，即国民收入可以是指国内生产总值、国内生产净值，也可以是指个人收入和个人可支配收入等。国民收入决定理论中所讲的国民收入就是指广义的国民收入。以后所提到的国民收入，指广义的国民收入。狭义的国民收入是指一个国家一年内用于生产各种生产要素所得到的全部收入，即工资、利润、利息和地租的总和，也就是按生产要素报酬计算的国民收入。

从国内生产净值中扣除间接税和企业转移支付再加上政府补助金，就得到一国生产要素在一定时期内所得报酬即狭义的国民收入。间接税是指可以转嫁给消费者的税收，企业转移支付包括企业捐赠和呆账。间接税和企业转移支付虽然构成产品价格，但不成为要素收入；相反，政府给企业的补助金虽不列入产品价格，但成为要素收入。故在国民收入中应扣除间接税和企业转移支付，而加上政府补助金。

任务四　个人收入（Personal Income，PI）

PI 是个人收入，是指一个国家一年内个人所得到的全部收入。个人从各种途径所获得的收入的总和，包括工资、租金收入、股利股息及社会福利等所取得的收入。反映了该国个人的实际购买力水平，预示了未来消费者对于商品、服务等需求的变化。个人收入指标是预测个人的消费能力，未来消费者的购买动向及评估经济情况的好坏的一个有效指标。

生产要素报酬意义上的国民收入并不会全部成为个人收入。因为，一方面利润收入中要给政府缴纳公司所得税，公司还要留下一部利润用做积累，只有一部分利润才会以红利和股息形式分给个人，并且职工收入中也有一部分要以社会保险费的形式上缴有关部门。另一方面，人们也会以失业救济金、职工养老金、职工困难补助、退伍军人津贴等形式从政府那里得到转移支付。因此,从国民收入中减去公司所得税、公司未分配利润、社会保险税(费),加上政府给个人的转移支付,即为个人收入。

PI = NI - 公司未分配利润 - 公司所得税 - 社会保险费 + 政府给个人的转移支付或 PI = GNP - (包含存货价值和资本消耗调整的公司利润 + 净税收 + 净利息 + 社会保险税 + 政府所经营企业的当前盈余 + 企业当前转移支付) + (个人资产收入 + 个人接收的转移支付)

任务五　个人可支配收入(Disposable Personal Income, DPI)

DPI 是个人可支配收入,是指一个国家一年内个人可以支配的全部收入即人们可以用来消费或储蓄的收入。因为要缴纳个人所得税,所以,缴纳个人所得税以后的个人收入才是个人可支配收入,即个人可用来消费与储蓄的收入。等于 PI - 个人所得税 DPI - 个人各项支出就等于储蓄。

总结以上内容,国民收入核算中的这五个总量之间的关系是:

$$NDP = GDP - \text{折旧}$$

$$NI = NDP - \text{间接税} - \text{企业转移支付} + \text{政府补助金}$$

$$PI = NI - \text{公司所得税} - \text{公司未分配利润} - \text{社会保险税} + \text{政府对居民的转移支付}$$

$$DPI = PI - \text{个人所得税} = \text{消费} + \text{投资}$$

以上各个核算经济总量的指标的关系可用表 9 - 5 所示某国某年的国民收入统计资料进行计算。

表 9 - 5　　某国某年的国民收入

项目	收入/亿元
资本折旧	3564
雇员酬金	18663
企业支付的利息	2649
间接税	2663
个人租金收入	341
公司利润	1648
非公司企业主收入	1203
红利	664
社会保险税	253
个人所得税	4021
消费者支付的利息	644
政府支付的利息	1051
政府转移支付	3475
个人消费支出	19919

则该国:

(1)国民收入 = 雇员酬金 + 企业支付的利息 + 个人租金收入 + 公司利润 + 非公

司企业主收入 = 18663 + 2649 + 341 + 1648 + 1203 = 24504 亿元

(2)国内生产净值 = 国民收入 + 间接税 = 24504 + 2663 = 27167 亿元

(3)国内生产总值 = 国民生产净值 + 资本折旧 = 27167 + 3564 = 30731 亿元

(4)个人收入 = 国民收入 -(公司利润 + 社会保险税)+ 政府支付的利息 + 政府的转移支付 + 红利 = 24504 -(1648 + 253)+ 3475 + 1051 + 664 = 27793 亿元

(5)个人可支配收入 = 个人收入 - 个人所得税 = 27793 - 4021 = 23772 亿元

(6)个人储蓄 = 个人可支配收入 - 消费者支付的利息 - 个人消费支出 = 23772 - 664 - 19919 = 3209 亿元

项目三　国民收入的恒等关系

30 年的城乡居民收入

改革开放 30 年来,伴随国民经济的持续发展,城乡居民收入也有了大幅增加,农村居民人均纯收入从 1978 年的 134 元增加到 2008 年的 4761 元,城市居民的人均可支配收入从 1978 年的 343 元增加到 2008 年的 15781 元,分别是 1978 年的 35.53 倍和 46.01 倍,城乡居民的生活水平有了巨大提高。但与国民经济的高速增长水平相比,则相对缓慢了。因为 2008 年我国的 GDP 总量是 1978 年的 82.49 倍,这就说明城乡居民还没有充分享受到改革开放的成果。要让改革开放的阳光普照广大人民群众,就需要尽快调整国民收入分配格局,更快地提高城乡居民收入在国民收入分配中的比例和提高劳动报酬在初次分配中的比例。只有不断提高城乡居民收入特别是中低收入者的收入,提高劳动报酬,才能实现共同富裕。

资料来源:中国企业家网。

从支出法、收入法与生产法所得出的国内生产总值的一致性,可以说明国民经济中的一个基本平衡关系。总支出代表了社会对最终产品的总需求,而总收入和总产量代表了社会对最终产品的总供给。因此,从国内生产总值的核算方法中可以得出这样一个恒等式:

总需求 = 总供给

这种恒等关系在宏观经济学中是十分重要的。我们可以从国民经济的运行,即国民经济的收入流量循环模型,来分析这个恒等式。

理论研究是从简单到复杂、从抽象到具体的,所以,我们从两部门经济入手研究国民经济的收入流量循环模型与国民经济中的恒等关系,进而研究四部门经济。

任务一　两部门经济模型中的恒等关系

两部门经济指由厂商和居民户这两种经济单位所组成的经济社会，在这种经济中，没有折旧，没有间接税收，没有政府支出，没有进出口贸易，有 $GDP = NDP = NI$，是一种最简单的经济。

两部门简单经济模型中，因为只有家庭和企业的两部门，国民生产总值从支出角度看是 $Y = C + I$，从收入角度看是 $Y = C + S$，因此国民生产总值恒等式简化为：

$$C + I = Y = C + S$$

在恒等式两边消去消费 C，可得到

$$I = S$$

这就是两部门经济中的投资与储蓄恒等式。

企业和居民户这两种经济单位所组成的经济循环如下：

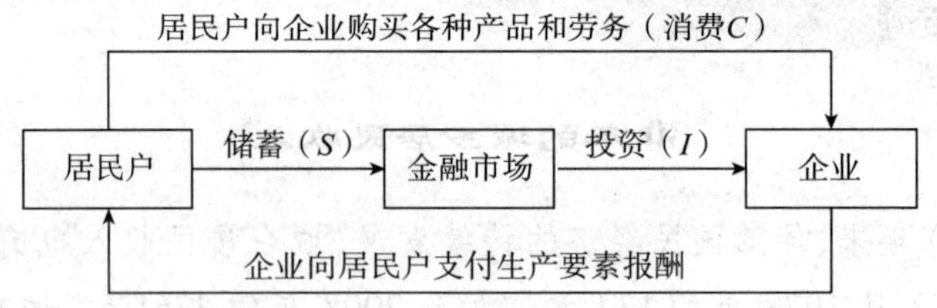

图9－3　两部门经济收入流量循环

从图9－3中可以看出：只要居民户把所得到的收入用于购买该厂商的产品与劳务，这个循环就可以按原有的规模一直维持下去。

在两部门经济中，居民户向厂商提供各种生产要素、得到相应的收入，并用这些收入购买与消费各种产品与劳务；厂商购买居民户提供的各种生产要素进行生产，并向居民户提供各种产品与劳务。

在包括居民户与厂商的两部门经济中，总需求分为居民户的消费需求与厂商的投资需求。消费需求与投资需求可以分别用消费支出与投资支出来代表，消费支出即为消费，投资支出即为投资。所以：

$$总需求 = 消费 + 投资$$

如果以 AD 代表总需求，以 C 代表消费，以 I 代表投资，则可以把上式写为：

$$AD = C + I$$

总供给是全部产品与劳务供给的总和，产品与劳务是由各种生产要素生产出来的，所以，总供给是各种生产要素供给的总和，即劳动、资本、土地和企业家才能供给的总和。生产要素供给的总和可以用各种生产要素相应得到收入的总和来表示，即用工资、利息、地租和利润的总和来表示。工资、利息、地租和利润是居民户所得到的收入，这些收入分为消费与储蓄两部分。所以：

$$总供给 = 消费 + 储蓄$$

如果以 AS 代表总供给，以 C 代表消费，以 S 代表储蓄，则可以把上式写为：

$$AS = C + S$$

总需求与总供给的恒等式就是：

$$AD = AS$$

即：

$$C + I = C + S$$

如果两边同时消去 C，则可以写为：

$$I = S$$

任务二　四部门经济模型中的恒等关系

四部门经济假设：这是指由厂商、居民户、政府和国外这四种经济单位所组成的经济。在四部门经济中，政府部门加入经济运行会使经济运行过程中加入两个经济变量：税收（T）和政府支出（G）。政府向家庭部门和企业部门征税，会降低家庭部门的消费水平和企业部门的生产水平，进而降低宏观经济的活动水平；而政府支出的增加，包括政府向企业部门购买商品和劳务以及政府给家庭部门的转移支付，都会提高家庭部门的消费水平和企业部门的生产水平，从而提高宏观经济活动水平。因此，政府支出是具有注入效应的变量，税收是具有漏出效应的变量。国外部门的作用是：作为国外生产要素的供给者，向国内各部门提供产品与劳务，对国内来说，这就是进口；作为国内产品与劳务的需求者，向国内进行购买，对国内来说，这就是出口。

在四部门经济中，总需求不仅包括居民户的消费需求、厂商的投资需求与政府的需求，而且还包括国外的需求。国外的需求对国内来说就是出口，所以可以用出口来代表国外的需求。

$$总需求 = 消费 + 投资 + 政府支出 + 出口$$

从支出角度看，由于有了对外贸易，于是：

$$国内生产总值 = 消费支出 + 投资支出 + 政府支出 + 国外支出$$

$$= 消费 + 投资 + 政府购买 + 净出口$$

如果以 X 代表出口，则可以把上式写为

$$AD = C + I + G + X$$

四部门经济的总供给中，除了居民户供给的各种生产要素和政府的供给外，还有国外的供给。国外的供给对国内来说就是进口，所以可以用进口来代表国外的供给。这样，

$$总供给 = 消费 + 储蓄 + 政府税收 + 进口$$

如果以 M 代表进口，则可以把上式写为

$$AS = C + S + T + M$$

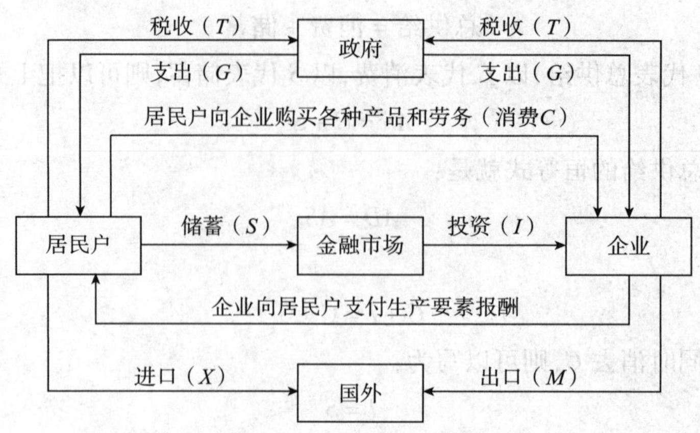

图9－4　四部门经济收入流量循环图

四部门经济中总需求与总供给的恒等就是：

$$AD = AS$$

即：

$$I + G + X = S + T + M$$

在国民收入核算中，这种恒等式是一种事后的恒等关系，即在一年的生产与消费之后，从国民收入核算表中所反映出来的恒等关系。这种恒等关系，也是国民收入决定理论的出发点。但是，在一年的生产活动过程中，总需求与总供给并不总是相等的。有时总需求大于总供给，也有时总供给大于总需求。一个经济社会的宏观经济要实现均衡，总支出必须等于总收入，或者总需求必须等于总供给，也可以说，投资必须等于储蓄。如果上述条件不具备，宏观经济运行就会呈现非均衡的状态。例如，当投资大于储蓄时，意味着经济中存在着过度需求，即总需求大于总供给，这必然导致资源的短缺，并引发通货膨胀；反之，当投资小于储蓄时，则意味着经济中存在着需求不足，即总需求小于总供给，这又会导致失业并引发通货紧缩。因此，只有在投资等于储蓄或总需求等于总供给时，宏观经济才能实现均衡。

【本情境知识点小结】

1. 宏观经济学研究社会总体的经济行为及其后果，其研究对象和方法都和微观经济学不完全相同。
2. 核算国民经济活动的核心指标是 GDP，它是一国在一定时期内运用生产要素所生产的全部最终产品的市场价值。

   核算 GDP 有三种方法，最常用的是支出法和收入法。

用支出法核算 GDP,就是通过核算整个社会在一定时期内消费、投资、政府购买以及出口这几方面支出的总和。

3. 经济学中讲的国民收入是衡量社会经济活动成就的一个广泛概念,包括五个指标,它们之间通过一定的关系相互关联着。

4. 国民生产净值(英文缩写为 NNP),一个国家一年内新增加的产值,即在国民生产总值中扣除了折旧之后的产值。

5. 国民收入(英文缩写为 NI):一个国家一年内用于生产的各种生产要素所得到的全部收入,即工资、利润、利息和地租的总和。

个人收入(英文缩写为 PI):一个国家一年内个人所得到的全部收入。

个人可支配收入(英文缩写 PDI):一个国家一年内个人可以支配的全部收入。

国民收入核算中这几种总量的关系是:

$$GNP - \text{折旧} = NNP$$

$$NNP - \text{间接税} = NI$$

$$NI - \text{公司未分配利润} - \text{企业所得税} + \text{政府给居民户的转移支付} + \text{政府向居民支付的利息} = PI$$

$$PI - \text{个人所得税} = PDI = \text{消费} + \text{储蓄}$$

6. 实际国民生产总值、名义国民生产总值与人均国民生产总值。

实际国民生产总值与名义国民生产总值的区别在于计算时所用的价格不一样。前者用不变价格,后者用当年价格。这两者之间的差别反映了通货膨胀程度。

国民生产总值用人口总数除以所得出的数值就是人均国民生产总值。前者可以反映一国的综合国力,后者可以反映一国的富裕程度。

国民收入核算体系存在着储蓄和投资的恒等式。

国内生产总值有名义与实际之分。

【练习与思考】

一、重要概念

1. 国内生产总值　2. 国民生产总值　3. 名义 GDP

4. 实际 GDP　5. 支出法　6. 收入法

二、单项选择题

1. 下列哪一项不列入国内生产总值的核算(　　)。

A. 出口到国外的一批货物

B. 政府给贫困家庭发放的一笔救济金

C. 经纪人为一座旧房屋买卖收取佣金

D. 保险公司收到的一笔家庭财产保险

2. 下列各项中能计入 GDP 的有( )

A. 家庭主妇的家务劳动折合价值

B. 出售股票的收入

C. 拍卖毕加索作品的收入

D. 为他人提供服务所得的收入

3. GNP 与 NNP 之间的差别是( )

A. 直接税　　B. 间接税

C. 折旧　　D. 净出口

4. 一国的国内生产总值大于国民生产总值,说明该国从外国取得的收入( )外国公民从该国取得的收入

A. 大于　　B. 小于

C. 等于　　D. 可能大于也可能小于

5. 面粉是中间产品这一命题( )

A. 一定不对　　B. 一定对

C. 可能对也可能不对　　D. 以上说法全对

6. 按百分比计算,如果名义 GDP 上升( )价格上升的幅度,则实际 GDP 将( )

A. 小于　下降　　B. 超过　不变

C. 小于　不变　　D. 超过　下降

7. 下列哪个不是存量指标( )

A. 存货　　B. 资本

C. 投资　　D. 社会财富

8. 下列哪个不是要素收入( )

A. 市长工资　　B. 股票分红

C. 公司对希望工程的捐款　　D. 居民的存款利息

9. 从一个四部门的经济中,GDP 是( )

A. 消费、投资、政府购买和净出口

B. 消费、净投资、政府购买和净出口

C. 消费、总投资、政府购买和总出口

D. 工资、地租、利息、利润和折旧

10. 某国的资本品存量年初为 100 亿美元,它在本年度生产了 25 亿美元的资本品,资本消耗折旧为 20 亿美元,则该国在本年度的总投资和净投资分别是( )

A. 25 亿美元和 5 亿美元　　B. 125 亿美元和 105 亿美元

C. 25 亿美元和 20 亿美元　　　　　　　C. 75 亿美元和 80 亿美元

三、计算题

1. 假定某经济社会有 A、B、C 三个厂商，A 厂商年产出 5000 万元，卖给 B、C 和消费者。其中 B 从 A 买了 200 万元产品，C 直接从 A 买了 2000 万元产品，其余全部卖给消费者。B 年产出为 500 万元，直接卖给消费者；C 年产出 6000 万元，其中 3000 万元卖给 A，其余卖给消费者。

   (1) 假定投入在生产中耗尽，计算价值增值多少。

   (2) 计算 GDP。

   (3) 如果只有 C 有 500 万元折旧额，计算国民收入。

2. 根据下表计算国内生产总值(GDP)、国内生产净值(NDP)、国民收入(NI)、个人收入(PI)以及个人可支配收入(DPI)。

单位:亿元

净投资	125
净出口	15
储蓄	25
资本折旧	50
政府转移支付	120
企业间接税	75
政府购买	200
社会保险金	130
个人消费支出	500
公司未分配利润	100
公司所得税	50
个人所得税	80

学习情境十　认识国民收入决定理论

【学习目标】

知识目标：

①能够理解决定消费与储蓄的主要因素；

②能够掌握消费和储蓄的关系；

③能够理解多个经济部门均衡下国民收入的决定过程；

④能够理解乘数的作用机制。

能力目标：

①能够分析一般消费函数；

②能够计算投资乘数等常用乘数；

③能够进行两部门与四部门经济国民收入均衡的推导。

【知识与技能】

项目一　消费函数与储蓄函数

【引子】

瑞士信贷集团最新发布的中国消费者调查结果显示，中国家庭收入取得增长，而储蓄却呈现下降。

该调查发现，受访者中处于最下层20%家庭的收入自2004年以来增长了50%，而处于最上层10%的家庭的收入则增长了255%。在同一时期内，受访者家庭平均储蓄率则从26%下降到12%。

瑞信还预计，到2020年，中国消费总额在全球消费总额中的占比将从2009年的5.2%增长到23.1%，超越美国成为全球最大的消费市场。

富人更富？

瑞信通过该调查发现，从2004年到2009年间，不仅高收入阶层（前10%的富裕家庭）的收入增长速度大大高于平均水平，与此同时高收入家庭的收入占比也在增长。2009年，高收入阶层这部分家庭的收入额占受访家庭收入总额的35.7%，而在2004年的调查中，该比例为24.3%。

按照国家统计局公布的2009年第一至第三季度的城镇家庭收支情况数据，中国城镇家庭内平均人数为2.9人，平均每人第一至第三季度总收入是14213元，据此计算，家庭月收入为4579.7元左右，较2004年同期增长了1.88倍左右。

此前国家统计局内部的一项研究课题《我国城镇居民收入差距实证分析》课题研

究中,通过对全国3万多户城镇居民家庭收入调查原始数据进行分析,目前我国城镇居民收入差距总体上仍在合理范围之内。

资料来源:2010年1月13日,第一财经日报。

任务一 消费函数

消费函数是反映人们的消费支出与决定消费的各种因素之间的依存关系,是消费者行为数量研究的重要组成部分。

决定消费水平的因素很多,如收入、财产、利率、收入分布等。其中收入是最根本的因素。因此,消费函数实质上是指消费与收入之间的函数关系。

用线性函数形式可表示为 $C=f(Y)$:

$$C=a+bY$$

式中:C 表示总消费,Y 表示总收入;a、b 为参数。参数 b 为消费与收入之间的变化关系,其值介于0与1之间。函数的图形如图10-1所示。横轴为收入,纵轴为消费。E 点为消费等于收入时的均衡点。

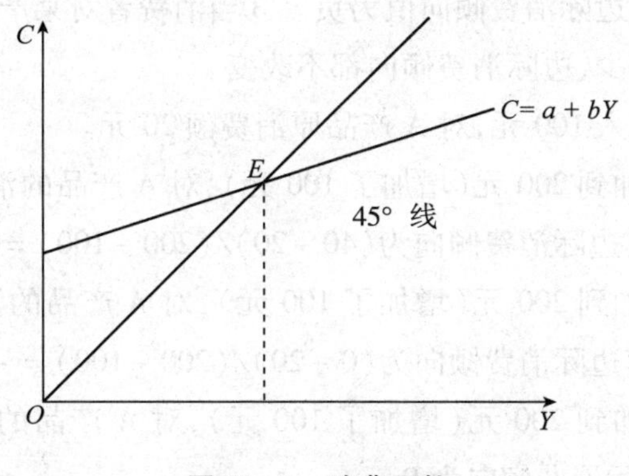

图10-1 消费函数

在现实生活中影响居民消费的因素有很多,比如国民收入水平、商品价格水平、利率水平、消费者偏好、消费者年龄结构等,这些因素中具有决定意义的是国民收入水平,因此可以从诸多因素中抽出这一因素单独分析。关于收入和消费的关系,存在着这样一条基本的心理规律,随着收入的增加,消费会随之增加,但消费的增加不及收入增加的多,消费和收入之间的这种正向变动关系称为消费函数或消费倾向。

消费和收入之间的关系,还可以用平均消费倾向和边际消费倾向来说明。平均消费倾向(Average Propensity to Consume, APC)是指任一收入水平上消费支出在该收入中所占的比重,即

$$当\ APC = C/Y$$

当 $APC=1$ 时,表示全部收入用于消费,储蓄为零。

当 $APC<1$ 时,表示消费小于收入,剩余收入作为储蓄。

当 $APC>1$ 时,表示消费大于收入,收入不够消费,出现负储蓄。

边际消费倾向(Marginal Propensity of Consume, MPC)是指增加的消费在增加的收入中所占的比重,即消费者对于某一或某一类产品,消费额的变化与消费者收入变化的比值。边际消费倾向被用于描述由于收入变化,导致消费者对某产品的消费额的变化幅度大小,也就是增加一单位收入中用于增加消费部分的比率,可表示为 $MPC = \Delta C/\Delta Y$。

例如,收入增加到 3 万亿元(增加了 1 万亿元),消费增加到 2 万亿元(增加了 0.5 万亿元),边际消费倾向就是 0.5(0.5/1)。

边际消费倾向与平均消费倾向不同,平均消费倾向是总消费与可支配总收入的比率。

边际消费倾向并不一定介于 0 到 1 之间。当①消费者对产品的消费额与消费者的收入同时增加或减少时,边际消费倾向为正。②消费者对产品的消费额与消费者的收入变化方向相反时,边际消费倾向值为负。③当消费者对某产品的消费额不发生变化时,无论收入改变多少,边际消费倾向都不改变。

例如:某消费者收入 100 元,对 A 产品原消费额 20 元。

①当他的收入增加到 200 元(增加了 100 元),对 A 产品的消费额增加到了 40 元(增加了 20 元)。则其边际消费倾向为 $(40-20)/(200-100)=0.2>0$。

②当他的收入增加到 200 元(增加了 100 元),对 A 产品的消费额减少到了 0 元(减少了 20 元)。则其边际消费倾向为 $(0-20)/(200-100)=-0.2<0$。

③当他的收入增加到 200 元(增加了 100 元),对 A 产品的消费额保持在 20 元(变化 0 元)。则其边际消费倾向为 0。

④当他的收入增加到 200 元(增加了 100 元),对 A 产品的消费额增加到了 140 元(增加了 120 元)。则其边际消费倾向为 $(140-20)/(200-100)=1.2>1$。

经济学家对消费函数进行了较深入的研究,提出了若干新的假说及相应的函数式。其中函数形式比较简单而内容大体符合实际的消费函数是:

$$C_t = a + \beta Y_t + \gamma C_{t-1}$$

式中:C_t 表示 t 期消费,Y_t 表示 t 期收入,C_{t-1} 表示上期($t-1$ 期)消费;α,β,γ 为参数。这一消费函数的最后一项可以解释为消费的惯性影响,也可以解释为持久收入的影响,该函数具有一定的现实意义。

任务二　储蓄函数

1. 储蓄函数与曲线

储蓄函数是指储蓄与决定储蓄大小的各种因素之间的依存关系，影响储蓄的因素很多。但收入是最主要的因素，为了简化，假定储蓄只受收入的影响。这样，储蓄函数主要反映收入与储蓄之间的依存关系。一般而言，在其他条件不变的情况下，储蓄随收入的变动而同方向变动，即收入增加，储蓄增加，收入减少，储蓄减少。但二者之间并不按同一比例变动。设 s 代表储蓄，y 代表收入，则储蓄函数的公式为

$$s=s(y)$$

储蓄函数不是单独存在的，而是依赖于消费函数。储蓄可定义为收入减消费，即收入中未被消费的部分。所以，储蓄函数又可以由消费函数推导出来。其计算公式为

$$s=y-c=y-(A+By)=-A+(1-B)y\ (0<1-B<1)$$

式中：s 代表实际储蓄量；y 代表实际收入量；$1-B$ 代表边际储蓄倾向，其值一般为正数，但小于1，即 $0<1-B<1$；$-A$ 代表收入为零时的储蓄量。

假定收入一定，储蓄的大小还取决于储蓄倾向、平均储蓄倾向（APS）的大小。

储蓄曲线如图 10-2：E 为收支相抵，此时储蓄为零，E 的左边为负储蓄，E 的右边储蓄为正。

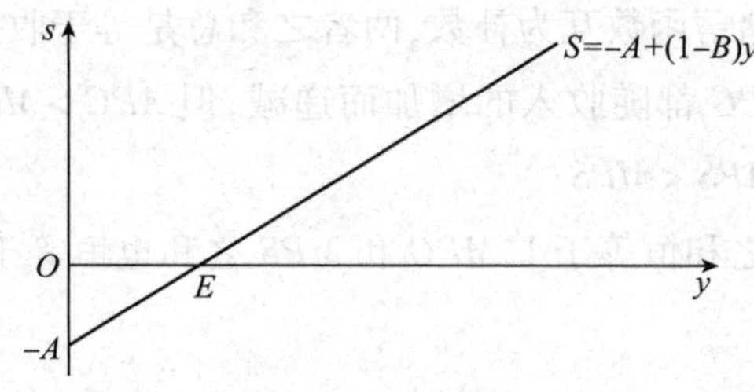

图 10-2　储蓄曲线

2. 边际储蓄倾向 MPS（Marginal Propensity Save）

（1）定义：边际储蓄倾向（MPS）是指每增加一单位收入中用于增加的储蓄部分的比率。收入增加引起的储蓄增量，即储蓄曲线上某点储蓄增量对收入增量的比率。其公式为

$$MPS=\triangle s/\triangle y=ds/dy。$$

边际储蓄倾向是用来测度收入增加引起储蓄增加的程度的一个概念，即居民边际储蓄倾向指居民收入每变动一单位时的居民储蓄的变动额。若以 MPS 表示边际储蓄倾向，以 ΔS 表示储蓄增量，以 ΔY 表示收入增量，则 $MPS=\Delta S/\Delta Y$。边际储蓄倾向是储蓄函数的斜率。因为收入不是被用来消费，就是被用来储蓄，因此边际消费倾向和边际储蓄倾向的和是1，即 $MPC+MPS=1$。边际储蓄倾向一般为正数值，但小于1，即

$0 < MPS < 1$,不过,随着收入增加,边际储蓄倾向呈递增的趋势。

例如,有一个家庭的收入增长了1000美元,并且他们打算把其中的400美元存到银行,那么其边际储蓄倾向就是 $MPS = 400/1000 = 0.4$,即40%。

(2)特点:① MPS 是储蓄曲线上任一点的斜率,随收入增加而递增(原因在于储蓄是收入中未被消费的部分,既然消费随收入增加的比率是递减的,则可知储蓄随收入增加的比率递增)。② $0 < MPS <$ $MPC + MPS = 1$ $\Delta c/\Delta y + \Delta s/\Delta y = 1$ ③ $MPC + MPS = 1$

3. 平均储蓄倾向 APS(Average Propensity to Save)

(1)定义:任意收入水平上储蓄总量在收入总量中所占比例,其公式为 $APS = s/y$

(2)特点:它是储蓄曲线上任意一点与原点相连而成射线的斜率。

任务三　消费和储蓄的关系

消费函数和储蓄函数的关系主要表现在:

既然收入被认为由消费和储蓄两部分构成,则消费函数和储蓄函数互为补数。

边际消费倾向和边际储蓄倾向(MPS)之和为1,即 $MPC + MPS = 1$。根据这一性质,消费函数和储蓄函数只要确定其中一个,另一个将随之确立。当消费函数已知时,可求得储蓄函数,当储蓄函数已知时,可求得消费函数,即:

第一,消费函数和储蓄函数互为补数,两者之和总是等于收入。

第二,若 APC 和 MPC 都随收入的增加而递减,但 $APC > MPC$,则 APS 和 MPS 都随收入增加而递增,但 $APS < MPS$。

第三,APC 和 APS 之和恒等于1,MPC 和 MPS 之和也恒等于1。

项目二　简单国民收入的决定

任务一　两部门经济中国民收入的决定

(一)两部门经济中国民收入的构成

国民收入可以从收入、支出等不同的角度加以分析。收入代表总供给、支出代表总需求。因此,我们可以从总供给和总需求两个角度来分析国民收入的构成。

从供给方面看,国民收入是一定时期内各种生产要素(即劳动、资本、其他及企业家才能)生产出来的,也可以说是各种生产要素供给的总和。这个总和又可用各种生产要素相应得到的收入(即工资、利息、地租和利润)总和来表示。这些收入不是用于消费就是用于储蓄,因而又可用消费与储蓄加以表示。

总供给 = 各种生产要素供给的总和

=各种生产要素收入的总和

=工资+利息+地租+利润

=消费+储蓄

即：$Y=C+S$

从需求方面看，国民收入是一定时期内用于消费支出和投资支出的总和，也就是对消费品的需求和对投资品需求的总和。因此，

总需求=消费需求+投资需求

=消费支出+投资支出

=消费+投资

即：$Y=C+I$

在两部门经济中，国民收入的均衡条件是：

$$C+I=C+S$$

两边同时消去 C，即得 $I=S$。

这就是储蓄—投资恒等式。这种恒等关系就是两部门经济中的总需求($C+I$)和总供给($C+S$)的恒等关系。

需要说明的是，这里的投资是计划的投资而不是实际的投资，储蓄是计划的储蓄而不是实际的储蓄，此处 $I=S$，是指经济要达到均衡，计划投资必须等于计划储蓄，如果 $I\neq S$，即计划的投资不等于计划的储蓄，经济将处于非均衡状态，所以，计划的投资等于计划的储蓄是国民收入的均衡条件。而在国民收入核算中的储蓄等于投资，是指实际发生的投资（包括计划和非计划存货投资在内）始终等于储蓄，由于实际投资和实际储蓄是根据定义而得到的实际数字，从而必然相等。

（二）国民收入的决定——使用消费函数决定国民收入

分析宏观经济均衡和国民收入决定时，有一个非常重要的假定，即不论社会总需求为多少，经济制度都能以不变的价格提供相应的供应量，也就是说，社会总需求的变动，只会影响产量或国民收入的变动，使总供给与总需求均衡，而不会引起相应的价格变动。在经济萧条时期，存在大量失业，资源大量闲置，因而社会总需求的增加只会使闲置资源得到利用和生产增加，而不会引起资源和要素价格的上升，从而不会引起产品成本和价格的上升。因此，在短期内，价格水平以及社会总供给是不变的，均衡的国民收入决定于总需求，即均衡的国民收入等于总需求，由于总需求又可以用总支出来表示，所以，均衡的国民收入是指与总支出相等的收入。下面运用消费函数来说明均衡国民收入的决定。

由于均衡的国民收入等于总支出（计划的总支出），在两部门经济中，计划的总支出等于消费支出加投资支出，即 $Y=C+I$。为使分析简化，在国民收入决定的简单模

型中，我们假定投资是一个固定的量，不随国民收入水平而变化，即投资为自发的计划投资，为一常数，$I=I_0$。根据这一假定，把国民收入恒等式与消费函数结合起来，建立联立方程组，就可求得均衡的国民收入。

$$Y=C+I$$
$$C=C_0+c\cdot Y$$
$$I=I_0$$

解联立方程，就得到均衡的国民收入：

$$Y=\frac{C_0+I_0}{1-c}=\frac{1}{1-c}(C_0+I_0)$$

上式中，(C_0+I_0)为自发性总需求，或称自主性总需求，它是不由收入水平决定的总需求。$1/(1-c)$为乘数。从公式可以看出，均衡的国民收入决定于自发性总需求和乘数两个变量，与自发性总需求和乘数成正比。

上面的分析还说明，如果知道了消费函数和投资量，就可得出均衡的国民收入。例如，假定消费函数 $C=1200+0.8Y$，自发的投资始终为 800（单位：亿美元），则均衡收入：

$$Y=\frac{1200+800}{1-0.8}=10000\text{ 亿美元}$$

均衡收入决定也可用图形表示，图 10－3 表示如何用消费曲线加投资曲线和 45°线相交决定收入。

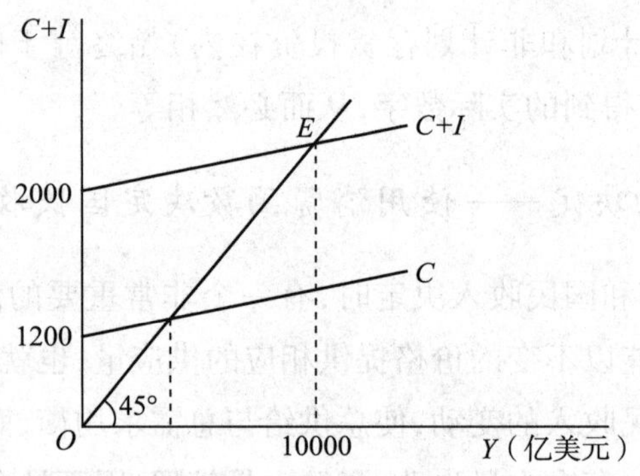

图 10－3　均衡收入

图中横轴表示国民收入，纵轴表示消费加投资，在消费曲线 C 上加投资曲线 I 得到消费加投资曲线 $C+I$，这条曲线就是总支出曲线。由于投资被假定为始终等于 800 亿美元的自发投资，因此，消费曲线加投资曲线所形成的总支出曲线与消费曲线相平行，其间的垂直距离即 800 亿美元投资。总支出线和 45°线相交于 E 点，E 点决定的国民收入水平是均衡的国民收入 10000 亿美元，这时，居民户想要有的消费支出与厂商想要有的投资支出的总和正好等于国民收入即产量。如果经济离开了这个均衡点，厂商部门的销售量就会大于或小于它们的产量，从而被迫进行存货投资或存货负投资，出现意外的存货增加或减少，引起生产的扩大或收缩，国民收入出现非均衡，但厂商部门的存货调整最终会使国民收入回到均衡点。具体来说，在均衡点 E 之左，收入小于均衡的国民收入，总支出（或总需求）大于总供给，这意味着厂商销售出去的产量大于它生产出来的产量，厂商存货出现意外减少，合意存货不足，此时扩大生产是有利可图的。于是厂商为使存货达到合意存货水平，就会增雇工人，增加投资，增加产量，从而引起国民收入的扩张，并最终达到均衡的国民收入水平。如果在均衡点 E 之右，收入大于均衡的国民收入，总支出（或总需求）小于总供给，这意味着厂商生产出来的产量大于它销售出去的产量，厂商存货出现意外增加，非合意存货增加，此时厂商为使存货达到合意存货水平，就会减少产量，从而引起国民收入的收缩，并最终达到均衡的国民收入水平。只有在 E 点，收入达到均衡的国民收入水平时，则既没有非计划的存货投资（存货意外地增加），也没有非计划的存货负投资（存货意外地减少），厂商的产量正好等于其销售量，厂商存货保持在合意水平，此时厂商既不会增加产量，也不会减少产量，国民收入维持在相对稳定的均衡状态。

任务二　三部门经济中国民收入的决定

1. 三部门国民收入均衡公式

三部门国民收入均衡公式：

$$Y = C + I + G + (X - M),\ I + G + (X - M) = S + T$$

采用第一个公式（$Y = C + I + G$）分析收入的决定。在该式中，决定收入的有消费 C、投资 I、政府购买 G 与税收 T 四个变量。其中，税收 T 隐藏在消费函数之中：

$$C = C_0 + cY_d = C_0 + c(Y - T)$$

2. 政府购买与税收

（1）政府购买：假定政府购买为自发变量，与收入无关。即：$G = G_0$。

（2）税收。

第一，假定税收为定量税收，税收量既定，不随收入的变动而变动，即：$T = T_0$。

第二，假定税收为比例税，按收入的一定比例征税。比例税随收入的变动而变动：

$$T = T_0 + tY$$

$T_0 > 0$，为一常量，与收入无关，称为自发税收。t 为边际税收倾向或称为边际税率，表示每增加一单位收入所增加的税收量，即：

$$t = \frac{\Delta T}{\Delta Y},\ 0 < t < 1$$

$t > 0$，表示税收随着收入的增加而增加。$t < 1$，表明税收的增加量小于收入的增加量。tY 为引致税收，即由收入变动引起的税收。

3. 三部门经济中国民收入的决定

(1)三部门收入决定模型：

$$\begin{cases} Y = C + I + G \\ C = C_0 + c(Y - T) \\ T = T_0 \\ I = I_0 \\ G = G_0 \end{cases} \text{或} \begin{cases} Y = C + I + G \\ C = C_0 + c(Y - T) \\ T = T_0 + tY \\ I = I_0 \\ G = G_0 \end{cases}$$

(2)三部门均衡收入：

$$Y = \frac{1}{1-c}(C_0 + I_0 + G_0 - cT_0) \text{或} Y = \frac{1}{1-c(1-t)}(C_0 + I_0 + G_0 - cT_0)$$

任务三　四部门经济中国民收入的决定

1. 四部门经济中国民收入均衡公式

四部门经济也可以称为“开放经济”。国与国之间的经济联系多种多样，本章以及下面几章仅考察其中的商品与服务的贸易关系，即仅考察商品的进口与出口。四部门国民收入均衡公式为：

$$Y = C + I + G + (X - M), I + G + (X - M) = S + T$$

下面采用式 $Y = C + I + G + (X - M)$ 分析收入的决定。四部门经济中，决定收入的有消费、投资、政府购买、税收、出口和进口六个变量。

2. 出口函数与进口函数

(1)出口函数

第一，出口的决定因素：

①其他国家的收入。如果其他因素既定，其他国家的国民收入越高，对一国的产品与劳务的需求就越大，则该国的出口越多。从这个意义上说，整个世界经济的发展，对任何国家都是有利的。

②国际专业化程度。世界范围内的生产分工协作与专业化程度越高，国与国之间的贸易联系就越密切，各国的出口量就越多。

③一国产品价格的相对高低。一国产品的价格相对于其他国家的产品价格越低，该国产品在国际市场上的竞争力就越强，出口也就越多。

④汇率。一国货币的汇率越低，在国际市场上，用他国货币衡量的本国产品的价格也越低，从而该国的出口量就越大。

此外，一国的出口量还取决于该国的外贸制度、世界市场对该国产品的需求弹性等因素。

第二，出口函数：

假定一国的出口不受该国收入水平的影响，为自发变量，即出口函数：$X = X_0$。

(2)进口函数

第一,进口的决定因素(与出口的决定因素同):

①一国的国民收入。②国际专业化程度。③外国产品的相对价格。④汇率。

此外,一国的进口量还取决于该国的外贸制度、该国对外国产品的需求弹性等因素。

第二,进口函数:

假定一国的进口仅受该国收入水平的影响,是该国收入的线性函数:

$$M = M_0 + mY$$

其中:$M_0 > 0$,为一常量,与收入无关,称为自发进口。自发进口 M_0 与消费函数中的自发消费 C_0 相对应:在可支配收入为零时的自发消费中,包含着对进口品的消费,这部分进口就包含在自发进口之中。m 为边际进口倾向,表示每增加一单位收入所增加的进口量,或者表示进口增加量在收入增加量中的比重:

$$m = \frac{\Delta M}{\Delta Y} \quad 0 < m < 1$$

$m > 0$,表示进口随着收入的增加而增加。$m < 1$,表明进口的增加量小于收入的增加量。mY 为引致进口,即由收入引起的进口。

出口与进口之差就是净出口。显然,净出口是收入的函数:

$$X - M = X_0 - (M_0 + mY)$$

3. 四部门经济中国民收入的决定

(1)四部门收入决定模型:$\begin{cases} Y = C + I + G + (X - M) \\ C = C_0 + c(Y - T) \\ T = T_0 \\ I = I_0 \\ G = G_0 \\ X = X_0 \\ M = M_0 - mY \end{cases}$ 或 $\begin{cases} Y = C + I + G + (X - M) \\ C = C_0 + c(Y - T) \\ T = T_0 + tY \\ I = I_0 \\ G = G_0 \\ X = X_0 \\ M = M_0 - mY \end{cases}$

(2)四部门均衡收入:$Y = \frac{1}{1 - c + m}(C_0 + I_0 + G_0 + X_0 - cT_0 - M_0)$

或:$Y = \frac{1}{1 - c(1 - t) + m}(C_0 + I_0 + G_0 + X_0 - cT_0 - M_0)$

(3)四部门国民收入的决定过程:与两部门收入决定过程基本相同,不再赘述。

项目三　乘数原理

2008 年,对中国经济来说,是独特的一年。上半年在通胀压力下,执行从紧的货币政策,如何对付高涨的 CPI,是首要难题;到了下半年,受国际经济形势影响,如何刺激内需,却成为重中之重,货币政策和财政政策全面转向,中国政府甚至推出了 4 万亿元人民币的经济刺激计划。当前中央政府决定将实行积极的财政政策和适度宽松的货币政策,同时加大投资力度,计划在 2010 年底前投资 4 万亿元扩大内需,以此促进经济增长。投资规模的扩大有利于拉动经济增长,但是投资对经济规模的影响程度不仅仅取决于投资规模,还取决于投资乘数。

一笔原始投资对经济增长的拉动是倍乘的,可以促进国内生产总值多倍的增加,因此为了提高投资拉动经济增长的效果,还要促进投资乘数的增加。为了实现"保增长"的目标,增加投资拉动经济增长的规模,政府需要扩大投资乘数,使得投资支出对经济拉动作用更强。

资料来源:2008 年 11 月中国证券报－中证网

任务一　投资乘数

乘数原理又称倍数原理。指由于连锁反应,某一变量的变化引起另一相关变量成倍变化的经济理论。

乘数原理是现代经济研究中的重要分析工具。乘数原理在不同领域的应用有不同的乘数概念,如投资乘数、财政支出乘数、货币创造乘数和外贸乘数等。

乘数原理是一种传统的经济周期理论。这种理论认为,经济波动的根源在于经济自身,因而是内生的,具体说是,投资的变动会引起收入或消费若干倍的变动(乘数作用),而收入或消费的变动又会引起投资若干倍的变动(加速数作用),正是乘数和加速数的交互作用,造成了经济的周期性波动。因此,这种理论称为乘数－加速数模型。举例来说,假定经济起初由于某种原因使自发支出(投资,或政府购买,或出口)增加 10 亿美元,如果乘数是 2,则国民收入增加 20 亿美元。产量或销售额增加了,厂商会增加设备或建造新厂房,即要增加投资。如果增加 1 单位产品生产需增加 1 单位资本品,则投资与产量增量之间这一比率就称为加速数,现在加速数就是 1。于是,国民收入增加 20 亿美元,就会使投资增加 20 亿美元。投资增加 20 亿美元,又会使产出或收入增加 40 亿美元。产出的增加又会使投资再增加,并进一步使收入或产量再增加。当然,经济并不会无限扩张下去,因为终究会遇到约束因素。例如,一些生产要素的短缺就会使经济的扩张受到限制。一旦经济停止扩张,或增长速度放慢,投资就会下降,经济开始走向衰退,从而出现周期性波动。

(一)投资乘数的含义

投资乘数是以投资作为自发性需求诱因,以一定的边际消费倾向为前提条件,以总的国民收入为结果的因与果对比。它是指在一定的边际消费倾向下,新增加的一定量的投资经过一定时间后,可导致收入与就业量数倍的增加,或导致数倍于投资量的GDP。可用下面的公式概括:

$$\Delta GDP = \Delta I \cdot K$$

$$K = 1/(1 - \Delta C/\Delta Y) = 1/(1 - \text{消费增量}/\text{收入增量})$$

式中 ΔI 为新增投资,K 为投资乘数。

投资乘数理论是在社会总收入与总消费的基础上,基于边际消费倾向而产生的宏观投资理论,投资的乘数作用意味着当投资增加时,收入的增量 ΔY 将是投资的增量 ΔI 的 K 倍。假设 $\Delta I = 2000$ 万元,这笔增加的投资被用于购买投资品,它将以工资、利润、利息和地租的形式流入生产这些投资品所需生产要素的所有者手中,成为家庭部门第一次增加的收入。再假设经济社会的边际消费倾向为 0.75,则家庭部门新增的2000 万元中会有 1500 万元被用于购买消费品,于是这 1500 万元又会以工资、利润、利息及地租的形式流入生产这些消费品所需生产要素的所有者手中构成家庭部门第二次增加的收入。类似地可以有第三次、第四次……增加的收入。因此有:

$$\Delta Y = 2000(1 + 0.75 + 0.752 + 0.753 + \cdots) = 2000(1/1 - 0.75)$$

$$= 2000 \times 4 = 8000(\text{万元})$$

如果再假设每个工人的工资为 1.6 万元,那么当 $\Delta I = 2000$ 万元时,社会增加的就业工人总数是 5000 人。如果投资减少 2000 万元,边际消费倾向仍然为 0.75,那么收入减少 8000 万元,就业量将减少 5000 人。

(二)投资乘数的形成条件

一切经济规律都是建立在一定的假定之上的,因此经济机制的运用也必须限定在一定的范围之内。为分析建立在投资乘数理论之上的财政投资政策的有效性,我们有必要探讨投资乘数的理论假定。

1. 一国经济是在未达到充分就业的条件下运行的。如果没有闲置劳动力,投资不能实际发挥作用,随着投资不断支出,货币收入成倍增加,会引起通货膨胀。

2. 必须有一定的存货可以利用。在封闭经济条件下,如果某些产品存货不足,只能用劳动替代资本或抽调其他生产部门的存货。但是,这两种方式都是有限的。用劳动替代资本仅限于生产设备不足的情况,只要最重要的物资供应不足,乘数的作用就会发生障碍。如果从消费品部门抽调存货,投资的增加则会引起消费的缩减,从而使就业的增加发生困难。在开放经济条件下,一国在增加投资后,如果发现物资供给不足,便可从国外进口,或减少出口。但如果没有足够的外汇储备,没有把握从国外取得足够的信贷,也无法影响世界市场价格,那么增加投资以后,既不能增加进口,又不能靠减少出口来弥补国内的产品短缺,投资的乘数作用也就发挥不出来。

3. 收入要既分解为储蓄,又分解为消费。如果将收入全部用于消费,边际消费倾向为1,投资乘数为无穷大;相反,如果将收入全部用于储蓄,边际消费倾向为零,投资乘数为零。

4. 投资的决定和储蓄的决定互为独立。如果储蓄决定不独立于投资决定,投资增加引起利率上升,促使储蓄增加,消费减少,会部分抵消投资增加收入的作用;相反,投资减少引起利率下降,促使储蓄减少,消费增加,则会部分抵消投资减少收入的作用。

5. 货币供应能适应其需求的变化。在投资运动以货币为媒介的现代经济中,如果货币供应量不足以适应投资和消费支出的增加时,投资和消费的增加就会使货币需求上升,从而促使利率提高。利率的提高又会对以后的投资意愿产生抑制作用,从而影响投资乘数作用。

6. 消费和储蓄水平完全由收入水平决定。如果消费储蓄所依赖的不只是一年的收入,乘数分析就不会很准确。例如消费有时不仅受作用于本年和上年的收入水平,还受作用于预期平均收入水平。在这种情况下,短期内收入的增加所引起的消费的增加就不会很大,乘数效果也会降低。

7. 不考虑对外贸易的影响。在对外开放条件下,扩大出口所增加的收入中总有一部分用于购买本国产品,这样就会对国民收入和就业的增加起连锁的推动作用。相反,扩大进口,则起减少国内总需求的作用,影响国内收入增加。

任务二　其他乘数

(一)税收乘数

税收乘数是指国民收入变动量与引起这种变动的税收变动量之间的倍数关系,或者说国民收入变化量与促成这种量变的税收变动量之间的比例。

税收乘数用来反映税收变动与其引起的国民收入变动的倍数的关系。税收乘数是指因政府增加(或减少)税收而引起的国民生产总值或国民收入减少(或增加)的倍数。由于税收是对纳税人收入的一种扣除,税收高低会影响到投资并进而影响到国民收入。税收变动与国民收入呈反方向变化,即税收减少,国民收入增加;税收增加,国民收入减少。因此,税收乘数是负值。

税收乘数体现为税收作用的力度。由于税收是对个人、企业收入的扣除,税收高低会影响企业、个人收入水平及投资，进而影响国民收入。若以 Kt 表示税收乘数，ΔY 表示国民收入变动量，ΔT 表示税收变动额，则：

$$Kt=\Delta Y/\Delta T$$

根据边际消费倾向和投资乘数理论，税收乘数与边际消费倾向大小有关，若以 b 表示边际消费倾向，则：

$$Kt=-b/(1-b)$$

税收乘数的公式为：

$$Kt=\Delta Y/\Delta T$$

其中 Kt 表示税收乘数，ΔY 表示收入数量，ΔT 表示税收变动额。

根据投资乘数理论，把消费支出看成投资，则 $\Delta Y/\Delta C=1/(1-b)$，$\Delta Y=\Delta C/(1-b)$，其中 ΔC 表示消费增量，$\Delta C/\Delta Y$ 表示边际消费倾向。由消费增量和税收增量的关系可知，征税额变动——消费变动额之绝对值应为征税变动额乘以边际消费倾向，即：

$$\Delta C=-b\cdot\Delta T$$

$$\Delta T=\Delta C/(-b)$$

因此，$Kt=\Delta Y/\Delta T=[\Delta C/(1-b)]/[\Delta C/(-b)]=-b/(1-b)$

税收乘数要比投资乘数小，而且是负数。这是由于税收的最初影响可支配收入，而投资乘数的最初影响是国民收入，因此，税收乘数可这样表示：

$$Kt=-(K-1)=1-K$$

其中 K 表示投资乘数。

收入乘数效应在经济学中通常用以说明税收对经济的制约作用。

税收乘数效应是指税收的增加或减少对国民收入减少或增加的程度。由于增加了税收，消费和投资需求就会下降。一个部门收入的下降又会引起另一个部门收入的下降，如此循环下去，国民收入就会以税收增加的倍数下降，这时税收乘数为负值。相反，由于减少了税收，使私人消费和投资增加，从而通过乘数影响国民收入增加更多，这时税收乘数为正值。一般来说，税收乘数小于投资乘数和政府公共支出乘数。

对于税收乘数的作用机制，应该从以下几方面来理解：税收乘数是一个负数，这表明税收与国民收入之间是一种反向运动关系。当政府增加税收时，国民收入则成倍减少；当政府减少税收时，国民收入则成倍增加。税收乘数的大小由边际消费倾向决定。从税收乘数公式看，边际消费倾向越大，则税收乘数的绝对值越大，对国民收入的倍数影响也越大。

如果考虑到增税和减税对纳税人消费偏好的不同影响，我们发现增税带来的国民收入减少往往大于减税带来的国民收入增加。原因是：当增税时，纳税人可支配收入下降或者实际收入降低，此时，边际消费倾向上升，而边际储蓄倾向则下降；当减税时，纳税人可支配收入或实际收入水平增加,边际消费倾向下降,而边际储蓄倾向则上升。增税时边际消费倾向上升和减税时边际消费倾向下降,使增税引致的国民收入减少大于同一数量的减税引致的国民收入增加。

(二)消费乘数

消费中,第一个人花出去的钱买第二人的东西,第二人又买第三个人的东西,以此类推每层的消费都赚钱,这个消费链可能传遍全球,这就是经济的良性循环。消费乘数的变化即乘数效应可以认为是一种经济量的变动引起另一个经济量的更大的变化的现象。

假设有位李先生,车窗玻璃不知被谁砸了。无奈之下,花1000元换了新的。修车行经理得到1000元收入,并没全存起来,而是花900元买了衣服。服装店老板也和修车行经理一样,拿收入的90%买了食品。食品店从得到的810元中,再拿出90%去买面粉……这种收支不停地进行下去,可以算出李先生买玻璃支出的1000元,竟给其他人带来了10000元的收入。经济学把增加的消费与增加的收入之比,称为边际消费倾向,这个数值通常小于1,用1减掉它,再取倒数,叫做支出乘数。前面的例子中,修车行经理、服装店老板等人的边际消费倾向都是0.9(90%),支出乘数则为1/(1-0.9)=10。也就是说,国民收入的增加量,是消费支出的10倍。

通过消费,产品供给更加丰富,经济总量成倍增长。因此消费能极大地拉动经济,扩大内需。如果有了信用消费,没钱随时可以借,边际消费倾向提高,支出乘数增大,对经济的拉动也就更为有力。

(三)财政支付乘数概述

财政支出乘数是指由财政支出变动所引起的国民收入变动量与财政支出变动量之间的比例。财政支出乘数不同于投资乘数。投资乘数的诱发需求可以由各经济主体直接投资和政府财政投资形成。其中政府行为只是一种诱因。而财政支出乘数的诱因只能来自政府行为。

财政支出乘数,包括政府购买支出乘数、转移支付乘数和预算平衡乘数。

1. 政府购买支出乘数

所谓政府购买支出,指政府用于在市场上购买所需商品与劳务的支出。是西方财政学按照财政支出是否与商品劳务直接交换为标准,进行财政支出的分类。它既包括购买进行日常政务活动所需商品与劳务的支出,如行政管理费、国防费、社会文教费、各项事业费等,也包括购买用于兴办投资事业所需商品与劳务的支出如基本建设拨款等。政府购买支出乘数,是指国民收入变化量与引起这种变化量的最初政府购买支出变化量的倍数关系,或者说是国民收入变化量与促成这种变化量的最初政府购买支出变化量的比例。

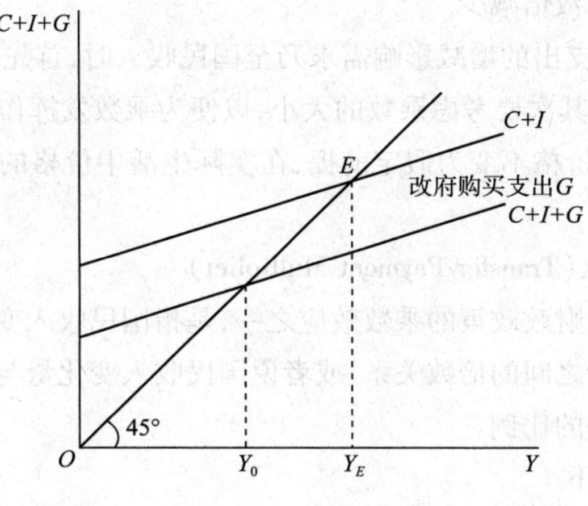

图 10－4　乘数的作用

在一个封闭经济中，假如只存在家庭、企业和政府三个部门。此时，社会总需求 AD 是由消费需求 C、投资需求 I 和政府支出 G 三部分组成，即：

$$AD = C + I + G$$

从收入、支出角度看，总供给是对国民收入 Y 的产出，总需求则是对国民收入的支出，即：

$$Y = C + I + G$$

消费支出 C 是国民收入 Y 的函数，即：$C = a + bY$

其中，a 是一常量，表示自主消费；b 为边际消费倾向（$0 < b < 1$）。则：$Y = a + bY + I + G$

即 $Y = \frac{1}{1-b}(a + I + G)$

$$\Delta Y = \frac{1}{1-b}\Delta G$$

所以，政府购买支出乘数为：$\frac{\Delta Y}{\Delta G} = \frac{1}{1-b}$

$$\frac{1}{1-b} > 1$$

它表示，政府每增加 1 元的购买性支出，就会增加$\frac{1}{1-\mathrm{b}}$元的总需求，显然（因为 $0 < b < 1$）。

发挥政府购买支出乘数的需要注意的问题：

（1）政府购买支出乘数发挥作用，以资源未得到充分利用为前提，或以不存在“瓶颈产业”为条件。

(2)政府购买支出乘数是一把双刃剑。利用它可以引起国民收入的数倍增加,也可以引起国民收入的数倍减少。

(3)在拟用购买支出的增减影响需求乃至国民收入时,首先要考虑实际 GDP 与潜在 GDP 差额的大小,其次要考虑乘数的大小,以便为乘数发挥作用留有余地。

(4)上述分析以价格不变为假定前提,在实际生活中价格的变动将抵消部分乘数效应。

2. 转移支付乘数(Transfer Payment Multiplier)

转移支付乘数是财政政策的乘数效应之一,是指国民收入变化量与引起这种变化量的转移支付变动量之间的倍数关系,或者说国民收入变化量与促成这种变量的政府转移支付变化量之间的比例。

(1)定量税条件下

$$K_{tr} = b/(1-b)$$

(2)比例税条件下

$$K_{tr} = \frac{b}{1-b(1-t)}$$

3. 平衡预算乘数(Balanced Budget Multiplier)

平衡预算指政府增加开支的同时,相应增加同量的税收。即政府税收增加量等于政府购买增加量时叫预算平衡。即政府购买和税收以相同数量增减时,国民收入变动量与政府购买或税收变动量的比率。

增加政府购买 Δg = 引致国民收入增加量

增加税收 Δt = 引致国民收入减少量

一般情况下,平衡预算乘数 kb = 千克 + kt = 1(其中千克叫政府购买乘数,kt 叫税收乘数)

例:假设某经济的消费函数为 $c = 100 + 0.8Yd$,投资 $i = 50$,政府购买性支出 $g = 200$,政府转移支付 $Tr = 62.5$,税收 $t = 250$(单位均为 10 亿美元)

(1)求均衡收入;

(2)求投资乘数、政府支出乘数、税收乘数、转移支付乘数、平衡预算乘数。

解答:

(1)均衡收入 $Y = 100 + 0.8(Y - 250 + 62.5) + 50 + 200$,解得:$Y = 1000$

(2) 投资乘数 $= dY/di = 1/(1-0.8) = 5$

政府支出乘数 $= dY/dg = 1/(1-0.8) = 5$

税收乘数 $= dY/dt = -0.8/(1-0.8) = -4$

转移支付乘数 $= dY/dTr = 0.8/(1-0.8) = 4$

平衡预算乘数 = 政府支出乘数 + 税收乘数 = 1

【本学习情境小结】

1. 均衡的国民收入是总支出等于总供给的国民收入,它不一定是充分就业的国民收入。这就是说,即使国民收入形成均衡,经济中仍有可能存在闲置的社会资源。
2. 消费主要取决于收入,用公式表示为 $C = C(Y)$;其次,随着收入的增加,消费也会增加,但是消费的增加不及收入增加得多,消费和收入的这种关系称作消费函数或消费倾向。

   消费函数是消费支出和个人可支配收入的函数关系,总支出函数是总支出和国民收入的函数关系。因此,在利用消费函数推导总支出函数时,需要首先分析消费支出与国民收入的函数关系,然后再分析其他支出而得出总支出函数。
3. 在总支出函数里,各种支出不是已经发生的实际的支出,而是希望的支出。这时因为总支出函数不是仅仅对经验数据的描述,它是以经验分析为基础的理论概括。某特定的总支出不是已经发生的数值而是可能发生的数值。
4. 平均消费倾向 *APC* 和边际消费倾向 *MPC* 的定义及其相互之间的关系。根据凯恩斯主义理论,边际消费倾向和平均消费倾向都是递减的,但平均消费倾向始终大于边际消费倾向。
5. 通过消费函数可得到储蓄函数,用公式表示为 $S = S(Y)$。相对于储蓄,可以定义平均储蓄倾向 *APS* 和边际储蓄倾向 *MPS* 。如果边际消费倾向递减,那么边际储蓄倾向递增。

   利用收支相等的45°线和投资与储蓄相等这两种方式,可以说明均衡国民收入的决定。在加入政府部门之后,经济的总支出和总收入都会发生变动。总支出包含消费、投资和政府购买;总收入包括消费、储蓄和税收。
6. 影响均衡国民收入的因素发生变动,均衡国民收入就会发生改变。乘数理论反应了这种影响的程度。投资乘数、政府购买乘数、税收乘数和平均预算乘数的结论及其变动乘数发挥作用的过程及其条件是理解乘数理论所必需的。

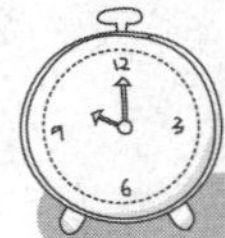

【练习与思考】

一、名词解释

消费函数　边际消费倾向　储蓄函数　投资乘数　税收乘数

二、单项选择

1. 在消费 - 收入图形上,消费曲线向上移动意味着消费者(　　)。

A. 收入减少了不得不减少储蓄　B. 收入增加导致储蓄增加

C. 储蓄的增加不是收入增加引起的　D. 储蓄减少了不是收入增加引起的

2. 如果投资指出突然下降,则根据凯恩斯宏观经济模型(　　)

A. GDP 将迅速下降,其量小于投资的下降,下降的趋势将很快减缓

B. GDP 将迅速下降,其量大于投资的下降

C. GDP 将持续下降,但最终下降将小于投资的下降

D. GDP 将开始持续下降,但最终下降量大大超过投资的下降量

3. 假定其他条件不变,厂商投资增加将引起(　　)

A. 消费水平下降,国民收入增加　B. 消费水平提高,国民收入增加

C. 消费水平不变,国民收入增加　D. 储蓄水平下降,国民收入增加

4. 以下关于乘数的说法中,正确的是(　　)

A. 边际消费倾向与乘数成反比　B. 乘数的作用是双向的

C. 乘数反映了收入如何引起投资变化的

D. 乘数的作用可以无条件实现

5. 在两部门模型的图形中,45°线与消费函数相交的产出水平表示(　　)

A. 均衡的 GDP 水平　B. 净投资支出大于零时的 GDP 水平

C. 消费和投资相等　D. 没有任何意义,除非投资正好为零

6. 在两部门经济模型中,若现期 GDP 水平为 4000 亿元,消费者希望从中支出 2900 亿元消费,计划投资为 1300 亿元,则可预计(　　)

A. GDP 处于不均衡状态,将下降　B. GDP 处于不均衡状态,将上升

C. GDP 处于均衡状态　D. 以上说法都有可能

7. (　　)可以引起消费函数向上移动

A. 总支出曲线越平坦　B. 预期未来收入增加

C. 利率上升　D. 以上三点都不能引起消费函数移动

8. 简单国民收入决定理论涉及的市场是(　　)

A. 产品市场　B. 货币市场

C. 劳动市场　D. 国际市场

9. 乘数的作用必须在(　　)条件下才能发挥作用

A. 经济实现了充分就业　B. 总需求大于总供给

C. 政府支出等于政府税收　D. 经济中存在闲置资源

三、计算题

1. 设社会消费函数为 $C=100+0.8Y$,投资 $I=50$,政府购买 $G=200$,政府转移支付为 $Tr=62.5$,税收 $T=250$,求:

(1)国民收入 Y;

(2)投资乘数、政府购买乘数、税收乘数、转移支付乘数、预算平衡乘数。

2. 假设某经济社会的消费函数为 $C=100+0.8y$,投资为50(单位:10亿美元)。求:

(1)均衡收入、消费和储蓄;

(2)如果当时实际产出(即收入)为800,试求企业非自愿存货积累为多少?

(3)若投资增至100,试求增加的收入。

(4)若消费函数变为 $c=100+0.9y$,投资仍为50,收入和储蓄各为多少?投资增至100时,收入增加多少?

3. 在三部门经济中,已知消费函数 $C=100+0.8Yd$,投资 $I=300$ 亿元,政府购买 $G=160$ 亿元,税收 $T=0.2Y$。求:

(1)均衡的国民收入水平;

(2)政府购买乘数;

(3)若政府购买增加至300亿元,新的均衡国民收入。

【本学习情境的理论与实践案例】

我国经济增长长期依靠投资拉动,消费对经济增长的拉动作用不断减弱,“投资高、出口高、消费低”的增长结构没有得到根本改变。“两高一低”现象的形成,既有边际消费倾向递减规律的作用,又受我国所处的发展阶段和客观环境的影响。

收集资料分析我国居民消费率明显偏低的原因。

学习情境十一　产品市场与货币市场的均衡

【学习目标】

重要概念:

资本边际效率　投资边际效率　货币需求　交易动机　预防动机　投机动机　凯恩斯陷阱　IS曲线　LM曲线

知识目标:

①能够阐明投资是如何决定的;

②能够阐明利率是如何决定的;

③能够通过推导 IS 曲线对产品市场的均衡进行一般描述；

④能够通过推导 LM 曲线对货币市场的均衡进行一般描述。

能力目标：

①能够通过 IS—LM 模型分析产品市场、货币市场同时均衡对经济社会均衡国民收入和利率的决定；

②能够通过 IS—LM 模型分析产品市场、货币市场均衡的变动与均衡收入与利率变动的关系。

【知识与技能】

项目一　产品市场的均衡——*IS* 曲线

任务一　投资的决定

(一)投资的决定因素

在日常生活中,投资的含义很广,通常以获取某种收益为目的的支出都被称为投资,如购买有价证券、土地和其他财产等。但在经济学中,这些都不能算是投资,而只是财产权的转移。经济学中所讲的投资,是指实际资本的形成,包括厂房、设备和存货的增加以及新住宅的建设,其中主要是厂房设备的增加。

凯恩斯认为,既然投资的目的是为了获取回报,而用于投资的资金又有其他多种用途,在投资的风险既定的情况下,厂商是否选择投资就主要取决于投资得到的回报与投资的机会成本的比较。投资的回报可以用投资的预期利润率表示,投资的机会成本一般用资本市场的利率表示,这里的利率指的是实际利率。实际利率大致等于名义利率减去通货膨胀率。当实际利率高于投资的预期利润率时,厂商无论是用自有资金还是从资本市场借入资金进行投资都是不合算的。只有实际利率低于投资的预期利润率,厂商才会选择投资。因此,经济社会在一定时期内投资的数量由投资的预期利润率和资本市场的利率水平共同决定。凯恩斯是通过使用资本的边际效率这一概念来说明投资是如何决定的。

(二)资本的边际效率

凯恩斯使用资本的边际效率表示投资的预期利润率。所谓资本的边际效率

(Marginal Efficiency of Capital)是指一种折现率,这种折现率恰好使一项投资使用期内各期预期收益的现值之和等于这项投资的本金或者重置成本。要理解资本的边际效率需要先了解什么是折现和折现率。

从全社会角度来看,所有厂商共同这样做的结果是,随着投资量的增加,每单位投资的预期利润率即资本边际效率越来越低。据此,我们可以做出资本边际效率曲线,如图 11 –1 所示。

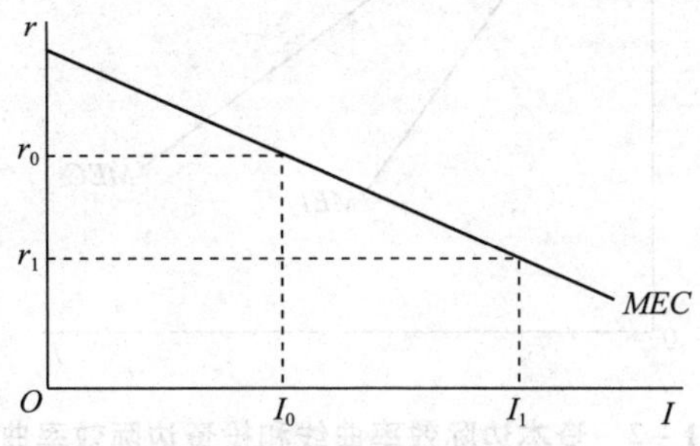

图 11 –1　资本边际效率曲线

从图 11 –1 可以看出,由于随着投资量的增加,资本的边际效率递减,所以,*MEC* 曲线向右下方倾斜。

(三)投资函数

由于投资取决于资本的边际效率与利率水平的比较,在资本边际效率一定的情况下,投资就主要取决于利率的高低。

在其他条件既定时,投资和利率之间存在反方向变化关系,即利率越高,投资越少;利率越低,投资越多。可以用资本边际效率曲线描述利率和投资之间的关系。

如图 11 –1,资本边际效率曲线向右下方倾斜,说明随着投资的增加,资本边际效率趋于下降,当利率为 r_0 时,在 I_0 之前的投资的资本边际效率大于利率 r_0,因此是有利可图的,而超过 I_0 的投资的资本边际效率低于利率,投资无利可图,此时,投资量为 I_1;当利率降低到 r_1 时,I_0 之后的一部分投资也变得有利可图,投资相应地增加到 I_1。因此,可以用资本边际效率曲线代表投资曲线。

(四)投资边际效率曲线

在预期收益不变的情况下,厂商的收益率必然会降低。因此,在利率下降,投资增加的过程中,由于资本品价格不断上涨,厂商在投资过程中实际获得的收益率必然小于资本的边际效率。西方经济学家把在实际投资过程中每增加一单位投资所获得的收益率称为投资的边际效率(Marginal Efficiency of Investment)。描述投资边际效率随投资变动而变动的曲线就是投资边际效率曲线。很明显,由于投资边际效率小于资本边际效率,所以投资边际效率曲线低于资本边际效率曲线,如图 11 – 2 所示。

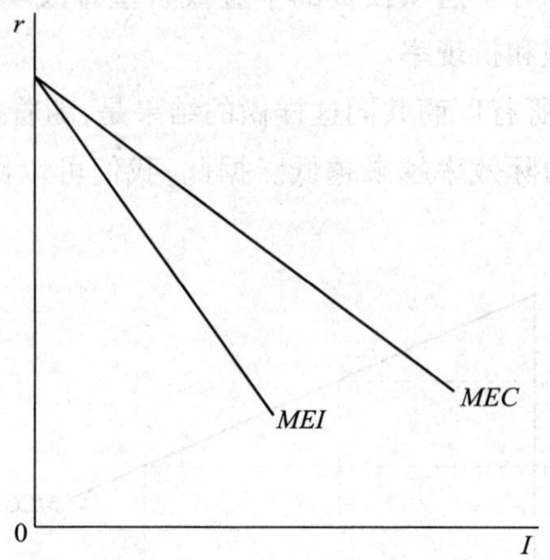

图 11 – 2　资本边际效率曲线和投资边际效率曲线

任务二　*IS* 曲线

如果画一个坐标图形如图 11 – 3,以纵轴代表利率,以横轴代表收入,则可得到一条反映利率和收入间相互关系的曲线。这条曲线上任何一点都代表一定的利率和收入的组合,在这样的组合下,投资和储蓄都是相等的,从而产品市场是均衡的,因此这条曲线称为 *IS* 曲线。

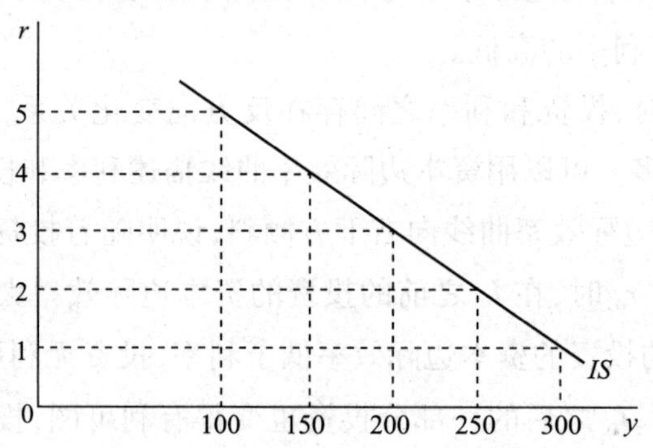

图 11 – 3　*IS* 曲线(单位:10 亿美元)

IS 曲线是产品市场均衡状态的一幅简单图像,它表示的是:与任一给定的利率相对应的国民收入水平,在这样的水平上,投资恰好等于储蓄,因此这条曲线称为 *IS* 曲线。

由于利率下降意味着一个较高的投资水平,同时也意味着一个较高的储蓄和收入水平,因此,*IS* 曲线的斜率是负值。

减税是否会导致税收总额的减少

虽然我国政府在实施积极的财政政策中并没有采用减少税收的政策,但人们一般认同的是,减税并不一定必然导致税收总额的减少,由减税而带来的社会投资和消费的增长将会导致征税范围扩大,这就可能会抵消因税收调整而造成的税收总量的减少。在20世纪70年代,由于石油涨价所引发的经济危机,西方各国都出现了战后最严重的经济衰退,采取了各不相同的宏观调控政策,其中财政政策尤为显著。从国外看,日本在70年代多次实行减税政策,从1973年开始实行所得税减免,到1977年间,年平均减少3700亿日元,实际税收平均下降了5%左右;不断增加对公共事业的投资,1978年公共事业投资增长27%;增加社会福利开支,1973年开始提出“老年人疗养免费”,并通过修订健康保险法和年薪法。联邦德国在70年代通过采取增加政府支出、扩大政府补贴和债务、减免税收等多种形式,成功地克服了经济衰退。在1970—1982年,联邦德国政府支出占GNP的比重由37.2%上升到49.8%,政府投资增加了45.7%,政府消费支出增长了206.3%,政府债务从1154亿马克增加到6097亿马克,占GNP的比重由17.1%上升到38.2%,税收减免额和财政赤字均有大幅增长。在此期间,英国、法国、意大利等均采用了扩张性的财政政策,并取得了明显的成效,促进了就业和经济增长。

资料来源:人民网,2001年9月5日。

项目二　货币市场的均衡——*LM* 曲线

利率决定投资,并进而影响国民收入。然而,利率本身又是怎样决定的呢?凯恩斯认为,利率是由货币的供给和需求决定的。而货币的实际供给量(用 m 表示)一般由国家或中央银行决定,是一个外生变量。因此,需要重点分析的主要是货币的需求。

任务一　货币的需求

所谓货币需求是指以货币形式保留财富的需求。因此,货币需求又称为流动偏好或灵活偏好。

货币有很强的流动性,也就是说,与人们拥有的其他财富形式相比,货币更容易与其他资产进行交换。

对货币的流动偏好来自于三种动机,即交易动机、预防动机和投机动机。

第一,交易动机,是指人们为了应付日常交易需要在手里保留货币的动机。人们之所以产生交易动机,最主要的原因是在一般情况下收入和支出不同步。比如,人们领工资是每月一次，农民取得收入具有季节性，但人们的日常支出却是经常性的，随时都可能发生交易，这样，人们就不得不把一定量的货币保留在手中。

由交易动机所产生的对货币的需求称为货币的交易需求。每个人对货币的交易需求都可能不同，这由他们的日常交易数量来决定，而日常交易数量主要取决于他们的收入水平。就整个经济而言，居民对货币的交易需求取决于国民收入水平，随国民收入增加而增加。所以，货币的交易需求是国民收入的增函数。

第二，预防动机，又称谨慎动机，是指人们为了防范不测之需而保留货币的动机。人们的预防动机主要产生于未来收入和支出的不确定性。人们获得收入后一般不会把它花个精光，在基本生活得到满足之后，往往会考虑到：将来会不会失业？将来会不会生病？会不会遇到什么意外的损害？如此等等，这些担心使人们为安全起见把一部分货币节省下来。

由预防动机所产生的对货币的需求称为货币的预防需求。对单个居民户而言，货币预防需求的数量一方面取决于他的收入状况，另一方面取决于他对风险的态度。但对整个经济而言，人们对风险的态度可视为既定因素。那么，对货币的预防需求就取决于国民收入水平，随国民收入增加而增加。所以，货币的预防需求是国民收入的增函数。

货币的交易需求和货币的预防需求都取决于国民收入，并且都是国民收入的增函数。为了简便起见，我们可以把两者归为一类，用 L_1 表示，并以货币交易需求称之。

根据以上分析，可以把货币交易需求表示为国民收入的函数形式，即：

$$L_1 = L_1(Y) = kY \tag{11.1}$$

式中，k 为出于上述二动机所需货币量同实际收入的比例关系，且 $0 < k < 1$；y 为具有不变购买力的实际收入。我们可以把公式(11.1)用曲线表示，如图 11－4 所示。

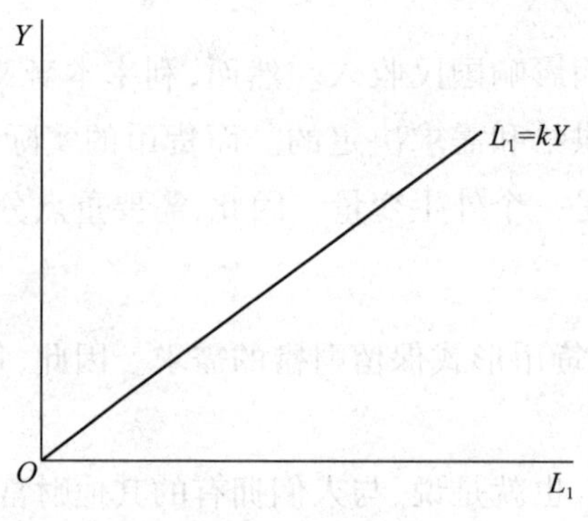

图 11－4　交易需求曲线

第三，投机动机，是指人们为了把握最有利的投资机会而在手中保留一定数量货币的动机。人们之所以还要保持一定数量的货币是因为证券价格经常发生波动。以股票为例,如果掌握最佳时机,低吸高抛就可获得差价收益,而最佳时机事先很难估计,只能持币等待。

由投机动机所产生的货币需求称为货币的投机需求,影响投机需求的主要因素是利率水平。我们知道,当股票价格下跌时,人们就购买股票,手中保留的货币即货币的投机需求减少;反之,当股票价格上涨时,人们就出售股票,手中保留的用于投机的货币即货币的投机需求就增加。由此可知,货币的投机需求与股票价格同方向变化。

另一方面,股票价格与银行利率反向变化。从理论上说,股票价格等于股息与利率之比。例如,某人持有一手股票,预计年获利 100 元,假设银行年利率 10%,则这手股票值 1000 元。这手股票之所以与 1000 元等值,是因为 1000 元存入银行也可获得 100 元利息收入,和这手股票的股息收入一样多。照此说来,如果银行利率下降到 8%,这手股票的价格就上涨到 1250 元(即 100/0.08);如果利率上升到 12%,这手股票的价格下跌到 833 元,即(100/0.12)。由此可知,股价和利率是反向变化的。

既然货币的投机需求与股票价格同向变化,而股票价格又与利率反向变化,由此可知,货币的投机需求与利率反向变化,即它是利率的减函数。以表示货币的投机需求,以 r 表示利率水平,则:

$$L_2 = L_2(r) = -hr(h>0) \tag{11.2}$$

式中,h 是货币投机需求的利率系数,负号表示货币投机需求与利率变动有负向关系。我们把式(11.2)用曲线表示,如图 11-5 所示。

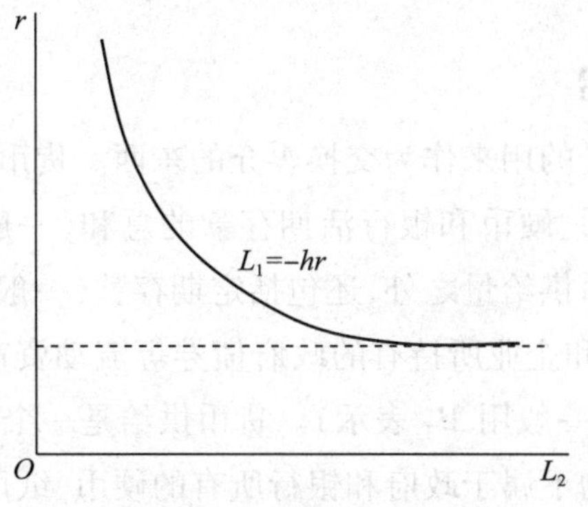

图 11-5　投机需求曲线

以上分析说明,对利率的预期是人们调节货币和债券配置比例的重要依据,利率越高,货币需求量越小。当利率极高时,这一需求量等于零,因为人们认为这时利率不大可能再上升,或者说有价证券价格不大可能再下降,因而将所持有的货币全部换成有价证券。反之,当利率极低,比方说 2%,人们会认为这时利率不大可能再下降,或者说有价证券市场价格不大可能再上升而只会下降,因而会将所持有的有价证券全部换成货币。人们有了货币也决不肯再去买有价证券,以免证券价格下跌时遭受损失,人们不管有多少货币都愿意在手中继续持有,这种情况称为"凯恩斯陷阱"或"流动偏好陷阱"。简洁地说,凯恩斯陷阱是指当利率极低时,人们手中无论增加多少货币,都不会再去购买有价证券,都要留在手中,因而流动性偏好趋向于无限大。这时候即使银行增加货币供给,也不会再使利率下降。

综上所述,货币需求包括货币交易需求、货币预防需求和货币投机需求,是国民收入的增函数,L_2 是利率的减函数。以 L 表示货币需求,则货币需求函数:

$$L = L_1(Y) + L_2(r) = kY - hr \tag{11.3}$$

在国民收入既定的情况下,L_1 是既定的,L_2 是随利率变化而变化的。如图 11－6 所示。

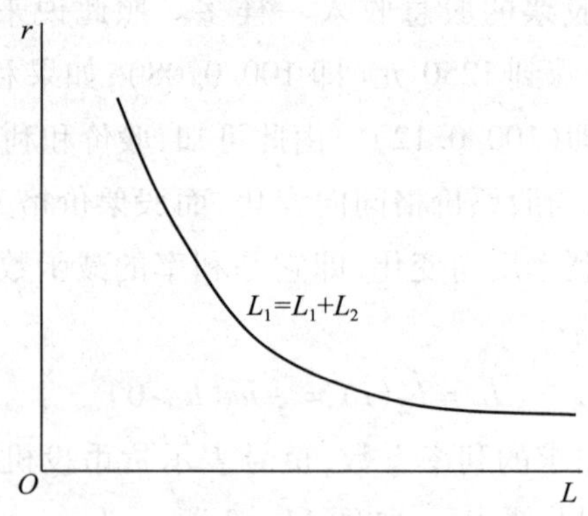

图 11－6 货币需求曲线

任务二 货币的供给

货币是人们普遍接受的用来作为交换媒介的东西。货币供给有广义和狭义之分,狭义的货币供给是指纸币、硬币和银行活期存款的总和(一般用 M_1 表示);广义的货币供给除包括狭义的货币供给量之外,还包括定期存款(一般用 M_2 表示)。如果广义货币供给(M_2)加上个人和企业所持有的政府债券等流动资产或"货币近似物",便是意义更广泛的货币供给(一般用 M_3 表示)。货币供给是一个存量的概念,它是一个国家在某一时点上所保持的不属于政府和银行所有的硬币、纸币和银行存款的总和。作为理论分析,通常在笼统意义上使用货币供给的概念。

货币量有名义货币量和实际货币量之分,名义货币量是指中央银行发行的,以面值表示的货币量;实际货币量是以实际购买力表示的货币量。把名义货币量折算成具有不变购买力的实际货币量,必须用价格指数加以调整。如果用 M、m 和 P 顺次代表名义货币量、实际货币量和价格指数,那么 $m = \frac{M}{P}$。

本章所涉及的货币量是实际货币量。它可以分为两部分:满足交易需求(包括交易动机和预防动机引起的货币需求)的是 m_1,满足投机需求(投机动机引起的货币需求)的是 m_2,即 $m = m_1 + m_2$。

在宏观经济理论中,通常把货币供给作为一个外生变量来处理。它是一个存量,这个存量是由中央银行决定的。之所以说货币供给是外生变量,是因为中央银行代表国家发行货币并不是为了赢利。所以,货币供给与利率水平无关。如图 11 - 7 所示,货币供给曲线是一条垂直于横轴的直线。

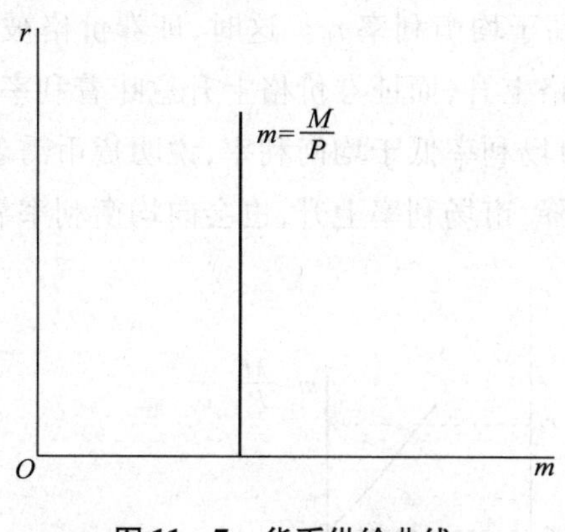

图 11 - 7　货币供给曲线

影响货币供给的变量

20 世纪 80 年代以来,随着金融证券化的发展,为创造一个更加宽松的金融竞争环境,西方国家开始放松金融管制,采取金融自由化措施,各国政府纷纷放松对银行业的管制。1980 年,美国率先废除了 30 年代大危机后制定的 Q 条例,允许商业银行向支票存款支付利息。

这个措施提高了支票存款相对于通货的预期回报率,增加了支票存款对公众的吸引力,公众相应减少通货的持有,于是在 1980 年 6 月到 12 月间,美国公众的 C/D(即通货比率:通货/支票存款)由 0.4 下降到 0.37。C/D 比率的下降意味着公众手持通货的减少和商业银行基础货币的增加,商业银行信用创造能力增强,这就造成货币乘数扩大,货币供给量增加,当年货币供应增长率就达到 7.2%。由此可见,短期内,C/D 比率的变动对货币供给影响很大,支票存款这一金融工具可以作用于通货比率,影响货币供给。显然,中央银行只是决定货币供给的一个方面,其他经济主体,商业银行和公众也有影响货币供给的很大力量。

资料来源:胡海鸥主编,《货币理论与货币政策》,复旦大学出版社,2004,p94。

任务三　均衡利率的决定

有了货币需求曲线和货币供给曲线之后，便可以决定均衡利率。

在图 11－8 中，L 是货币需求曲线，严格地说，它是一条在既定收入水平下的货币需求曲线；m 是货币供给曲线，由中央银行决定，数量为 m_0，两者的交点决定了均衡利率为 r_0。这时，市场利率无论是高于或低于均衡利率，都会自动向均衡利率趋近。比如，当市场利率为 r_1 时，高于均衡利率 r_0。这时，证券价格被低估，人们会把手中多余货币购买证券，使证券价格上升，而证券价格上升意味着利率下降，从而市场利率向均衡利率靠近；反之，如果市场利率低于均衡利率，说明货币需求大于货币供给，这时，人们出售证券，证券价格下降，市场利率上升，也会向均衡利率靠近。

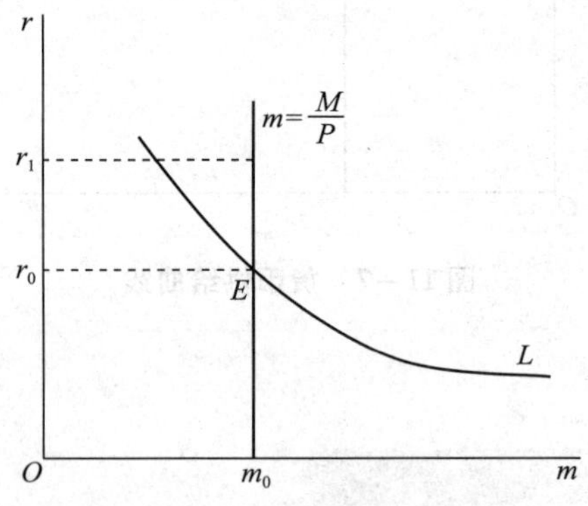

图 11－8　货币需求和供给的均衡

如果货币供给量一定，货币需求增加，货币需求曲线就会向右移动，从而导致均衡利率提高；反之，货币需求减少，货币需求曲线就会向左移动，从而导致均衡利率下降。如果货币需求不变，由中央银行决定的货币供给增加，则均衡利率下降；反之，如果货币供给量减少，则均衡利率提高。这里特别指出，如果货币需求曲线处于"凯恩斯陷阱"区域，则无论货币供给如何增加，利率水平都不再下降。

项目三　产品市场与货币市场的同时均衡——IS－LM 模型

任务一　两个市场同时均衡的利率和收入

在前面的分析中我们了解到，在产品市场上，要使产品市场供求均衡，必须使计划投资等于计划储蓄，而投资是利率的减函数，国民收入是投资的增函数。因此，要求出均衡的收入水平，必须先确定利率。而利率是由货币市场上供给和需求决定的，货币需求是国民收入的增函数，是利率的减函数，在货币供给量既定（为常数）的情况下，当国民收入越高，对货币的交易性和预防性需求越大，则对货币的投机需求就会降低，利率会越高。于是，要确定利率水平，又首先要决定国民收入。简单地说，从 IS 曲线来看,利率是自变量,国民收入是因变量;从 *LM* 曲线来看,国民收入是自变量,利率是因变量。因此,我们必须将产品市场和货币市场结合起来,才能决定均衡国民收入和均衡利率,这就是所谓的 *IS*—*LM* 模型,如图 11－9 所示。

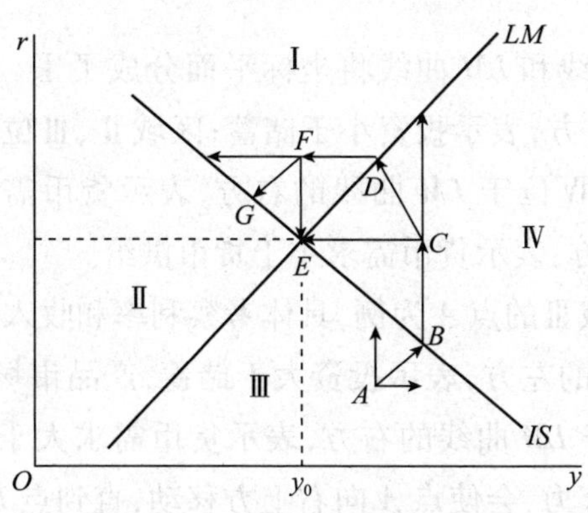

图 11－9　*IS*—*LM* 模型

IS 曲线上每一点都表示使产品市场均衡($I=S$)的利率和收入的组合,*LM* 曲线每一点都表示使货币市场均衡($L=M$)的利率和收入的组合。两条曲线的交点 *E* 表示的是产品市场和货币市场的一般均衡,即此点处产品市场和货币市场同时实现供求平衡,*E* 点所对应的利率 r_0 和收入 y_0 表示使产品市场和货币市场同时均衡的利率和收入水平。从另一个角度来说,由于 *IS* 曲线反映的是产业部门(产品市场)的行为,*LM* 曲线描述的是金融部门(货币市场)的行为,所以,*IS*—*LM* 模型又可以用来分析产业部门和金融部门的相互依存、相互作用。

我们沿用前面的数据来具体说明如何求得均衡利率和均衡国民收入。图 11－3 描述的是 *IS* 曲线:

$$i=1800-120r, s=-600+0.3y, i=s\text{ 时}, y=8000-400r$$

图 11－12 描述的是 *LM* 曲线:

$$L_1=0.5y, L_2=1250-250r, m=2500(\text{亿元})$$

当 $L=m$ 时,$r=0.002y-5$

两个市场同时均衡时:

$$y=8000-400r$$

$$r=0.002y-5$$

将上面两式联立求解,得 $r_0=6.11\%$,$y_0=5555.6$(亿元)

这即是图 11－9 中均衡点 *E* 所对应的利率和收入水平。

当利率和收入组合位于 *E* 点之外时,意味着产品市场和货币市场没有实现一般均衡。此时,通过政府的经济政策或市场机制进行调整,可以由不均衡逐步趋向均衡。

由不均衡到均衡的调节过程,就是利率和国民收入向均衡水平变动的过程。这一调整过程的假设前提是:第一,产品市场不均衡会导致收入变动,若投资大于储蓄会导致收入增加,投资小于储蓄则会导致收入下降;第二,货币市场不均衡会导致利率变动,若货币需求大于货币供给会导致利率上升,货币需求小于货币供给会导致利率下降。

在图 11 - 9 中,*IS* 曲线和 *LM* 曲线将坐标平面分成了Ⅰ、Ⅱ、Ⅲ、Ⅳ四个区域。区域Ⅰ、Ⅳ位于 *IS* 曲线的右方,表示投资小于储蓄;区域Ⅱ、Ⅲ位于 *IS* 曲线的左方,表示投资大于储蓄。区域Ⅲ、Ⅳ位于 *LM* 曲线的右方,表示货币需求大于货币供给;区域Ⅰ、Ⅱ位于 *LM* 曲线的左方,表示货币需求小于货币供给。

我们以图中位于区域Ⅲ的点 *A* 为例,具体考察利率和收入是如何由不均衡趋向均衡的。点 *A* 位于 *IS* 曲线的左方,表示投资大于储蓄,产品市场供不应求,这会推动收入增加;同时,该点又位于 *LM* 曲线的右方,表示货币需求大于货币供给,这会推动利率上升。这两个推动的合力,会使点 *A* 向右上方移动,直到点 *B*,点 *B* 位于 *IS* 曲线上,意味着产品市场实现了均衡,收入不会再发生变化。但点 *B* 仍位于 *LM* 曲线的右方,表示货币需求大于货币供给,利率会继续上升,直到位于区域Ⅳ的点 *C*。区域Ⅳ位于 *IS* 曲线的右方,表示投资小于储蓄,产品市场存在过剩,这会推动收入减少;同时,该区域也位于 *LM* 曲线的右方,表示货币需求大于货币供给,这会推动利率上升。两个推力的合力,推动点 *C* 向左上方移动,直到点 *D*,点 *D* 位于 *LM* 曲线上,表明货币市场达到均衡,利率不会发生变化;但点 *D* 仍在 *IS* 曲线的右方,投资仍然小于储蓄,收入会继续减少,直到位于区域Ⅰ的点 *F*。区域Ⅰ位于 *IS* 曲线的右方,表示投资小于储蓄,产品市场供过于求,这会推动收入继续减少;同时,该区域又在 *LM* 曲线的左方,意味着货币需求小于货币供给,存在货币的过度供给,这又会推动利率下降。这两个推力的合力,又会推动点 *F* 向左下方移动,直到点 *G*……

一般来说,点 *A* 经过以上一系列的变动后,最终会运动到 *IS* 曲线和 *LM* 曲线的交点 *E*。在点 *E*,$I = S$,$L = M$,收入和利率不再变,产品市场和货币市场同时实现均衡。

任务二 产品市场和货币市场均衡的变动

IS 曲线和 *LM* 曲线的交点所确定的利率和收入的均衡组合并非一成不变。当决定 *IS* 曲线和 *LM* 曲线的因素发生变动时,*IS* 曲线和 *LM* 曲线会相应变动,则使产品市场和货币市场同时均衡的收入和利率也会随之变动。

(一)*IS* 曲线的移动

IS 曲线的移动源于总支山的变动。投资倾向、消费倾向、储蓄倾向的变动,都会影响总支出:总支出的增加使 *IS* 曲线右移,总支出的减少使 *IS* 曲线左移,如图 11 - 10 所示。

最初 *IS* 曲线和 *LM* 曲线相交于均衡点为 E_1,该点对应的利率和收入水平恰好使

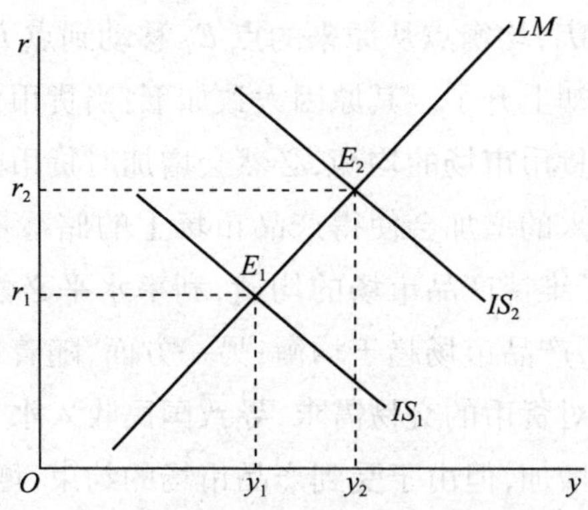

图 11 - 10　*IS* 曲线移动对均衡的影响

产品市场和货币市场同时实现均衡。假设现在由于投资倾向、消费倾向或政府购买、税收等因素使总需求发生变动,导致 *IS* 曲线右移,从原来的 IS_1 移动到 IS_2,而 *LM* 曲线仍然不变,则均衡点从点 E_1 移动到点 E_2,此时均衡的利率和收入水平都上升了。其原因大致如下:当总支出增加时,收入会相应增加,但收入的增加导致对货币的交易需求增加,在货币供给水平不变(即 *LM* 曲线没有移动)的情况下,货币的投机需求必然减少,利率水平必定上升,这又会导致产品市场上投资需求减少,收入水平下降,即支出增加导致均衡收入增加,但由于受到货币市场的约束,增加的幅度小于简单宏观经济模型;反之,当总需求下降时,*IS* 曲线向左移动,这会导致均衡的利率和收入水平减少,但减少的幅度受货币市场的约束而较小。

(二)*LM* 曲线的移动

名义货币供给量及价格水平的变动会导致 *LM* 曲线的移动:货币供给量的增加使 *LM* 曲线右移,反之则左移,如图 11 - 11 所示:

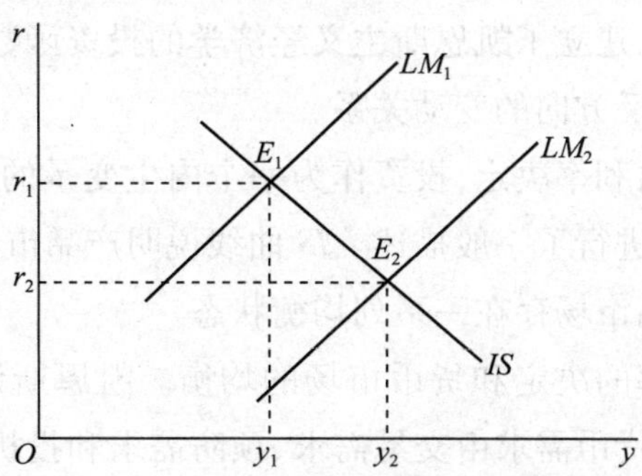

图 11 - 11　*LM* 曲线移动对均衡的影响

最初 *IS* 曲线和 *LM* 曲线相交于均衡点为 E_1,该点对应的利率和收入水平恰好使产品市场和货币市场同时实现均衡。现在假设 *IS* 曲线保持不变,而货币供给增加,则

LM 曲线由 LM_1 移动到 LM_2，均衡点从原来的点 E_1 移动到点 E_2，此时均衡的利率水平下降，而均衡的收入水平却上升了。其原因大致如下：当货币供给增加时，假定利率水平保持不变，则为了维持货币市场的均衡，必然会增加对货币的交易需求，这要求国民收入相应增加；而国民收入的增加会使得产品市场上的储蓄量增加，在投资不变的情况下，产品市场失衡；为了维持产品市场的均衡，利率水平必然要下降：随着利率的下降，一方面投资需求增加，产品市场趋于均衡；另一方面，随着利率的下降，对货币的投机需求会上升，这会挤占对货币的交易需求，导致国民收入水平下降，即当货币供给增加时，均衡的国民收入会增加，但由于受到产品市场的约束，增加的幅度会减小；反之，当货币供给减少时，利率会上升，收入会减少，但出于受到产品市场的制约，收入不会减少得太多。

（三）IS 曲线与 LM 曲线同时移动

在现实经济中，IS 曲线与 LM 曲线往往同时发生移动。两者可能同向移动，也可能反向移动；移动的幅度可能相同，也可能不同。这种错综复杂的情况，使得利率和收入的均衡组合千变万化。对这些不同组合的情况，可以用类似供求变动对市场均衡的价格和产量影响的方法来分析。

【本情境知识点小结】

本章在上一章简单国民收入决定理论的基础上，进一步说明了均衡国民收入如何由产品市场和货币市场同时均衡决定。

1. 首先本章考察了作为总需求的重要组成部分的投资是如何决定的。通过引入资本的边际效率这一概念，建立了凯恩斯主义经济学的投资函数，并证明投资与其决定因素利率之间存在着反方向的变动关系。
2. 其次，在明确了投资由利率决定，投资作为一个内生变量的基础，通过推导出 IS 曲线对产品市场的均衡进行了一般描述。IS 曲线说明产品市场的均衡主要取决于收入和利率的组合，产品市场存在一系列均衡状态。
3. 再次，主要说明了利率的决定和货币市场的均衡。凯恩斯认为利率是由货币市场的均衡状态决定的。货币需求由交易需求、预防需求和投机需求构成，货币供给是一个外生变量，货币供求的均衡决定了均衡的利率水平。最后，通过 LM 曲线对货币市场的均衡进行了一般描述。
4. 最后，本章通过 IS—LM 模型说明了产品市场、货币市场的相互影响，并进一步说明两个市场的同时均衡对经济社会均衡国民收入和利率的决定。还说明了产品市场、货币市场均衡的变动与均衡收入与利率变动的关系。

【练习与思考】

一、单项选择题

1. 在凯恩斯区域,*LM* 曲线(　　)。

A. 垂直　　B. 水平

C. 向右下方倾斜　　D. 向左下方倾斜

2. 当(　　),*IS* 曲线越陡峭。

A. 乘数越小　　B. 投资对利率敏感时

C. 边际消费倾向大时　　D. 税率 t 越小

3. 当增加政府转移支付时,IS 曲线会(　　)。

A. 左移　　B. 不变

C. 右移　　D. 旋转

4. 在古典区域,*LM* 曲线(　　)。

A. 水平　　B. 向右下方倾斜

C. 垂直　　D. 向右上方倾斜

5. 在 *IS* 曲线中,如果边际消费倾向提高,则(　　)。

A. 纵截距减少　　B. 纵截距增加

C. 横截距减少　　D. 横截距增加

6. *IS* 曲线与 *LM* 曲线相交时,(　　)。

A. 产品市场均衡,货币市场非均衡

B. 产品市场、货币市场都非均衡

C. 产品市场、货币市场都均衡

D. 产品市场非均衡,货币市场均衡

7. *IS* 曲线左下方,*LM* 曲线右下方的组合表示(　　)。

A. 产品求大于供,货币求大于供

B. 产品供大于求,货币求大于供

C. 产品求大于供,货币供大于求

D. 产品供大于求,货币供大于求

8. *IS* 曲线上的点表示的是(　　)。

A. 货币市场均衡时收入和利率的组合

B. 货币供给等于货币需求时收入和利率的组合

C. 产品市场均衡时收入和利率的组合

D. 没有意义

9. 其他条件不变时,当税收增加△t 时,IS 曲线(　　)。

A. 左移△t　　B. 左移△t×税收乘数

C. 右移△t×税收乘数　　D. 右移△t

10. 当其他条件不变时,$L=ky—hr$,实际货币供给增加△M 时,LM 曲线(　　)。

A. 右移△M　　B. 右移△M/k

C. 左移△M/k　　D. 右移 $k/$△M

11. 在流动性陷阱区域,(　　)。

A. 投机性货币需求高　　B. 投机性货币需求低

C. 交易性货币需求高　　D. 交易性货币需求低

12. 自发投资支出增加 10 亿美元,会使 IS 曲线(　　)。

A. 右移 10 亿美元　　B. 左移 10 亿美元

C. 右移支出乘数乘以 10 亿美元　　D. 左移支出乘数乘以 10 亿美元

13. 当利率很低时,人们购买债券的风险将会(　　)。

A. 变得很大　　B. 变得很小

C. 可能很大,也可能很小　　D. 不发生变化

14. 其他条件不变时,(　　),LM 曲线向右移动。

A. 货币投机需求增强时　　B. 货币供给量增加时

C. 投资需求增加　　D. 价格水平上升

15. IS 曲线和 LM 曲线方程分别为 $y=3500-500r$ 和 $y=500+500r$ 时,均衡利率和收入分别为(　　)。

A. $r=3\%$　$y=2000$　　B. $r=4\%$　$y=2000$

C. $r=5\%$　$y=2500$　　D. $r=3\%$　$y=2500$

16. 当其他条件不变时,(　　),收入增加利率上升。

A. 私人投资增加　　B. 政府税收增加

C. 政府供给增加　　D. 以上都不是

17. 货币 M_1 包括(　　)。

A. 活期存款　　B. 定期存款

C. 政府债券　　D. 储蓄存款

18. 根据凯恩斯的理论,(　　)不是人们需要货币的原因。

A. 交易动机　　B. 投机动机

C. 谨慎动机　　D. 政绩动机

19. 当货币市场上的货币供给超过货币需求时,(　　)。

A. 债券价格下降,利率下降　　B. 债券价格不变,利率上升

C. 债券价格上升,利率下降　　D. 债券价格上升,利率上升

二、问答题

1. 请说明何种因素决定了 *IS* 曲线的位置。
2. 请说明货币市场上均衡利率是如何决定的。
3. 简述凯恩斯的货币需求理论。
4. 请说明为何投机动机的货币需求与利率是反向关系。

三、计算题

1. 考查一个三部门经济,$C=100+0.5Yd$,$I=200-90r$,其中税收 $T=0.2Y$,政府支出 $G=600$,货币需求为 $L=0.6Y-300r$,实际货币供给为300。

(1)求 *IS* 曲线方程。

(2)求 *LM* 曲线方程。

(3)求经济实现均衡时的利率和收入。

2. 设一两部门经济的消费函数为 $C=200+0.6Y$,投资函数为 $I=1000-200r$;货币需求为 $L=500+0.5Y-200r$,货币供给为 $M=1500$。

(1)试求该经济的 *IS* 曲线方程。

(2)试求该经济的 *LM* 曲线方程。

(3)试求该经济产品市场和货币市场同时均衡时的均衡收入和利率。

(4)若货币供给减少500,均衡收入和利率会产生何种变化。

(5)若货币供给减少500,投资函数变为 $I=500-200r$,这种变化对均衡会有什么影响。

学习情境十二　失业与通货膨胀理论

【学习目标】

重要概念:

通货膨胀　消费者物价指数　生产者物价指数　国内生产总值平减指数　失业　充分就业

知识目标：

①能够掌握通货膨胀和失业的衡量；

②能够掌握通货膨胀和失业主要类型；

③能够分析通货膨胀的原因；

④能够分析通货膨胀的效应。

能力目标：

①能够分析通货膨胀和失业对社会经济的影响；

②能够掌握政府治理通货膨胀的政策；

③能够掌握菲利普斯曲线及政策含义；

④能够掌握西方经济学各主要流派关于失业与通货膨胀的关系的不同的观点。

【知识与技能】

项目一　失业理论

【引子】

2008年中国十行业就业指数调查

2008年中国十行业就业指数调查结果发布，调查结果显示：英才网联在8月的招聘会现场通过对1000多名2008届毕业生调查显示，有78.2%的人还在找工作的过程当中，除了继续深造的，仅有12.1%的学生成功就业。截至8月底，目前仍在找工作的2008届毕业生中，有近八成是没有工作的，只有一成左右是对目前工作不满意想跳槽。

中国劳动和社会保障部部长田成平在9日上午的新闻发布会上表示，中国现在每年新增两千万劳动力，就业压力依然严峻。田成平称："这五年，中国城镇新增就业5100万人，年均超过1000万人，去年城镇新增就业1204万人，就城镇而言，每年在城镇要求就业的有2400万。但是，每年只能提供城镇就业岗位1200多万个。再加上每年农村富余劳动力向城镇的转移大约有800万人，这也要持续相当长的一段时间。"这就意味着每年新增2000万劳动力面临就业问题。

资料来源：人力资源网。

任务一　失业与充分就业

（一）失业的定义与衡量

凡在一定年龄范围内愿意工作而没有工作，并正在寻找工作的人都是失业者。按《现代经济学词典》的解释，失业是“所有那些未曾受雇，以及正在调往新工作岗位或未能按当时通行的实际工资率找到工作的人”。

各国对工作年龄和失业的范围都有不同的规定。在美国，工作年龄是16—65岁。属于失业范围的人包括：第一，新加入劳动力队伍第一次寻找工作，或重新加入劳动力队伍正在寻找工作已达4周以上的人。第二，为了寻找其他工作而离职，在找工作期间作为失业者登记注册的人。第三，被暂时辞退并等待重返工作岗位而连续七天未得到工资的人。第四，被企业解雇而且无法回到原工作岗位的人，即非自愿离职者。

衡量一个经济中失业状况的最基本指标是失业率。失业率是失业人数占劳动力总数的百分比，用公式表示为

$$失业率 = \frac{失业人数}{劳动力总数} \times 100\%$$

失业人数指属于上述失业范围，并到有关部门登记注册的失业者人数。劳动力总数指失业人数与就业人数之和。各国失业率的统计方法也略有不同。

（二）充分就业的含义

充分就业并非人人都有工作。失业可以分为由于需求不足而造成的周期性失业，与由于经济中某些难以克服的原因而造成的自然失业。消灭了周期性失业时的就业状态就是充分就业。充分就业与自然失业的存在并不矛盾。实现了充分就业时的失业率称为自然失业率，充分就业的失业率，或长期均衡的失业率。

充分就业时仍然有一定的失业。这是因为，经济中有些造成失业的原因（如劳动力的流动等）是难以克服的，劳动市场总不是十分完善的。这种失业的存在不仅是必然的，而且还是必要的。因为这种失业人口数的存在，能作为劳动后备军随时满足经济对劳动的需求，能作为一种对就业者的“威胁”而迫使就业者提高生产效率。此外，各种福利支出（失业补助、贫困补助等）的存在，也使得这一定失业水平的存在不会成为影响社会安定的因素，是社会可以接受的。

自然失业率的高低，取决于劳动市场的完善程度、经济状况等各种因素。自然失业率由各国政府根据实际情况确定。各国在各个时期所确定的自然失业率都不同。

任务二　失业的分类

按照西方经济学理论可以对失业进行如下分类：

（一）自然失业

自然失业是指由于经济中某些难以避免的原因所引起的失业，在任何动态市场经济中这种失业都是必然存在的。新古典经济学派和凯恩斯都把这类失业归为摩擦性失业和自愿失业。现代经济学家按引起失业的具体原因把自然失业分成这样一些类型：

1. 摩擦性失业。经济中由于正常的劳动力流动而引起的失业。经济中劳动力的流动是正常的，所以，这种失业的存在也是正常的。一般还把新加入劳动力队伍正在寻找工作而造成的失业，也归入摩擦性失业的范围之内。

2. 结构性失业。由于劳动力市场结构的特点，劳动力的流动不能适应劳动力需求变动所引起的失业。在这种情况下，往往是"失业与空位"并存，即一方面存在着有工作无人作的"空位"，另一方面又存在着有人无工作的"失业"。这种失业的根源在于劳动力市场的结构特点。

3. 季节性失业。由于某些行业生产的季节性变动所引起的失业。在农业、建筑业、旅游业中，这种季节性失业最严重。

（二）周期性失业

周期性失业又称需求不足的失业，也就是凯恩斯所说的非自愿失业。根据凯恩斯的分析，就业水平取决于国民收入水平，而国民收入又取决于总需求。周期性失业是由于总需求不足而引起的短期失业，它一般出现在经济周期的萧条阶段，故称周期性失业。

凯恩斯所分析的非自愿失业正是这种周期性失业。凯恩斯把总需求分为消费需求与投资需求。他认为，决定消费需求的因素是国民收入水平与边际消费倾向，决定投资需求的是预期的未来利润率（即资本边际效率）与利息率水平。他认为，在国民收入既定的情况下，消费需求取决于边际消费倾向。他以边际消费倾向递减规律说明了消费需求不足的原因。也就是说，在增加的收入中，消费也在增加，但消费的增加低于收入的增加，这样就造成了消费不足。投资是为了获得最大纯利润，而这一利润取决于投资预期的利润率（即资本边际效率）与为了投资而贷款时所支付的利息率，如果预期的利润率大大超过利息率，则纯利润越大，投资越多；反之，如果预期的利润率大大小于利息率，则纯利润越小，投资越少。凯恩斯用资本边际效率递减规律说明了预期的利润率是下降的，又说明了由于货币需求（即心理上的流动偏好）的存在，利息率的下降有一定的限度，这样预期利润率与利息率越来越接近，投资需求也是不足的。消费需求的不足与投资需求的不足造成了总需求的不足，从而引起了非自愿失业，即周期性失业的存在。

任务三　失业的经济损失

对于个人来说,如果是自愿失业,则会给他带来闲暇的享受。但如果是非自愿失业,那么他的收入会减少,从而生活水平下降。

对社会来说,失业增加了社会福利支出,造成财政困难;同时,失业率过高又会影响社会的安定,带来其他社会问题。从整个经济看,失业在经济上最大的损失就是实际国民收入的减少。

奥肯定律

这条定律是美国经济学家阿瑟·奥肯在20世纪60年代提出的,其目的在于说明失业率与实际国民收入增长率之间的关系。

这一定律表明,失业率每增加1%,则实际国民收入减少2.5%;反之,失业率每减少1%,则实际国民收入增加2.5%。在理解这一定律时应该注意:第一,它表明了失业率与实际国民收入增长率之间是反方向变动的关系。第二,失业率与实际国民收入增长率之间1:2.5的关系只是一个平均数,是根据经验统计资料得出来的。在不同的时期并不是完全相同。在20世纪60年代,这一比率是1:3;在20世纪70年代,这一比率是1:2.5—2.7;在20世纪80年代,这一比率是1:2.5—2.9。第三,奥肯定律主要适用于没有实现充分就业情况,即失业率是周期性失业的失业率。在实现了充分就业的情况下,自然失业率与实际国民收入增长率的这一关系就要弱得多,一般估算1:0.76左右。

项目二　通货膨胀

任务一　通货膨胀释义

西方经济学对通货膨胀(Inflation)的定义是多种多样的,这主要是因为对通货膨胀下定义的角度不同。由经济学界对通货膨胀定义的不同解释,其大致可以分为"物价派"和"货币派"。

"物价派"主要是凯恩斯主义经济学家,主张用一般物价水平或总价格水平持续的和显著的上升来定义通货膨胀。这种把一般物价水平与通货膨胀联系起来,用一般物价水平来衡量通货膨胀的观点得到了相当多的经济学家的认可,也是一般经济学著作中的用法。

"货币派"主要是自由主义经济学家,强调物价上升不等同于通货膨胀。通货膨胀真正的含义应该是指货币数量的过度增长。这种增长会导致物价上涨,但物价上涨本身并不是通货膨胀。因为物价上升可能是由于货币量过度增长所引起,也可能是由供给短缺等因素所引起。前一种情况下的物价上升可以作为通货膨胀的表现形式,但后一种情况下的物价上升则与通货膨胀无关。这种观点强调通货膨胀是一种货币现象,并将通货膨胀定义为:通货膨胀是在纸币流通制度下,由于纸币的发行量超过了商品流通中的实际需要量,由此引起的货币贬值以及一般物价水平持续普遍上涨的现象。

尽管两派对通货膨胀的解释有分歧,但其实质分歧在于对物价上升原因的解释。一般而言,两派都没有否认物价上升是通货膨胀的基本形式。权威的经济辞典《新帕尔格雷夫经济学大辞典》折衷了两派的观点,对通货膨胀所下的定义是:通货膨胀是价格持续上涨的一种过程,或者从某种意义上说,是货币不断贬值的一种过程。

通货膨胀是指一般物价水平在一定时期持续普遍上涨,即包括所有商品和劳务的价格都上涨。因此,局部的或个别的商品和劳务价格上涨,以及季节性、偶然性和暂时性的价格上涨都不能称为通货膨胀。例如,如果一部分物价上涨,而另一部分物价下跌,则不能称为通货膨胀,因为两者反方向作用的结果,可能会使一般物价水平稳定,甚至下降;如果本季度物价上涨了2%,下季度又下降了2%,这也不能算通货膨胀。

铸币税与通货膨胀

随着金属货币的产生,历史上所有掌握政权并控制一定地区贸易的君主都愿意发行自己的金属货币,因为发行货币可以获得铸币税。铸币税就是发行的货币面值和铸币成本之间的差额。君主通过发行货币可以获得财富,而且铸造货币的成本与货币面值之间的差距越大,他们所获得的铸币税就越高。君主们在通过大量发行贵金属含量少、成本低的货币来获取财富时,也导致货币供应量大于实际经济能够提供的货物,引起物价上涨。

古罗马实行的是金属货币制度,包括金、银、铜和青铜。帝国的皇帝们为了强化他们对资源的控制,相继削减铸币尺寸或在铸币中添加贱金属。大量发行贵金属含量不足的铸币导致铸币贬值,物价上涨。公元138—301年,古罗马军服的价格上涨了66倍,自2世纪中叶至3世纪末,小麦的价格(物价水平的主要标志)上涨了200倍。

白银与价格革命

16世纪地理大发现之前,欧洲国家由于金银矿少、通货相对不足而导致物价下跌。新航路的开辟使西方殖民者从殖民地,特别是从美洲掠夺和开采的大量贵金属,源源不断地流入欧洲。仅16世纪,欧洲的黄金数量大约从55万公斤增加到119.2万公斤;白银从700万公斤增加到2140万公斤。相对于已有的储存,来自新世界的金银数额相当可观。这就改变了市场上货币与商品的供求关系,太多的金银追逐太少的商品,于是物价上涨,出现了“价格革命”。西班牙从殖民掠夺中获得的金银最多,物价上涨得最早也最甚。16世纪,由墨西哥和秘鲁的矿山产出的18.1万公斤黄金和1700万公斤纯银流入西班牙。除官方渠道,走私的数量估计相当于官方进口的10%。16世纪,西班牙物价上涨4倍多,年上涨率1.5%。

纸币与物价上涨

1923年,德国在“一战”败北之后,丧失了1/7的领土和1/10的人口,各种工业产品均减少,同时按1921年金马克赔偿1320亿赔款。在操作中,德国不得不靠发行纸币来渡过难关。当时政府以极低的利率向工商业者贷款,同时投放巨额纸币,债务人可以用廉价的马克偿还贷款。“新富”们在通货膨胀中发了大财,“旧富”们则相应负债累累,纸币发行过多产生了财富再分配的效应。

资料来源:胡海鸥主编,《货币理论与货币政策》,复旦大学出版社,2004。

任务二　通货膨胀的测定

通货膨胀最终要通过物价水平的上涨表现出来,因而物价总水平的持续上涨幅度就成为通货膨胀的标志。目前,世界各国普遍采用“一般物价水平”的上升情况来确定通货膨胀的程度,“一般物价水平”是指全社会所有的商品和劳务的平均价格水平,而该平均价格是通过编制物价指数来计算的,因而物价指数就成了测量通货膨胀的尺度。物价指数表明商品的价格从一个时期到下一时期变动程度。由于统计的口径、方法、选择对象不同,反映物价水平变化的物价指数有多种,其中最主要和最常用的有三种。

(一)消费者物价指数(Consumer Price Index,CPI)

消费者物价指数又称零售物价指数或生活费用指数,它是衡量各个时期居民个人消费的商品和劳务零售价格变化的指标。

由于消费者物价指数反映了典型的“菜篮子”商品价格的变化,因而是公众最为关心的价格的指数。它度量的是典型的城市消费者所购买的一组固定物品的价格平均上涨情况,每种商品的价格都根据其在消费者的总消费支出中的相对重要性而被相应地给出一个固定的权重。它的编制方法是:由官方统计部门确定典型城市家庭购买的商品和劳务单,并估算出每一商品所占的权数,然后政府派出观察员逐月到商店记下商品和劳务的价格,利用这些商品和劳务的价格资料和某一基期同样商品和劳务的价格资料,计算出新的消费者物价指数。

消费者物价指数被许多国家采用来测定通货膨胀率,其优点是消费品的价格变动能及时反映消费品市场的供求状况,直接与公众的日常生活相联系,资料易搜集,公布次数频繁;不足之处是,这一指数只是局限于统计居民家庭消费的商品和劳务,而把国家消费和集团消费排除在外。

(二)批发物价指数(Wholesale Price Index,WPI)

批发物价指数又称为生产者物价指数(Producer Price Index,PPI),它是反映不同时期商品批发价格水平变动情况的指数,通过对比基期计算出价格变动的百分比。由于这种指数与产品出厂价格紧密相关,而且既有消费资料又有生产资料(但不包括劳务价格),所以,持成本推进通货膨胀观点的经济学家认为批发物价指数最适合于衡量通货膨胀率。

批发价格的种类有很多,如生产者向批发商出售商品的价格、批发商对零售商出售商品的价格等。批发物价指数反映的是生产者销售价格的变动情况。一般来说,消费者对批发物价指数不太感兴趣,但它是原材料价格和中间产品价格的信息来源。

(三)国内生产总值平减指数(Gross Domestic Producer Deflator,GDPD)

国内生产总值平减指数是衡量各个时期一切商品和劳务变化的指数,是按现价计算的国内生产总值与按固定价格计算的国内生产总值的比例。其计算公式为

$$\text{国内生产总值平减指数}=\frac{\text{按现价计算的国内生产总值}}{\text{按固定价格计算的国内生产总值}}\times 100\%$$

由于物价的普遍上涨,按固定价格(如以1980年的价格为基数)计算的国内生产总值要比现行价格计算的国内生产总值小一些。由于这一指数统计范围包括一切商品和劳务,也包括进出口商品,所以能全面反映社会总物价水平的变动趋势。但出于资料统计较困难,多数国家只是每年统计计算一次,不能迅速反映通货膨胀的情况。

一般来说,可以用上述三种价格指数中的任何一种来测量价格总水平上升的幅度或通货膨胀率。计算公式为

$$\text{某一时期的通货膨胀率}=\frac{\text{本期价格指数}-\text{上期价格指数}}{\text{上期价格指数}}\times 100\%$$

例如,设本年的GDP价格指数为156,上年的GDP价格指数为150。则以GDP价格指数计算,本年通货膨胀率为

$$\frac{156-150}{150}\times 100\%=4\%$$

任务三　通货膨胀的种类

根据不同的标准，经济学家对通货膨胀作了以下分类：

（一）按价格上升的速度划分

1. 爬行的通货膨胀（Creeping Inflation），又称温和的通货膨胀，指通货膨胀率在10%以内。目前许多国家都存在着这种温和的通货膨胀，有人认为这种缓慢而逐步上升的价格对经济和收入的增长有积极的刺激作用。

2. 奔腾式的通货膨胀（Galloping Inflation），也叫加速的通货膨胀，指通货膨胀率在10%和100%之间。这时，货币流通速度提高和货币购买力下降，均具有较快速度。奔腾式通货膨胀发生后，公众预期价格还会进一步上涨，因而采取各种措施保护自己，以免受通货膨胀之害，这使通货膨胀更为加剧，一旦奔腾式的通货膨胀站稳了脚跟，便会出现严重的经济扭曲。

3. 恶性的通货膨胀（Hyper Inflation），也叫超速的通货膨胀，指通货膨胀率在100%以上。发生这种通货膨胀时，价格持续猛涨，人们都尽快地使货币脱手，从而大大加快货币流通速度。其结果是对货币完全失去信任，购买力猛降，各种正常的经济联系遭到破坏，致使货币体系和价格体系最后完全崩溃，在严重情况下，还会出现社会动乱。

两次世界大战之间德国的超速通货膨胀

第一次世界大战之后，德国经历了一次历史上最引人注目的超速通货膨胀。在战争结束时，同盟国要求德国支付巨额赔款。这种支付引起德国财政赤字，德国最终通过大量发行货币来为赔款筹资。

从1922年1月到1924年12月德国的货币和物价都以惊人的速率上升。例如，每份报纸的价格从1921年1月的0.3马克上升到1922年5月的1马克、1922年10月的8马克、1923年2月的100马克直到1923年9月的1000马克。在1923年秋季，价格实际上飞起来了：一份报纸价格10月1日2000马克、10月15日12万马克、10月29日100万马克、11月9日500万马克直到11月17日7000万马克。1923年12月，货币供给和物价突然稳定下来。

正如财政引起德国的超速通货膨胀一样，财政改革也结束了超速通货膨胀。在1923年底，政府雇员的人数裁减了1/3，而且，赔款支付暂时中止并最终减少了。同时,新的中央银行德意志银行取代了旧的中央银行德国国家银行。政府要求德意志银行不要通过发行货币为其筹资。

根据我们对货币需求的理论分析,随着持有货币成本的下降,超速通货膨胀的结束会引起实际货币余额增加。随着通货膨胀上升,德国的实际货币余额减少,然后,随着通货膨胀下降,实际货币余额又增加。但实际货币余额的增加并不是即刻的。也许实际货币余额对持有货币成本的调整是一个渐进的过程。也许使德国人民相信通货膨胀已真正结束需要一段时间,从而预期的通货膨胀比实际通货膨胀下降得要慢一点。

资料来源:汪祥春主编,《宏观经济学》(第四版),东北财经大学出版社,1990.6。

(二)按其对不同商品价格的影响划分

1. 平衡的通货膨胀,指各种商品的价格都按相同比例上升。这里,商品的价格包括生产要素以及各种劳动的价格,如工资、租金、利率等。

2. 非均衡的通货膨胀,指各种商品价格上升的比例并不完全相同。比如,商品A上涨幅度大于商品B的上涨幅度,或者利率上升的比例大于工资上升的比例。

(三)按人们的预料程度划分

1. 未预期的通货膨胀,指价格上升的速度超出人们的预料,或者人们根本没想到价格上涨的问题。例如,国际市场原料价格的突然上涨引起了国内价格的上涨等。

2. 预期的通货膨胀,指一国政府有意识地实行通货膨胀政策,并向公众公布货币增长率和经济实际增长率,从而使人们能正确地预期通货膨胀趋势。如一个国家长期以来都经历着一定的通货膨胀率(设为4%),且每个人都能预期通货膨胀仍将继续在4%的水平,这样很多经济活动都将根据预期的4%的通货膨胀率来进行。

预期对人们经济行为有重要的影响,人们对通货膨胀的预期会导致通货膨胀具有惯性。如人们预期的通货膨胀率为10%,为抵消通货膨胀的作用,厂商在订立有关合同时,会要求价格上涨10%,而工人与厂商签订合同中也会要求增加10%的工资,银行贷款利率也肯定会高于10%。在其他条件不变的情况下,每单位产品的成本会增加10%,从而通货膨胀率按10%持续下去,必然形成通货膨胀惯性。

(四)按市场机制的作用划分

1. 开放型通货膨胀,指在市场机制充分运行和政府对物价不加控制的情况下表现出来的通货膨胀。在市场经济条件下,特别在发达的市场经济下,由于没有政府的直接干预,货币的多少直接影响着物价水平的升降,通货膨胀便以物价水平公开上升的形式表现出来。

2. 抑制型通货膨胀，指政府通过计划控制和行政管制手段来抑制物价的上涨，使通货膨胀的压力不通过一般物价水平的上涨表现出来，而是以非价格信号如商品与物资供给的短缺表现出来的通货膨胀。

任务四　通货膨胀的原因

（一）需求拉上的通货膨胀（Demand-Pull Inflation）

由于总需求的增长而引起的通货膨胀，称为需求拉上的通货膨胀。根据传统的凯恩斯理论，通货膨胀源于总需求超过充分就业情况下的总供给，出现"膨胀性缺口"，从而引起价格总水平的上升，导致通货膨胀。如图 12－1 所示。

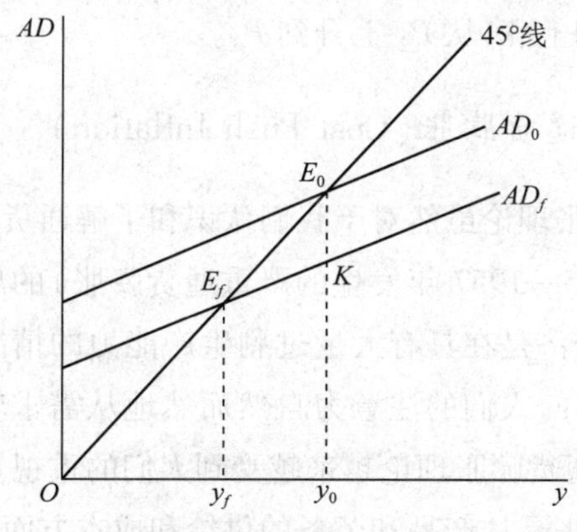

图 12－1　膨胀性缺口

图 12－1 中，与充分就业下的总供给水平相适应的总需求为 AD_f，它与 45°线交点 E_f 决定了充分就业的国民收入为 y_f，而实际的总需求水平为 AD_0，$AD_0 > AD_f$，AD_0 与 45°线交点 E_0 要求的国民收入为 y_0，$y_0 > y_f$，因为 y_f 就已经是充分就业的国民收入水平，无法再增加了，所以实际总需求 AD_0 与充分就业总需求 AD_f 之间的差额（图中 E_0K）就形成了"膨胀性缺口"。

凯恩斯主义的经济理论，从强调实际因素对需求影响的角度出发，认为社会总需求是由消费需求、投资需求构成的。在总需求中任何一个成分的增加，都会造成总需求的增加，当社会的生产能力已达到充分就业状态时，总需求的膨胀就会产生"膨胀性缺口"，导致需求拉上的通货膨胀。如图 12－2 所示。

图 12－2 中，在未实现充分就业以前，总需求的增加从 AD_1 增加到 AD_2，一方面会促使国民收入水平的提高，另一方面也会使物价水平有所上涨，但这个上涨是暂时的，因为在未实现充分就业以前，总供给是可以随总需求的增加而增加的，当总供给增加到与总需求水平相适应时，物价水平就可能回落。当实现充分就业以后，总需求继续增加，从 AD_2 增加到 AD_3，国民收入已经达到充分就业的国民收入水平，无法继续增

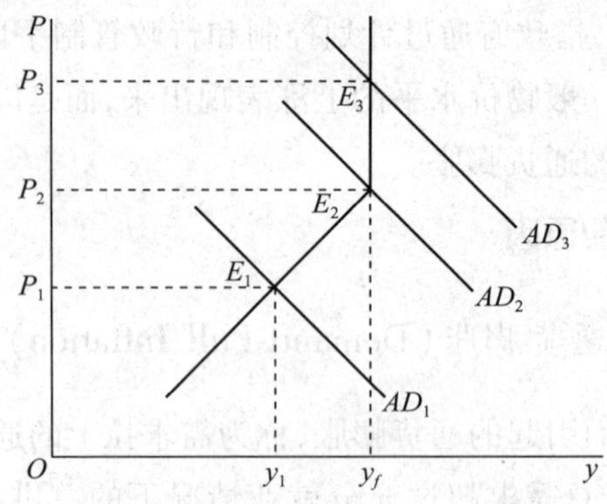

图 12－2　需求拉上的通货膨胀

加,只会引起物价水平的上涨,从 P_2 上升到 P_3。

（二）成本推动的通货膨胀（Cost Push Inflation）

需求拉上的通货膨胀理论虽然对于我们认识和了解通货膨胀有许多帮助,但有些通货膨胀（比如美国 1955—1957 年发生的严重通货膨胀）的原因,显然不能用过度需求来解释,因为当时的经济是在具有大量过剩生产能力的情况下运行的,所以必须从别的方面寻找原因。这样,人们的注意力自然而然地从需求转移到供给。从 20 世纪 50 年代起,成本推动的通货膨胀理论越来越受到人们的重视。

成本推动的通货膨胀是从产品和劳务的供给和成本方面来解释物价水平的变动,认为通货膨胀的原因主要是出于企业生产成本的增加。这里所谓的成本包括工资、利润和用于购买原材料、能源的支出等费用。成本的各个组成部分都可能提高,从而引起总成本的提高。因而人们根据引起通货膨胀的成本方面的原因将通货膨胀分为:工资推动的通货膨胀;利润推动的通货膨胀;进口成本推动的通货膨胀。

1. 工资推动的通货膨胀

这种通货膨胀被认为是出于工会对工资施加压力而产生的,它的前提是存在不完全竞争的劳动市场,而这种不完全性的最重要表现是工会的存在。

从理论上说,如果工资是由完全竞争的市场力量所决定的,那么工资推进的通货膨胀就不会发生。因为在这种情况下,工资将随着劳动力供给和需求的变动而升降,而劳动力供给和需求的变动又依赖于总需求的变动。但是在现代社会中,由于强大工会垄断的存在,工资不再是由劳动供求关系决定。当工会运用其垄断力量提高工资时,生产成本也就提高,而雇主也会相应地提高产品的价格。这种工资增长将会推广到其他企业或行业,而产品价格的上升也会波及到其他产品,从而引起了一般物价水平的上涨,导致了通货膨胀的产生。如图 12－3 所示。

图 12－2 中,总需求不变为 AD,由于成本增加导致总供给减少,总供给曲线从 AS_1

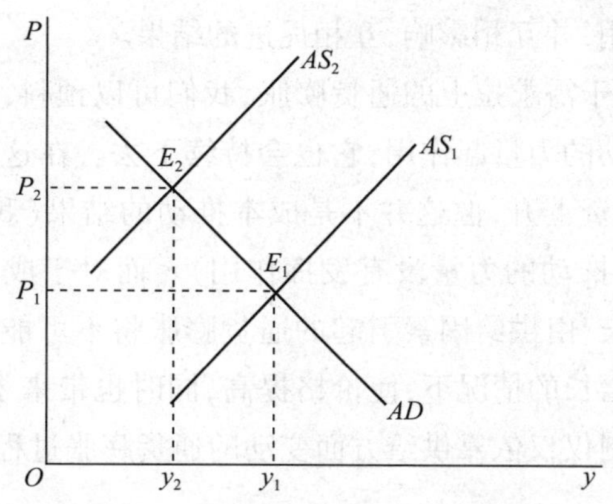

图 12－3　成本推动的通货膨胀

左移到 AS_2，结果是国民收入减少，从 y_1 减少至 y_2，价格水平上升，从 P_1 上升至 P_2。

这种观点认为，工资提高和物价上涨之间存在因果关系，工资提高引起物价上涨，物价上涨又引起工资提高，这就呈现出所谓的工资—物价螺旋上升的运动。

2. 利润推动的通货膨胀

供给引起通货膨胀的另一因素，是利润的增加。寡头企业和垄断企业在追求更大的利润时，有可能提高产品价格，使之抵消任何增加的成本。正如工会是工资推动的通货膨胀的前提一样，物品和劳务销售的不完全竞争市场的存在，乃是利润推动的通货膨胀的前提。如果产品价格完全由市场力量决定，那么这种类型的通货膨胀将不会产生。在完全垄断或寡头垄断的市场上，其产品价格由垄断者操纵，垄断者为赚取较多的利润，使价格上升的速度超过其成本增长的速度，从而引起了通货膨胀。

存在垄断的行业往往是经济中一些重要的经济部门。这些行业的产品或者在经济生活中十分重要，或者是其他行业的原材料。这样，尽管垄断的行业并不是所有的行业，但由于这些行业的重要性，由这些行业产生的利润推动会使整个经济出现通货膨胀。

3. 进口成本推动的通货膨胀

工资成本与利润推动都是从国内供给因素考虑的。而在现实开放经济中，进口物品引起的成本增加，也会导致通货膨胀。当一些重要的进口产品价格提高，就会引起以这些进口产品为主要投入的企业的生产成本上升，从而使这些行业的产品价格也随之上涨。当这些行业的产品价格上涨波及到整个经济时，就形成了进口成本推动的通货膨胀。如 20 世纪 70 年代的石油危机期间，石油价格急剧上涨，而以进口石油为原料的西方国家的生产成本也大幅度上升，从而引起通货膨胀。

（三）需求拉上和成本推动的混合型通货膨胀（Mixed Inflation）

有些经济学家认为，通货膨胀有时不能简单地说是需求拉上的，或是成本推动的，而是它们同时发挥作用,并互相影响,互相促进的结果。

从理论上分析,对于需求拉上的通货膨胀,我们可以预料,只要存在着过度需求,即使没有任何成本推动的力量起作用,它也会持续下去。在这种情况下,过度需求将提高物价,同时也使工资上升,但这并不是成本推动的结果(我们也不能断言在这个通货膨胀过程中,成本推动的力量没有发挥作用)。而对于成本推动的通货膨胀,如果没有需求的相应增长,由供给因素引起的通货膨胀将不可能持久。这是因为,工资的增长将在需求并无增长的情况下,使价格提高,同时也带来了生产下降,失业扩大,这种情况迟早必将限制仅仅依靠供给方面变动的通货膨胀过程,如图 12－4 所示。

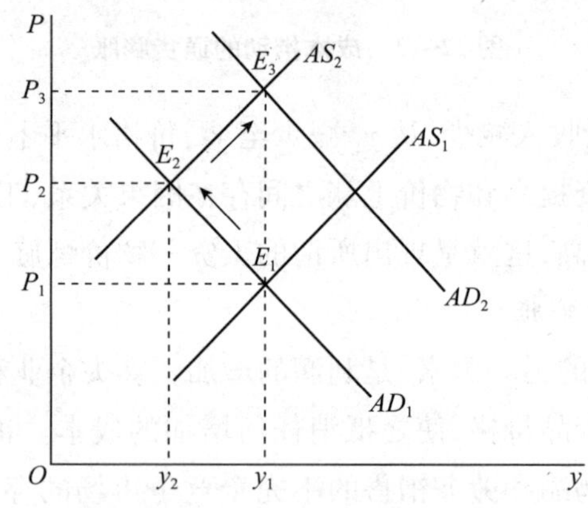

图 12－4　混合型通货膨胀

图 12－4 中,由于成本的增加使总供给曲线从 AS_1 左移到 AS_2 造成价格上涨,从 P_1 上升到 P_2,同时国民收入减少了,从 y_1 减少到 y_2,这样最终的结果会由于经济的衰退而结束通货膨胀。也就是这样的通货膨胀不会持续下去。只有在成本推动之后,需求同时拉上总需求曲线从 AD_1 右移到 AD_2,结果使国民收入恢复到原水平,而价格水平继续上涨到 P_3,通货膨胀才能持续下去。

(四)结构性通货膨胀

结构性通货膨胀是指由于社会经济结构方面的因素而引起的物价水平在一定时期内的持续上涨。现代社会经济结构使资源不容易从生产率低的行业转移到生产率高的行业,从渐趋衰落的行业转移到开放行业,但生产率低的行业、正在趋向衰落的行业以及非开放行业在工资和价格问题上都要求“公平”,要求向生产率高的行业、正迅速发展的行业以及开放行业“看齐”,结果导致一般价格水平的上涨。

任务五　通货膨胀的效应分析

如果通货膨胀率相当稳定,人们可以完全预期,那么,通货膨胀对经济的影响很小。因为在这种可预期的通货膨胀之下,各种名义变量(名义工资、名义利率等)都可以根据通货膨胀率进行调整,从而使实际变量(实际工资、实际利率等)不变。这时,通货膨胀的唯一影响是人们将减少他们所持有的货币量。如果通货膨胀率是不能预期的,它会产生一系列后果。

(一)收入分配与财富分配效应

如果名义工资的增长率小于通货膨胀率的增长幅度,以工资为主要收入来源的人会因货币贬值,所获得的货币收入购买力下降,即实际收入减少而受到损失,而雇用这些工人的雇主则会得到好处。假如通货膨胀是由于中央银行向社会过量发行货币、增加货币供给,则政府可以因此而增加一笔额外的收入——“通货膨胀税”。因为通货膨胀通常会使人们名义收入的增加快于实际收入的增加。如果税收是按名义收入计算的,在累进税的情况下,通货膨胀会使人们进入较高的课税等级,从而自动地增加税收的份额,降低了留归私人的收入份额。如果政府按照通货膨胀率调整税率,则可以减少这种影响。但是,由于税负是按名义收入计算的,不考虑名义收入与实际收入的差别,即使采取某些指数化措施,也不会完全消除通货膨胀对税收的影响。

一般来说,通货膨胀不利于大多数工薪阶层、退休者、失业和贫困者、接受政府救济者、债权人等,因他们的收入的数额或比例相对固定。总之,通货膨胀过程中,那些货币收入能够随物价上涨而及时向上调整,调整幅度大于或等于物价上涨幅度的社会阶层和集团,其实际收入非但不会受到影响,甚至还会上升;反之,那些货币收入不能随物价上涨及时调整,或虽有所调整但上调幅度小于物价上涨幅度的社会阶层和集团,其实际收入将随物价上涨而有所下降。

(二)资源重新配置效应

在市场经济中。价格对资源的配置具有重要的调节作用。在通货膨胀中,那些价格上涨超过成本上升的行业将得到扩张;而价格上涨小于成本上升的行业将会相应收缩。当价格上涨是对经济结构、生产率提高的反映时,价格变动的资源配置将趋于合理;反之,当通货膨胀使价格信号扭曲、无法正常反映社会供求状况,使价格失去调节经济的作用时,通货膨胀会破坏正常的经济秩序,使价格失去核算功能,降低经济运行效率。

(三)国民产出和就业水平效应

由于非预期的需求拉上型通货膨胀,会使产品价格的上涨快于货币工资率的上涨,实际工资率会有所下降,从而能促使企业扩大生产规模,增雇工人,导致就业和国民产出增加。但工人们不会长期容忍货币工资滞后于产品价格上涨的情况,一旦工资得到相应的提高,通货膨胀促使就业和国民产出增加的效果就会消失。因此,通货膨胀对就业和国民产出的影响只能是暂时的。当通货膨胀是可预料时,就不会对国民产出水平和就业发生直接的、实质性的影响。而供给下降引起的通货膨胀则只会引起国民收入水平和就业量的下降。

(四)对外贸易和国际收支效应

某国出现通货膨胀时,随着国内一般物价水平的不断上涨,货币在不断贬值,会使原来的汇率不能维持,不得不降低本国货币对外国货币的比值。这样,通货膨胀引起汇率变化,必然影响对外贸易和国际收支,产生对外贸易和国际收支效应。

在现实经济生活中,出现通货膨胀时,一国物价上涨与货币贬值,同货币对外贬值或汇率下降幅度不同时,这就为实行外汇倾销创造了条件。外汇倾销又会导致各国之间展开"外汇战"。一般来说,这往往对最早实行外汇倾销的国家不利。

任务六 政府针对通货膨胀的政策

(一)经济衰退政策

正如货币主义的领袖人物弗里德曼所说:"我还没有看到任何例子,能够表明不需要通过一个增长缓慢和失业的过程而医治了相当大程度的通货膨胀。"由于通货膨胀大都与过度的需求有关,因而降低通货膨胀率最有效的方法是人为地制造一次经济衰退,以一定的失业率为代价换取较低的通货膨胀率。这种方法主要针对需求拉动的通货膨胀,相应地,人为制造衰退也往往借助于财政或货币政策手段来减少总需求。

在通过制造衰退调整通货膨胀的过程中,政府制造衰退程度的大小决定了通货膨胀率下降的速度。衰退幅度越大,通货膨胀率下降越快。在实践中,以较小的失业和较长时间来降低通货膨胀率的办法被称为渐进主义方式,而以较高的失业率和较短的时间来降低通货膨胀率的办法称为"冷火鸡"方式。

采取渐进主义策略,在调整过程中,失业率虽然高于正常水平,却不会出现大量失业的严重经济衰退。不过,从政策开始实施到物价完全趋于稳定为止,中间所需经过的时间可能很长。而采用"冷火鸡"策略,由于旨在尽快抑制物价膨胀,因而政策一开始实施,即大幅度降低货币供给增长率,给膨胀的经济一剂猛烈的泻药,通货膨胀率随之急剧下降。但"冷火鸡"策略以严重的经济衰退和大量失业为代价。上述两种策略孰优孰劣?理论上讲,此问题的答案取决于对通货膨胀与失业成本的比较,即所谓"两害相权取其轻"。但要给出一般结论实为困难。一方面,因为通货膨胀和失业的社会及政治成本无法计量,因而也难以比较;另一方面,策略实施的成功与否,还取决于公众的政策信心,而这一点却因时因地而异。因此,到底采用何种策略,应根据本国当时的具体情况而决定。

在对付通货膨胀问题上,西方经济学家除了通过用衰退来反通货膨胀外,也提出了一些措施,其中最积极主张实行的是“收入政策”和“收入指数化”。

(二)收入政策

收入政策是主张政府在通货膨胀时期对物价和工资实行管制(包括物价与工资的冻结),其中以管制工资为主要内容来限制货币收入水平和物价水平增长的经济政策。这种政策的目的就是力图控制通货膨胀而又不致引起相应的失业上升。

第二次世界大战后,美国、英国、法国、荷兰、瑞典、加拿大、意大利等国家都实行过收入政策。这些国家的收入政策的形式有如下几种:

(1)实行工资—物价管制,由政府颁布法令对工资和物价实行管制,甚至暂时加以冻结,即企业和工会不经政府有关部门同意,不得提高价格和工资。

(2)对工资—物价进行指导,由政府根据长期劳动生产率增长趋势来确定工资和物价的增长标准,要求把工资—物价增长率限制在全社会劳动生产率平均增长幅度以内,指令工会和企业参照执行。

(3)对工会和企业进行“道德规劝”和“协商恳谈”,劝说工会和企业自动限制工资和价格的上涨。

(4)以税收为基础的收入政策,即政府以税收作为惩罚或奖励手段来限制工资增长,如果工资增长率保持在政府规定的限界以下,则以减少个人和公司所得税作为奖励;如果工资增长率超出政府所规定的限界,则以增加公司所得税作为惩罚。

各主要资本主义国家尽管以不同形式,在不同程度上推行收入政策,但结果并未使通货膨胀与失业之间相互交替好转。相反,各主要资本主义国家的通货膨胀、物价上涨和生产停滞、失业增加同时并发的状况却更加严重化,出现了整个经济中的长期“停滞膨胀”局面。

(三)收入指数化

收入主义既然对抑制通货膨胀并未见多大效果,于是有些经济学家便提出了收入指数化的政策措施。收入指数化是指把工资薪金、储蓄和债券的本金和利息、租金、养老金、保险金和各种社会福利津贴等名义收入同生活费用指数紧密联系起来,名义收入同消费价格指数直接挂钩,即对各种名义收入实行指数化,使其能按照物价指数的变动而得到随时调整,以抵消物价变动时对各种实际收入的影响。

通过收入指数化,一方面可以使政府无法从通货膨胀中获得收益,从而消除政府实施通货膨胀政策的动机;另一方面可以抵消或缓解物价波动对收入的影响,解决通货膨胀造成的收入分配不公问题,而且可以避免个人抢购商品、贮物保值等使通货膨胀加剧的行为。

实施收入指数化政策,大体可分为两类:一种是有限的指数化方案,即在实施指数化时，范围上仅限于某一种或几种收入、债券或其他因素。另一种是全面的指数化方案，即在实施范围上，建立更为全面、更为复杂的综合性升降条款系统，在这个方案中与生活费用指数紧连在一起的，不仅有所得税和政府债券的收益率，而且还有工资、薪金、退休金、抵押利率、公司和市政债券收益率、储蓄账户、房租以及汇率等。收入指数化的范围很广，主要有以下几种：

1. 工资指数化

根据通货膨胀率来调整货币工资，把货币工资增长率与物价上涨率联系在一起，使它们同比例变动。这种做法一般称为“生活费用调整”。具体做法是在工资合同中增加“自动调整条款”，规定按通货膨胀率自动地调整货币工资标准。在美国最早是1948年通用汽车公司与工会之间达成这一协议，以后逐渐广泛采用。在现实中，这种调整有完全性调整——即完全按通货膨胀率调整货币工资，也有部分调整。部分调整有两种形式：一种称为“阀”（Threshold），即规定一个临界点，超过这一点再调整。也就是说，通货膨胀率低时货币工资仍不变，只有通货膨胀达到一定程度，才会调整。另一种形式称为“顶”（Cap），即对工资调整的幅度有一个限制，也就是说，无论通货膨胀为多少，每年货币工资的增加幅度不得超过某一数值。

与工资指数化相关的是其他的收入指数化，包括对退休金、养老金、失业补助、贫困补助等社会保险与福利支出也可以实行类似的指数化。

2. 利率指数化

利率区分为名义利率和实际利率。名义利率是在市场上实际支付或得到的利率。实际利率是在考虑到通货膨胀的影响时名义利率所转化成的利率。例如，如果年名义利率为15%，年通货膨胀率为10%，则年实际利率只有5%。

利率指数化是指根据通货膨胀率来调整名义利率，以保持实际利率不变，即在债务契约中规定名义利率自动按通货膨胀率进行调整。这样，就可以使通货膨胀不会对正常的债务活动与住房投资这类长期投资产生不利的影响。

此外，银行存款利率也要按通货膨胀率进行调整，以保护储户的利益，既便于银行吸引存款，也有利于提高储户储蓄的积极性。

利率作为资本的价格可以使资本这种资源得到最优配置，通货膨胀会使利率受到扭曲，导致资源配置失误。对利率实行指数化则可以消除这种失误，因此，这种指数化政策得到了广泛采用。

【拓展阅读】

通货膨胀与名义利率

由于费雪效应的存在,我们可以预计,当通货膨胀率很高时,名义利率也应该是比较高的。当前许多国家的统计数字也说明了这一点。但是,当经济学家在研究美国19世纪末至20世纪初的利率和通货膨胀数据时却发现,高通货膨胀并没有伴随着高名义利率。对此就连费雪本人也感到很迷惑,难道费雪效就不起作用了吗?

其实认真想想也不难明白其中的奥秘。费雪效应讲述预期通货膨胀率与名义利率之间的关系,而不是已经发生的通货膨胀与名义利率之间的关系。当借贷双方都预期物价水平不会继续上涨时,即使当前的通货膨胀率很高,借贷双方也不会签订一个很高的名义利率。在现实中,人们之所以观察到高通货膨胀往往伴随着较高的名义利率,仅仅是因为在通货膨胀较高时,人们对未来通货膨胀的预期也较高的缘故。但是,高通货膨胀是否就必然伴随着较高的通货膨胀预期呢? 不一定。这取决于通货膨胀是否具有高度的持续性。如果大量经验都告诉我们,通货膨胀具有高度的持续性,那么人们观察到今年的通货膨胀率很高时,就可以合理地预期明年的通货膨胀率也会比较高,从而也就愿意接受一个较高的名义利率。这正是大多数国家今天所经历的现实。

但是19世纪末20世纪初的美国却是另外一幅图景。由于金本位还在有效地起作用,所以通货膨胀往往缺乏持续性,今年的高通货膨胀并不一定意味着下一年也将物价飞涨。因此高通货膨胀并不一定伴随着高通货膨胀预期,从而也就不一定伴随着高名义利率。

资料来源:http://www1. aufe. edu. cn/sxy/website/发布时间:2010－10－16。

3. 税收指数化

指按通货膨胀率来调整纳税的起征点和税率等级。当经济中发生了通货膨胀时,实际收入不变而名义收入增加了。这样纳税的起征点实际降低了。在累进税制下,纳税者名义收入的提高使原来的实际收入进入了更高的税率等级,从而使交纳的实际税金增加。如果不实行税收指数化,就会使收入分配发生不利于公众而有利于政府的变化,成为政府加剧通货膨胀的动力。只有根据通货膨胀率来调整税收,即提高起征点并调整税率等级,才能避免不利的影响,使政府采取有力的措施来制止通货膨胀。例如,假定原来起征点为500元,当通货膨胀率为10%时,就可以把起征点改为550元。税率等级也可以按通货膨胀率相应地进行调整。

这样做的好处是制止政府放纵通货膨胀的行为,使政府采用积极的反通货膨胀政策。但这种措施的实施是相当困难的,因为税收指数化相当复杂,涉及税收制度等问题。而且要政府自己限制自己的行为也是不容易的。

以上各种指数化做法虽然在一定程度上可以消除通货膨胀对经济的消极影响,有利于社会稳定,但由于实施起来较为困难,特别是有加剧通货膨胀的危险。假如由于劳动生产率的增长速度下降或其他来自如石油危机等供给方面的冲击,造成产出下降,这就要求国民收入中工资的份额必须下降。但是由于指数化保护了工人的实际工资,资本家为维护自身利益,将提高价格,结果引起通货膨胀。在通货膨胀发生后,指数化使其在一定程度上具有惯性,从而使情况变得更为棘手。因此,如何根据不同情况来采用指数化政策仍然是值得研究的,也有一些经济学家对这种政策持否定意见。

项目三　失业与通货膨胀的关系

宏观经济政策与失业率

近年来,美国失业率保持一种相对稳定状态,而欧洲的失业率却急剧上升而且保持在30年前的水平之上。

如何解释两地劳动力市场的差别呢,部分原因在于两国的宏观经济政策不同。美国只有一个中央银行,即联邦储备系统。他严格监控着美国经济。当失业率提高影响到居民对经济的信心时,美联储会放松银根,实行积极的货币政策,刺激总需求和提高产出,并防止失业率的进一步提高,实际上这是通过提高通胀率来降低失业率的方法。

而今天的欧洲还不存在这样的机构,欧洲是个国家联盟,它的货币政策由欧洲中央银行统一制定,由于考虑到各国情况的复杂性,欧洲中央银行的目标主要是保持物价的稳定,奉行强有力的货币政策,全力保持低利率和低通胀。在这样的情况下,就无法利用通货膨胀政策来降低失业率。

资料来源:东方财富网

失业与通货膨胀是经济中的两个主要问题,那么,这两者之间有什么关系呢?这是许多经济学家所关心的问题。不同学派的经济学家对这一问题作出了不同的回答。

任务一　凯恩斯的观点:失业与通货膨胀不会并存

凯恩斯认为,在未实现充分就业,即资源闲置的情况下,总需求的增加只会使国民收入增加,而不会引起价格水平上升。也就是说,在未实现充分就业的情况下,不会发生通货膨胀。在充分就业实现,即资源得到充分利用之后,总需求的增加无法使国民收入增加,而只会引起价格上升。也就是说,在发生了通货膨胀时,一定已经实现了充分就业。这种通货膨胀是由于总需求过度而引起的,即需求拉动的通货膨胀。

任务二　菲利普斯曲线:失业与通货膨胀之间的交替关系

菲利普斯曲线是用来表示失业与通货膨胀之间交替关系的曲线,由新西兰经济学家菲利普斯提出。

1958 年,菲利普斯根据英国 1861—1957 年失业率和货币工资变动率的经验统计资料,提出了一条用以表示失业率和货币工资变动率之间交替关系的曲线。这条曲线表明:当失业率较低时,货币工资增长率较高;反之,当失业率较高时,货币工资增长率较低,甚至是负数。根据成本推动的通货膨胀理论,货币工资增长率可以表示通货膨胀率。因此,这条曲线就可以表示失业率与通货膨胀率之间的交替关系,即失业率高,则通货膨胀率低;失业率低,则通货膨胀率高。这就是说,失业率高表明经济处于萧条阶段,这时工资与物价水平都较低,从而通货膨胀率也就低;反之,失业率低表明经济处于繁荣阶段,这时工资与物价水平都较高,从而通货膨胀率也就高。失业率与通货膨胀率之间存在反方向变动关系,是因为通货膨胀使实际工资下降,从而能刺激生产,增加劳动的需求,减少失业。可用图 12－5 来说明菲利普斯曲线。

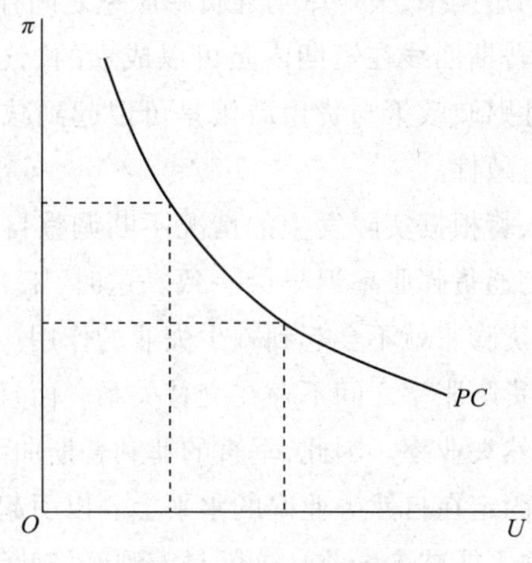

图 12－5　菲利普斯曲线

菲利普斯曲线提出了这样几个重要的观点:

第一,通货膨胀是由于工资成本推动所引起的,这就是成本推动通货膨胀理论。正是根据这一理论把货币工资增长率与通货膨胀率联系了起来。

第二,承认了通货膨胀与失业的交替关系。这就否定了凯恩斯关于失业与通货膨胀不会并存的观点。

第三,当失业率为自然失业率时,通货膨胀率为零。因此,也可以把自然失业率定义为通货膨胀率为零时的失业率。

第四,为政策选择提供了理论依据。这就是可以运用扩张性宏观经济政策,以较高的通货膨胀率来换取较低的失业率;也可以运用紧缩性宏观经济政策,以较高的失业率来换取较低的通货膨胀率。这也是菲利普斯曲线的政策含义。

菲利普斯曲线所反映的失业与通货膨胀之间的交替关系基本符合 20 世纪五六十年代西方国家的实际情况。70 年代末期,由于滞胀的出现,失业与通货膨胀之间不存在交替关系了,于是对失业与通货膨胀之间的关系又有了新的解释。

任务三　短期菲利普斯曲线与长期菲利普斯曲线:货币主义与理性预期学派的观点

货币主义者在解释菲利普斯曲线时引入了预期的因素。他们所用的预期概念是适应性预期,即人们根据过去的经验来形成并调整对未来的预期。他们根据适应性预期,把菲利普斯曲线分为短期菲利普斯曲线与长期菲利普斯曲线。

在短期中,工人来不及调整通货膨胀预期,预期的通货膨胀率可能低于以后实际发生的通货膨胀率。这样,工人所得到的实际工资可能小于先前预期的实际工资,从而使实际利润增加,刺激了投资,就业增加,失业率下降。在此前提之下,通货膨胀率与失业率之间存在交替关系。短期菲利普斯曲线正是表明在预期的通货膨胀率低于实际发生的通货膨胀率的短期中,失业率与通货膨胀率之间存在交替关系的曲线。所以,向右下方倾斜的菲利普斯曲线在短期内是可以成立的。这也说明,在短期中引起通货膨胀率上升的扩张性财政政策与货币政策是可以起到减少失业的作用的。这就是宏观经济政策的短期有效性。

但是,在长期中,工人将根据实际发生的情况不断调整自己的预期。工人预期的通货膨胀率与实际发生的通货膨胀率迟早会一致。这时,工人会要求增加名义工资,使实际工资不变,从而通货膨胀就不会起到减少失业的作用。这时菲利普斯曲线是一条垂线,表明失业率与通货膨胀率之间不存在交替关系。而且,在长期中,经济中能实现充分就业,失业率是自然失业率。因此,垂直的菲利普斯曲线表明了,无论通货膨胀率如何变动,失业率总是固定在自然失业率的水平上。以引起通货膨胀为代价的扩张性财政政策与货币政策并不能减少失业。这就是宏观经济政策的长期无效性。

理性预期学派所采用的预期概念不是适应性预期,而是理性预期。理性预期是合乎理性的预期,其特征是预期值与以后发生的实际值是一致的。在这种预期的假设之下,短期中也不可能有预期的通货膨胀率低于以后实际发生的通货膨胀率的情况,即无论在短期或长期中,预期的通货膨胀率与实际发生的通货膨胀率总是一致的,从而也就无法以通货膨胀为代价来降低失业率。所以,无论在短期或长期中,菲利普斯曲线都是一条从自然失业率出发的垂线,即失业率与通货膨胀率之间不存在交替关系。由此得出的推论就是:无论在短期还是长期中,宏观经济政策都是无效的,如图 12 - 6 所示。

失业与通货膨胀关系理论的发展,是对西方国家经济现实的反映。凯恩斯的论述

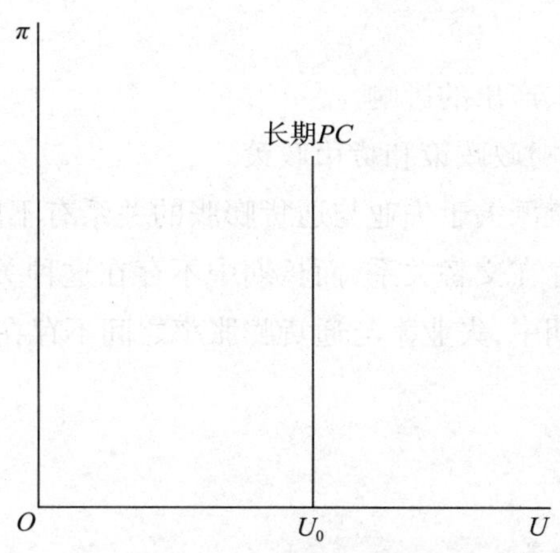

图 12－6　长期菲利普斯曲线

反映了 20 世纪 30 年代大萧条时的情况，菲利普斯曲线反映了五六十年代的情况，而货币主义和理性预期学派的论述，反映了 70 年代以后的情况。凯恩斯主义、货币主义与理性预期学派，围绕菲利普斯曲线争论，表明了他们对宏观经济政策的不同态度。凯恩斯主义者认为，无论在短期或是在长期中，失业率与通货膨胀率都存在交替关系，从而认为宏观经济政策在短期与长期中都是有用的。货币主义认为，短期中失业率与通货膨胀率存在交替关系，而长期中不存在这种关系，从而认为宏观经济政策只在短期中有用，而在长期中无用。理性预期学派认为，无论在短期还是在长期中，失业率与通货膨胀率都没有交替关系，因此，宏观经济政策就是无用的。

【本情境知识点小结】

本学习情境主要介绍通货膨胀和失业的衡量，通货膨胀和失业主要类型以及通货膨胀和失业对经济的影响，通货膨胀和失业的关系。

1. 失业率是失业人口占劳动力总数的百分比。
2. 失业分为多种类型：摩擦性失业、结构性失业和周期性失业。
3. 失业对社会、经济的影响。奥肯定律的内容。
4. 物价水平不断地持续相当程度的上升称为通货膨胀，通货膨胀必须具备两个条件。
5. 衡量通货膨胀的指标是物价指数，主要包括消费物价指数、批发物价指数和国内生产总值平减指数。
6. 通货膨胀的基本类型，有“需求拉上”通货膨胀、“成本推进”通货膨胀、“供求混合推进”通货膨胀等。
7. 通货膨胀问题，既是重要的经济问题，也是社会问题，直接关系到经济的发展和社会秩序的稳定。

8. 通货膨胀对收入分配、产出的影响。

9. 治理通货膨胀的主要财政政策和货币政策。

10. 西方经济学各主要流派关于失业与通货膨胀的关系有不同的观点，短期中失业率与通货膨胀率之间存在交替关系，而长期中不存在这种关系；理性预期学派认为，无论在短期还是长期中，失业率与通货膨胀率之间不存在交替关系。

【练习与思考】

一、单项选择题

1. 通货膨胀是指(　　)。

A. 一般物价水平持续的、普通的上涨

B. 货币发行量超过流通中的黄金量

C. 货币发行量超过流通中的价值量

D. 以上都不是

2. 某一经济社会在5年中货币增长率为15%，实际国民收入增长率为13%，假设货币流通速度不变，那么这5年中价格水平将趋于(　　)。

A. 上升　　B. 下降

C. 不变　　D. 上下波动

3. 自然失业率(　　)。

A. 是随着经济周期波动而发生变化的

B. 等于零

C. 是经济处于潜在产出水平时的失业率

D. 是没有摩擦性失业时的失业率

4. 某大学毕业生由于不满意现有工作而辞职，在没有找到新的工作之前，这种失业属于(　　)。

A. 摩擦性失业　　B. 结构性失业

C. 周期性失业　　D. 永久性失业

5. 已知某经济社会充分就业的国民收入为12000亿美元，实际国民收入为11000亿美元，假定边际消费倾向为0.8，如果该经济社会增加500亿美元的投资，将会发生(　　)。

A. 需求拉上的通货膨胀　　B. 成本推动的通货膨胀

C. 结构性通货膨胀　　D. 周期性失业

6. 实际国民生产总值接近潜在国民生产总值则(　　)。

A. 失业等于摩擦失业　　B. 失业接近自然失业

C. 失业接近摩擦失业　　D. 无失业现象

7. 通货膨胀的经济效应表现为(　　)。

A. 政府税收减少　　B. 大部分人的实际收入上升

C. 依靠固定工资生活的人利益受损　　D. 人们的名义收入将下降

8. 长期菲利普斯曲线说明(　　)。

A. 通货膨胀与失业之间不存在相互替代关系

B. 通货膨胀与失业之间存在着相互替代关系

C. 通货膨胀率与失业率之间成负相关关系

D. 政府的需求管理政策在一定范围内有效

9. 工会要求过高的工资导致的通货膨胀,属于(　　)。

A. 需求拉动的通货膨胀　　B. 结构性通货膨胀

C. 工资成本推动的通货膨胀　　D. 利润推动的通货膨胀

10. 成本推动通货膨胀是由于(　　)。

A. 货币发行量超过流通中的黄金量

B. 货币发行量超过流通中的价值量

C. 货币发行量太多引起物价水平普遍持续上升

D. 以上都不是

11. 菲利普斯曲线说明(　　)。

A. 通货膨胀率与失业率之间呈负相关关系

B. 通货膨胀是失业造成的

C. 通货膨胀会引起失业

D. 通货膨胀是由行业工会造成的

12. 通货紧缩的需求管理政策(　　)。

A. 实现较低的通货膨胀率但不会引起产出的下降

B. 要求政府减少税收

C. 要求降低名义货币增长率

D. 会减少产出,但一开始时对通货膨胀没有影响

13. 通货膨胀错觉的存在,会导致(　　)。

A. 工人增加就业　　B. 社会财富流失

C. 社会产出下降　　D. 失业率上升

14. 治理需求拉动的通货膨胀的政策,应该是(　　)。

A. 降低工资　　B. 减免税收

C. 控制货币供给量　　　　　　　　D. 解除工会和垄断组织

15. 非均衡的和预期到的通货膨胀(　)。

A. 仅影响收入分配

B. 既影响收入分配也影响就业与产量

C. 仅影响就业和产量

D. 既不影响收入分配也不影响就业与产量

二、问答题

1. 什么是自然失业率？影响自然失业率的主要因素有哪些？

2. 哪些失业是无法消除的？哪些失业是可以消除的？为什么？

3. 通货膨胀的收入分配效应表现哪些方面？

三、计算题

1. 已知充分就业的收入水平是12000亿元,实际收入水平是11000亿元,边际消费倾向是0.8。通过计算说明,在增加300亿元投资后,经济会发生通货膨胀吗？如果会发生,是哪种类型的通货膨胀？

学习情境十三　经济周期与经济增长

【学习目标】

知识目标:

①能解释经济周期;

②能描述经济周期四阶段特征;

③能说明经济周期成因;

④能解释经济增长;

⑤了解我国近几年经济增长数据;

⑥能描述经济增长特征。

能力目标:

①能够结合经济运行情况,分析一国经济周期变化情况;

②能够结合我国改革开放政策分析我国经济快速增长原因。

项目一　经济周期原理

1825年,英国爆发了历史上的第一次生产过剩性经济危机,以后每隔10年左右就有一次这样的危机,面对危机时期生产锐减、物价暴跌、社会动荡、人心不安的状况,人们将这种危机称为"恐慌"或其他令人生畏的名称。同时,也有一些经济学家冷静地分析这种现象。就在大多数经济学家仍把危机作为一种孤立的现象时,法国一位原来行医的学者C.朱格拉提出,危机并不是一种独立的现象,而是经济中周期性波动中的一个阶段。从那时以来,经济周期就成为宏观经济学的主题之一。现代宏观经济理论把经济周期作为以国民收入为中心的经济活动的短期周期性波动,经济周期理论是国民收入决定理论的动态化。

任务一　什么是经济周期

经济周期亦称经济循环和商业循环,它是指经济处于生产和再生产过程中周期性出现的经济扩张与经济紧缩交替更迭、循环往复的一种现象,是经济活动沿着经济发展的总体趋势所表现出的有规律的扩张和收缩。美国著名的经济学家萨缪尔森对经济的发展进行了这样的描述:"在繁荣之后,可以有恐慌和暴跌,经济扩张让位于衰退,国民收入、就业和生产下降,价格与利润跌落,工人失业。在最终达到最低点以后,复苏开始出现。复苏可以是缓慢的,也可以是快速的。新的高涨可以表现为长期持续的旺盛需求、充足的就业机会,以及增长的生活标准;它也可以表现为短暂的价格膨胀和投机活动,紧接而至的是又一次灾难性的萧条。简单说来,这就是所谓的经济周期。"从他的描述中可以看出,经济周期就是国民收入及其经济活动周期性的波动。

现代经济分析中,把经济周期分为四个阶段:繁荣、衰退、萧条、复苏,如图13－1所示。

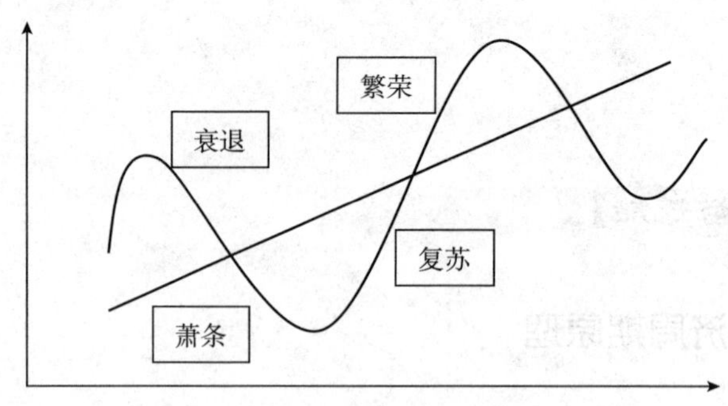

图 13－1　经济周期的四个阶段

（一）衰退

衰退是周期波峰过去，经济开始向下滑坡。根据国外经济界的划分标准，国内生产总值（GDP）连续两个季度下降，即进入衰退时期。在衰退期间，需求萎缩，从而生产和就业下降。就业下降导致家庭收入减少，又导致需求进一步萎缩，利润也随之下降，企业经营困难。在繁荣时期经济情况看好时所进行的投资，现在已变得无利可图了，投资急剧降至最低水平。衰退情节严重时，大量生产能力闲置起来，磨损的设备暂不需添补重置，就可应付生产的需要。

（二）萧条

萧条是经济周期接近低谷部分。其特点是：劳动力失业率高，公众消费水平下降，企业生产能力大量闲置，存货积压，利润低甚至亏损，企业对前景缺乏信心，不愿冒新投资的风险。

（三）复苏

当复苏开始时，也就是已经到了周期的最低点。促使复苏的因素是多种多样的。例如大批机器经过多年磨损需要更换，存货减少需要补充，企业定单增加；就业、收入和消费支出都增加了，生产销售增加以后，利润随之增加。经济前景看好，投资的乐观主义代替了萧条时的悲观主义。由于需求增加，生产的顺利扩大基本上是由萧条时闲置的生产能力和解雇后又返回工厂的工人所完成的。

（四）繁荣

繁荣是周期的波峰。在繁荣时期，现有生产设备业已充分利用。劳动力，特别是技术熟练劳动力已感缺乏。主要原材料也开始感到供应不足。由于这些原因，增产的困难越来越大。这时只有增加投资，扩大生产能力才能扩大产量。投资建设需要时间，生产的增加满足不了需求的增长，价格不断上涨，生产要素需求的急剧增长促使要素成本上升,但由于商品价格也同时上涨,企业生产仍有较为丰厚利润可图。由于经济前景看好,投资量可能超过现有销售水平。

任务二　经济周期的类型

按照经济周期的时间长短可将经济周期划分为长周期、中周期、短周期三种类型。

1. 长周期,典型的长周期包括康德拉耶夫周期(Kondratieff cycle)与库兹涅茨周期(Kuznets cycle)。俄国经济学家康德拉耶夫,在1925年发表的《经济生活中的长期波动》一文中首次提出他的"长波理论",他对美国、英国、法国和其他一些国家长时间的生产和价格序列资料进行了认真研究,认为经济周期应为50~60年。美国经济学家库兹涅茨在1930年出版的《生产和价格的长期变动》中分析了美国、英国、德国、法国、比利时1866—1925年53种商品的历史统计资料,认为经济中存在着长度为15~25年不等的长期波动。这种波动在美国的许多经济活动中,尤其是在建筑业中表现得特别明显,所以库兹涅茨周期又被称为"建筑业周期"。

2. 中周期,最典型的中周期为朱格拉周期(Juglar cycle)。法国的朱格拉最初是一名医生,以后弃医而研究经济周期问题,他在1860年发表的《论法国、英国和美国的商业危机及其发生周期》一书认为经济中存在一个长度约为9~10年的经济周期,即朱格拉周期。美国经济学家A. 汉森把这种周期称为"主要经济周期"并重新分析了美国1795—1937年的统计资料,认为这些年间共17个朱格拉周期,其平均长度为8.35年。

3. 短周期,又称基钦周期(Kitchin cycle)。英国经济学家基钦认为经济周期实际上有大小两种周期。一个大周期(相当于朱格拉周期)通常包括2~3个小周期。小(短)周期平均为40个月左右。

除了以上三种典型的经济周期类型以外,还有许多经济学家根据自己的研究成果,也提出了不同的经济周期应该持续的时间。如1875年,英国经济学家杰文斯根据太阳黑子出现的周期性,认为经济周期为10年;1910年杰文斯之子H. S. 杰文斯则认为经济周期是由两个农业周期所构成,而每个农业周期大约3.5年;1913年制度派经济学家密契尔认为经济周期为3~6年;1914年美国经济学家穆尔根据金星对雨量的影响,认为经济周期为8年;1939年,奥地利经济学家熊彼特则认为一个经济长周期包括5~6个中周期,每个中周期为9~10年,因而,一个长周期为48~60年。

任务三　经济周期的成因

关于经济周期的原因的解释,有外生经济周期理论与内生经济周期理论两种。前者用非经济因素来解释经济周期。而后者则用经济因素来解释经济周期。

(一)外生经济周期理论

外生经济周期理论认为,经济周期的根源在于经济体系之外的某些因素的变动。

外生经济周期理论包括太阳黑子理论、创新理论、政治性周期理论和心理理论等。

1. 太阳黑子理论

太阳黑子理论把经济的周期性波动归因于太阳黑子的周期性变化。因为据说太阳黑子的周期性变化会影响气候的周期变化，而这又会影响农业收成，而农业收成的丰歉又会影响整个经济。太阳黑子的出现是有规律的，大约每十年左右出现一次，因而经济周期大约也是每十年一次。该理论是由英国经济学家杰文斯(W. S. Jevons)于1875 年提出的。

2. 创新理论

创新(Innovation theory)是奥地利经济学家 J. 熊波特提出用以解释经济波动与发展的一个概念。所谓创新是指一种新的生产函数，或者说是生产要素的一种“新组合”。生产要素新组合的出现会刺激经济的发展与繁荣。当新组合出现时，老的生产要素组合仍然在市场上存在。新老组合的共存必然给新组合的创新者提供获利条件。而一旦使用新组合的技术扩散，被大多数企业获得，那么最后的阶段——停滞阶段也就临近了。在停滞阶段，因为没有新的技术创新出现，因而很难刺激大规模投资，从而难以摆脱萧条。这种情况直到新的创新出现才被打破，才会有新的繁荣的出现。总之，该理论把周期性的原因归之为科学技术的创新，而科学技术的创新不可能始终如一地持续不断的出现，从而必然有经济的周期性波动。

3. 政治性周期理论

外因经济周期的一个主要例证就是政治性周期。政治性周期理论把经济周期性循环的原因归之为政府的周期性的决策(主要是为了循环解决通货膨胀和失业问题)。该理论认为，政府为了实现充分就业，就实行扩张性的财政政策和货币政策，以此实现经济繁荣；但是财政赤字和通货膨胀会导致公众的反对，于是，政府又不得不转而实行紧缩性政策，这样也就人为造成经济衰退。也就是说政府干预经济才造成了经济的波动，经济波动的周期性其根源在于充分就业与价格水平稳定之间存在的固有矛盾。政治性周期的产生有三个基本条件：①凯恩斯国民收入决定理论为政策制定者提供了刺激经济的工具。②选民喜欢高经济增长、低失业以及低通货膨胀的时期。③政治家喜欢连选连任。

4. 心理理论

心理理论认为，经济波动是由于公众心理反应的周期性变化而引起的。当人们对未来持乐观态度时，消费活跃，投资增加，经济处于繁荣状态；当人们对未来持悲观态度时，消费低迷，生产减少，投资下降，经济走向衰退。人们对社会经济的心理态度是乐观与悲观交替出现的，因此，经济的繁荣与衰退也是交替出现的。

(二)内生经济周期理论

内生经济周期理论强调经济波动是由经济体系内部的因素引起的，但并不否认外生因素对经济的冲击作用,主要包括纯货币理论、投资过度理论与消费不足理论等。

1. 纯货币理论

该理论主要由英国经济学家霍特里(R. Hawtrey)在1913—1933年的一系列著作中提出的。纯货币理论认为货币供应量和货币流通度直接决定了名义国民收入的波动,而且极端地认为,经济波动完全是由于银行体系交替地扩张和紧缩信用所造成的,尤其以短期利率起着重要的作用。现代货币主义者在分析经济的周期性波动时,几乎一脉相承地接受了霍特里的观点。但应该明确肯定的是,把经济周期性循环唯一地归结为货币信用扩张与收缩是欠妥的。

2. 投资过度理论

投资过度理论把经济的周期性循环归因于投资过度。由于投资过多,与消费品生产相比,资本品生产发展过快。资本品生产的过度发展促使经济进入繁荣阶段,但资本品过度生产从而导致的过剩又会促进经济进入萧条阶段。

3. 消费不足理论

消费不足理论的出现较为久远。早期有西斯蒙第和马尔萨斯,近代则以霍布森为代表。该理论把经济的衰退归因于消费品的需求赶不上社会对消费品生产的增长。这种不足又根源于国民收入分配不公所造成的过度储蓄。该理论一个很大的缺陷是,它只解释了经济周期危机产生的原因,而未说明其他三个阶段。因而在周期理论中,它并不占有重要位置。

(三)乘数与加速数理论

1. 加速原理

在宏观经济中,产量水平的变动和它所引起的投资支出数量之间的关系被称为加速原理,即产量的变动引起投资变动的原理。在现代化大生产的条件下,在开始生产时,投资要大于产出,即投资的变动率要大于产出的变动率,但在生产能力形成以后,如果产出不以一定的比率增长,投资就无法增加。也就是说,要投资一直增长,必须使产出按一定的比率增加。

2. 乘数原理

在宏观经济中,投资的变动和它所引起的产出的数量之间的关系被称为乘数原理,即投资的变动引起产出的变动的原理。在现代化大生产的条件下,经济中各部门之间的联系越来越密切,某一部门的一次投资,不仅会使本部门的产出增加,而且还会对其他部门产生连锁反应,引起这些部门投资和产出的增加,从而使最终产出的增加数倍于原来投资的增加。

西方经济学家认为,经济中之所以发生周期性波动,其根源就在于乘数原理和加速原理的相互作用。具体来说,就是投资的增加会引起产出更大的增加,产出的更大增加又引起投资在新的基础上更大的增加,这样,经济就出现繁荣。然而,产出达到一定水平后,由于社会需求与资源的约束而无法再增加,这时就由于加速原理的作用使投资减少,投资的减少又会由于乘数原理的作用使产出继续减少,这样,经济就出现萧条。萧条持续一段时间后,由于产出的回升又使投资增加、产出再增加,从而经济进入另一次繁荣阶段,如此循环往复。也正是乘数原理和加速原理的共同作用,经济中就形成了由繁荣到萧条,又由萧条到繁荣的周期性运动。

项目二　经济增长理论概述

【引子】

美国经济持续增长113个月

美国当前一轮经济增长始于1991年3月,到2000年8月持续了113个月。这样,一举打破了60年代创造的106个月战后最长经济增长记录。克林顿政府执政之初曾预计,1993年到1999年,美国国内生产总值的年增长率为2.7%,但实际达到了3.4%。同时,2000年美国失业率处于近30年来的最低点,通货膨胀率为10多年来的最低纪录,财政盈余也在不断增加。美国经济学家从不同角度分析了美国经济持续增长的原因。

投资增加使得美国的劳动生产率增长加快,这既帮助抑制了通货膨胀,同时又给政府带来了更多的税收,从而形成了良性循环。

资料来源:金融网

任务一　什么是经济增长

一般来说,经济增长是指一个国家或一个地区生产商品和劳务能力的增长。如果考虑到人口增加和价格的变动情况,经济增长还应包括人均福利的增长。美国经济学家S.库兹涅茨给经济增长下了一个经典的定义:"一个国家的经济增长,可以定义为给居民提供种类日益繁多的经济产品的能力长期上升,这种不断增长的能力是建立在先进技术以及所需要的制度和思想意识之相应的调整的基础上的。"从这一定义我们理解到:经济增长的主要表现是经济实力的增加,这种实力的增加就是商品和劳务总量的增加,即国民生产总值的增加;技术进步是经济增长的必要条件;同时实现经济增长必须使制度和意识相应调整。也就是说,只有社会制度与意识形态相互协调,适合于经济增长的需要,技术才能进步。

任务二　经济增长的特征

从S.库兹涅茨对经济增长的定义出发,经济学界通过对经济史资料分析,总结了

经济增长的一些特征,主要包括:

(1)实际 GDP 的增长率超过各种投入的增长率,表明技术进步在经济增长中起着十分重要的作用。

(2)资本存量的增长超过就业量的增加,导致人均资本占有量的增加。

(3)实际工资明显上升。工资在 GDP 中的比重虽有所上升,但非常微小。

(4)实际利率与利润率没有明显的上升或下降趋势,尽管在商业周期中它们会急剧变动。

(5)资本—产出比率下降。因为在技术既定的条件下,根据边际报酬递减规律,资本—产出比率应该上升。资本—产出比率下降显然表明技术在进步。

(6)储蓄在国民收入中的比重比较稳定,发达国家为 10% ~20%。

(7)社会结构与意识形态迅速改变。例如教育与宗教的分离、城市化、民主化、法制化、政治生活的公开化、居民生活的科学化等不仅是经济增长的结果,也是经济进一步增长的条件。

任务三　经济增长的利益

世界上几乎所有的国家都把经济增长作为一项中心的目标,因为经济增长对人类社会的进步与繁荣有着巨大的作用和贡献,经济增长的利益可以归纳如下:

(一)经济增长提高人们的物质生活水平。

从统计指标看,生活水平等于实际国民收入与人口之比。短期内,人口相对稳定或缓慢增加,于是,只有实际国民收入的不断增加尤其是其增长率超过人口增长率,人们的生活水平才能得以提高。经济增长能提供更多的商品和劳务,使人均收入提高,消费增加,从而提高人们的物质生活水平。

(二)经济增长改变生活方式

随着经济增长,人们的实际收入也将增加。于是,人们将改善生活质量和消费结构。他们将由消费低质量的商品和劳务转向消费高质量的商品和劳务;将由物质产品消费转向精神产品的消费;将更多地学习、旅游、交往和追求高层次的自我实现。

(三)经济增长有助于收入再分配

人们从经济增长中获得的利益是不均等的。在一个不断增长的经济中,收入分配不公的问题依然存在,因而需要收入再分配。在经济增长迅速的国家中,收入再分配可以在不降低部分人的收入和生活水平甚至其收入水平和生活水平还有所提高的情况下,提高另一部分人的收入水平与生活水平,从而使得收入再分配得以顺利进行。

任务四　经济增长的源泉

经济增长是产量的增加,因此可以根据总生产函数来研究增长的源泉,总生产函数是总产量与生产中使用的全部生产要素投入量之间的函数关系。用公式来表示则是:

$$Q = A\,f(L,K) \tag{13.1}$$

在式(13.1)中,Q 代表产量,K 代表资本,L 代表劳动,A 代表技术,总生产函数中假定技术是不变的,所以 A 在这里是一个不变量 f 表示产量与生产要素投入量之间的函数关系。由式(13.1)可以看出,经济增长的源泉是资本、劳动与技术进步。

(一)资本

资本分为物质资本与人力资本。物质资本又称有形资本,是指设备、厂房、存货等的存量。人力资本又称无形资本,是指体现在劳动者身上的投资,如劳动者的文化技术水平、健康状况等。这里所研究的是物质资本。经济增长中必然有资本的增加,英国古典经济学家亚当·斯密就曾把资本的增加作为国民财富增加的源泉。现代经济学家认为,在经济增长中,一般的规律是资本的增加要大于人口的增加,即人均资本量是增加的,从而每个劳动力所拥有的资本量(资本—劳动比率)是增加的。只有人均资本量的增加,才有人均产量的提高。现代经济学家认为,只有人均资本量的增加,才有人均产量的提高。

资本积累是经济增长的基础。许多经济学家都把资本积累占国民收入的10% ~ 15%作为经济起飞的先决条件,把增加资本积累作为实现经济增长的首要任务。西方各国经济增长的事实表明,储蓄量大,资本积累多的国家,经济增长率往往是比较高的,例如德国、日本等。

(二)劳动

劳动力的数量与质量是决定一国经济增长的重要因素。劳动力数量的增加可以有三个来源,一是人口的增加,二是人口中就业率的提高,三是劳动时间的增加。劳动力质量的提高则是文化技术水平和健康水平的提高,劳动力是数量与质量的统一。一个高质量的劳动力,可以等于若干质量低的劳动力。劳动力数量的不足,可以由质量的提高来弥补。

劳动力的质量或素质,如劳动者的生产技术水平、知识水平与结构、纪律性以及健康程度,是决定一国经济增长最重要的因素。一个国家可以购买最先进的生产设备,但是这些先进的生产设备只有拥有一定技术并受过良好训练的劳动者才能使用,并使它们充分发挥效用。提高劳动者的知识水平与生产技能,增强他们的身体素质与纪律意识,将极大地提高劳动生产率。一般来说,在经济增长的开始阶段,人口增长率较高,这时,经济增长主要依靠劳动力数量的增加。而经济增长到了一定阶段,人口增长率下降,劳动时间缩短,这时,就要通过提高劳动力的质量或人力资本的积累来促进经济增长。

(三)技术进步

技术进步在经济增长中的作用,体现在生产率的提高上,即同样的生产资料投入量能提供更多的产品。技术进步在经济增长中起了最重要的作用。据R.索洛估算,1909—1940年,美国2.9%的平均年增长率中由于技术进步而引起的增长率为1.49%,即技术进步在经济增长中所作出的贡献占51%左右。而且,随着经济的发展,技术进步的作用越来越重要。

技术进步主要包括资源配置的改善,规模经济和知识的进展。资源配置的改善主要指人力资源配置的改善,即劳动力从低生产率部门转移到高生产率部门中,包括农业劳动力转移到工业中,以及独立经营者与小企业中的劳动力转移到大企业中去。劳动力的这种转移,提高了生产率。规模经济是指由于企业规模扩大而引起的成本下降与收益增加。企业规模的扩大,由于能采用新技术与最先进的设备,能采用新的生产方法而提高了生产率。尤其在一些工业部门(例如汽车、机械、冶金行业),这种规模经济的效果特别明显。知识的进展是技术进步中最重要的内容。据美国经济学家E.丹尼森估算,技术进步引起的生产率提高中有60%左右要归功于知识进展。知识进展包括科学技术的发展及其在生产中的运用,新工艺的发明与采用等。特别应该强调的是,知识进展不仅应包括自然科学与技术科学的进展,而且也包括管理科学的进展。管理科学的发展,新的管理方法的应用,在经济增长中起了重要的作用。从这种意义上说:"科学技术本身是生产力"这句名言中,应该包括管理科学。

【本情境知识点小结】

本学习情景主要介绍了对经济周期问题的研究(包括对周期的阶段划分、特征、类型及成因的研究)。以及对经济增长问题的研究(包括对经济增长的界定、源泉、经济增长模型的研究)。

1. 经济周期是指经济处于生产和再生产过程中周期性出现的经济扩张与经济紧缩交替更迭、循环往复的一种现象,是经济活动沿着经济发展的总体趋势所表现出的有规律的扩张和收缩。
2. 经济周期可以分为衰退、萧条、复苏和繁荣四个阶段,有长周期、中周期和短周期三种具体类型。

3. 经济周期成因理论众多,但可以分为两大类,即内因论和外因论。各种理论中较有影响的是乘数—加速数理论。
4. 经济增长是指一个国家或一个地区生产商品和劳务能力的增长,经济增长的程度可以用增长率来描述。
5. 经济增长取决于三大因素:资本、劳动和技术进步,这三大因素构成了经济增长的源泉。

【练习与思考】

一、重要概念

1. 经济周期 2. 衰退阶段 3. 萧条阶段 4. 复苏阶段 5. 繁荣阶段 6. 康德拉耶夫周期 7. 朱格拉周期 8. 基钦周期 9. 熊比特周期 10. 库兹涅茨周期 11. 外生经济周期理论 12. 内生经济周期理论 13. 乘数—加速数理论 14. 经济增长 15. 技术进步 16. 人力资本 17. 哈罗德—多马模型 18. 新古典增长模型 19. 新剑桥经济增长模型

二、单项选择题

1. 经济周期的四个阶段依次是(　　)。

A. 繁荣、衰退、萧条、复苏　　B. 繁荣、萧条、衰退、复苏
C. 复苏、萧条、衰退、繁荣　　D. 萧条、衰退、复苏、繁荣

2. 经济增长的原因是(　　)。

A. 失业率的下降　　B. 先进技术的广泛应用
C. 社会生产能力的不断提高　　D. 城市化速度加快

3. 对经济增长最关键的因素是(　　)。

A. 资本　　B. 自然资源
C. 技术　　D. 劳动力素质

4. 经济增长最基本的特征是(　　)。

A. 国内生产总值的增加　　B. 技术进步
C. 居民可支配收入的增加　　D. 制度与意识的调整

5. 若想把产量的年增长率从5%提高到7%,在储蓄率为20%的条件下,按照哈罗德模型,资本—产量比约为(　　)。

A. 2　　B. 3
C. 4　　D. 5

6. 乘数原理和加速数原理的联系在于(　　)。

A. 前者说明投资的变化对国民收入的影响，后者说明国民收入的变化内生影响

B. 两者都说明投资是怎样产生的

C. 前者解释了经济如何走向繁荣，后者说明经济怎样陷入萧条

D. 前者解释了经济如何陷入萧条，后者说明经济怎样走向繁荣

7. 根据哈罗德—多马模型，当资本—产量比率为 4，储蓄量为 20% 时，经济增长率为(　　)。

A. 5%　　　　B. 80%

C. 20%　　　　D. 15%

8. 当某社会经济处于经济周期的扩张阶段时(　　)。

A. 经济的生产能力超过它的消费需求

B. 总需求逐渐增长，但没有超过总供给

C. 存货的增加与需求减少

D. 总需求超过总供给

9. 萧条阶段经济的主要特征是(　　)。

A. 投资高涨，生产就业增加　　　　B. 投资减少，产品积压

C. 大量工厂倒闭　　　　D. 大量机器更新

10. 朱格拉周期是一种(　　)。

A. 短周期　　　　B. 中周期

C. 长周期　　　　D. 不能确定

11. 3 ~4 年循环一次的经济周期被称为(　　)。

A. 基钦周期　　　　B. 朱格拉周期

C. 康德拉耶夫周期　　　　D. 库兹涅茨周期

三、问答题

1. 经济周期各个阶段的特征是什么？

2. 试运用乘数—加速数原理解释经济的周期性波动？

3. 简述经济周期的成因。

4. 经济增长的源泉是什么？

四、分析题

下表是我国 1989—2004 年 GDP 增长速度的有关数据：

年份	1989	1990	1991	1992	1993	1994	1995	1996
GDP 增长率(%)	4.1	3.8	9.2	14.2	13.5	12.6	10.5	9.6
年份	1997	1998	1999	2000	2001	2002	2003	2004
GDP 增长率(%)	8.8	7.8	7.6	8.4	8.3	9.1	10.0	10.1

1. 请据此画出这一时期我国经济周期活动图；
2. 如果这其中有一个完整的经济周期，请划分各个阶段并说明理由。

学习情境十四　宏观经济政策

【学习目标】

知识目标：

①能陈述宏观经济目标；
②能解释财政政策；
③能列举并解释财政政策的主要工具；
④能说明赤字财政政策；
⑤能解释货币政策；
⑥列举并解释货币政策的主要工具；
⑦解释相机抉择。

能力目标：

①能够结合社会经济实际，初步分析一国的财政政策；
②能够结合社会经济实际，初步分析一国的货币政策。

【知识与技能】

项目一　宏观经济政策概述

【引子】

从200多年前亚当·斯密探究国民财富的性质和原因开始，一代又一代的经济学家都在坚持不懈地研究经济增长的源泉以及如何加快经济增长的政策措施。经济增长不仅关乎民众的生活福利,而且事关国家与民族的兴衰。本节将主要讨论研究经济增长的源泉与方式。

任务一　政府部门及其职能

政府部门是国民经济中最大的消费者,也是最大的生产者,政府部门消费与生产的职能和目的,是提供公共物品,行使公共职能,实现公共利益。具体来说,在市场经济条件下,政府参与经济活动是为了履行下述功能:

第一,"守夜人"职能。政府是社会经济活动中最主要的制度供给者,它需要履行维护社会秩序和市场经济秩序的职能,防止和惩处各种破坏秩序和损害他人正当利益及公共利益的行为。

第二,公共物品职能。政府是公共物品的最大提供者。随着社会的进步和经济的发展,公共物品的服务越来越广泛,从而政府作为公共物品生产者和供给者的职能也日益扩大。

政府提供公共物品的根本目的是弥补市场失灵,保障和增进公共利益,提高社会福利水平。现在由政府供给的公共物品的范围包括基础设施、公共事业、科学研究、教育事业、卫生保健服务、文化设施和文化事业、国防及安全、生态环境保护和改善等。

第三,宏观调控职能。政府这方面的职能是为了稳定经济增长和促进经济发展。政府通过经济、行政和法律等手段,控制经济周期性波动,调整国民经济总量和促进国民经济结构的必要调整,保持经济稳定持续健康地增长,并促进经济发展。

第四,增加社会公平的职能。市场机制促进生产效率的提高,但也容易造成收入分配差距的拉大,如果任其自然发展,易于引起强烈的社会不公和尖锐的社会矛盾。政府承担着维护社会稳定、增进社会公平的职能,通过对收入分配的调节、发展教育等措施,达到社会公平的目的。

任务二　宏观经济政策的目标

经济政策是指国家或政府为了增进社会经济福利而制定的解决经济问题的指导原则和措施,它是政府为了达到一定目的在经济事务中有意识的活动。任何一项经济政策的制定都以一定的经济目标为指针,以一定的理论为指导,以某些工具为手段。

一般来说,政府制定经济政策追求的目标主要有四个:充分就业、价格稳定、经济增长和国际收支平衡。在每一个特定时期,政府的政策目标有所侧重,但也要顾及总体目标的实现。宏观经济政策则是围绕着特定目标制定的一系列政策措施。

(一)充分就业

充分就业是指包含劳动力在内的一切生产要素都能以愿意接受的价格参与生产活动的状态。但由于测量各种经济资源参与经济活动的程度非常困难,因此通常以劳动力的就业和失业状况作为衡量充分就业的尺度。

(二)物价稳定

物价稳定是宏观经济政策的第二个目标。物价稳定是指价格总水平的稳定。为了控制通货膨胀对经济的冲击,政府把物价稳定作为宏观经济政策的一个目标。同样,价格稳定不是指每种商品的价格固定不变,也不是指价格总水平保持不变,而是指物价指数相对稳定,即不出现较严重的通货膨胀,物价稳定目标允许轻微的通货膨胀存在。

(三)经济增长

经济增长是指一定时期内经济的持续均衡增长,即在一个时期内经济社会所生产的人均产量或者人均收入的增长。通常用一定时期内实际国内生产总值年均增长率来衡量。经济增长往往与就业相互关联。通常认为,经济增长与就业目标是相互一致的。

关于经济增长,实际上存在两个互相联系、不可或缺的内容:一是促使经济基础快速增长,二是保持宏观经济增长的可持续性。前者考虑需要,后者考虑可能。

(四)国际收支平衡

随着国际间经济交往的密切,国际收支平衡也成为宏观经济政策的重要目标之一。国际收支是指一国净出口与净资本流出相等而形成的平衡。一国的国际收支状况不仅反映了这个国家的对外经济交往情况,还反映出该国经济的稳定程度。在开放经济条件下,一国国际收支出现失衡,通过汇率的变动,会对国内经济形成冲击,从而影响该国国内就业水平、价格水平及经济增长。

上述这四种宏观经济政策目标之间是存在矛盾的。充分就业与物价稳定是矛盾的,因为要实现充分就业,就必须运用扩张性财政政策和货币政策,而这些政策又会由于财政赤字的增加和货币供给量的增加而引起通货膨胀。充分就业与经济增长有一致的一面,也有矛盾的一面。这就是说,经济增长一方面会提供更多的就业机会,有利于充分就业;另一方面经济增长中的技术进步又会引起资本对劳动的替代,相对地缩小对劳动的需求,使部分工人,尤其是文化技术水平低的工人失业。充分就业与国际收支平衡之间也有矛盾。因为充分就业的实现引起国民收入增加,而在边际进口倾向既定的情况下,国民收入增加必然引起进口增加,从而使国际收支状况恶化。此外,在物价稳定与经济增长之间也存在矛盾,因为经济增长过程中,通货膨胀是难以避免的。

宏观经济政策目标之间的矛盾,就要求政策制定者或者确定重点政策目标,或者对这些政策目标进行协调。政策制定者在确定宏观经济政策目标时,既要受自己对各项政策目标重要程度的理解,考虑国内外各种政治因素,又要受社会可接受程度的制约。

任务三　宏观经济政策工具

宏观经济政策工具是用来达到政策的手段。一般来说,政策工具是多种多样的,不同的政策工具都有自己的作用,但往往也可以达到相同的政策目标。宏观经济政策工具包括经济、法律行政等手段,主要是经济手段即经济政策工具。一般包括财政政策手段、货币政策手段、汇率政策手段、经济管制手段及制度变革手段等。

(一)财政政策手段

财政政策的一般定义是:为促进就业水平的提高,减轻经济波动,防止通货膨胀.实现稳定增长对政府支出、税收和借债水平所进行的选择,或对政府收入和支出水平所作的决策。

财政政策的手段分为两个方面:一是内在稳定器;二是酌情运用的政策。具体来说:

1. 财政支出政策,支出包括政府的投资、消费和公共部门的薪金、转移支出。
2. 政府收入政策,收入有政府经常收入、来自国外的政府经常收入、政府企业收入和政府财产收入。最重要的是政府经常收入中的赋税收入,包括个人所得税、企业所得税、间接税、财产税、关税和社会福利税等。

(二)货币政策手段

货币政策手段是由中央银行控制的,通过对货币和信用的操纵,对各种经济政策目标的实现施加影响。其主要手段有三个:公开市场业务、贴现率和法定准备率,也称作货币政策的三件武器。

(三)汇率政策手段

汇率政策手段是近年来各国常用的政策手段之一。汇率变动将引起对外贸易中相对价格的变动和贸易条件的变化,从而影响国际收支平衡,包括提高汇率和降低汇率两方面。

(四)经济管制手段

经济管制手段分直接管制和间接管制。直接经济管制分对外直接管制与对内直接管制。对外直接管制包括进出口的贸易管制和资本流动管制。对内直接管制有价格管制、利息率管制、分配管制、工资管制、产量管制、投资管制、原材料管制、消费品配给管制和质量管制等。一般情况下不采用直接管制,收入政策与人力政策属于直接管制手段。间接管制是采取指导等手段对某些经济变量施加影响。

(五)制度变革手段

制度变革是适合于长期政策目标的政策手段,包含广泛的内容,西方经济学将其划分为三种类型:第一,关于流通、分配领域的体制改革,如赋税体制、金融体制、政府转移支付体制和干预经济形式等的变革。第二,关于所有制形式和生产组织形式的变革,如土地制度改革、产业国有化形式和企业组织形式的变革。第三,关于国际经济机构的变革。

宏观经济政策发展经历的阶段

从20世纪30年代以来,宏观经济政策的发展大致经历了三个阶段:

从20世纪30年代到第二次世界大战前是第一阶段。30年代的大危机迫使各国政府走上了国家干预经济的道路。凯思斯1936年发表的《就业、利息与货币通论》,正是要为这种干预提供理论依据。这时是宏观经济政策的试验时期,其中最全面而且成功的试验是美国罗斯福总统的"新政"。

第二次世界大战以后,宏观经济政策的发展进入了第二个阶段。1944年英国政府发表的《就业政策白皮书》和1946年美国政府通过的《就业法》,都把实现充分就业,促进经济繁荣作为政府的基本职责。这标志着国家将全面而系统地干预经济,宏观经济政策的发展进入了一个新时期。这一时期的宏观经济政策是以凯思斯主义为基础的,主要政策工具是财政政策与货币政策。

20世纪70年代初,西方国家出现了高通货膨胀率与高失业率并存的"滞胀"局面。这就迫使它们对国家干预经济的政策进行反思,于是,宏观经济政策的发展进入了第三个阶段。在这个阶段,最重要的特征是自由放任思潮的复兴。自由放任思潮主张减少国家干预,加强市场机制的调节作用。因此,经济政策的自由化和多样化,成为宏观经济政策的重要发展。

项目二 财政政策

任务一 什么是财政政策

财政政策在经济政策体系中居于举足轻重的地位,是政府调节和干预经济的主要政策之一。宏观财政政策是政府通过自己的收入和支出,调节社会总需求,以影响经济总量的行为。

财政政策的基本手段就是政府对支出和税收的调节,实施的原则是“逆经济风向行事”,即在经济萧条时,实行扩张性财政政策增加总需求:在经济繁荣时,采取紧缩性的财政政策减少总需求,以缓解通货膨胀的压力。财政政策是最主要、最常用的宏观经济政策之一,对促进经济正常运行、实现特定目标发挥着重要作用。财政政策包括财政支出政策和财政收入政策两部分。

任务二 财政支出政策

(一)财政支出的内容

财政支出政策包括一个国家各级政府的全部支出,主要包括:(1)社会福利支出,即对失业者、老年人、残疾人和生活在贫困线以下的穷人给予的救济和补助。(2)退伍军人的福利支出,包括给退伍军人的津贴与医疗补助,给丧失劳动能力的退伍军人的救济等。(3)国家防务和安全支出。指对军队、警察、法院以及消防所用设施与装备的购买,以及这些部门人员的薪金与工资支出。(4)债务利息支出,指支付政府发行的国库券的利息。(5)教育和就业训练支出。(6)公共卫生和保健支出。(7)科学技术研究费用。包括对基础科学、空间科学等方面研究的支出。(8)交通、公路、机场、港口和住宅的支出。(9)自然资源和环境保护支出。(10)国际交往与国际事务的支出。

上述各项支出所占比重与增长速度都不相同,在不同的国家社会福利项目支出差别也很大。无论是哪一类支出,都是对社会总需求产生影响。在经济萧条时政府可以增加财政支出,向企业进行大规模的采购,以刺激民间投资的增加;也可以兴建更多的公共工程,在创造出更多的就业机会和社会需求的同时,也为经济发展奠定基础。此外,政府还可以增加转移支付,增加对居民的各种补贴,使他们有更大的能力进行消费,从而带动消费需求。总之增加政府支出,可以增加总需求,这样有助于经济克服萧条,向充分就业方向发展。与此相反当经济过度繁荣时。政府通过减少财政支出,来抑制总需求,以减少通货膨胀的压力,使经济正常发展。

(二)财政支出方式

财政支出方式有两种:政府购买和政府转移支付。(1)政府购买是政府购买商品和劳务以维持政府正常活动,如购买军需品、警察装备用品、机关办公用品及支付政府雇员报酬等项费用。政府购买的特点是以取得商品和劳务作为有偿支出,他是实质性的支出。西方经济学认为政府购买取决于政治因素,可以作为独立变量。政府购买可以使经济资源的利用从私人部门转移到公共部门,强有力地影响经济生活。(2)政府转移支付,即政府对社会福利保险、失业补助、农业补贴和救济金等方面的支出。政府转移支付的特点是不以取得商品和劳务作为报偿的支付。它是货币性支出,是通过政府把一部分人的收入转给另一部分人,整个社会的收入总量并没有变化,变化的仅是收入总量在社会成员之间的分配比例。政府转移支付不能对资源的利用发生影响,也不能够强有力地调节和干预经济生活。

任务三　财政收入政策

财政收入政策主要是税收政策,税收是国家财政收入的重要来源之一,也是政府调节总需求的重要手段。在西方国家中,政府收入在国内生产总值中所占比重相当大,从20世纪30年代大危机以来,一直呈现递增趋势。在现今发达国家里,税收在国民生产总值中经常占20%以上,有的甚至高达50%以上。

政府税收十分复杂,按不同的标准有不同的划分:

(一)按征税对象不同划分为三类:财产税、所得税、货物税

1. 财产税是对私人财产如住宅、土地等征收的税。对留给后代和按照法律规定的继承人作为遗产的财产,征收遗产税;对赠送别人礼物的财产征收馈赠税。

2. 所得税是对公司和个人所得征收的税,包括个人所得税,即对个人收入征税;公司所得税,即对公司利润征税。在美国,所得税是对纯收入征税。所得税在西方国家政府的总税收中占据很大的比重,因此,所得税税率的变化会给经济活动带来很大影响。

3. 货物税是对流通领域的商品征税。如对烟、酒、汽油等的消费征税。

(二)按照征税对象的价或量来划分

1. 从价税是按征税对象的货币价值的固定百分比征税。现在,财产税、货物税、大部分关税实行从价税。在价格水平发生变化时,从价税不会受损失。

2. 从量税是按征税对象的实物数量和重量征收的税。一部分关税实行从量税,即不需要对进口商品进行估价,只需要按数量或重量征税。在价格上涨时,从量税会受到损失。

(三)按照纳税的方式划分

按照纳税的方式不同,税收可分为:直接税和间接税。

1. 直接税是直接征收的,不能再转嫁给别人的税,如所得税、财产税等。

2. 间接税是间接地向最终消费者征收的,作为生产商和销售商的纳税人能转嫁给最终消费者的税,如营业税、消费税和进口税等。

在现实中,政府的支出政策和收入政策往往会相互配合,同时发生变化,以使财政政策达到更为理想的效果。在经济萧条时,政府在增加支出的同时,还会采取减税的

措施,而在经济繁荣时期,政府在减少支出时会增加税收,以进一步抑制社会总需求,最大限度达到缓解通货膨胀的压力。

任务四　内在稳定器

某些财政政策由于其本身的特点,具有自动地调节经济、使经济稳定的机制,被称为内在稳定器,或者自动稳定器。

具有内在稳定器作用的财政政策,主要是个人所得税、公司所得税,以及各种转移支付。

个人所得税与公司所得税有其固定的起征点和税率。当经济萧条时,由于收入减少,税收也会自动减少,从而抑制了消费与投资的减少,有助于减轻萧条的程度。当经济繁荣时,由于收入增加,税收也会自动增加,从而就抑制了消费与投资的增加,有助于减轻由于需求过大而引起的通货膨胀。失业补助与其他福利支出这类转移支付,有其固定的发放标准。当经济萧条时,由于失业人数和需要其他补助的人数增加,这类转移支付会自动增加,从而抑制了消费与投资的减少,有助于减轻经济萧条的程度。当经济繁荣时,由于失业人数和需要其他补助的人数减少,这类转移支付会自动减少,从而抑制了消费与投资的增加,有助于减轻由于需求过大而引起的通货膨胀。

这种内在稳定器自动发生作用、调节经济,无需政府作出任何决策,但是,这种内在稳定器调节经济的作用是十分有限的。它只能减轻萧条或通货膨胀的程度,并不能改变萧条或通货膨胀的总趋势;只能对财政政策起到自动配合的作用,并不能代替财政政策。因此,尽管某些财政政策具有内在稳定器的作用,但仍需要政府有意识地运用财政政策来调节经济。

任务五　赤字财政政策

在经济萧条时期,财政政策是增加政府支出,减少政府税收,这样就必然出现财政赤字。凯恩斯认为,财政政策应该为实现充分就业服务,因此,必须放弃财政收支平衡的旧信条,实行赤字财政政策。20 世纪 60 年代,美国的凯恩斯主义经济学家强调了要把财政政策从害怕赤字的框框下解放出来,以充分就业为目标来制定财政预算,而不管是否有赤字。这样,赤字财政就成为财政政策的一项重要内容。

凯恩斯主义经济学家认为,财政政策不仅是必要的,而且也是可能的。这就因为:第一,债务人是国家,债权人是公众。国家与公众的根本利益是一致的,政府的财政赤字是国家欠公众的债务,也就是自己欠自己的债务;第二,政府的政权是稳定的,这就保证了债务的偿还是有保证的,不会引起信用危机;第三,债务用于发展经济,使政府有能力偿还债务,弥补赤字。这就是一般所说的"公债哲学"。

任务六　财政政策的效应

财政政策被认为对经济活动产生的影响最为直接,在各个国家运用也较为广泛。

首先,财政政策对财政平衡产生直接影响,扩张性的财政政策会造成预算赤字,即财政支出大于财政收入;紧缩性的财政政策可能造成预算结余,即财政支出小于财政收入。财政政策的力度越大,财政预算不平衡的程度也就越大。

按照凯恩斯主义的观点,在经济衰退时,应扩大政府支出或减少税收。结果是出财政赤字。财政赤字不能依靠增加税收来弥补,只能增发公债。因此,扩张性的财政政策一方面对国民收入的增加产生效应,另一方面则导致公债增加。相比之下,增加公债比衰退要好。增加公债只是把私人不愿投资的那部分收入转向投资。相反,当经济过热时,应减少政府支出或增加税收,结果会产生预算结余。同样,财政结余比通货膨胀要好,财政结余又为偿还公债创造了条件。

其次,财政政策对均衡国民收入量产生影响。扩张性的财政政策增加国民收入,紧缩性的财政政策减少国民收入。

依照乘数定理,变动政府购买的数量对均衡国民收入产生倍数效应,其倍数等于1减去边际消费倾向的倒数,或者说是边际储蓄倾向的倒数,即:

$$\Delta Y = \frac{\Delta G}{1-b} \tag{14.1}$$

公式(14.1)中,ΔG 表示政府购买的改变量;因而 ΔY 则是由此引起的国民收入的改变量。变动政府购买的数量对总需求的影响是直接的。增加政府购买等同于增加投资,从而成倍地增加国民收入;减少政府购买,则成倍地减少国民收入。

变更政府的净税收(税收减去转移支付)也对均衡国民收入产生倍数效应,其倍数等于边际消费倾向与1减去边际消费倾向之比,即:

$$\Delta Y = \frac{b\Delta T}{1-b} \tag{14.2}$$

公式(14.2)中,ΔT 表示净税收的改变量。税收或转移支付的变动对国民收入的影响是间接的。增加税收或减少转移支付,消费者的可支配收入减少,从而减少消费数量,并最终引起总支出水平的下降,使得国民收入成倍下降;相反,减少税收或增加转移支付使得消费增加,最终使得国民收入成倍增加。

与变动税收和转移支付相比,政府购买对国民收入的影响更直接,所产生的乘数效应更大,因而政府更倾向于采用变动政府购买的政策手段。

任务七　财政政策的时滞与局限性

由于财政政策要求“逆经济风向行事”,任何一项财政政策从方案的提出、讨论、批准到最后的执行都要有一个时间过程,在短期内很难见效,而在这段时间内,经济形势可能会发生意想不到的变化,从而使政策效果大打折扣。

而且,政府增加税收会遭到普遍的反对,甚至引起政治动乱;政府实行减税政策容易,但是在萧条时期人们未必会把减税所增加的收入用于增加支出,减税不一定会达到预期的效果。政府增加公共工程支出会被认为与民争利而受到某些利益集团的反对,而减少政府购买(尤其是政府的军费支出)又会遭到垄断资本家强有力的反对;萧条时期政府增加转移支付,人们不一定会把增加的收入用于消费,繁荣时期政府削减转移支付则会受到平民及其同情者的反对。

2011年以来的减税政策

2011年9月1日起,修改后的个人所得税法实施,将个税起征点由2000元提高到3500元,并扩大了低档税率的适用范围;

2011年10月12日,国务院常务会议研究确定,将小型微利企业减半征收企业所得税政策延长至2015年底并扩大范围;对金融机构向小型微型企业贷款合同3年内免征印花税;

2011年11月1日起,提高增值税和营业税起征点,月销售额(或营业额)由原来的最高5000元提高到最高2万元;

2012年1月1日,实施新车船税法,87%的乘用车税额幅度降低或不变;

2012年1月1日,在上海开展营业税改增值税试点,逐步取消重复征税。

名词解释

增值税:第一大税种

增值税是最大的税种,是以商品(含应税劳务)在流转过程中产生的增值额作为计税依据而征收的一种流转税。实行价外税,也就是由消费者负担,有增值才征税,没增值不征税。在2010年,我国增值税占全部税收收入的39.5%。

营业税:征收范围广泛

营业税是对在我国境内提供应税劳务、转让无形资产或销售不动产的单位和个人,就其所取得的营业额征收的一种税,征收范围广泛。在2010年,我国营业税占全部税收收入的14.4%。

项目三　货币政策

任务一　什么是货币政策

所谓货币政策,也就是金融政策,它是中央银行为实现宏观经济调控目标而采用各种方式调节货币供应量,进而影响宏观经济的各种方针和措施的总称。货币政策在国家的宏观经济政策中居于十分重要的地位、它制约着信贷、利率和汇率等各项政策。

货币政策的变化会引起总需求与总供给、价格水平、资本流量与流向、经济增长速度、国际收支状况甚至整个经济结构的变化,因此货币政策是现代市场经济国家最重要的宏观经济调控手段之一。

货币政策的内容广泛,通常包括:政策目标、实现目标所运用的政策工具、检测和控制目标实现的各种操作指标和效果指标、政策传导机制和政策效果等基本内容。这些基本内容密切相关,共同构成一个国家货币政策的有机整体。中央银行在制定和实施货币政策时,必须对这一有机整体进行统筹考虑。

任务二 货币政策的基础知识

货币政策涉及银行制度、银行创造货币的机制、货币乘数、金融市场等有关的知识,我们先介绍这些知识。

(一)银行制度

银行分为两类:中央银行与商业银行。中央银行是国家的银行,它的主要职责是:第一,作为商业银行的银行,接受商业银行的存款,向商业银行发放贷款,并领导与监督商业银行的业务活动;第二,代表国家发行纸币;第三,运用货币政策调节经济。

商业银行是私人办的银行,它的性质和一般的企业一样。它所从事的业务包括:吸收存款,发放贷款和代客结算,它从这些活动中获得利润。各国商业银行的组成情况有所不同。有些国家是有许多大小不同,但在法律上都是独立的商业银行(例如美国),有些国家则是有几家大商业银行,各个商业银行都有许多分行,形成一套独立的体系(例如英国、日本)。

(二)银行创造货币的机制

在货币政策调节经济的过程中,商业银行体系创造货币的机制是十分重要的。这一机制与法定准备金制度、商业银行的活期存款,以及银行的贷款转化为客户的活期存款等制度相关。

商业银行资金的主要来源是存款。为了应付存款客户随时取款的需要,确保银行的信誉与整个银行体系的稳定,银行不能把全部存款放出,必须保留一部分准备金。法定准备金率是中央银行以法律形式规定的商业银行在所吸收存款中必须保持的准备金的比例。商业银行在吸收存款后,必须按法定准备金率保留准备金,其余的部分才可以作为贷款放出。例如,如果法定准备金率为20%,那么,商业银行在吸收了100万元存款后,就要留20万元准备金,其余80万元方可作为贷款放出。特别要注意的是,商业银行的活期存款就是货币,它可以用支票在市场上流通。所以活期存款的增加就是货币供给量的增加。

因为活期存款就是货币,所以客户在得到商业银行的贷款以后,一般并不取出现金,而是将所得到的贷款作为活期存款存入同自己有业务往来的商业银行,以便随时开支票使用。所以,银行贷款的增加又意味着活期存款的增加,即货币供给量的增加。这样,商业银行的存款与贷款活动就会创造货币,在中央银行货币发行量并未增加的情况下,使流通中的货币量增加。而商业银行所创造货币的多少,取决于法定准备率。我们可用一个实例来说明这一点。

假设法定准备金率为20%,最初某商业银行(A)所吸收的存款为100万元,该商业银行可放款80万元,得到80万元贷款的客户把这笔贷款存入另一商业银行(B),该商业银行又可放款64万元,得到这64万元贷款的客户把这笔贷款存入另一商业银行(C),该商业银行又可放款51.2万元,……,这样继续下去,整个商业银行体系可以增加500万元存款,即100万元的存款创造出了500万元的货币。

如果以R代表最初存款;D代表存款总额,即创造出的货币;r代表法定准备金率,则商业银行体系所能创造出的货币量的公式是:

$$D=\frac{R}{r} \tag{14.3}$$

由公式(14.3)可以看出,商业银行体系所能创造出来的货币量与法定准备率成反比,与最初存款成正比。

(三)货币乘数

银行创造货币的机制说明了中央银行发行1元钞票,但实际的货币增加量并不是1元。因为,在这1元钞票被存入商业银行的情况下,还会创造出新的货币量。货币乘数就是表明中央银行发行的货币量所引起的实际货币供给量增加的倍数。中央银行发行的货币称为货币基础或高能货币,这种货币具有创造出更多货币量的能力,用H来代表。货币供给量,即增加1单位高能货币所增加的货币量,用M来代表,则货币乘数mm的公式为:

$$mm=\frac{M}{H} \tag{14.4}$$

假如中央银行发行了1单位高能货币,社会货币供给量增加了3单位,即货币乘数为3。同样,根据已知的中央银行发行的高能货币量与货币乘数也可以计算出货币供给量会增加多少。在理解货币政策时,货币乘数这一概念非常重要。

(四)金融市场

金融市场又称公开市场,是各种信用工具交易的场所,中央银行主要是通过在公开市场上的活动来运用货币政策调节经济。

金融市场分为货币市场与资本市场。货币市场是从事短期信用工具买卖的金融市场,是短期信用工具与货币相交换的市场。在货币市场上交易的短期信用工具有:

商业票据,即由公司发行的短期票据;国库券,即由政府发行的短期债券;银行承兑票,即由私人或公司所签发而以某一承兑银行为付款人的定期汇票;可转让的定期存单,即由银行发行的一种债券。参加货币市场活动的主要是:政府主管国库的机构,它通过国库券的出售以获得短期资金;中央银行,它通过货币市场调节货币供给量与利息率;商业银行,它通过货币市场从事它所需要的准备金数量的调整;其他金融机构(人寿保险公司、互助储蓄银行等),它们通过货币市场从事其资金的运用与筹措。资本市场是从事长期信用工具买卖的场所。长期信用工具指借贷期限在一年以上的信用工具,例如公债(包括中央政府与地方政府发行的)、公司债券、股票以及房地产抵押单,等等。

任务三　一般性货币政策工具

一般性货币政策工具,即传统的三大货币政策工具,俗称三大法宝:存款准备金政策、再贴现政策和公开市场业务。一般性货币政策工具的特点在于,它是对总量进行调节,实施对象普遍、全面;影响广泛、深入;使用频繁、效果显著。

(一)存款准备金政策

存款难备金政策是指中央银行对商业银行等金融机构的存款规定存款准备金率,强制性地要求商业银行等金融机构按规定比例上缴存款准备金;中央银行通过调整法定存款准备金以增加或减少商业银行的超额准备,从而影响货币供应量的一种政策措施。

存款准备金政策的作用在于三个方面。第一,保证商业银行等存款货币机构资金的流动性。法定准备金制度的建立,强制银行将准备金存入中央银行,可从制度上保证银行资金的流动性。第二,集中一部分信贷资金。存款准备金缴存于中央银行,使中央银行可以集中一部分信贷资金,用于履行其中央银行的职能。第三,调节货币供应总量。由派生存款原理可知,在其他情况一定时,存款创造的倍数(即货币乘数)将取决于法定存款准备金率,且二者呈负相关的关系。若中央银行降低法定存款准备金率,则商业银行就会有较多的剩余准备金可用于贷款或投资,并通过整个银行体系的连锁反应而创造出较多的派生存款。反之,则相反。因此,存款准备金政策为中央银行提供了一个调节货币供应总量、实施货币政策的强有力的工具。

(二)再贴现政策

再贴现政策就是中央银行通过提高或降低再贴现率来影响商业银行的信贷规模和市场利率,以实现货币政策目标的一种手段。再贴现政策的传导机制是,通过提高或降低再贴现率,影响商业银行等金融机构的准备金和资金成本,从而影响它们的贷款量和货币供给量。具体的,当中央银行提高再贴现率,使之高于市场利率时,商业银行向中央银行借款或贴现的资金成本上升,就会减少向中央银行借款或贴现,这使得商业银行准备金数量的增加受到限制。如果准备金不足,商业银行只能收缩对客户的贷款或投资规模,从而也就减少了市场上货币的供应量。由于市场上货币供应量萎缩,市场利率相应上升,社会对货币的需求也相应减少。反之,则相反。

再贴现政策的作用在于:第一,如再贴现政策的传导机制所述,再贴现率的调整可以影响全社会信贷规模和货币供应量。第二,再贴现政策对调整信贷结构有一定的效果。具体方法有两种:一是中央银行可以规定再贴现票据的种类,决定何种票据具有再贴现资格,从而影响商业银行的资金投向;二是对再贴现的票据实行差别再贴现率,这样可以使货币供给的结构与中央银行的政策意图相符合。第三,再贴现政策的运用还有一定的"告示效应"。也就是说,中央银行调整再贴现率,实际上是为整个经济社会提供了一种有关货币政策的信息。第四,防止金融恐慌。当某些金融机构发生清偿力危机时,履行中央银行作为最后贷款人的职责。

(三)公开市场业务

所谓公开市场业务,也称公开市场操作,是指中央银行在金融市场上公开买卖有价证券,以改变商业银行等存款货币机构的准备金,进而影响货币供应量和利率,实现货币政策目标的一种货币政策手段。在一般性货币政策工具中,公开市场业务是西方发达国家采用最多的一种货币政策工具。

公开市场业务的作用主要有两个方面:第一,调控存款货币银行准备金和货币供给量。中央银行通过在金融市场买进或卖出有价证券,可直接增加或减少商业银行等存款货币机构的超额储备水平,从而影响存款货币银行的贷款规模和货币供给量。第二,影响利率水平和利率结构。中央银行通过在公开市场买进有价证券可从两个渠道影响利率下降:当中央银行买进有价证券时,一方面,证券需求增加,在证券供给一定的情况下,将使证券价格上升,由于有价证券的价格一般与市场利率呈反方向的变动关系,因此,市场利率会下降;另一方面,商业银行储备增加,货币供给增加,在货币需求一定的情况下,会使利率下降。当中央银行卖出有价证券时,利率的变化方向相反。此外,中央银行在公开市场上买卖不同期限的证券,可直接改变市场对不同期限证券的供求平衡状况,从而使利率结构发生变化。

任务四　选择性货币政策工具

选择性货币政策工具是指中央银行针对某些特殊的经济领域或特殊用途的信贷而采用的信用调节工具。与一般性的货币政策工具不同,选择性的货币政策工具对货币政策与国家经济运行的影响不是全局性的而是局部性的,但也可以作用于货币政策的总体目标。选择性的货币政策工具是指中央银行针对个别部门、个别企业或某些特定用途的信贷所采用的货币政策工具,主要包括消费者信用控制、证券市场信用控制、不动产信用控制与优惠利率等。

(一)消费者信用控制

消费者信用控制是指中央银行对消费者就不动产以外的各种耐用消费品的分期购买或贷款予以控制的管理措施,目的在于影响消费者对耐用消费品有支付能力的需求。主要内容包括:(1)规定分期购买耐用消费品首期付款的最低限额,这样既可以降低该类商品信贷的最高贷款额,又能够限制那些缺乏现金支付首期付款的消费;(2)规定消费信贷的最长期限,即最长在什么时间内必须全部付清,从而提高每期还款金额,限制平均收入水平和目前收入水平较低的人群的消费;(3)规定可用消费信贷购买的耐用消费品种类,对不同消费品规定不同的信贷条件,这样可以限制消费信贷的规模。该类措施在消费膨胀时能够有效地控制消费信用的膨胀;相反,在经济衰退、消费萎缩时,应放宽甚至取消这些限制措施,从而提高消费者对耐用消费品的购买能力,刺激消费回升。

(二)证券市场信用控制

证券市场信用控制作为对证券市场的贷款量实施控制的一项特殊措施,是指中央银行对有价证券的交易规定应支付的保证金比率,目的在于限制用贷款购买有价证券的比重,抑制过度的投机。主要内容包括:(1)规定以贷款方式购买证券时,第一次付款的金额;(2)根据金融市场状况,随时调高或调低保证金。保证金是作为贷款抵押品的证券市价和所发放贷款额之间的差额,或者差价。保证金比例以百分比形式规定了最大差额,设立保证金比例是为了通过控制用于购买股票的信贷防止股票市场过度投机。例如,保证金比例设在100%,实际上就是禁止使用任何信贷用于购买股票;保证金比例是75%,则意味着借款额只能是作为抵押品的证券价值的25%。中央银行规定保证金限额,既可以控制证券市场的信贷资金的需求,稳定证券市场价格;又能够调节信贷供给结构,通过限制大量资金流入证券市场,使较多的资金用于生产和流通领域。

(三)不动产信用控制

不动产信用控制是指中央银行对商业银行等金融机构向客户提供不动产抵押贷款的管理措施,目的主要在于限制房地产投机,抑制房地产泡沫。主要内容包括规定金融机构发放贷款的最高限额、最长期限、首次付款和分摊还款的最低金额等。

(四)优惠利率

优惠利率主要配合国民经济产业政策使用,是中央银行对国家重点扶植发展的经济部门、产业和产品规定较低利率的一种政策措施,以鼓励其发展,并有利于国民经济产业结构和产品结构的调整和升级换代。主要内容包括:(1)中央银行对这些需要重点扶持发展的行业、企业和产品规定较低的贷款利率由商业银行执行;(2)中央银行对这些行业和企业的票据规定较低的再贴现率,引导商业银行的资金投向和数量。优惠利率不仅在发展中国家多有采用,发达国家也普遍采用。

任务五　货币政策的时滞与局限性

货币政策的时滞性是指从中央银行对经济形势作出判断、分析、制定政策、组织实施直到货币政策最终发挥作用有一个过程,需要一段时间,这段时间就称为货币政策的时滞。在货币政策操作中,存在三种时滞:一是内部时滞,二是外部时滞,三是中间时滞。内部时滞指货币当局从根据经济形势下定调节决心。到具体政策方案出笼的过程,它们的作用需要一段时间。外部时滞指运用货币当局选定的政策工具对货币存量进行调节进而影响总需求水平及目标变量的过程。在正常情况下,外部时滞总要长于内部时滞,因为它既包罗微观主体在新货币政策出台后的决策过程,也包罗了微观主体行为对储蓄、投资、消费、货币需求、产出和物价等重要经济变数的影响过程。在市场体系完善的国家,中间时滞实际就是货币当局选定的工具变量在货币金融市场上起作用的过程,这个过程的结果表现为中间指标在不同时点的变动,中间时滞的长短主要取决于金融中间机构及其他微观金融主体的政策反应行为。

尽管货币政策在世界各国被普遍使用,但在现实中,由于各种因素的干扰,政策实施的效果往往难以达到预期的目标。例如,对未来经济形势的预期有可能使货币政策难以获得理想的效果。在经济衰退时期,厂商对经济前景普遍悲观,即使中央银行松动银根,降低利率,投资者也不愿增加贷款从事投资活动,银行为安全起见,也不肯轻易贷款。特别是由于存在着流动性陷阱,不论银根如何松动,利息率都不会降低。这样,货币政策作为反衰退的政策,其效果就比较微弱。

任务六　财政政策与货币政策的配合

财政政策和资币政策是政府宏观经济调控的左右手、都发挥着重要作用。从理论上看,划分财政问题与货币问题是很容易的,但在现实中,两者往往是你中有我,我中有你,水乳交融,不可分割。因此,把某一特定时期内的财政政策与货币政策放在同一个坐标中考察,在强调它们各自效应的同时,也强调其共性及相互之间的协调配合,是很必要的。

财政政策与货币政策的异同

财政政策与货币政策的共间点在于:

1. 两者的调控目标是一致的,即都是为了实现宏观经济政策的四大目标。

2. 两者都是需求管理政策。货币政策管理货币供应量,而在商品经济条件下,货币供应量的变动是社会总需求变动的象征;财政政策管理财政收支,其执行结果无论赤字还是大体平衡．最终对社会总需求都有重大影响。

3. 从经济运行的统一性来看,财政、信贷和货币发行同处于社会经济运行过程之中,经济系统资金的相互流动性及货币流通的统一性使财政、信贷和货币发行三者有着不可分割的内在联系,任何一方的变化都会引起其他方面的变化。最终引起社会总需求与总供给的变化。

财政政策和货币政策的区别在于:

1. 政策工具不同。货币政策工具主要是存款准备金制度、贴现率、公开市场业务;财政政策工具主要有政府购买支出、政府转移支出、税收、国债。

2. 调节范围不同。货币政策的调节范围基本上限于经济领域,共他领域处于次要地位;而财政政策调节的范围不仅限于经济领域,还包括非经济领域。

3. 政策时滞不同。货币政策工具使用较为简便,而财政政策工具从确定到实施,过程比较复杂,因而货币政策的内部时滞较短,而财政政策则长些。反之,货币政策的外部时滞较长,因为货币政策手段发挥作用是通过利率变动间接对经济起作用;财政政策的外部时滞较短,因为财政政策作用直接,如通过调整税率或累进的个人所得税率会直接影响社会大众的经济行为。

4. 政策调节的侧重点不同。一般来说,货币政策侧重于对总量的调节;而财政政策则侧重于对结构的调节,其各种工具的运用,首先是通过对结构的调节来发挥作用的。如支出结构的调整直接引起社会需求结构的变化,等等。

财政政策与货币政策的异同点,表明两者的作用是不可替代的。

项目四　供给管理政策

我国刺激需求的政策效应

我国采取的刺激需求的政策初显成效,在外需低迷和出口不振的情况下,依靠投资和消费的拉动,中国经济率先出现企稳回升,2009 年全年“保八”无忧。

需求管理的政策虽然成功实现了保增长的目标,但也带来了一系列问题,影响未来经济增长的质量。首先,加剧了中国产能过剩的压力:一方面,以政府投资为主的需求管理政策在一定程度上保护了落后产能,牺牲了经济效率;另一方面,需求管理的政策造成了部分新兴产业的产能过剩。其次,政策刺激下的消费增长,其持续性有待考验,增加居民收入才是刺激消费的根本。

未来国家政策必然从需求管理转向供给管理,在实现保增长、扩内需后,向调结构转变。供给管理将从三方面展开:(1)调整产能过剩;(2)加强对新兴产业扶持,如新能源、智能电网、生物医药、农业新产品、新一代互联网等;(3)破除垄断,鼓励民间投资。

资料来源:联合金融网 http://www.uninfo.cc/news/3273.html。

除了前面两个任务所介绍的以财政政策和货币政策为主要内容的总需求管理政策之外,20 世纪 70 年代以后,经济学开始重视总供给对经济的影响,着重分析供给对通货膨胀的影响以及“滞胀经济问题”,并提出了供给管理政策,主要政策措施有收入政策、人力政策和经济增长政策等。

任务一　收入政策

在通胀时,通过控制工资和物价来阻止通胀、即对成本推动型通胀进行抑制的政策。而在通缩时,则是增加收入刺激消费与需求。

(一)工资—物价冻结

用法律手段在一定时期内禁止提高工资与物价,以应付短期矛盾。如 1971 年美国由于严重通胀,总统尼克松冻结工资 3 个月。当然,如果该政策长期使用会导致经济衰退。

(二)工资—物价指导线

规定工资和物价上涨限度,这一做法被称为“工资指导线”。工会和企业以此线确定工资与物价界线,超出此线就用税收和法律阻止。20 世纪 70 年代西方普遍采用此法。

(三)税收刺激计划

以税收为手段控制工资增长,如工资增长率超过“工资指导线”就课以重税,低于“工资指导线”,就减税。

(四)指数化政策

定期通过调整各种名义收入价值,以适应通胀率的变动,使其实际价值不变。

1. 工资指数化。以通胀率指数调整名义工资,使其实际水平不变,在工资合同中确定“自动调整条款”。

2. 税收指数化。又称利率指数化。按通胀指数来调整税收起征点与税率等级。

(五)增加收入刺激消费

在经济萧条情况下,通过增加社会可支配收入以刺激消费。中国 1999 年 6 月就用提高收入的方法拉动经济,因为工资总额由政府控制。而因社会消费预期的存在,该政策产生的作用不太大。

任务二　人力政策

人力政策又称就业政策或劳工市场政策,是一种旨在改善劳动市场结构,以减少失业、增加就业机会的政策。人力政策是对劳动力供给发生作用的政策,其中主要有:

(一)人力资本投资

由政府或有关机构向劳动者投资,以提高劳动者的文化技术水平与身体素质,适应劳动力市场的需求。从长期看,人力资本投资的主要内容是增加教育投资,普及教育。从短期看,人力资本投资是对劳动力进行再培训,包括对失业者的培训和在职人员的培训,使非熟练劳动者能够适合劳动需求的条件,使技术陈旧的劳动者能够掌握新技术,增强他们的就业能力。

(二)完善劳动市场

失业产生的一个重要原因是劳动市场的不完善,例如,劳动供求的信息不畅通,就业中介机构的缺乏等。因此,政府应该不断完善和增加各类就业中介机构,为劳动的供求双方提供迅速、准确而完全的信息,使企业和失业者及时了解准确情况,使企业尽快找到优惠政策,对工人的协助包括提供充分的信息,以及必要的物质帮助与鼓励等。

任务三　经济增长政策

从长期来看,影响总供给的最重要因索还是经济潜力或生产能力。因此,提高经济潜力或生产能力的经济增长政策就是供给管理政策的重要内容。促进经济增长的政策是多方面的,其中主要有:

(一)增加劳动力的数量和质量

劳动力的增加对经济增长有重要的作用。劳动力包括数量与质量两方面。增加劳动力数量的方法有提高人口出生率、鼓励移民入境等。提高劳动力质量的方法则是增加人力资本投资。

(二)资本积累

资本的增加可以提高资本—劳动比率,即提高每个劳动力的资本装备率,发展资本密集型技术,利用更先进的设备,以提高劳动生产率。资本的积累主要来源于储蓄,因此,应该通过减少税收,提高利息率等途径来鼓励人们储蓄。从各国的经验看,大凡储蓄率高的国家,经济增长率也高。例如德国、日本等经济发展迅速的国家,储蓄率都是比较高的。

(三)技术进步

技术进步在现代经济增长中起着越来越重要的作用。因此,促进技术进步成为各国经济政策的重点。其中的主要措施有:第一,国家对全国的科学技术发展进行规划和协调。第二,国家直接投资于重点科学技术研究工作,例如,美国的原子弹、阿波罗登月等都是直接由政府投资进行的。第三,政府采取鼓励科学技术发展的政策措施。如重点支持工业企业的科学研究,以取得直接经济效益;支持大学与工业企业从事合作研究,促进科研与生产的结合;实行技术转让,加速科技成果的推广,等等。第四,加强对科技人才的培养。其中包括加强与改革中小学基础教育。发展各种职业教育;发展与改革高等教育;加强对在职科技人员的继续教育;引进国外科技人才,等等。

(四)计划化与平衡增长

现代经济中各个部门之间是相互关联的,各部门之间协调的增长是经济本身要求的。在以私有制为基础的资本主义经济中,这种各部门之间的平衡增长,要通过国家的计划化或政策指导来实现。国家的计划与协调要通过间接的方式来实现。因此,各国都要制订本国经济增长的短期、中期与长期计划,并通过各种经济政策来实现。在西方各国的计划中,法国与日本是比较成功的。

政策重心开始偏向供给管理

回顾2010年以来的政策调控,抑制总需求的快速膨胀是从紧政策核心,这也就决定了调控工具选择更多在于货币政策而非财政政策。政策控制的重点是信贷、投资、泡沫,以及趋势性的热钱涌入,这些努力已经初见成效。如果现在的政策调整仍是偏重创造需求,那么包括抑制投资过热、房地产去泡沫化等在内的许多努力都将功亏一篑,因此预计政策在需求层面的刺激可能较为有限。

而且,观察当下的整体经济形势,包括劳动力、资源、利率和环境等在内的要素价格的上涨,及其对供给端的冲击应该是政策考虑的核心。可以判断,政策重心将回归供给管理，财税政策、产业政策等将成为政策调整偏重的方向，这也有利于经济结构的调整。而货币政策主要是为了保证流动性的适度，对冲外部资金流入的趋势性减少。

改善供给结构，政策重点应该在一些中长期的调整，包括财税制度改革以刺激企业的内生增长动力。诸如，适当调整税收标准，给予中小企业适度的税收减免优惠，将个体工商户和小微企业税收起征点提高；继续推动增值税从生产型向消费型转变，鼓励企业技改升级、提高竞争力；继续推动服务行业的营改增。这些政策都将推动企业技术升级和产业结构调整。

打破行业准入垄断，打破城乡户籍界限，允许非公资本进入垄断行业和领域，也是有效增加供给的方法。此外，还应方便农民进城务工，降低其进城以后的生活成本，化解劳动用工成本上升的压力。

对于资源价格改革而言，虽然短期可能推动价格上涨，但中长期而言将倒逼下游企业升级转型，也将提高上游企业的供给积极性。如果同时适度打破上游的准入限制，将刺激资源产品的中长期供给。在资金供给方面，中小企业融资难反映出金融体系的改革并不适应经济结构的变化，温州的试点已经提供了一个良好的开端。更为重要的是，应加快金融市场多层次建设和推进金融主体多元化参与，从而支持经济转型过程中的企业多元化融资需求。在金融机构的进入管制难以实质放松的背景下，政策鼓励的可行方式更多可能在直接融资方面，包括推动债券创新，发行集合债、垃圾债等。

在政策重心从需求转向供给的过程中，货币政策工具的选择将更加看重灵活性，以公开市场操作为主的短期政策工具的使用将更加积极，而存准率工具的使用将较为谨慎。

资料来源：中国新闻网 http://www.980p.com/zixun/21585.html。

项目五　相机抉择

任务一　什么是相机抉择

相机抉择是指政府在运用宏观经济政策来调节经济时，可以根据市场情况和各项调节措施的特点，机动地决定和选择当局究竟应采取哪一种或哪几种政策措施。

宏观财政政策与宏观货币政策各有自己的特点。它们的猛烈程度不同，例如，政府支出的增加与法定准备金率的调整作用都比较猛烈；税收政策与公开市场业务的作用都比较缓慢。政策效应的时间也不一样，例如，货币政策可以由中央银行决定，作用快一些,财政政策从提案到议会讨论、通过,要经过一段相当长的时间。政策发生影响的范围大小不一样,例如,政府支出政策影响面就大一些,公开市场业务影响面则小一些。政策受到阻力的大小也不同,例如增税与减少政府支出的阻力较大,而货币政策一般来说遇到的阻力较小。因此,在需要进行调节时,究竟应采取哪一项政策或者如何对不同的政策手段进行搭配使用,并没有一个固定不变的程序,政府应根据不同的情况,灵活地决定。

这种对政策的配合在于要根据不同的经济形势采取不同的政策。例如,在经济发生严重的衰退时,就不能运用作用缓慢的政策,而是要运用作用较猛烈的政策,如紧急增加政府支出,或举办公共工程,相反;当经济开始出现衰退的苗头时,不能用作用猛烈的政策,而要采用一些作用缓慢的政策,例如有计划地在金融市场上收购债券以便缓慢地增加货币供给量,降低利息率。

相机抉择的实质是灵活地运用各种政策,所包括的范围相当广泛。例如,在什么情况下不用采用政策措施,可以依靠经济本身的机制自发地调节;在什么情况下必须采用政策措施,等等。这些都属于运用政策的技巧。

任务二　政策手段的搭配使用

既然财政政策和货币政策作用的主要对象、领域以及猛烈程度、时效均有所不同,因此在宏观经济管理时需要将两种政策手段配合使用。通常采用的方法主要包括以下一些:

(一)“双紧”搭配

即紧的财政政策和紧的货币政策同时并用。这两种紧缩性的政策配合,可以强有力地压缩总需求,在政府减少开支,增加税收的同时减少货币供应量,提高利率、增加法定准备金比率等。

(二)“双松”搭配

即松的财政政策和松的货币政策同时使用。这两种松的政策配合可以刺激总需求,因为减少税收,增加政府开支与增加货币供应量、降低利率同时并用,既可以刺激消费需求又可以刺激投资需求。

(三)“松—紧”搭配

即松的财政政策和紧的货币政策,或松的货币政策和紧的财政政策互相搭配,前者在刺激总需求的同时抑制通货膨胀,因为减税和增加政府开支主要刺激消费需求,而主要依靠信贷的投资需求受到抑制;而后者可以刺激投资需求,而抑制消费需求。

表 14－1　　财政政策与货币政策的搭配类型及其适用的宏观经济环境

政策类型		财政政策		
		松（扩张）性	中性	紧（紧缩）性
货币政策	松性	社会总需求严重不足，商品价值实现普遍困难，生产能力和资源得不到充分利用，失业严重	社会总需求不足，供给过剩，企业投资不足，主要的经济比例结构没有多大的问题	社会总需求大体平衡，但公共消费偏旺而投资不足，生产能力及资源方面有增产潜力
	中性	社会总需求略显不足，供给过剩，经济结构有问题，主要是公共消费不足，公共事业及设施落后（投资不足）	社会总供给和社会总需求大体平衡，社会经济的比例结构也基本合理，社会经济的发展健康，速度适中	社会总需求大于社会总供给，经济的比例结构没有大问题，财政支出规模过大，非生产性积累与消费偏高
	紧性	社会总供给和社会总需求大体平衡（包括平衡关系偏紧），而公共事业、基础设施落后，生产力布局不合理	社会总需求过大，有效供给不足，经济效益较差，已出现通货膨胀，但财政在保障社会公共需求上正常	社会总需求大大超过社会总供给，发生了严重的通货膨胀

西方学者认为，通过相机抉择政策手段的协调运用，就能够有效刺激总需求，或更有效地抑制通货膨胀，以便在刺激总需求时，不致引起严重的通货膨胀。在控制通货膨胀的同时，又不引起过分严重失业，使通货膨胀和失业都同时得到有效控制。在选择具体的政策措施时，首先要对经济运行状况进行测定，再根据萧条与通货膨胀的不同程度，对各项措施进行适当的搭配。

单一规则

单一规则（single rules）是由弗里德曼提出的货币政策，它又被称为“简单规则”。所谓单一规则货币政策，即排除利息率、信贷流量、自由准备金等因素，而以一定的货币存量为唯一支配因素的货币政策，将货币供应量作为唯一的政策工具，并制定货币供应量增长的数量法则，公开宣布长期采用一个固定不变的货币供应增长率，使货币增长率同预期的经济增长率保持一致。

西方经济学界对“单一规则”有两种不同的反映。赞同此规则的经济学家认为，由于当前人们对经济周期的原因及货币在形成周期中的作用，尚缺乏科学缜密的说明，西方国家不具备成功执行反周期货币政策所需要的技术知识，而且多重货币政策目标难以兼顾，相机抉择会导致过头的政策行为，因此，单一规则是可取的。反对此规则的经济学家提出如下理由：

1. 单一规则以完全的自由市场经济为条件，但在资本主义发展的早期阶段，实行自由主义经济政策和金属铸币流通制度，金属铸币流通制度虽具有自动调节功能，但仍不能避免周期性经济危机，保证经济的稳定发展；

2. 单一规则忽视供给突然发生变化对货币需求的影响，例如石油提价和农业歉收使粮食价格上涨都会破坏这一规则；

3. 单一规则是假设货币流通速度按稳定的比率递减，但实证表明并非如此；

4. 虽然货币政策时滞会降低反周期效果，但不会使其效果为零。而且货币当局可以吸取经验教训，改善操作技术，提高权衡性货币政策的效果。基于以上理由，各国的货币当局仍多以权衡性货币政策来干预经济。

【本情境知识点小结】

本章主要介绍宏观经济政策目标的内容、财政政策、货币政策和供给管理的主要内容及其协调配合使用。

1. 在市场经济条件下政府的职能有："守夜人"职能、提供公共物品职能、宏观调控职能、增进社会公平职能。
2. 政府宏观经济政策的目标：充分就业、物价稳定、国际收支平衡、经济稳定增长，这四个目标相互联系、相互矛盾，难以同时实现。
3. 宏观经济政策工具是用来达到政策的手段，一般包括财政政策手段、货币政策手段、汇率手段、经济管制手段及制度变革等。
4. 宏观财政政策是政府通过自己的收入和支出，调节社会总需求，以影响经济总量的行为，常用的财政政策工具或手段主要有改变政府购买水平、改变政府转移支付水平、改变公共工程支出、调整税率等，其中政府购买对国民收入的影响更直接，所产生的乘数效应更大。
5. 宏观货币政策是中央银行为实现宏观经济调控目标而采用各种方式调节货币供应量，进而影响宏观经济的各种方针和措施的总称。常用的货币政策工具有：公开市场业务、改变法定准备金率、调整再贴现率等。
6. 供给管理政策专注于通过供给来影响经济，主要政策措施有收入政策、人力政策和经济增长政策等。
7. 政府在制定和实施宏观调控政策时需要相机抉择，一般要将财政政策加货币政策配合使用，政府可以根据经济发展不同时期的特点选择不同的政策搭配，常见的搭配方式有"双紧"搭配、"双松"搭配和"松—紧"搭配。

【练习与思考】

一、重要概念

1. 财政政策　2. 货币政策　3. 宏观经济政策目标　4. 自动稳定器　5. 功能财政　6. 货币政策乘数　7. 相机抉择　8. 存款准备金　9. 公开市场业务　10. 收入政策

二、选择题

1. 中央银行在公开市场上买进和卖出各种有价证券的目的是(　　)。

A. 调节债券价格　　B. 实现利润最大化

C. 调节货币供给量　　D. 调节价格水平

2. 经济萧条时期，政府可以采取的政策有(　　)。

A. 扩张性财政政策和紧缩性货币政策

B. 紧缩性财政政策和紧缩性货币政策

C. 紧缩性财政政策和扩张性货币政策

D. 扩张性财政政策和扩张性货币政策

3. 以下各项不能增加政府财政收入的是(　　)。

A. 税收　　B. 公债

C. 罚款　　D. 转移支付

4. 以下措施中属于紧缩性货币政策的是(　　)。

A. 降低法定准备金率

B. 降低再贴现率

C. 从公开市场卖出有价债券

D. 从公开市场买进有价债券

5. 政府的财政收入政策通过哪一个因素对国民收入产生影响(　　)。

A. 政府转移支付　　B. 政府购买

C. 消费支出　　D. 出口

6. 经济中存在失业时，应采取的财政政策工具是(　　)。

A. 增加政府支出　　B. 提高个人所得税

C. 提高公司所得税　　D. 增加货币发行量

7. 在经济过热时，政府应该采取(　　)的财政政策。

A. 扩大政府财政支出　　B. 减少财政支出

C. 扩大财政赤字　　D. 减少税收

8. 属于内在稳定器的项目是(　　)。

A. 政府购买　　B. 税收
C. 政府转移支付　　D. 政府公共工程支出

9. 自动稳定器的功能(　　)。
A. 旨在缓解周期性的波动
B. 旨在稳定收入,刺激价格波动
C. 旨在保持经济的充分稳定
D. 推迟经济的衰退

10. 通常认为,扩张性货币政策是(　　)。
A. 降低贴现率　　B. 减少财政支出
C. 提高法定准备金率　　D. 中央银行卖出政府债券

11. “双紧”政策使利息率(　　)。
A. 提高　　B. 下降
C. 不变　　D. 不确定

三、问答题

1. 财政政策效应的决定因素有哪些?
2. 供给管理政策有哪些主要内容?
3. 财政政策与货币政策的搭配使用方式有哪些?
4. 在经济萧条时期,应该使用什么类型的财政政策和货币政策,这些政策的作用是什么?
5. 何为自动稳定器? 说明它们对缓和经济波动的作用?

【本学习情境的理论与实践案例】

克林顿经济学的调控作用

自从20世纪30年代凯恩斯主义产生之后,它就几乎成了国家干预主义的代名词。凯恩斯主义的具体的理论和政策主张可以说大致经历了如下四个阶段的发展和变化:一是以凯恩斯本人的有效需求理论为基础,以摆脱大萧条和严重失业为已任,主张实行以刺激总需求为目标、以需求管理为内容的扩张性财政和金融政策;二是由汉森首倡并以菲利普斯曲线为理论基础,主张实行周期平衡的补偿性财政和金融政策;三是以托宾等人为代表的、以就业空位与失业并存的结构性滞胀理论为基础,主张实行以就业培训、人力政策为中心的结构性或微观化的宏观经济政策;四是80年代中期兴起的并且新近成为克林顿政府官方经济学的新凯恩斯主义,采用了工资和物价粘性的说法,并引入了经济人和理性预期的假设,重新解释了资本主义经济危机和严重失业的原因。从现实来看,新凯恩斯主义对于美国经济正在产生着越来越大的影响,这不能不引起人们的重视。

从理论上讲,新凯恩斯主义其实是一个将凯恩斯主义、现代货币主义、供给学派和理性预期学派的理论与政策主张进行了更为广泛"综合"的"新综合"。因而,所谓克林顿经济学不过就是人们对克林顿政府所主张和实施的一系列新凯恩斯主义的经济政策的一个统称或代名词。克林顿经济学的基本要义就是既反对完全自由放任的政府,又反对过度干预的政府。用克林顿自己的话说就是"我们将走第三条道路"。不仅如此,克林顿经济学还在很大程度上受到日本产业政策的影响,吸收了其中许多有益的东西。克林顿政府的宏观经济政策已经不仅仅是将重点放在总量的简单平衡上,而是在考虑总量平衡的同时,更为注重结构问题。因此可以说,新凯恩斯主义或克林顿经济学乃至西方经济学本身就是极其讲究实用性的。

克林顿经济学从经济政策的实施上主要包括以下几方面:

实施了较为合理的财政政策。克林顿上台后,大力削减财政赤字,同时,政府和国会达成协议,要在2002年消灭财政赤字,实行平衡预算。因此,克林顿执政以来,联邦政府财政赤字稳步下降,1996年财政年度已减少到1073亿美元,1997年已降至千亿美元以下。政府预算赤字的减少实际上增加了市场的资本供应量,有利于促使长期利率下降并保持在较低水平,从而刺激企业投资。同时,财政赤字的稳定下降也有助于增强人们对美国经济前景的信心,促进了长期利率的下降,推动了投资市场的繁荣。近几年来,虽然美国财政政策的目标主要在于减少财政赤字,但它并不是采取以前各任总统所采取简单减少支出的办法,而是采用有增有减的结构性的财政政策。其主要措施包括:通过增加投资,经济转型和增长战略来增加财政收入;削减国防经费;取消非生产性开支,鼓励私人投资;削减联邦行政开支。财政赤字的减少也成为近年来美国股票市场在大多数情况下走势较好的一个重要原因。投资市场的繁荣对美国公司吸收资金和扩大投资起到了积极作用,从而也促进了经济的稳定发展。

制定和执行了正确的货币政策,里根执政初期,当时的美联储主席沃尔克为了制止通货膨胀,不惜把美国经济再次拖进衰退,大幅度提高利率。1987年接任美联储主席的格林斯潘在沿用沃尔克坚决反通货膨胀做法的同时,更加强调采取"预防性"的措施,在通货膨胀还没有明显苗头的情况下就实行紧缩政策,将通货膨胀消灭在萌芽状态,从而保持经济的持续稳定增长。可以说,在货币政策上,克林顿政府所采用的是较为温和、谨慎的货币政策。这一点可以从过去几年美联储的数次利息升降中看出来。近些年来,以格林斯潘为首的美联储执行的是以控制通货膨胀为首要目标的低增长率和低通胀率的货币政策。每当经济出现过热迹象时,格林斯潘总是毫不手软地采取坚决措施,紧缩银根以对经济实行刹车。实践证明,这一政策对美国经济的稳定增长起到了重要的保证作用。由于私人消费占美国国内生产总值的2/3,大幅度紧缩银根对美国的消费热起到了降温作用,保证了最近两年经济继续沿着低速而稳定增长的轨道运行。

迅速开发和应用高新技术。高新技术迅速开发和应用使得美国的生产率得到了很大的提高。近几年来,高新技术的发展日新月异,电脑技术的普遍运用使产品的开发、生产、销售和库存的控制发生了革命性的变化。这一方面大大提高了生产率,降低了生产成本,增强了产品的竞争力,限制了物价的攀升。另一方面生产和市场信息的准确和快速的收集,也减少了生产的盲目性,有效地控制了库存的增长,降低了由于生产过剩最终导致经济危机发生的可能性。一些经济学家指出,1990 年美国投到信息业的资本首次超过对其他产业的投资,标志着美国已开始进入信息社会。据美国政府统计,1996 年,美国用于计算机等信息处理及其相关设备的投资额达 2028 亿美元,比 1996 年的 1832 亿美元增加了 12.5%,是其他工业设备投资的 1.6 倍,信息技术投资已占企业固定资本投资的 35.7%。自 1993 年以来,美国工业取得的增长中,约有 45%是由电脑和半导体创造的。计算机技术带来更大的影响是彻底改变了企业的运作方式。随着公司内部电脑网络的普及,公司的科研人员可以在同一时间对同一课题进行攻关,从而大大缩短了新技术和新产品的研究与开发时间。网络化还使公司根据市场情况对生产、销售和库存随时进行调整,从而在相当大程度上降低了生产过剩引发经济危机的可能性或者至少推迟了衰退到来的时间。

实行以开拓国外市场为核心的贸易政策。克林顿政府将一直以提倡“自由贸易”为荣的美国贸易传统转变到目前更体现实用主义的“公平贸易”上来。鉴于经济竞争已成为冷战后国际竞争的核心内容,对外贸易特别是出口的扩大已成为支撑美国经济扩展的重要因素,克林顿政府前所未有地把开拓国外市场、扩大对外贸易置于对外战略的优先地位。为此,美国政府制定了美国有史以来第一个“国家出口战略”,确定了六大重点出口产业。

强调供给政策是克林顿经济学中很独特的一个组成部分。它的供给政策在很大程度上是吸收了里根经济学中的供给管理政策的有益成分,同时又吸收了日本等东亚国家过去 30 年经济快速成长的经验。这一政策包括:(1)继续保持较低的税率,以刺激商品和劳务的供给。(2)政府机构开始加强对技术开发的投入。1994 年,美国成立了由总统任主席的国家科学委员会,其地位与国家安全委员会、国家经济委员会平等,从而把科技工作提到了空前重要的地位。(3)大幅度增加了对技术改造项目的奖励,设立专门的投资税收信贷政策,鼓励企业参与国际竞争,购置高效率的机器设备;对开创性的技术公司提供长期信贷税收基金。(4)提高人力资本素质,提倡终身教育。(5)提高能源利用率,走可持续发展的道路。克林顿政府几年来一直提倡减少能源消耗,加强防止空气和水污染,保护环境,鼓励废物的回收和利用,以提高经济效益。

尽管新凯恩斯主义和克林顿经济学的实践在前些年对美国经济产生了很多积极的作用,并在今后两三年内仍将继续影响美国经济,使其继续保持低速稳定的增长态势,但它们是否能够使美国政府完全摆脱周期性危机的阴影,还是值得怀疑妁。

资料来源:胡希宁:《文汇报》,2001 年 10 月 9 日。

学习情境十五　开放经济与国际收支

【学习目标】

重要概念:

开放经济　国际贸易　国际收支　国际收支平衡表　外汇　汇率

知识目标:

①能了解世界经济一体化、全球化的发展趋势;

②能理解国际贸易在一国经济发展中的重要地位作用;

③能够理解国际贸易和国际金融相关的基本知识点;

④能够理解外汇和汇率的概念;

⑤能够理解国际收支的基本内涵;

⑥能够了解国际收支平衡表的编制原理及账户划分;

⑦能够理解影响汇率变动的因素以及汇率变动对经济的影响。

能力目标:

①能够掌握外汇汇率的相关应用和计算;

②能够用主要的国际贸易理论分析当今社会的经济问题,如贸易顺差、人民币升值问题;

③能够读懂一国的国际收支平衡表,能通过对各个账户的差额分析发现该国在经济发展中存在的问题。

【知识与技能】

项目一　开放经济与国际贸易

【引子】

今天的世界经济已经进入了全球化的时代。随着通信、网络、交通和贸易政策等领域所发生的革命性的发展和进步,各国的经济命运已经被逐渐地联系在一起。国际性商业活动对世界上任何一个国家都会产生巨大的影响。从泰国开始的东南亚金融危机波及到了全世界;从美国华尔街引发的金融风暴也蔓延到了全球各国;欧洲爆发的债务危机也使全世界大受影响;甚至我们现在看到的中东和北非的政治动荡引起石油价格的飞涨。由此可以看出,整个世界已经出现了牵一发而动全局的态势,经济全球化已经成为当今世界经济发展的显著特征和必然趋势。

任务一　开放经济的内涵

开放经济

从定义上看,开放经济肯定是与封闭经济相对立的概念。指一国与国外有着经济往来,如存在国际贸易、国际金融往来,也就是对外有进出口和货币、资本的往来,本国经济与外国经济之间存在着密切的关系,即为开放经济。由于在国际经济活动中,最重要的是国际贸易,所以开放经济也可以说是“参与国际贸易的一种经济”。

在开放经济中,商品、要素与服务可以较自由地跨国界流动,从而实现了资源的最优配置和最高的经济效率。一般来说,一个国家经济发展水平越高,越接近于开放型经济。现今,我们主要用对外贸易依存系数来衡量一个国家的开放程度。

对外贸易依存度也叫对外贸易系数。对外贸易依存度是指一国进出口总额与其国内生产总值或国民生产总值之比,或出口(进口)依存度:即一国出口总额(进口)与其国内生产总值或国民生产总值之比。一国对国际贸易的依赖程度,一般可用对外贸易依存度来表示,体现本国经济增长对进出口贸易的依附程度,也是衡量一国贸易一体化的主要指标。比重的变化意味着对外贸易在国民经济中所处地位的变化。

对外贸易依存系数 = 进口(出口)/国内生产总值或 = 进口(出口)/国民生产总值

任务二 国际贸易

(一)国际贸易含义

在现实世界里,能够引起国际贸易发生的因素有很多。通常认为,国与国之间的差异是产生国际贸易的主要原因。这些差异表现在生产技术有高有低、各国所拥有的自然资源、劳动力、资本等生产要素的相对数量有多有少,从而导致各国生产同一类产品的生产成本各不相同。那些以相对较低的成本进行生产的国家在商品交换中就具有了有利条件。一国参与国际贸易的目的是为了自身的利益,这样,各国参与国际贸易都要从中获利。

国际贸易(也称进出口贸易)是指世界各个国家(或地区)在商品和劳务等方面进行的交换活动。它是各国(或地区)在国际分工的基础上相互联系的主要形式,反应了世界各国(或地区)在经济上的相互依赖关系,是由各国对外贸易的总和构成的。

对国际贸易的含义,我们从以下几方面来理解。

(1)国际贸易是不同国家之间商品、服务的交换。它的产生与发展是以国家的存在为前提的,没有国家就不会有国际贸易。

(2)国际贸易是各国生产在流通领域中的延伸(商品流通超越了国界),是再生产过程中的一个重要组成部分,它对再生产过程起着积极和消极的作用。一个国家国际贸易搞得好,就可以促进国民经济的发展,加速扩大再生产的进行。

(3)国际贸易是世界各国在经济上、科学技术上相互联系、相互依赖的主要表现形式之一,是各国国际分工的纽带。随着生产力的发展,科学技术的进步和国际间经济联系的增强,当今世界,没有一个国家能游离于国际贸易环境之外而很好地生存。

(4)国际贸易已成为衡量国民经济发展程度的指标之一。随着国际贸易内涵的不断丰富和扩展、规模和范围的不断扩大、方式的日趋多样化,今天的国际贸易已不再是简单偶然的、可有可无的物质交换,也不仅是调剂余缺、互通有无的平衡措施,而是各国发挥比较优势、参与国际分工、加速经济发展的必由之路。

(5)国际贸易所反映的不仅是实物商品和非实物商品(技术和服务)的交换关系,它还可以通过贸易利益的分配来反映不同国家之间、集团之间甚至企业之间的经济地位和政治外交关系。

在今天,世界经济正处于结构性大调整并进入全球经济一体化的新阶段,国际竞争正向高科技领域发展,世界经济的多元化、区域化和集团化也将进一步发展。在这种环境下,国际贸易的地位作用将进一步提高。国际贸易已成为各个国家对外关系的重要基础和纽带,成为人类文明发展的基石。

国际贸易是在一定的历史条件下产生和发展起来的。形成国际贸易的两个基本条件是:

(1)社会生产力的发展导致可供交换的剩余产品的出现。

(2)国家的形成。

社会生产力的发展产生出用于交换的剩余商品,这些剩余商品在国与国之间交换,就产生了国际贸易。

【阅读资料】

亚当·斯密的遗产

下面是伟大的经济学家亚当·斯密所提出的观点:

如果一件东西在购买时所费的代价比在家里生产时所费得小,就永远别在家里生产,这是每一个精明的家长都知道的格言。裁缝不想制作他自己的鞋子,而向鞋匠购买。鞋匠不想制作他自己的衣服,而雇裁缝制作。农民不想缝衣,也不想制鞋,而宁愿雇用那些不同的工匠去做。他们都感到,为了他们自身的利益,应当把他们的全部精力集中使用到比邻人处于某种有利地位的方面,而以劳动生产物的一部分,即其一部分的价格,购买他们所需要的其他任何物品。

这段引文出自斯密1776年的著作《国民财富的性质和原因的研究》。

1. 按商品移动的方向国际贸易可划分为:

(1)进口贸易:将其他国家的商品或服务引进到该国市场销售。

(2)出口贸易:将该国的商品或服务输出到其他国家市场销售。

(3)过境贸易:A国的商品经过C国境内运至B国市场销售,对C国而言就是过境贸易。由于过境贸易对国际贸易的阻碍作用,目前,WTO成员国之间互不从事过境贸易。

进口贸易和出口贸易是就每笔交易的双方而言,对于卖方而言,就是出口贸易,对于买方而言,就是进口贸易。此外输入该国的商品再输出时,成为复出口;输出国外的商品在输入该国时,称为复进口。

2. 按商品的形态国际贸易可划分为:

(1)有形贸易:有实物形态的商品的进出口。例如,机器、设备、家具等都是有实物形态的商品,这些商品的进出口称为有形贸易。

(2)无形贸易:没有实物形态的技术和服务的进出口。专利使用权的转让、旅游、金融保险企业跨国提供服务等都是没有实物形态的商品,其进出口称为无形贸易。

3. 按生产国和消费国在贸易中的关系国际贸易可划分为:

(1)直接贸易:指商品生产国与商品消费国不通过第三国进行买卖商品的行为。贸易的出口国方面称为直接出口,进口国方面称为直接进口。

(2)间接贸易和转口贸易:指商品生产国与商品消费国通过第三国进行买卖商品

的行为,间接贸易中的生产国称为间接出口国,消费国称为间接进口国,而第三国则是转口贸易国,第三国所从事的就是转口贸易。

4. 按贸易内容分为:服务贸易、加工贸易、商品贸易、一般贸易。

(二)国际贸易理论形成的两个典型模型

1. 李嘉图模型。该模型是由英国经济学家大卫·李嘉图首先提出的,该模型又称为比较成本理论。

如果一国在所有产品生产上都不存在着绝对有利的生产条件,那么这个国家还要不要参加国际贸易,或者说还能不能从国际贸易中获得利益?历史证明,当时很多殖民地国家就处于这种状况,而他们又和宗主国之间发生了大量的双向贸易。这是为什么呢?李嘉图提出的比较优势理论解释了这一问题。李嘉图认为,即使一国在所有产品的生产成本上与别国相比都处于劣势,仍然会进行国际贸易,仍然会获得贸易利益。因为,他运用两国产品模型,论证了国际贸易的基础是比较优势而非绝对优势。

在《国际贸易》这一门课程当中,我们能作具体模型分析,在此,我们略去分析过程,直接得出结论。李嘉图比较成本理论的基本含义是:各国应根据自己相对有利的生产条件进行专门化生产,然后进行交换,就能保证双方都得到贸易利益。也就是说,按比较成本差异进行国际分工和贸易,各国都因为发挥生产中的比较优势而获得贸易利益。因此,生产成本相对差异的存在,是国际分工产生的基础和原因。

2. H—O 模型。Heckscher-Ohlin 模型,是伊莱·赫克斯赫于 1919 年提出,其学生贝蒂尔·奥林于 1924 年将其基本观念于博士论文中进一步阐明。

本模型建立在各国资源禀赋以及产品特性的基本差异上,Heckscher 与 Ohlin 认为每个国家所拥有的生产要素丰富程度并不相同,不同的产品生产时所需要的生产要素也不相同,在这种情形下,当一国在国际贸易中拥有某中相对较丰富的资源禀赋时,生产使用该项要素较多的产品,将使该国在生产这项产品上拥有比较优势。也就是资本丰富国在生产资本密集型产品上拥有比较利益,劳动丰富国在生产劳动密集型产品上有比较利益。这样,各国就生产自己具有资源优势的产品,就能进行产品的交换。出口自己生产要素价格低的产品,进口自己生产要素价格高的产品,其结果使贸易国达到双赢。

所以,一国一旦实行了开放政策,那就意味着其经济发展状况不仅取决于国内的经济实力,还同时会受到他国经济实力的影响。在实际生活中,绝对的封闭是不存在的,一国或多或少会与他国发生经济联系,受他国经济影响或者影响他国经济。

韩国的大米进口风波

是否开放大米市场在韩国是个不小的话题。韩国一直对国内大米市场实行严格保护，但美国、泰国等国一直要求韩国开放大米市场。根据世界贸易组织相关规定，韩国国会于2006年11月23日通过了《大米协商批准动议案》，同意在未来10年将进口大米的限额由年度消费量的4%提高到7.96%。也就是说，大米年进口量将由2007年的20.52万吨逐步增加到40.87万吨。韩国农民对这一议案十分不满，认为质优价廉的进口大米将影响他们的生计。2007年，在首尔以南的丽水，因为装载进口美国大米的船只卸货，韩国农民就举行了声势不小的抗议示威。其实，不仅大米，韩国其他农产品的价格也一直居高不下。韩国的耕地面积有限，再加上政府推行市场保护政策，农产品的高成本就只能通过高价格转嫁给消费者来承担。

（三）国际贸易政策

国际贸易政策是一个国家的总政策，特别是经济政策的重要组成部分。它的目的在于发挥本国优势：一方面，优化产业结构和产品结构，提高产品在国际市场上的竞争能力，并利用国家力量扩大出口；另一方面，利用经济和其他手段限制进口，保护本国国内市场，达到平衡国际收支，扩大社会需求，刺激经济增长的要求。具体政策有：

1. 贸易保护政策

它的含义是，国家广泛利用各种限制进口的措施保护本国市场免受外国商品的竞争，同时对本国商品的出口给予奖励和优待，其实质是“奖出限进”。保护贸易政策产生于20世纪初，随着资本主义国内生产过剩加剧，国际市场的竞争也日益激烈，扩大出口、限制进口成为各国调节国内供需矛盾、拉动经济增长、实现充分就业的重要手段。保护贸易政策的主要措施包括：

（1）在关税方面，主要是通过立法规定较高的进口关税税率；实行歧视性的复式税制，并征收惩罚性的临时附加税等措施来提高进口成本，用经济手段限制进口。进口税、出口税和过境税属于征税，反倾销税和反补贴税是两种采用较多的进口附加税。

（2）非关税壁垒方面，非关税壁垒是指除关税以外的其他限制进口的措施，一般分为两类：一是直接非关税壁垒，指进口国直接对进口商品的数量和金融加以限制或迫使出口国直接限制商品出口；二是间接非关税壁垒，指对进口商品制定严格的条例限制进口，如进口押金、进口最低限价以及烦琐苛刻的技术标准等。

（3）在鼓励出口方面，许多国家在限制进口的同时采取各种措施来鼓励出口；主要措施有:①出口信贷,出口银行向本国出口商或外国进口商提供优惠贷款;②出口信贷国家担保制;③出口补贴,国家对出口商品给予出口商直接现金补贴或减免国内税收的财政优惠待遇;④商品倾销,通常是在政府支持下,以低于国内市场价格甚至低于成本的价格在国外抛售商品,以打败竞争对手,占领市场。

2. 自由贸易政策

自由贸易政策是资本主义早期奉行的政策,进入20世纪后,贸易保护主义政策抬头,严重制约着国际贸易和国际资本流动的发展。第二次世界大战后,为了建立国际贸易新秩序,相继成立了世界性经济贸易组织,如“关税与贸易总协定”,以及集团性、地区性经济贸易组织。这些贸易协调组织的机构、原则和措施不断完善,成员国不断增加,对国际贸易自由政策形成的作用越来越大。

离开“中国制造”的日子

在今天,中国制造的产品已经行销全球,全世界70%的电风扇来自中国,55%的电热水壶来自中国,服装、玩具、家具电器等更是充满世界各地,有200多个种类的中国产品销售量位居世界第一,中国的市场规模和经济实力意味着中国的经营模式将很快成为全球效仿的标准。

2004年的圣诞节,美国人萨拉·邦焦尔尼突发奇想,决定从2005年1月1日起,带领全家开始尝试一年不买中国产品的日子,从而诞生了《离开中国制造的一年》这本畅销书和一次有趣却又充满挫折的冒险:4岁的儿子不得不拥有标价68美元的“意大利”鞋;厨房的抽屉坏了,可找不到工具修理;购买生日蜡烛竟成了折磨人的头痛事,杂货店除了中国蜡烛,没有别的国家的;能到手的最“美国”的灯,也用了中国制造的关键零件,是一盏混血台灯;丈夫去法国旅行买的纪念品埃菲尔铁塔钥匙链也是中国制造的……

项目二 汇率制度

当我们在国内进行交易时,很自然地会用人民币进行支付。但是在对外经济交往中,支付问题就变得复杂了。例如,我们要购买一辆美国福特公司生产的汽车,对于美国福特公司来说,它们需要得到的货币是美元而不是人民币。因此我们必须要先用人民币购买美元,然后再用美元付款给美国福特公司。相比于国内交易,对外贸易增加了一个货币兑换的环节。这就涉及不同的货币之间兑换的比率,也就是汇率问题。汇率在国际贸易中具有核心的作用,这是因为汇率使我们能够比较不同国家的商品和服务的价格。

任务一　外汇和汇率

(一)外汇

1. 外汇的概念

按照国际货币基金组织对外汇的解释,外汇包括货币行政当局(中央银行、货币机构、外汇平准基金组织和财政部)保有的银行存款、财政部库券、长短期政府债券等在国际收支逆差时可以使用的债权。

我国《外汇管理暂行条例》对外汇的具体形式也作了明确规定:①外国货币,包括钞票、铸币等。②外币有价证券,包括政府公债、国库券、公司债券、股票、息票等。③外币支付凭证,包括票据、银行存款凭证、邮政储蓄凭证。④其他外汇资金。因此,对外汇可以理解为:外汇是以外币表示的国外资产,具有国际性;外汇必须是在国外能得到偿付的货币债权;外汇必须具有可兑换性,即可兑换成其他流通或支付手段的外币资产。

2. 外汇的类型

根据是否可以自由兑换,外汇有自由外汇和记账外汇之分。

自由外汇也可称为世界货币,最基本的特征是可以兑换其他货币。例如,西方发达国家的货币美元及新启动的欧元等都属于自由外汇。自由外汇广泛地在国际经济活动中被使用,如用于国际贸易中的计价、支付、国际资本流动及国际储备和向第三国结算债权债务等。

记账外汇则是专指在两国政府间签订的支付协定规定使用的外汇。记账外汇可以是协议国一方的货币,也可以是第三国货币。不经货币发行国批准,记账外汇不能自由兑换成其货币,也不能向第三国支付,只能在协议国银行开立的专门账户上记载使用。到一定时期,将双方账面的债权债务差额,用自由外汇或货物清偿。

(二)汇率

1. 汇率及其标价

(1)汇率的概念

由于外汇可以在国际金融市场或国内金融市场上买卖,所以,外汇汇率是指不同货币单位之间的交换比率,或者说是一国货币以另一国货币表现的价格。正是由于汇率的存在,才使各国货币间的直接兑换成为可能。所以,每个国家都规定本国货币对其他国家货币的汇率。

(2)汇率的标价

折算两国货币的比率,首先要确定以哪国货币作为基准,这称为汇率的标价方法。在外汇市场上,通常有三种不同的外汇汇率标价方法。

①直接标价法。直接标价法是以一定单位的外国货币为基准,用本国货币来表示既定量外币的价格,即以外国货币为基准来计算应付多少本国货币,所以又称为应付标价法。

②间接标价法。间接标价法是以一定单位的本国货币为基准,折算为一定数额的外国货币表示汇率,或者说以本国货币为基准来计算应收多少外国货币,因此又称为应收标价法。

③美元标价法。美元标价是指国际金融市场上以美元表示的标准化报价方法。按照这种标价方法,所有在外汇市场上交易的货币对美元报价,并且除了英镑等极少数货币之外,其他各种货币都以美元作为单位货币,而以其他货币作为标价货币。

任务二 汇率的决定

汇率应是两种货币价值之比,即汇率决定的基础是各自货币具有或代表的实际价值。在不同货币制度下,货币的发行基础、种类和形态不同,各种货币所具有或代表的价值也不一样,因此,汇率的决定也有所不同。

(一)金本位制下汇率的决定

金本位制是指以黄金为本位货币的货币制度。在金本位制度下,各国都以法律规定自己国家货币的法定含金量,可以按照各国不同的货币含金量计算其比价。两个实行金本位国家的货币的含金量之比称为铸币平价,铸币平价决定两国货币之间的汇率。

例如,在实行金本位时期,英国货币 1 英镑含纯金量为 7. 32238 克,美国货币 1 美元含纯金量为 1. 50463 克。根据含金量计算,英镑与美元的铸币平价是 4. 8665(7. 32238/1. 50463),也就是按铸币平价,1 英镑等于 4. 8665 美元。铸币平价只是汇率决定的基础,并不是市场上买卖外汇的实际汇率,实际汇率是经常地、自发地随外汇供求关系的变化,以铸币平价为中心上下波动,但能保持相对稳定状态。

(二)纸币流通条件下汇率的决定

20 世纪 30 年代初的世界性经济大危机,使金本位制彻底瓦解,各国普遍实行纸币制度。在国际汇兑方面,各国政府一般参照过去流通的金属货币含金量用法律规定纸币的金平价,即纸币代表的金量,所以在最初纸币流通条件下,决定汇率的依据是两国纸币的金平价。但是,在纸币流通条件下,普遍存在的纸币贬值现象,使得政府规定的单位纸币含金量与实际代表的含金量严重脱节,由政府法定的两国单位纸币含金量之比失去了作为汇率基础的作用。

第二次世界大战后,资本主义各国为了稳定汇率,建立了“布雷顿森林体系”。汇率确定的方式是:

1. 美元直接与黄金挂钩,以美元作为最主要的国际储备货币,确定35美元等于1盎司黄金的官价。

2. 美国政府承担各国政府或中央银行用美元根据美元官价向美国兑换黄金的义务。其他国家的货币与美元挂钩,依据美元汇价来确定各自货币的平价或含金量,构成了长期汇率决定的基础。

1973年4月以后,由于美国黄金储备不足,美国政府宣布不再用固定官价向其他国家兑换黄金,而采取浮动价格进行兑换,“布雷顿森林体系”垮台。各国普遍放弃以美元为中心的固定汇率制,实行浮动汇率制,各国也不再规定和宣布纸币的含金量,汇率的基础也不再是铸币平价。

(三)购买力平价说

购买力平价说是当今世界颇具影响的一种汇率决定理论。其基本思想是:汇率由两国货币的购买力之比决定,汇率变化随货币购买力的变化而变化。人们之所以需要外国货币,是因为它在外国具有对商品和劳务的购买力;外国人之所以需要本国货币,是因为本国货币在其国内市场上同样具有购买力。因此,两国货币间的比价主要是由两国货币在各自国内的购买力对比决定的。根据购买力平价决定的汇率是一种正常汇率或均衡汇率,而不是实际汇率,在现实兑换中,实际汇率围绕均衡汇率上下波动,并不断接近均衡汇率,所以购买力平价汇率成为纸币流通制度下的基础汇率。

任务三　汇率制度

事实上,关于外汇汇率包括汇率制度的知识点,在《国际金融》一课中将会有更为详尽的分析。在此,我们只作简单介绍。

(一)汇率制度

汇率制度是指一个国家货币当局对本国货币汇率变动的基本方式如汇率水平的确定、汇率变动方式,所作出的一系列安排或规定。按照汇率浮动幅度的大小,汇率制度可分为固定汇率制度和浮动汇率制度。

(二)汇率制度的分类

1. 固定汇率制度

各国货币当局首先对本币规定一个金平价,然后根据本币与其他货币之间的金平价之比来确定本币的中心汇率，本币的市场汇率只能围绕中心汇率作小幅波动。国际金本位制和“布雷顿森林体系”下实行的是固定汇率制。国际货币基金组织成员国的货币比率只能在上下1%的限度内波动，超过这个限度，各国中央银行有义务进行干预。

2. 浮动汇率制度

一国货币当局不再规定金平价，因而也就没有本币对其他货币的中心汇率，本币汇率随外汇市场供求状况自由浮动，货币当局没有维持本币汇率水平的义务。早在金本位时期，一些殖民地国家曾采用过浮动汇率。第一次世界大战之后，英美等国也曾实行过管理浮动汇率。但是，西方国家普遍实行浮动汇率制是在20世纪70年代初，以美元为中心的固定汇率制的“布雷顿森林体系”崩溃之后。1975年，国际货币基金组织有122个会员国，只有18个国家正式宣布实行浮动汇率制，其余104个国家仍然实行盯住汇率制度，但这18个国家的贸易量占整个世界贸易总额的70%，在国际金融领域占有举足轻重的地位。所以说，1975年以后，浮动汇率制度就成为占支配地位的汇率制度。

（三）两种汇率制度的比较和选择

对固定汇率制和浮动汇率制的评价选择一直是一个争论不休的问题，下面我们先分别来谈谈这两种不同汇率制度各自的优点。

1. 主张实行浮动汇率制的学者认为浮动汇率制具有以下的优点

（1）在浮动汇率制下，只要一国的国际收支出现失衡，货币就会自动贬值或升值，从而对国际收支和整个经济进行自发调节，不需要政府的强制干预。而在固定汇率制下，国际收支的失衡一般要通过政府制定特定的政策来纠正，这种过程由于存在时滞等问题效率较低。

（2）在浮动汇率制下，汇率可以根据一国国际收支的变动情况进行连续的微调而避免经济的急剧波动。而在固定汇率制下，一国对国际收支的调整往往是问题已经积累到一定程度时才进行的，这种调整一般幅度较大，对经济的震动也较剧烈。

（3）在浮动汇率制下，投机者的投机是一种稳定性的投机，因为投机者只有在汇率低于均衡水平时买入，高于均衡水平时卖出，当投机者采取这一策略时对市场价格的影响是稳定的，而且在浮动汇率制下，汇率随时都在调整，政府不承诺对某一汇率水平的维持，因而投机者找不到汇率明显高估的机会。而在固定汇率制下，政府对汇率的调整是滞后而缓慢的，这就会给投机性资金找到汇率错误定值的时机。

（4）在浮动汇率制下，政府可以从对汇率政策的依附中解脱出来，让汇率自发地调节，实现外部均衡，货币政策与财政政策就以专注于实现经济内部均衡；同时，采用浮动汇率制的国家可以将国外的通货膨胀隔绝在外，独立制定本国经济稳定与发展的政策。

(5)浮动汇率制有利于隔绝通货膨胀的国际传递。因为在固定汇率制下，两国的货币和商品市场通过固定汇率紧紧连接在一起，一国的物价上涨必然引起另一国物价的上涨。而在浮动汇率制下，汇率的变动可以抵消这种传播，对通货膨胀和经济周期的传播起到隔绝的作用。

2. 固定汇率制度的优点

在固定汇率制度下，汇率波动被限定在一定的幅度内，汇率比较稳定，这有利于国际贸易、国际信贷和国际投资的经济主体进行成本利润的核算，避免了汇率波动的风险。同时，固定汇率制度还可以促进物价水平和通货膨胀预期的稳定，有利于国民经济稳定发展。

与此同时，主张固定汇率制的学者认为浮动汇率制有以下的缺点：

(1)浮动汇率制可能导致竞争性的贬值，各国都以货币贬值手段，输出本国失业或以他国经济利益为代价扩大本国就业和产出。

(2)浮动汇率易产生投机活动，从而使汇率波动加剧。

(3)汇率不稳定影响国际贸易和国际投资活动。

(4)浮动汇率制具有潜在的通货膨胀倾向，可使一国长期推行通货膨胀政策而不影响国际收支问题。由于固定汇率制与浮动汇率制是相对的两种汇率制度，因而浮动汇率制的缺点就能被固定汇率制克服，而浮动汇率制的优点就是固定汇率制所难以达到和实现的。

综上所述，我们不难看出其实两种汇率制度在不同时期看来都是十分完美的，各有其自身的优点。当然浮动汇率制度的利弊互见，优缺点并存。尽管它不是最理想、最完善的国际汇率制度，但仍不失为一种当今世界经济现实的、可行的、具有历史必然性的安排。

项目三　国际收支平衡表

【引子】

截至到2012年4月26日，我国外汇管理局公布了一季度我国国际收支平衡表初步数据。2012年一季度，我国国际收支经常项目、资本和金融项目呈现"双顺差"，国际储备资产继续增长。

数据显示，一季度经常项目顺差247亿美元，其中，按照国际收支统计口径计算，货物贸易顺差217亿美元，服务贸易逆差182亿美元，收益顺差185亿美元，经常转移顺差27亿美元。资本和金融项目顺差(含净误差与遗漏)499亿美元,其中,直接投资净流入441亿美元。国际储备资产增加746亿美元,其中,外汇储备资产增加748亿美元(不含汇率、价格等非交易价值变动影响),在基金组织的储备头寸减少4亿美元,特别提款权增加2亿美元。

资料来源:金融网——国际金融

任务一　国际收支

国际收支分为狭义的国际收支和广义的国际收支。狭义的国际收支是指一定时期(常为1年)内对外收入和支出的总额。广义的国际收支不仅包括外汇收支,还包括一定时期的经济交易。

国际货币基金组织对国际收支的定义为:国际收支是一种统计报表,系统地记载了在一定时期内经济主体与世界其他地方的交易。大部分交易在居民与非居民之间进行。

(1)国际收支是一个流量概念。

(2)所反映的内容是经济交易,包括:商品和劳务的买卖、物物交换、金融资产之间的交换、无偿的单向商品和劳务的转移、无偿的单向金融资产的转移。

(3)记载的经济交易是居民与非居民之间发生的。

居民与非居民的概念划分在国际收支统计中,居民是指一个国家的经济领土内具有经济利益中心的经济单位。一般来说,只要一个经济单位在一年或一年以上的时间于一个国家的经济领土内,从事某项经济活动或交易,则认为该经济单位在该国具有一个经济利益中心。可见,划分居民与非居民的标准并不是法律或国籍,而是以交易者的经济利益中心所在地,也即从事生产、消费等经济活动和交易的所在地。按照这一原则,国际货币基金组织规定:政府、非营利性团体和企业等法人,属所在国居民,至于自然人,不论其国籍如何,只要在所在国从事一年以上的经济活动与交易,就是所在国的居民,否则即为非居民。本国驻外国的使领馆的外交人员是本国居民,在其中的雇员则是非居民。联合国、国际货币基金组织等国际机构及其代表是任何国家的非居民。

任务二　国际收支平衡表

(一)国际收支平衡表的概念

国际收支平衡表是反映一定时期一国同外国的全部经济往来的收支流量表。它是对一个国家与其他国家进行经济技术交流过程中所发生的贸易、非贸易、资本往来以及储备资产的实际动态所作的系统记录,是国际收支核算的重要工具。通过国际收支平衡表,可综合反映一国的国际收支平衡状况、收支结构及储备资产的增减变动情况,为制定对外经济政策,分析影响国际收支平衡的基本经济因素,采取相应的调控措施提供依据,并为其他核算表中有关国外部分提供基础性资料。国际收支平衡表是一种统计表,它以特定的形式记录、分类、整理一个国家或地区国际收支的详细情况。

(二)国际收支平衡表的编制原理与记账方法

国际收支平衡表是按照现代会计学的复式簿记原理编制的,也即以借、贷作为符号,每个项目都有借方和贷方两栏,借方记录资产的增加和负债的减少,贷方记录资产的减少和负债的增加。每笔交易都会产生一定金额的一项借方记录和一项贷方记录,也即"有借必有贷,借贷必相等"。

记账方法如下:

(1)凡引起本国外汇收入的项目,记入贷方,记为"+"。

(2)凡引起本国外汇支出的项目,记入借方,记为"-"。

(三)国际收支平衡表的主要内容如下

1. 经常项目

经常项目主要反映一国与他国之间实际资源的转移,是国际收支中最重要的项目。经常项目包括货物(贸易)、服务(无形贸易)、收益和单方面转移(经常转移)四个项目。经常项目顺差表示该国为净贷款人,经常项目逆差表示该国为净借款人。

2. 资本与金融项目

资本与金融项目反映的是国际资本流动。其包括长期或短期的资本流出和资本流入,是国际收支平衡表的第二大类项目。

资本项目包括资本转移和非生产、非金融资产的收买、出售,前者主要是投资捐赠和债务注销;后者主要是土地和无形资产(专利、版权、商标等)的收买、出售。

金融账户包括直接投资、证券投资(间接投资)和其他投资(包括国际信贷、预付款等)。

3. 净差错与遗漏

为使国际收支平衡表的借方总额与贷方总额相等,编表人员人为地在平衡表中设立该项目,来抵销净的借方余额或净的贷方余额。

4. 储备与相关项目

储备与相关项目包括外汇、黄金和分配的特别提款权(SDR)。

特别提款权是以国际货币基金组织为中心,利用国际金融合作的形式而创设的新的国际储备资产。国际货币基金组织(IMF)按各会员国缴纳的份额,分配给会员国的一种记账单位,1970 年正式由 IMF 发行,各会员国分配到的 SDR 可作为储备资产,用于弥补国际收支逆差,也可用于偿还 IMF 的贷款。又被称为“纸黄金”。

(四)编制国际收支平衡表的用途

1. 国际收支平衡状况分析,重点是分析国际收支差额,并找出原因,以便采取相应的对策,扭转不平衡状况。

2. 进行国际收支结构分析, 对国际收支结构进行分析,可以揭示各个项目在国际收支中的地位和作用,从结构变化中发现问题并找出原因,为指导对外经济活动提供依据。

【本情境知识点小结】

在经济全球化的今天,世界上多数国家都会或多或少地参与国际贸易。而国际贸易的主要原因是国与国之间差异引起的比较优势。李嘉图模型和 H－O 模型分别解释了其中的原因。然而在国际贸易中各国为了维护自身的利益最大化,在政策上也提出了一些贸易保护措施,使自己立足于国际竞争中。

当然,为促进国际贸易的进一步可持续发展,必须形成各国所共同遵守的汇率制度。汇率制度分为固定汇率制度和浮动汇率制度。这两种汇率制度各有优缺点。固定汇率制度可以减少国际贸易与国际投资的风险;浮动汇率制度则有利于通过汇率的波动来调节经济,并能够在一定程度上杜绝外汇黑市交易,规范外汇市场。

各国进行贸易的结果我们通常是用一国国际收支体现出来的,国际收支能够记录一个经济体在一定时期的经济交易总和。国际收支状况反应在该国的国际收支平衡表中,对于国际收支平衡表的内容而言,其主要由经常项目、资本与金融项目和错误遗漏项目来构成。分析国际收支平衡表可以发现出现不平衡状况的原因,政府便有必要对此采取措施进行调节,使国际收支趋于平衡的状态。

【练习与思考】

一、选择题

1. 各国参与国际贸易的原因是（　　）。

A. 取得规模经济收益　　B. 获得更多的资源

C. 满足不同居民的偏好　　D. 前三项都是

2. 国内贸易和国际贸易的主要差别之一是（　　）。

A. 空间距离，由此运费增加　　B. 外国人不好相处

C. 不同的货币必须被兑换　　D. 产品的质量有差别

3. 如果人民币相对美元升值了，我们说（　　）。

A. 对于人民币而言，美元增加了

B. 对于美元而言，人民币减少了

C. 在其他条件不变的情况下，美国的中国商品价格上升

D. 上述都正确

4. 汇率制度有两种基本类型，它们是（　　）。

A. 固定汇率制度　　B. 浮动汇率制度

C. 盯住汇率制度　　D. 联合汇率制度

5. 固定汇率制度与浮动汇率制度的优劣之争表现为（　　）。

A. 对国际关系的影响

B. 实现内外均衡的政策利益问题

C. 实现内外均衡的自动调节效率问题

D. “灵活性”与“可信性”之间的权衡

6. 在一国的国际收支平衡表中，最基本、最重要的账户是（　　）。

A. 经常账户　　B. 资本与金融账户

C. 错误与遗漏　　D. 官方储备

7. 按照国际收支的编制原理，凡是引起资产增加的账户应记入（　　）。

A. 借方　　B. 贷方

C. 自主性交易　　D. 调节性交易

8. 若一国的国际收支平衡表中，储备资产账户为100亿美元，则表示该国（　　）。

A. 增加了100亿美元储备　　B. 减少了100亿美元储备

C. 人为账面平衡，不说明问题　　D. 无法判断

二、判断题

1. 外汇管制就是限制外汇流出（　　）。

2. 固定汇率制度是指两国货币的比价基本固定的汇率制度(　　)。
3. 实行外汇管制的国家一般允许携带黄金、白银出入境,但限制其数量(　　)。
4. 浮动汇率制下,货币政策相对有效(　　)。
5. 对于居民与非居民的界定是判断是否应该纳入国际收支统计的关键(　　)。

三、问答题

1. 国际收支平衡表的记账方法是什么?
2. 国际收支平衡表的基本账户有哪些? 各个账户记录的内容是什么?
3. 浮动汇率制度主要有哪些优点?
4. 汇率变动对国际贸易会产生什么影响。

【本情境知识的实践案例】

从2005年中国进口商品的构成表看来,劳动密集型产品长期以来一直作为我国出口贸易增长的主要力量之一。而我国的出口贸易市场又相对集中于美、日、欧等发达国家,这是为什么?

我国拥有丰富的劳动力资源,劳动价格低廉,在资本、技术相对缺乏的条件下,劳动密集型产品也就成为我国参与分工与国际贸易竞争的比较优势产品,在外贸出口中必然要占有很高的份额。同时,对于美、日、欧等发达国家而言,资本、技术要素的相对丰富使得他们的比较优势产品往往是资本、技术密集型产品,而劳动力要素的相对稀缺和昂贵的工资促使他们向那些劳动力丰富、工资低廉的发展中国家进口劳动力密集型产品,中国的出口产品也不例外。

请思考:

分析我国出口形势和未来国际贸易对策。

参考文献

1. 郭明．西方经济学[N]. 北京:清华大学出版社,2010. 09.
2. 张静琦. 经济学基础[N]. 西北大学出版社,2009.
3. 普塔斯瓦玛哈. 萨缪尔森与现代经济学基础[N]. 华夏出版社,2011.
4. 韩燕雄,朱景发. 经济学基础[N]. 北京:北京交通大学出版社,2010.
5. 王福君,张金锁. 经济学基础. 北京:北京交通大学出版社,2010.
6. 胡田田. 经济学基础与应用[N]. 北京:复旦大学出版社,2010.
7. 戴明主. 经济学基础. 东南大学出版社,2010.
8. 美曼昆. 经济学基础[N]. 北京:北京大学出版社,2010.
9. 李星华,马慧琼. 国际金融[N]. 东北财经大学出版社,2007.
10. 唐树伶. 国际金融[N]. 电子工业出版社,2009.
11. 唐志军. 成语中的经济学智慧[N]. 湖南大学出版社,2010.
12. 萨缪尔森. 经济学(第18版)[N]. 人民邮电出版社,2008.
13. [美]弗里德曼. 弗里德曼的生活经济学[N]. 赵学凯,王建南,施丽中译. 中信出版社,2010.
14. 康海波. 你其实不懂经济学[N]. 南方出版社,2011.
15. (美)曼昆. 经济学原理(第4版)[N]. 清华大学出版社,2009.
16. 李亚卿. 经济学[N]. 上海财经大学出版社,2009.
17. 蒂格利茨. 经济学斯[N]. 中国人民大学出版社,1997.
18. [美]张伯伦. 垄断竞争理论[N]. 北京:三联书店,1980.
19. [英]罗宾逊,伊特韦尔. 现代经济学导论[N]. 北京:商务印书馆,1982.
20. [美]巴兰,斯威齐. 垄断资本[N]. 北京:商务印书馆,1997.
21. 陆长福,王国贞,焦笑南. 西方经济学[N]. 北京:中国经济出版社,2005.
22. 高鸿业. 西方经济学[N]. 北京:中国人民大学出版社,2004.
23. 李晖,李清娥. 西方经济学[N]. 北京:电子科技大学出版社,2007.
24. 潘军,胡武贤. 西方经济学[N]. 湖北:华南理工大学出版社,2007.
25. 朱选功,张国鼎. 西方经济学[N]. 河南:郑州大学出版社,2004.
26. 吴虹. 西方经济学[N]. 湖北:湖北科学技术出版社,2011.
27. 李德荃. 微观、宏观经济学案例分析[N]. 北京:经济科学出版社,2010.
28. 李德荃,张远超. 西方经济学同步辅导及习题精解(宏观部分)(人大四版)[N]. 天津:天津科学技术出版社,2009.

参考文献

1. 郭明. 西方经济学[M]. 北京:清华大学出版社,2010.09.
2. 张静尚. 经济学基础[M]. 西北大学出版社,2009.
3. 雷塔斯瓦玛哈. 萨缪尔森与现代经济学基础[M]. 华夏出版社,2011.
4. 韩燕雄,宋景文. 经济学基础[M]. 北京:北京交通大学出版社,2010.
5. 王福君,张金锁. 经济学基础. 北京:北京交通大学出版社,2010.
6. 胡田田. 经济学基础与应用[M]. 北京:复旦大学出版社,2010.
7. 魏明主. 经济学基础. 东南大学出版社,2010.
8. 吴曼昆. 经济学基础[M]. 北京:北京大学出版社,2010.
9. 李星华,马志晖. 国际金融[M]. 东北财经大学出版社,2007.
10. 唐丽玲. 国际金融[M]. 电子工业出版社,2009.
11. 唐志平. 成语中的经济学智慧[M]. 湖南大学出版社,2010.
12. 萨缪尔森. 经济学(第18版)[M]. 人民邮电出版社,2008.
13. [美]弗里德曼. 弗里德曼的生活经济学[M]. 赵学凯,王建南,施丽中译. 中信出版社,2010.
14. 康道玫. 你其实不懂经济学[M]. 南方出版社,2011.
15. (美)曼昆. 经济学原理(第4版)[M]. 清华大学出版社,2009.
16. 李亚卿. 经济学[M]. 上海财经大学出版社,2009.
17. 斯蒂格利茨. 经济学[M]. 中国人民大学出版社,1997.
18. [美]张伯伦. 垄断竞争理论[M]. 北京:三联书店,1980.
19. [英]罗宾逊,伊特韦尔. 现代经济学导论[M]. 北京:商务印书馆,1982.
20. [美]巴兰,斯威齐. 垄断资本[M]. 北京:商务印书馆,1997.
21. 陆长福,王国庆,梁美南. 西方经济学[M]. 北京:中国经济出版社,2005.
22. 高鸿业. 西方经济学[M]. 北京:中国人民大学出版社,2004.
23. 李晖,李铭城. 西方经济学[M]. 北京:电子科技大学出版社,2007.
24. 潘军,胡武斌. 西方经济学[M]. 湖北:华南理工大学出版社,2007.
25. 朱远杰,张同钢. 西方经济学[M]. 河南:郑州大学出版社,2004.
26. 吴虹. 西方经济学[M]. 湖北:湖北科学技术出版社,2011.
27. 李德荃. 微观,宏观经济学案例分析[M]. 北京:经济科学出版社,2010.
28. 李德荃,张运刚. 西方经济学同步辅导及习题精解(宏观部分)(人大四版)[M]. 天津:天津科学技术出版社,2009.